Travestismos culturales:
literatura y etnografía en Cuba y Brasil

Jossianna Arroyo

ISBN: 1-930744-18-08
© Serie *Nuevo Siglo*, 2003
Instituto Internacional de Literatura Iberoamericana
Universidad de Pittsburgh
1312 Cathedral of Learning
Pittsburgh, PA 15260
(412) 624-5246 • (412) 624-0829 FAX
iili@pitt.edu

Colaboraron en la preparación de este libro:

Composición: Erika Braga
Correctores: Cornelio Delgado y Antonio Gómez
Diseño de portada: David Wallace

Dedicatoria

Dedico este trabajo a la memoria de mi abuela Antonia Rivera de Arroyo y a la de mi padre José R. Arroyo, viajeros incansables de luz en una misión de promesas y esperanzas. Gracias por probarme que el verdadero amor no desaparece, sino que se transforma, rebasando fronteras y distancias… Nunca se está lejos, al contrario, siempre andamos de viaje con el equipaje a cuestas…

–Berkeley, Ann Arbor, 1998-2002

Nota editorial

Las siguientes publicaciones incluyen algunas de las secciones de los capítulos uno, cuatro y el Apéndice de este libro.

"Brazilian Homo/erotics: Cultural Subjectivity in Gilberto Freyre's *Dona Sinhá e o Filho Padre* and *O Outro Amor de Dr. Paulo.*" *LusoSex. Nations, Sexualities and Genders in the Portuguese Speaking World.* Eds. Fernando Arenas & Susan Quinlan. Minneapolis: University of Minnesota Press, 2002. 57-83.

"Travestismos culturales: tropicalismo y transculturación en Gilberto Freyre y Fernando Ortiz" *Estudios investigaciones literarias y culturales. Cultura e identidad racial en América Latina.* Universidad Simón Bolívar, Venezuela. 10.19 (enero junio, 2002): 1134.

Cartas y párrafos inéditos de la novela *O Outro Amor de Dr. Paulo* y *Dona Sinhá e o Filho Padre* de Gilberto Freyre, Osvaldo L. Gregori, Atrium Promoções Ltda, dueños del Acervo José Olympio.

Se agradece a estas publicaciones la autorización para reproducir estos trabajos.

Índice

Agradecimientos

Un libro no es un proyecto que se logra sin la colaboración y la ayuda de mucha gente. Primero, quisiera agradecer a los miembros de mi comité de tesis, Julio Ramos, Candace Slater, Francine Masiello y José Saldívar, cuyos comentarios me ayudaron a pensar más a fondo la obra de Gilberto Freyre y Fernando Ortiz, y colocarla en el contexto de los estudios latinoamericanos contemporáneos. También le agradezco a Gwen K. Kirkpatrick y Luiza Moreira sus comentarios y lecturas, tan importantes para la organización del proyecto inicial, y para pensar las relaciones entre el Caribe y Brasil. Las conversaciones con Silviano Santiago y Carlos G. Mota, en los cafés de Berkeley y Stanford, me ayudaron a entender más a fondo las especificidades del contexto brasileño, y las complejidades de la ideología y la escritura freyriana.

Le agradezco a Aurora Lauzardo su lectura atenta e inteligente del manuscrito, y su amistad incondicional, que hizo más fácil el diálogo y el intercambio de ideas durante el proceso de edición. También le doy las gracias a Araceli García-Carranza y Tomás Fernández Robaina, de la Biblioteca Nacional José Martí en La Habana, por su conocimiento del archivo de Fernando Ortiz y el discurso racial en Cuba, y a Sônia Cardoso del archivo de la editorial José Olympio en Río de Janeiro, por abrirme las puertas a los materiales inéditos de las novelas de Gilberto Freyre.

Finalmente, un agradecimiento especial a Dona Madalena, viuda de Gilberto Freyre, que ya transita por los caminos de luz, por haberme abierto las puertas de su casa en São Antonio de Apipucos, Recife, en el año 1993, cuando todavía era estudiante graduada y cuando la biblioteca de Gilberto Freyre no había sido convertida en la *Fundação Gilberto Freyre*. Estaré siempre agradecida por la confianza que depositó en mí al dejarme trabajar con los documentos en la biblioteca personal de Freyre, y por su hospitalario "cafezinho" a la pernambucana.

En Berkeley, muchas amistades me dieron la energía necesaria para continuar con mi trabajo. Muchísimas gracias a Alberto Arenas, Fernando Arenas, Deborah Berman-Santana, César Braga-Pinto, Mariana Bustamante, Eugenio Frías-Pardo, Ron López, Laura Loustau, Isidra Mencos, José Edmundo Paz-Soldán y Vivaldo A. Santos. Aquí en Michigan, agradezco el apoyo de mis amigos y colegas, Frances Aparicio, Catherine Benamou, Jarrod Hayes, Alejandro Herrero-Olaizola, Hugo Moreno y Javier Sanjinés.

Sin el apoyo emocional de mi madre Myrta Martínez vda. de Arroyo, de mi primo Guillermo Rivera, y de Gilberto Blasini, Ricardo Jiménez, Yolanda Martínez-San Miguel y Mayra Santos-Febres, las altas y bajas de la vida en Berkeley hubieran sido mucho más díficiles. Gracias por las largas horas de conversación, apoyo y solidaridad. Y por enseñarme que la familia se hace en el día a día de compartir sentimientos, y que la distancia no transforma el amor.

A mi esposo Carlos Ramos-Scharrón, le agradezco su amor, su intensidad única, su paciencia infinita. Doy las gracias porque cada día me doy más cuenta que lo nuestro estaba ya escrito por nuestros ancestros en alguna dimensión distante. Gracias por acompañarme en este viaje de la vida.

Finalmente, mi investigación no hubiera sido posible sin el apoyo del *Center for Latin American Studies (CLAS)*, el *Mentor Research Program* y el *Townsend Center for the Humanities* en la Universidad de Berkeley, quienes me otorgaron varias becas de investigación, con las que financié los viajes a Cuba y Brasil (1993-95) y organicé grupos de estudios interdisciplinarios, sobre las relaciones raciales y culturales entre el Caribe y Brasil que me mantuvieron al día en los debates más recientes en el campo de las humanidades y las ciencias sociales. También a la Ford Foundation que me otorgó un *Dissertation Fellowship* (1997-98) con la que concluí la redacción final del manuscrito.

Asimismo, agradezco a Lester P. Monts, presidente del *Office for the Vice President for Research*, y a Earl Lewis y Thelma Thomas, decanos del *Horace H. Rackham School of Graduate Studies*, en la Universidad de Michigan, Ann Arbor, por otorgarme la subvención que hizo posible la publicación de este libro.

Introducción

Introduction

Travestismos culturales:
políticas de identidad y la escritura de la modernidad

> ¡Oh cuerpo, haz de mí un hombre que
> interroga!
> —Frantz Fanon, *Black Skins, White Masks*

> En mayor o menor grado de disociación
> estuvieron en este país así los negros como los
> blancos; todos convivientes arriba o abajo, en
> el mismo ambiente de terror y fuerza; terror
> del oprimido por el castigo, terror del opresor
> por la revancha; todos fuera de justicia, fuera
> de ajuste, fuera de sí.
> —Fernando Ortiz, "Por la integración cubana
> de blancos y negros"

Los nuevos debates críticos sobre el lugar del cuerpo como el espacio donde se cruzan ideologías políticas, poderes sociales y definiciones sobre la identidad en la posmodernidad latinoamericana marcan, en muchas instancias, la reflexión de este trabajo. En estos debates las llamadas "políticas de identidad" se ven como la forma discursiva más eficaz para entender las transformaciones de las culturas contemporáneas. Una serie de discursos, tales como la raza, el género y la sexualidad, sirven para explicar muchos de los problemas que plantea el llamado "sujeto posmoderno latinoamericano", entre ellos, la fragmentación del concepto de identidad, el dominio de la tecnología y los medios, y el capital de las economías transnacionales. Parecería, entonces, que los debates sobre el cuerpo y las identidades corresponden solamente a la sensibilidad posmoderna. Sin embargo, tanto las prácticas culturales latinoamericanas como sus textos han propuesto este eje coyuntural desde sus inicios. Como señala Kemy Oyarzún, haciendo eco de las teorías de Antonio Cornejo-Polar, Ángel Rama y Agustín Cueva, las prácticas culturales latinoamericanas no sólo han revelado: "una frontal batalla social (etnias, clases y géneros), sino también se han generado como batallas semióticas y semánticas, textos en pugna consigo mismos" (Oyarzún, "Género y etnia" 35). Los discursos que definen el latinoamericanismo emergen del punto de vista en que se organizan las batallas semióticas y semánticas en una praxis crítica; una praxis crítica, que, en palabras de Román de la Campa, debe —en sus ejes semióticos, estéticos y epistemológicos— inaugurar un espacio discursivo: "que pueda deconstruir las nostalgias identitarias sin borrar las lecturas teóricas de la modernidad" (de la Campa x, traducción nuestra).[1]

Los estudios coloniales latinoamericanos, en particular los que se hicieron a partir de los años sesenta, abrieron el debate crítico sobre los lugares del sujeto, sus políticas de identidad (etnias, clases y género) y la forma en que éstos definen las culturas latinoamericanas. La confluencia de esta crítica con los estudios postcoloniales y el feminismo dio lugar a un análisis más profundo de la relación entre género, raza y sexualidad como políticas de identidad del cuerpo, cuyo fin será deconstruir, dialogar y subvertir los propios textos –literarios, culturales, políticos– que las originan (Masiello "Las políticas" 273-90).

En esta serie de discursos concatenados, la búsqueda de una narrativa que organizara el cruce de identidades "transitorias" hizo que se volviera la mirada a una serie de narraciones sobre la cultura latinoamericana. En estos textos, narrar implica, también, en un momento de crisis y fragmentación de lo nacional, construir un imaginario homogéneo de la diversidad, con nuevos sujetos. Junto a la creación de nuevas subjetividades, los narradores rebasaron los bordes tradicionales de las disciplinas, que como se verá más adelante, nunca se representaron como totalmente "puras". A fin de producir una escritura híbrida, mezcla de literatura y etnografía, las funciones de autor y escritor se fusionaron en lo que Clifford Geertz, parafraseando a Barthes, llama "un tipo bastardo de narrador": el autor-escritor que escribe la subjetividad cultural de sus naciones (Geertz *Works and Lives* 20). Me refiero, especialmente, a las obras del brasileño Gilberto Freyre y del cubano Fernando Ortiz.

---

[1] Me refiero a los ensayos teóricos que marcan estos debates en la crítica latinoamericana en América Latina y los Estados Unidos a mediados de los años noventa, como respuesta, o a la par de los debates sobre el discurso posmoderno en América Latina. Ante las contradicciones que dejaba la posmodernidad, y en particular, en relación a la pregunta por el lugar de los nacionalismos y la igualdad política y social, hubo un regreso a los debates sobre la modernidad. La publicación del texto de Néstor García Canclini *Culturas híbridas: estrategias para entrar y salir de la modernidad* (1992) abrió campo para muchas de estas discusiones. También los discursos del género, la sexualidad y los estudios gay y lésbicos, abrieron nuevos espacios críticos, y en particular, las lecturas de los trabajos pioneros de Arnaldo Cruz-Malavé, Juan Gelpí, Francine Masiello, Kemy Oyarzún, Nelly Richard y Rubén Ríos-Ávila. También las lecturas de John Beverley, Antonio Cornejo-Polar, Agustín Cueva, Frantz Fanon, Ángel Rama y Julio Ramos, abrieron este campo crítico ofreciendo dentro del marco de los estudios coloniales, poscoloniales y subalternos, cuestionamientos críticos de los conceptos del mestizaje y la hibridez, los lenguajes políticos, la representación, la raza y la racialización en las literaturas y las culturas latinoamericanas. La traducción de los textos en inglés fue hecha por los editores del ensayo a menos que se indique lo contrario.

El análisis y la deconstrucción de estas narrativas culturales, su creación de un imaginario nacional y la representación del sujeto de la escritura son los objetivos principales de este trabajo. Con ese fin, me propongo trazar un mapa que describa, desde la etnografía y la sociología cubana y brasileña, las visiones culturales que construyeron la nación como un organismo. En la lectura de ese cuerpo nacional, el cuerpo del otro (o de los otros), en especial, el de las poblaciones negras, aparece como una parte integral de ese discurso, ya que, para organizar el imaginario subjetivo de la cultura o la subjetividad cultural, es necesario "integrar" ese cuerpo al discurso nacional. Sin embargo, y a pesar de la presencia inminente y necesaria de ese cuerpo, estas narrativas conforman una serie de estrategias para contenerlo, disciplinarlo o sublimarlo. Con ese fin se manipulan estratégicamente la raza, el género y la sexualidad en la construcción del imaginario nacional de la cultura.

Evidentemente, estas narrativas se sitúan en la dialéctica moderna entre cuerpo y razón, pero su diferencia radica en la forma en que se construyen como narrativas progresistas y racionales, ya que esa misma necesidad del cuerpo del otro produce varias posiciones de sujeto, en las que se privilegia un sujeto deseante y totalmente subyugado al "poder" del otro. En palabras de Nelly Richard esto explica la realidad del sujeto colonial y de su propia representación:

> su búsqueda esencialista de una identidad profunda y verdadera (auténtica) sellada por un mito de origen, intenta reparar el vacío que deja la falta de lo "propio" en culturas de la ajenidad: en culturas del préstamo hechas de sustitutos que acusan el déficit de originales y de originalidad. Un déficit que Latinoamérica supo compensar con la hiperteorización de la *copia* como alegoría de su arte del travestismo cultural[...] Juego dramatizado por el pensamiento cultural latinoamericano que siempre se debatió entre *sustancia* (la raíz indígena como fundamento ontológico de una identidad-propiedad) y *apariencia* (el retoque metropolitano de la máscara como artificio de la identidad prestada) ("Alteridad" 212)

La integración del cuerpo del otro en el discurso nacional plantea los problemas de la representación –racial, sexual y de género– de ese cuerpo y las distintas máscaras a las que tiene que recurrir el sujeto de la escritura. A esta estrategia de la representación la identifico como travestismo cultural. El travestismo cultural como estrategia de identificación con el otro, surge de los juegos de poder propios de la representación y es por esto que el cuerpo del otro se figura desde la raza, el género y la sexualidad. Aunque los textos que analizo traducen el conflicto que surge entre el "texto" original de las culturas negras (el cuerpo, la sustancia) y la apariencia en la "traducción" que hace el sujeto que escribe (la máscara, la escritura), mi enfoque del travestismo cultural, más que como una alegoría de la representación que produce la copia como un gesto de incorporación fácil de lo otro, o de los otros, traduce una lucha por el poder entre el yo que representa y lo representado y la amenaza que implica el tratar de incorporar cultural y textualmente al otro. La máscara de la escritura en la que leo el travestismo cultural no sólo se erige como estrategia de dominio sino que revela, además, la necesidad de unirse y perderse en el otro. La cultura es, entonces, un texto heterogéneo y cambiante que pasa del sujeto que representa a lo representado y viceversa. En ese sentido, la representación cultural parte de las culturas negras, creando así el lenguaje de la representación en estos textos literarios y etnográficos. Es así como este lenguaje se funda y se va haciendo a través de las culturas negras, en su calidad de "otros" de la representación.

¿Quiénes son esos "otros" en la escritura de Gilberto Freyre y Fernando Ortiz? Son en su mayoría hombres negros y mulatos del pueblo, que se representan como urbanos y marginales, y a los que se les atribuyen características "femeninas" con el fin de socializarlos e incorporarlos a un discurso de hermandad nacional. Al lado de esos sujetos, la mujer blanca ya sea como enamorada, esposa o madre aparece junto a la figura de la nana negra para contribuir con su "identidad enigmática" a la hermandad nacional pero sus cuerpos terminan siendo desplazados de la narrativa. Como se muestra en este ensayo, el travestismo cultural se construye como un paradigma que se repite, no sólo en la etnografía de Freyre, Ortiz, sino también en varios textos literarios y etnográficos de Cuba y el Brasil. Sitúo de forma detallada varios textos etnográficos, sociológicos y literarios con el fin de analizar las construcciones de la raza, el género y la sexualidad. Mi ensayo parte principalmente del análisis de varios textos del cubano Fernando Ortiz y del brasileño Gilberto Freyre con el propósito de deconstruir sus metáforas integradoras del mestizaje y su creación de una subjetividad cultural cubana y brasileña.

Partiendo de estas representaciones de la subjetividad cultural de Freyre y Ortiz realizo un estudio comparativo con las obras literarias del propio Freyre, Adolfo Caminha, Aluízio Azevedo, Alejo Carpentier, Gertrudis Gómez de Avellaneda y Cirilo Villaverde y los trabajos etnográficos de Roberto Da Matta, Helio Silva, Miguel Barnet y Tomás Fernández Robaina, con el fin de analizar en detalle los discursos de raza, género y sexualidad en estos autores. Mi lectura se sitúa en ese vínculo histórico que ha existido entre la etnografía y la literatura en Cuba y Brasil, y que se ha enfocado en la representación de las poblaciones negras, particularmente, de los hombres negros y mulatos. Dentro de este corpus comparo varios textos de Gilberto Freyre y Fernando Ortiz, mayormente desde 1930 hasta 1950, con textos más contemporáneos como *Carnavais, Malandros e Hérois* (1979) de Roberto Da Matta; *Travesti: A Invenção do Feminino* (1993) de Helio Silva; *Biografía de un cimarrón* (1968) de Miguel Barnet; y *Hablen paleros y santeros* (1994) de Tomás Fernández Robaina.

Para entender el travestismo cultural como estrategia de escritura de la modernidad en estas obras y contextos nacionales, no se puede obviar el vínculo entre el sujeto de la escritura y las sociedades esclavistas que se quieren representar, pues, aunque el travestismo cultural busca crear una visión armónica del mestizaje, vista como un "amor entre las razas", produce una serie de contradicciones que van deconstruyendo esa misma visión. En otras palabras, al representar a estas poblaciones negras, el travestismo cultural las manipula, subordina y estereotipa racial y sexualmente, amparándose en un discurso de armonía y amor nacional. Esto crea una serie de ejes contradictorios en el discurso que se puede leer desde varios niveles interpretativos.

Parto de la necesidad crítica de deconstruir los mecanismos que forman esa armonía y "hermandad nacional" en estos textos, para localizar "el síntoma"; esa contradicción velada de esa subjetividad cultural, en un lugar sublimado del deseo por el otro. Este espacio sublimado, contrario a proponer un sujeto sin conflictos, produce una postura melancólica en la que se da un proceso complejo de "no identificación" y de incorporación del otro (Derrida, Marcuse, Zizêk). Como demuestro en mis análisis, esta ambivalencia representa, más que el "fracaso" de la modernidad de estos proyectos, su propia contradicción, a la vez que sitúa ese lugar intermedio y subjetivo de la escritura en estos autores.

Mi definición de travestismo cultural alude, en ese sentido, a ese cambio continuo de posiciones que termina por convertirse en un circuito que encierra una postura melancólica de la subjetividad. Esta postura melancólica del sujeto que, según Kaja Silverman, construye una masculinidad marginal o ambivalente ante la ley del Padre y de la nación, se escribe también desde una "retórica de la violencia" en cuanto a la representación del otro (*Male Subjectivity* 15-52). Si como señala Teresa de Lauretis, partiendo de Michel Foucault y de Jacques Derrida, la función social y semiótica del lenguaje se origina siempre de una visión masculina y logocéntrica en donde tanto el género como la sexualidad pasan a formar parte de un circuito de la "violencia", bien se podría hablar de una "retórica de la violencia" para describir estas representaciones ("The Violence of Rethoric" 265-78). Sin embargo, esa violencia se encuentra marcada por el discurso del amor y el consenso social: el de la cultura. Partiendo entonces, de ese consenso cultural entramos de lleno a las teorías de tropicalismo de Gilberto Freyre y de transculturación de Fernando Ortiz. En ambas teorías, el discurso de la cultura —y sus contradicciones— articula los ejes de lucha y conciliación necesarios, no sólo para sus culturas nacionales, sino también, para la inserción de Latinoamérica en una economía global. De ahí la importancia de entender la hibridez característica de estas narrativas, según la fórmula propuesta por Néstor García Canclini, como proyectos de entrada, representación y negociación de la modernidad.

Un acercamiento a los aciertos y las contradicciones de estos proyectos modernos, y de la importancia que tienen para la crítica contemporánea nos enfrenta con la utopía discursiva latinoamericanista. En otras palabras, nos coloca ante una propuesta de integración textual, social y económica de la diferencia. Al mismo tiempo, localiza estas narrativas modernas en un diálogo con nuestro mundo contemporáneo, y en particular con los debates críticos entre los contextos nacionales, lo transnacional y lo global. De ahí que escriban desde su modernidad heterogénea y contradictoria sus lugares estrátegicos en el travestismo cultural.

Capítulo I

Travestismos culturales:
culturas nacionales, cuerpos y mestizaje

> El desarrollo permanente de un colectivo no
> puede depender de la filantropía del amo.
> —W.E.B. DuBois, "The Negro and Imperialism"

> Así, el texto caribeño es excesivo, denso, *uncanny*,
> asimétrico, entrópico [...] pues, a manera de un
> zoológico o bestiario abre sus puertas a dos
> grandes órdenes de lecturas: una de orden
> secundario, epistemólogica, profana, diurna y
> referida a Occidente —al mundo de afuera—
> en donde el texto se desenrosca y se agita como
> un animal fabuloso para ser objeto de
> conocimiento y de deseo; otra de orden
> principal, teleólogica, ritual, nocturna y revertida
> al propio Caribe donde el texto repliega su
> monstruosidad bisexual de esfinge hacia el vacío
> de su imposible origen, y sueña que lo incorpora
> y que es incorporado por éste.
> —Antonio Benítez Rojo, *La isla que se repite*

> Pero todo ello es puro engaño. Porque América,
> toda América es mestiza.
> —Fernando Ortiz, *El engaño de las razas*

1. IMAGINARIOS DEL MESTIZAJE: ENTRE LA RAZA Y LA CULTURA

El mestizaje racial ha sido, y sigue siendo, uno de los pilares sobre los que se
construye la identidad latinoamericana. La diversidad racial y cultural, que forma
lo que José Martí definió como "nuestra América mestiza", ha sido desde el siglo
XIX la preocupación principal de los discursos políticos, económicos e intelectuales
latinoamericanos. Por consiguiente, la creación de un espacio discursivo único
desde donde se plantee "lo latinoamericano" como espacio de diferencia parte de
esta visión unitaria y homogénea en la que la diversidad cultural se organiza bajo
"la mezcla". La "mezcla" y el mestizaje como ideología se convierte, por lo tanto,
en una ficción necesaria que define los bordes identitarios en América Latina. En
uno de sus últimos ensayos, Antonio Cornejo-Polar, define el gesto falsificador de
la ideología del mestizaje:

pese a su tradición y prestigio, el concepto del mestizaje es el que falsifica de una manera más drástica la condición de nuestra cultura y literatura. En efecto lo que hace es ofrecer imágenes armónicas de lo que obviamente es desgarrado y beligerante, proponiendo figuraciones que en el fondo sólo son pertinentes a quienes conviene imaginar nuestras sociedades como tersos y nada conflictivos espacios de convivencia. ("Mestizaje" 8)

El imaginar las culturas y las sociedades latinoamericanas como espacios sin conflictos internos borra, según Cornejo-Polar, la realidad histórica –violenta y beligerante– de América Latina. Ante esa violencia desgarrada, y quizás como respuesta a ella, la ideología del mestizaje se ha erigido como "panacea" del discurso de la identidad. Como señalan Juan Flores y Georges Yúdice, el mestizaje racial como construcción cruzada de referentes ha sido el concepto desde el cual se han creado los discursos de los imaginarios culturales que marcaron la supremacía de una élite intelectual, entre los que se encuentran Gilberto Freyre, José Vasconcelos, José Carlos Mariátegui y Fernando Ortiz.

La supremacía de esta élite intelectual muestra claramente que en el discurso latinoamericanista hay una relación directa entre el mestizaje racial y la creación del concepto moderno de "cultura", pues, como han visto en detalle Antonio Cornejo-Polar, Christopher Herbert y Robert Young, entre otros, existe una relación directa, complementaria y paradójica entre ambos, ya que se forman en un contexto en el que subyace el encuentro de dos o más grupos étnicos o culturales en una relación de poder y de dominio político, económico, social y sexual. Desde su colonización, los países latinoamericanos fundan un eje discursivo en el que estos cruces de poder van formando, desde los conflictos raciales, de clases y de género, las nuevas culturas latinoamericanas.

Estos cruces de poder, que se formaron en el contexto colonial, fueron creando, ya en el siglo XIX, el imaginario principal desde el cual se empezó a escribir el origen y el progreso de las naciones. El mestizaje racial fue el centro creativo de ese imaginario, ya que armonizaba muchas de las contradicciones sociales y políticas de las nuevas constituciones. Si, como señala Anderson, la nación imagina la heterogeneidad racial y cultural como un todo homogéneo, ese imaginario es el que consolida el saber de las élites intelectuales. El imaginar la nación como una fuerza homogénea –la del Estado liberal– también le dio a los intelectuales criollos una perspectiva novedosa y creativa como sujetos de la razón. Las contradicciones que surgieron a raíz de las transformaciones sociales y políticas de las repúblicas fueron formando la relación contradictoria entre el Estado político y los intelectuales en el siglo XIX (Masiello, Ramos). Para fines de este trabajo, es importante destacar que las voces intelectuales que surgen de dicha coyuntura tenían un compromiso con esta visión positiva del mestizaje, ya que, a través de ella, proclamaban un discurso de unidad entre las naciones y como "hermanos" de una cultura común. Esta cultura común, vista como centro de unidad espiritual, era una fuerza viril y trascendente que anunciaba un futuro próspero para las naciones.[2]

Uno de los propósitos principales del discurso de la unidad era subvertir la visión de otredad racial y bárbara de Latinoamérica que, desde la conquista, tenían los europeos; particularmente, la sexualización y feminización de lo latinoamericano, que aparecía como parte de la retórica esencialista del modelo europeo (Adorno, Lienhard, Fernández Retamar). Según este modelo, las culturas "fuertes" eran las culturas europeas o blancas, que, a pesar de que se mezclaban, lograban "blanquear" la raza y conseguir el adelanto económico e intelectual. Las culturas "débiles", eran más oscuras y nunca lograban definirse como "civilización", dado su atraso físico, moral e intelectual. Estas primeras definiciones de culturas "fuertes" o "débiles" parten, por consiguiente, de una retórica del poder –muy propia de los contextos coloniales– que sexualiza y feminiza al otro (Adorno, Bhabha, Herbert, Said, Young). Por consiguiente, la raza como el subtexto formativo de las teorías antropológicas y sociológicas del origen de las culturas comenzó a escribirse abriéndose a otros significantes como la sexualidad y el género. En Latinoamérica, la definición de la cultura y del sujeto cultural se complementó, desde sus orígenes, con el perfil del sujeto colonial, lo que creó una serie de divisiones y desplazamientos en la unidad "homogénea" de los discursos nacionales (Bhabha, Cornejo-Polar, Young). Este desplazamiento concibe una temporalidad ambivalente en donde la modernidad se narra desde puntos de vista distintos y en donde tanto los que están en el poder como los subalternos: "a través de medios culturales distintos y para fines históricos muy diferentes demuestran que las fuerzas de la autoridad y la subordinación sociales pueden emerger en estrategias desplazadas, incluso, descentradas de significado" ("DissemiNation" 296).

El siglo xix latinoamericano escribe su imaginario cultural de la identidad desde la ambivalencia racial y sexual que le crean sus otros –indígenas, negros o asiáticos– con el fin de definir el proyecto de integración política de sus naciones y, a la vez, subvertir la concepción de que las naciones "mestizas" no pueden acceder a la modernidad. Entre los proyectos que definen esta nueva visión se

---

[2] Ariel, según José E. Rodó, "es el imperio de la razón y el sentimiento sobre los bajos estímulos de la irracionalidad; es el entusiasmo generoso, el móvil alto y desinteresado en la acción, la espiritualidad de la cultura; la vivacidad y la gracia de la inteligencia –el término ideal a que asciende la selección humana, rectificando en el hombre superior los tenaces vestigios de Calibán, símbolo de la sensualidad y la torpeza" (1).

destaca el de José Martí en su ya canónico ensayo "Nuestra América", donde define el futuro proyecto político de América como el de una "América mestiza", como un espacio diferenciado del "vecino del norte". De este modo, crea un nuevo cuerpo representativo del nuevo orden político, social y cultural del futuro: el hombre natural. Este tipo de hombre llega a sustituir el saber letrado, asociado a la cultura europea, por un discurso natural: "Por eso el libro importado ha sido vencido en América por el hombre natural. Los hombres naturales han vencido a los letrados artificiales." (119). En la idea del hombre natural, que es el cuerpo y la razón de lo que luego llama "el hombre real", subyace una pregunta: "Pues, ¿quién es el hombre? ¿El que se queda con la madre a curarle la enfermedad, o el que la pone a trabajar en donde no la vean, y vive de su sustento en tierras podridas, con el gusano de corbata, maldiciendo el seno que la cargó, paseando el letrero de traidor en la casaca de papel?" (118). La presencia de ese cuerpo orgánico de la madre-patria, marca que sigue al que se aleja de ella, es una alusión directa al origen latinoamericano como mezcla racial y lugar de la diferencia. Desde ese origen enfermo, femenino y mezclado, el discurso del origen de la cultura latinoamericana construye una moral masculina.

Ya en el siglo XIX, Martí define una otredad que se verá como femenina o feminizada, inaugurando, así, un modelo de representación de la "mezcla racial" y la "hibridez cultural" latinoamericana, fundando un discurso de la unidad frente a la diferencia, y demostrando que los racismos dividen. El racismo le quita poder y unidad a las naciones futuras. Sobre la raza y los racismos Martí señala:

> No hay odio de razas, porque no hay razas. Los pensadores canijos, los pensadores de lámpara, enhebran y recalientan las razas de librería, que el viajero justo y el observador cordial buscan en vano en la justicia de la Naturaleza, donde resalta el amor victorioso y el apetito turbulento, la identidad universal del hombre. El alma emana, igual y eterna, de los cuerpos diversos en forma y en color. Peca contra la humanidad el que fomente y propague la oposición y el odio de las razas. ("Nuestra América", 157)

En este pasaje, Martí define el pensamiento americano respecto al problema racial por oposición al de los "pensadores de lámpara" y "las razas de librería" del Iluminismo europeo. La universalidad del pensamiento Occidental ha excluido a las razas y a las culturas mixtas de su esquema. Por consiguiente, Martí cree necesario elaborar un discurso de lo latinoamericano en el que se incluya una posición sobre las razas y, al mismo tiempo, se cree una "diferencia" que defina "lo nuestro".

Si para Martí, a fines del siglo XIX, utilizar el término "razas" era hablar de "culturas", en el caso de Fernando Ortiz y Gilberto Freyre, en la segunda década del siglo XX, la "cultura" se relativiza separándose del concepto de raza.[3] Sin embargo, tanto Ortiz como Freyre mantendrán en sus teorías lo que Laura Doyle ha llamado "la matriz racial de la cultura", en su forma de representar lo racial como femenino, materno, y en su afán de crear un discurso propio de lo latinoamericano. En ese sentido, la metáfora martiana del origen racial es un punto clave para entender el imaginario de la cultura de estos escritores.

En 1946, en la coyuntura histórica de la posguerra y más de medio siglo después de la publicación de "Nuestra América", otro cubano, el etnógrafo Fernando Ortiz, recupera la metáfora racial martiana desde esa perspectiva americanista. En su ensayo *El engaño de las razas* toma una posición científica y teórica contra muchas de las teorías que se habían escrito hasta ese momento sobre la existencia de las razas y de los racismos. La erudición de este ensayo muestra claramente el horror frente al holocausto nazi y provee una crítica amplia del pensamiento y el discurso científico racista dentro del marco político, social y cultural latinoamericano. Ortiz afirma que las guerras de razas, como demostró la Segunda Guerra Mundial, no sólo causaron estragos en Europa sino que están "llamando aquí en América a grandes y trágicos episodios", ya que en América "son varios los grupos humanos definidos como razas que están en contraposiciones sociales intensas, agriadas y cada día menos estables" (31). En "Nuestra América" se ve la necesidad primordial de entender la complejidad de este conflicto. En *El engaño de las razas*, que retoma la metáfora latinoamericanista de Martí, este "hervidero de razas" que es América mantiene una lucha ardua por integrar racial y culturalmente sus poblaciones negras e indígenas. De esta integración futura surgirá la fuerza creativa y socio-política que ganará la batalla contra "los imperialismos", específicamente el de Estados Unidos.[4]

Según Ortiz, la Segunda Guerra Mundial y la segregación racial estadounidense son otra prueba de que las teorías sobre la existencia de las razas, apoyadas por el

---

[3] La separación del concepto de cultura respecto de las interpretaciones raciales se debe mayormente a la influencia de Franz Boas (1858-1942), en particular, a su ensayo de 1894 titulado "Human Faculty as Determined by Race". Anteriormente, el concepto de cultura, específicamente en la antropología alemana y angloamericana, estaba muy influenciado por la escuela evolucionista en la que la cultura y la tradición: "a menudo se asociaban a un estado evolutivo inferior, que frecuentemente se argüía en términos raciales"(202). La obra del inglés Herbert Spencer es uno de los ejemplos más representativos de esta tendencia. Ver Stocking.

[4] Esta es una continuación de los discursos latinoamericanistas del siglo XIX. Ver el análisis de "Nuestra América" de José Martí por Roberto Fernández Retamar, en "Pensamiento de *Nuestra América*".

discurso filosófico, político y científico europeo y estadounidense, solo buscan una excusa para legitimar su intervención política y económica en Latinoamérica. A pesar de que su discurso se enfrenta al del racismo de las políticas imperialistas contra el llamado "Tercer Mundo", Ortiz finaliza su ensayo con una propuesta de solidaridad panamericana que reúne a todos los países del continente americano, incluyendo los Estados Unidos. Ante el dominio europeo y estadounidense, que impacta el comienzo de la Guerra Fría, el ensayo de Ortiz sustituye el mestizaje racial por el mestizaje de culturas. A partir de este mestizaje cultural surgirá la fuerza creativa y pura de lo que Ortiz llama el "Hombre Americano". Esta propuesta de unidad del "Hombre Americano" busca abolir el vocablo raza, no sólo en las constituciones políticas sino en las fiestas conmemorativas (de la raza, etc.). Con este argumento Ortiz cierra su reflexión desplazando el vocablo raza y sustituyéndolo, problemáticamente, por el de cultura. Si bien ataca los racismos, termina apropiándose de forma ambivalente del sentido arbitrario de la palabra "raza". Rechaza las teorías de "herencia" como construcciones de los racismos, diciendo que la "herencia mestiza" es parte de "un positivo mestizaje ya que toda criatura es mixtura". No obstante, concluye que "la herencia es continua y discontinua; a la vez conserva y cambia. No es repetición de formas sino sucesión[...] La raza no es estática sino dinámica" (374).

Al sostener que el mestizaje es el centro dinámico, la unidad en la diversidad de las formas culturales, Ortiz trasciende el concepto "fijo" de raza pero, al mismo tiempo, lo mantiene como un factor fundamental en la construcción de su teoría de la cultura. Las "razas del alma" o los caracteres espirituales de cada raza, que en *El engaño* son una falacia de los racismos, serán, por consiguiente, una parte importante de su teoría del mestizaje cultural. La subjetividad cultural de la cubanía será una cualidad propia de "lo cubano", un dinamismo que se relacionará siempre con "una forma de ser" y con una espiritualidad trascendente que irá contra las tiranías raciales y políticas de cualquier sistema. Según esta propuesta, el poder "democrático" del mestizaje no es solo una fuerza cultural, sino económica y política. Es aquí donde se sientan las bases originales y creativas del nuevo hombre americano.

Ya para el año 1964, fecha que marca las guerras de descolonización en los países africanos, el sociólogo brasileño Gilberto Freyre, hará un llamado similar a los países "Indo-Latinoamericanos" en el que utilizará el ejemplo del mestizaje brasileño. En su conferencia "The Racial Factor in Contemporary Politics" Freyre señala abiertamente "Pues, la unidad de Brasil —que es notable en un país tan grande— no depende de la pureza racial, el culto a una unidad racial real o idealizada. Depende, más bien, de la lealtad de los brasileños, en su diversidad étnica, a ciertos valores pan brasileños, que son importantes para todos" (26, traducción nuestra).

¿Cuáles son estos valores pan brasileños que propone Freyre? Si ya se ha creado una desconfianza de los símbolos patrios, que como bien señala Ortiz, "pueden ser abusados como símbolos del totalitarismo", se puede decir que Freyre busca legitimar, a través del mestizaje de razas, un tipo de subjetividad "tropical" en la que se unan los diversos valores culturales, sociales y comunales. Hay un poder creativo, estético y políticamente democrático en este mestizaje que se ve como el futuro utópico de los países latinoamericanos:

> La racionalización o idealización de la mezcla racial concibe el desarrollo de América Latina como una comunidad continental multi-racial donde las diversas razas tiendan a vivir, no como comunidades étnicas y culturales dispares, sino uniendo sus valores, tradiciones y características, y mezclando, también su sangre y sus cuerpos para formar nuevos sujetos y nuevas formas de cultura en el sentido más amplio, en términos sociológicos y antropológicos, de la cultura. (13)

Esta definición de Freyre, que bien podría relacionarse con la retórica arielista de la raza cósmica de José Vasconcelos, tiene mucho en común con el reclamo de legitimidad que hace Ortiz de lo latinoamericano, y en particular, del hombre americano. Este argumento, propio de la trayectoria del discurso latinoamericanista desde el siglo XIX, especialmente en las figuras de Simón Bolívar, Andrés Bello y José Martí, entre otros, tiene tanto en estos autores que lo configuran como en las obras de Fernando Ortiz y Gilberto Freyre, un antecedente relacionado directamente con la situación colonial y periférica de los países latinoamericanos y las construcciones ideológicas del racismo europeo.[5]

Por consiguiente, el mestizaje racial positivo, como lo define Nancy L. Stepan en su ensayo *The Hour of Eugenics* (1991), se transforma en la obra freyriana y orticiana en un discurso teórico que legitima las culturas latinoamericanas, ya que deconstruye las teorías filosóficas, políticas y sociales del racismo europeo y estadounidense. En ese sentido, la relación directa entre humanidad y hombría no se da como pura construcción retórica, sino que responde a una escritura masculina que va "depurando", limpiando con la pluma, las metáforas raciales para construir una hermandad nacional latinoamericana.

En el caso específico de Fernando Ortiz y Gilberto Freyre, la sociología y la etnografía, como campos de escritura híbrida, que combinan los discursos científicos

---

[5] Aquí sigo el argumento de Ramos en *"Faceless Tongues"*. En particular, su planteamiento de las distintas formas de autoridad y de poder, por las que se construye el discurso letrado.

y literarios, van construyendo ese discurso fraternal desde la heterogeneidad racial de sus naciones. Este discurso de lo heterogéneo se hace, por consiguiente, desde una doble acepción: la del cuerpo, como origen y causa de la mezcla, y la de la razón estética, trascendente y espiritual. Una mirada a la representación de ese cuerpo y a su ordenamiento desde la raza, el género y la sexualidad, es el punto de partida para deconstruir y entender el carácter complejo de este discurso cultural.

Desde el siglo XIX, la etnografía y la novela se construyen como campos híbridos en la escritura de estas metáforas, ya que conciben su escritura como una totalidad integrada que explica la heterogeneidad de sus naciones. La novela como el lugar en donde se inventan los mitos, es, por consiguiente, un producto del período de emergencia de los discursos nacionales en ambos países (Arrufat, Candido). En "The Ideology of Modernism", Georg Lukàcs describe la novela realista de la Europa del siglo XIX como la narrativa ideal para entender las contradicciones políticas de una sociedad (31). Estas contradicciones no se resuelven, sin embargo, en el universo literario. Por el contrario, este "zoon politikon" o animal político que protagoniza la novela social que analiza Lukàcs es un sujeto lleno de contradicciones, dividido ante su realidad. Es así como la totalidad de la novela le provee un espacio ideal a este sujeto, ya que "la novela piensa en términos de la totalidad, incluso en un mundo desengañado (Cascardi, *The Subject* 73). Tanto en Cuba como en Brasil, la construcción mítica de un origen cultural, que busca legitimarse a partir de lo racial, reproduce una narrativa sincrética en donde la diversidad de lenguajes de las culturas negras figuran desde sus cuerpos la temporalidad de la nación. En este origen mítico se advierte la necesidad de crear un lenguaje nuevo que inaugure una "nueva modernidad" y que responda a esa visión "desencantada" de la modernidad europea. La heterogeneidad racial y cultural de estas naciones es uno de los retos principales al que se enfrentan sus escritores. Y, si bien hay una necesidad de subvertir los estereotipos que ha creado el discurso filosófico y sociológico europeo, existe cierta ambivalencia en la integración de esos cuerpos a la narrativa, ya que estos representan "exceso", "atraso", o "barbarie". La ambivalencia se relaciona directamente con la realidad social de la esclavitud, un eje clave en la representación de estos sujetos. Para entender claramente las circunstancias de este proceso, creo necesario resumir brevemente la historia de la esclavitud en ambos países.

En el caso específico de Cuba y Brasil, las últimas sociedades en abolir la esclavitud en América (1886 y 1888, respectivamente), la integración de una numerosa población "de color" crea un discurso cultural que confronta dicha necesidad de integración. Ya en el siglo XIX, las ciencias y la literatura como foros representativos de la realidad post-esclavista colonial, que estaba entrando a una modernidad periférica y marginal, se vuelcan a la interpretación de lo que se llamó "el problema negro". Tanto en Cuba como en Brasil esta mirada al "problema negro" está relacionada con la formación de los discursos nacionales. En Cuba, la Sociedad Económica de Amigos del País, formada por la élite ilustrada sostuvo una postura contradictoria frente al problema de la esclavitud. Veían la esclavitud con ambivalencia porque, por un lado, le daba riquezas económicas a la isla, pero por otro, retrasaba el progreso industrial y amenazaba su hegemonía como clase. La labor del círculo de intelectuales que se reúne en la tertulia de Domingo del Monte produce un grupo de textos y ensayos literarios que dan lugar al surgimiento de la llamada literatura abolicionista. Entre éstos figuran la *Autobiografía* de Juan Francisco Manzano de 1840; *Francisco, El ingenio o las delicias del campo* de Anselmo Suárez y Romero (1839, 1880); y *Cecilia Valdés* de Cirilo Villaverde (1838, 1882) (Arrufat, 747-57; Benítez Rojo, "Azúcar"; Luis, "Literary Bondage" 27-81).

En Brasil, "el problema negro" pasa a ser una preocupación inminente de la ideología de orden y progreso de la nueva república. Dentro de esta corriente intelectual se destaca el grupo de intelectuales de la generación del 1870-1880, que se educan en la Escuela de Derecho de Recife, la Escuela de Medicina de Bahía y la Universidad de São Paulo, y quienes escriben una obra ensayística que tendrá repercusiones importantes en las generaciones posteriores. Algunos de los ensayistas más importantes que trataron el problema negro fueron Joaquim Nabuco, teórico abolicionista y fundador de la "Sociedade contra a Escravidão" en 1880; Sílvio Romero, ensayista y periodista; Tobías Barreto, filósofo; Luís Pereira Barreto, médico positivista; y Raymundo Nina Rodrigues, positivista científico. La diversidad de corrientes literarias y científicas de estos discursos abarca intereses tan diversos como la filosofía alemana, el positivismo comtiano religioso y el positivismo científico, entre otros (Skidmore).

Los trabajos de Raymundo Nina Rodrigues en Brasil y Fernando Ortiz en Cuba hablan de un sujeto masculino "de color", delincuente, excesivo y atávico. Influido por las ideas de la Escuela de Criminología italiana de Césare Lombroso, en 1890, el médico brasileño Raymundo Nina Rodrigues (1862-1906), escribe una serie de ensayos sobre la población negra en Bahía, entre los que se destaca *O animismo fetichista dos negros bahianos*. En 1906, Fernando Ortiz publica en Cuba su importante ensayo *Hampa afrocubana: Los negros brujos*, influenciado por Enrico Ferri y prologado por Césare Lombroso, donde crea su perfil del sujeto masculino "de color" como delincuente. Ambos autores se enfocan en la delincuencia, la exacerbación sexual y el "atavismo" religioso de las poblaciones "de color".[6] Esta construcción científica buscaba "normalizar" la población negra, que se creía en vías de desaparición y en la que veían un atraso social que impedía el progreso socio-cultural de la nación. Sin embargo, estos autores comenzaban a articular una visión sobre el cuerpo que sería central para sus teorías de mestizaje positivo en la segunda década del siglo XX, como se verá más adelante. Por el momento, valga destacar que la producción literaria y etnográfica de esta generación (1920-30), muy influida por las vanguardias europeas y el primitivismo, es la que crea el imaginario legitimador de la "brasileñidad" y la "cubanía" y que este discurso, muy contrario al del período de finales de siglo, es transformativo, celebratorio e híbrido, y se orienta al estudio del origen de las culturas negras. El cuerpo y sus políticas de identidad (raciales, de género y sexuales) siguen siendo, sin embargo, el origen clave de este eje discursivo que continúa enfocándose, como lo ha hecho desde el siglo XIX, en el sujeto masculino "de color". Ante estas transformaciones discursivas que relacionan la cultura con la raza y el racismo ¿cómo se construye entonces, un discurso nacional conciliador que incorpore y al mismo tiempo, desplace ese miedo al otro?

El travestismo cultural enmascara estratégicamente al sujeto de la escritura, con el fin de crear subordinaciones y acercamientos sinuosos con el sujeto masculino que está representando. Aquí, los discursos de raza, género y sexualidad se manipulan, creando una "doble identificación". En esta "doble identificación" se articulan ambos discursos, el de acercamiento y conciliación, y el de la subordinación. En este gesto representativo de doble identificación es que sitúo el travestismo cultural. El travestismo cultural es un lugar conflictivo en la representación del otro –el negro, el mulato– en el cual se hacen juegos de identificación, espejeo y reconocimiento continuo, que desplazan la escritura para finalmente abolir la constitución de un sujeto fijo. Es así como el sujeto de la escritura se "subordina" simbólicamente a la otredad para constituirse a sí mismo. La relación amo-esclavo de la que parten estas narrativas recrea el momento y la "lucha" en que se forman nuevos sujetos (Kòjeve, Butler, Russon).

El travestismo cultural es un lugar en la representación que muestra estos "llamados a ser" del otro, en los que el sujeto de la escritura "se pierde" en el otro estratégicamente para poder representarse a sí mismo (Althusser, Hegel). Estos procesos de identificación de cualquier sujeto se hacen aquí en nombre de la armonía y la "totalidad" de la cultura, pero a partir de las representaciones culturales de los

---

[6] Aquí utilizo la frase "poblaciones de color" porque es el término sociológico que se usaba en la Cuba republicana. Durante el ensayo utilizo alternativamente "de color" y "poblaciones negras" según sea conveniente. En las décadas del veinte y el treinta, la obra de Fernando Ortiz seguirá teniendo muchos puntos en común con esta representación del hombre negro. Es así como la "transculturación" se funda, como señala Arcadio Díaz Quiñones a partir de una necesidad de trascender lo racial ("Fernando Ortiz y Allan Kardec: Espiritismo y transculturación" 68-83).

otros. Es decir, las manifestaciones culturales de negros y mulatos pasan a ser claves estrátegicas de la representación. Aquí se accede a un proceso que se va haciendo a través de la semiótica cultural del otro, sus signos asociados a la raza y la sexualidad. Este movimiento enmascara al sujeto que escribe y que se transforma, continuamente, a la par que maneja la complejidad de referentes que conforman el discurso de la cultura: la raza, el género y la sexualidad (Garber). Aunque el travestismo cultural tiene las características de muchos modelos de representación cultural y nacional, el hecho de que se dé como categoría en sociedades ex-esclavistas como la cubana y la brasileña es de vital importancia. En ese sentido, lo que Kaja Silverman señala como "doble mímesis" en las relaciones masculinas de representación colonial, ayuda a entender cómo se forman los "contactos" raciales, sociales y culturales en las sociedades esclavistas.

En primer lugar, la esclavitud crea una condición de sujeto desarraigada no solo de su "origen" sino de su identificación social. En segundo lugar, y como señala Orlando Patterson, la esclavitud "como muerte social" no solo impide sino que también desplaza toda una serie de discursos sobre el género y la sexualidad (215). En estas "sociedades de contacto" el esclavo bajo el poder del amo "pierde" su identidad para subyugarse a la del amo. Asimismo, el amo "pierde" su identidad frente al esclavo ya que al afirmarse en su condición de amo, hace más clara su necesidad continua del esclavo. Esto reproduce, para Patterson, el modelo hegeliano de dependencia de parte del amo y el esclavo (40). La identificación y la dependencia respecto al hombre negro y mulato hace que en estas narrativas culturales se reformule una posición de sujeto muy parecida a la *double conciousness* o doble perspectiva que Paul Gilroy identifica en la diáspora afro-anglófona. Si se traslada este modelo al campo discursivo, es claro que esta "doble perspectiva" o dependencia se da en la representación literaria. De ese modo puede afirmarse que los autores de estas narrativas culturales latinoamericanas y caribeñas no solo buscan la mirada del otro el texto europeo— sino que necesitan la constante aprobación/identificación con el negro y el mulato para conformar su imagen. Estas alianzas, subordinaciones y acercamientos "contienen" de algún modo, a estos personajes ya que de valen de ellos para formar un imaginario cultural. A pesar de su necesidad fundamental de contener al otro, estas narrativas terminan consolidando una posición "melancólica", en el sentido freudiano, en la que ese objeto se pierde y aquello que forma la subjetividad se integra en el sujeto de la escritura como "lo reprimido" ("Mourning" 584-8). En conclusión, estos discursos de raza, género y sexualidad construyen la ficción de un sujeto que no logra completarse.

Mi enfoque particular en la representación de los personajes masculinos (negros y mulatos), su feminización y el énfasis en su sexualidad, relaciona directamente el travestismo cultural con el deseo erótico –sublimado o no– en estos escritores y cómo éste busca fundar la fraternidad nacional ideal del discurso nacional (Kutzinski). Igualmente, existe una relación directa entre el mestizaje racial y la masculinidad que se va abriendo hacia construcciones más amplias sobre género y sexualidad. Al reclamar la hombría y la "fraternidad del hombre americano", este discurso adquiere su pureza estética y racial, ya que, paradójicamente, impide la "contaminación" de la reproducción y la mezcla, consolidándose como comunidad masculina. Así, la comunidad homosocial, que desplaza lo femenino como categoría del horror de la representación, termina manipulándola a su vez, con la intención de crear las alianzas socioculturales y subjetivas que hacen posible la escritura (Cunningham, hooks). Esta "homofilia", como la ha llamado Paul Gilroy, es el paradigma principal de muchos de los discursos raciales.[7]

Siguiendo los planteamientos de Doris Sommer respecto a las novelas decimonónicas en *Foundational Fictions*, se puede decir que el "romance" de la novela latinoamericana se funda en la unión matrimonial de la pareja heterosexual, que representa la alianza de los intereses políticos, sociales y económicos de la nación. Sin embargo, éstas narrativas añaden un giro interesante de esta visión heterosexual del "romance" en su tratamiento de las relaciones masculinas. Ya que el matrimonio entre la mujer blanca y el hombre negro, o entre la mujer negra y el hombre blanco, según sea el caso de cada novela, está mal visto por la sociedad esclavista y llena de prejuicios, se ofrecen otras alternativas para la representación de las alianzas nacionales. En este modelo de representación el esclavo, ya sea negro o mulato, se feminiza produciendo un modelo de "subyugación", que alude a las relaciones coloniales de poder. También se crean alianzas de los negros y mulatos con los personajes femeninos, aunque se parte de un modelo heteronormativo. Por tanto, estos narradores van reformulando una nueva categoría de sujeto de la escritura en la que el deseo por el otro es lo que consolida el modelo homosocial (Sedgwick, Kutzinski).

La fraternidad fundacional de los discursos nacionales –la nación como "hermandad" social– toma un giro interesante cuando bordea la seducción entre hombres, la educación social mutua y, en algunos casos la iniciación erótica y el encuentro sexual. Sin embargo, en ninguno de los casos se da una conciliación feliz en la que el "abrazo fraterno" o "erótico" cierre la narrativa, pues, en muchos casos, uno de los protagonistas muere o mata al otro. Frente a ese "fracaso" de las

---

[7] Paul Gilroy en *The Black Atlantic* (1993) relaciona esta "homofilia" con un deseo de homosociabilidad, cuyo fin es la presentación masculina de los sujetos de la razón. Ver mi análisis de la "homofilia" en el capítulo IV de este trabajo.

alianzas masculinas, parecería que el matrimonio hombre-mujer podría poner fin al conflicto en el protagonista masculino. Sin embargo, el matrimonio heterosexual resulta un pacto imposible en estas narrativas, como se verá más adelante, en las novelas de Freyre (Capítulo III).

La fantasía y, en algunos casos, la añoranza de un "hombre femenino" es, por consiguiente, el centro de estas alianzas. Sin embargo, aunque se juega con un eros de atracción puramente masculina, la imposibilidad de estas alianzas –incluso en las novelas en las que se trata abiertamente el tema homosexual como *Bom-Crioulo* de Caminha– rechaza la culminación feliz del amor homosexual, proponiéndolo como condición patológica de la nación "enferma". Asimismo, le da un atractivo singular a las relaciones con hombres "débiles", quienes se erotizan de forma seductora desplazando así a las "mujeres fuertes". Estamos, por consiguiente, ante unas obras que juegan con los bordes entre lo "homosocial" o la fraternidad social entre hombres y lo "homoerótico", la atracción erótica y la culminación del deseo sexual. En otras palabras, la seducción masculina en el plano homosocial puede, como se verá en las novelas de Freyre, bordear en lo erótico.

Por otro lado, y junto a esta visión masculina, la "mujer fuerte" solo desplaza en breves instancias al hombre afeminado o "débil" pero nunca sobrepasa el deseo masculino, que siempre se orienta hacia un "hombre femenino." Esta "fantasía" sobre la cultura está presente tanto en Gilberto Freyre como en Ortiz, donde el hombre negro o mulato tiene el papel principal. La raza "afemina" al hombre negro y junto a estos, la madre negra actúa como un cuerpo abyecto, que es origen y causa de la mezcla (Ramos, Stoler). El hecho de que la mayoría de estos personajes, particularmente los mulatos, vean a la madre como el centro de la locura, el desvío y la abyección explica la importancia de las alianzas masculinas para estos escritores (Kristeva *Historias* 209-31). Aquí, el "deseo que huye de su madre", como diría José Lezama Lima, busca el orden simbólico de la Ley del Padre –el texto europeo– para crear su lenguaje, pero ante la imposibilidad de insertarse totalmente en él se ve forzado a procurar una comunidad fraternal para encontrar su representatividad. Y aunque la madre es un eje poderoso en la formación de ese vacío de la identidad, el "hombre femenino" (entiéndase el femeneizado por la representación misma), ya sea negro o mulato, será el centro de esta fantasía cultural. Así ocurre en las etnografías brasileñas contemporáneas, como las de Roberto Da Matta y Helio Silva, donde se reelaboran estos temas a partir de una visión muy particular de los tipos masculinos –marginales y femeninos– como el malandro y el travesti.

Tanto en Cuba como en Brasil, la mulatez como sinónimo de mestizaje y los tipos raciales que forman parte de la mezcla pasarán a ser los actores de lo que Freyre ha llamado tipos socio-antropológicos: "onde as formas de corpo, e de personalidade; as marcas de doenças, accidentes e vícios, por acaso deformadoras de corpo ou de personalidade" están presentes, y se privilegia lo que Freyre destaca como "pessoa social" vista como "pessoa dramática" (*Heróis e Vilões* 6). Sin embargo, estos personajes tipos, que conforman el discurso nacional, presentan una preocupación por la reproducción sexual y la moral en el discurso racial.[8]

El conflicto que causa la incorporación del hombre negro o mulato al discurso narrativo se encuentra en los discursos raciales en Cuba y Brasil desde mediados del siglo XIX hasta las tres primeras décadas del siglo XX. En el siglo XIX, Cuba y Brasil, colonias de España y Portugal respectivamente, disfrutan de la riqueza proporcionada por el sistema esclavista. Cuba se convertirá en el mayor productor y vendedor de azúcar después de la Revolución Haitiana de 1804. El cultivo de la caña de azúcar será la ganancia principal de las haciendas esclavistas del nordeste de Brasil, especialmente, los estados de Bahía y Pernambuco. El nordeste del Brasil recibirá en las ciudades portuarias de Salvador, en el estado de Bahía y de Olinda, en el estado de Pernambuco, sus "cargamentos de ébano" (Ortiz, *Los negros esclavos* 40).

Entre 1830 y 1860, los puertos de La Habana, Santiago y Matanzas se desarrollarán como centros urbanos con gran rapidez, lo que hará que surja una clase media liberta, dedicada a oficios portuarios y artesanales, como zapatería, tabaquería y sastrería (Deschamps Chapeaux, Quiñones, Saco). Según Fernando Ortiz, ya había una minoría negra en Cuba, compuesta mayormente de negros ladinos, venidos de Castilla durante la conquista, que se dedicaban a estos oficios (*Los negros esclavos* 82). En ambos países, los primeros grupos que llegaron se dividieron entre el trabajo esclavo y las hermandades, cofradías religiosas al estilo de las que había en Castilla, llamadas cabildos. Los cabildos de La Habana, según Fernando Ortiz, eran "asociaciones religiosas con un fin comunitario en las que cada miembro pagaba un tributo para el beneficio de todos (*Los cabildos afrocubanos* 3-4). Estas asociaciones, que comenzaron como hermandades masculinas, bajo el nombre de un santo católico, contribuyeron más tarde, como han señalan Ortiz y Cabrera, entre otros, a formar comunidades socio-religiosas en las que el santo católico se sincretizó con una deidad del panteón sagrado yoruba-lucumí (9-10).[9]

---

[8] Según Nancy L. Stepan en su ensayo *The Hour of Eugenics. Race, Gender and Nation in Latin America*, (1991), la apropiación que hacen los científicos latinoamericanos de la eugenesia se preocupa por el saneamiento de las poblaciones y el cuerpo, especialmente el de la mujer, para que estuviera capacitado para reproducir seres humanos fuertes, inteligentes, de belleza "eugénica" y aptos para la vida social.

[9] Aunque en Cuba y Brasil existen muchas diferencias en el culto y el desarrollo de las sociedades Yorubas, la base religiosa es la misma en ambos países. Una de las diferencias fundamentales es que, en Brasil, el candomblé conserva su vínculo con África al preservar

Como señala Ortiz, la cosmovisión del africano, lejos de "congelarse" y desaparecer, se "desgarra" y termina por transculturarse y transformarse. Así, pues, las culturas afroamericanas son el espacio más apto para leer las transformaciones de la sociedad colonial (Bastide).

Antes y después de la abolición de la esclavitud –en Brasil (1888) y en Cuba (1886)– se puede apreciar el crecimiento de una economía capitalista, que, a menudo, propicia o crea la ilusión de movilidad social en las poblaciones negras. Años antes, durante las guerras fronterizas de Brasil con Paraguay (1865-1870) y las guerras de Independencia en Cuba (1868-1878, 1879-80, 1895-1898) negros y mulatos se incorporaron a las filas. En principio, la participación en las fuerzas navales o armadas les aseguraba su libertad. Sin embargo, al cabo de su participación en las guerras liberadoras como "brasileños" o "cubanos" a estos ciudadanos provisorios se les privaba de pensión y de ayuda económica. En Cuba, las guerras de Independencia crean un discurso de "hermandad revolucionaria" con el negro. José Martí llegará a decir que el "hombre es más que blanco, más que mulato, más que negro" mientras compartía con el mulato Antonio Maceo, la organización del ejército revolucionario mambí (citado en Ortiz "Martí y las razas" 133). En Brasil, por el contrario, la independencia sin revolución no cambió el orden de "sociedad del favor/servicio", de la que habla Roberto Schwarz (9-31).

Tanto en Cuba como en Brasil, los esclavos que habían quedado libres cuando Inglaterra prohibió la trata en 1850, así como los que compraron su libertad por coartación o nacieron después de firmada la Ley de Vientre Libre (1870-71), aprendieron un oficio o trabajaban como "maestros de arte": zapateros, sastres, pintores, etc. Otros trabajaban en los puertos como cargadores o se alistaban en la marina o en el ejército. Mientras que en Cuba, ya en 1830, José Antonio Saco alertaba a la población blanca de que "las artes estaban en posesión de personas de color" –una referencia a lo numerosa que era la población liberta en Cuba y el temor que esto causaba–, en Brasil, es sólo una minoría liberta la que aprende algún oficio (Fernandes, Saco). Luego de la abolición, la política del gobierno brasileño de "blanquear la población" da entrada libre a la inmigración europea, especialmente en el sur del país, en los estados de São Paulo, Santa Catarina y Rio

---

el aspecto matriarcal de la religión y de muchas prácticas. En Cuba, la santería le concede más poder al babalao o sacerdote, a quien se le concede la "mano de Orula" o la facultad de la adivinación por Ifá. Aunque las iyalochas y sacerdotisas mantienen su poder, no se dan las asociaciones de corte matriarcal que se mantienen en Bahía. En muchos casos, como señala João J. Reis con respecto a Bahía, la religión popular crea una conciencia revolucionaria y una memoria cultural de resistencia social.

Grande do Sul (Marinho de Azevedo, Skidmore). En ambos países, el nuevo ciudadano liberto provoca muchas disyuntivas al sistema jurídico, que debe ajustarse para atender los reclamos de igualdad ante la ley de estos sujetos.[10] En Cuba, por ejemplo, como señala Aline Helg en su ensayo *Our Rightful Share: The Afrocuban Struggle for Equality 1866-1922*, el sistema legal se une a la burguesía esclavista para silenciar varios levantamientos de esta clase media artesanal, entre los que se encuentran la revolución de Aponte (1812) y la Revuelta de la Escalera (1841). En el caso del Brasil, luego de varias revoluciones (que comenzaron con la del quilombo de Palmares en el siglo XVII), y después de los disturbios raciales en São Paulo en el siglo XIX, las poblaciones blancas continuaban luchando contra lo que Celia Marinho ha llamado "miedo al negro"(20).

En 1888, luego de la abolición de la esclavitud en Brasil, la población esclava del nordeste emigra al sur para trabajar en las plantaciones de café. Como afirma Florestan Fernandes en su estudio sobre el negro en São Paulo, esta población liberta, aunque muy numerosa, no puede ajustarse a las rápidas transformaciones del capital industrial, pierde empleos a causa de la población inmigrante europea y se refugia en la periferia de las ciudades. Mas ya en las primeras décadas del siglo XX, la influencia del nuevo capital industrial crea una burguesía media negra y mulata en ambos países. En el caso específico de Cuba, esta burguesía, muy poderosa económicamente, da lugar a las voces de intelectuales negros que denuncian el racismo y la injusticia social contra las poblaciones negras y mulatas.[11]

Por tanto, en las narrativas culturales, particularmente la ficción y la etnografía de Gilberto Freyre, se obvia el conflicto de clases en aras de una "hermandad nacional" que no cambie las raíces del sistema. Así, muchos de estos trabajos, en particular los de Freyre y Ortiz, aunque insertan los problemas nacionales en un discurso "liberal", no proveen ningún tipo de solución. Su forma ambigua y al mismo tiempo "celebratoria" actúa como un mapa subjetivo de las leyes de la representación cultural y textual. En otras palabras, el conflicto histórico-social está presente, pero los personajes, aunque representan tipos nacionales, no tienen conciencia de clase, y son más bien lugares de sujeto manipulados en determinadas coyunturas históricas. Es así como los hombres negros y mulatos, representan a su

---

[10] La ley trabaja, por consiguiente, como una ficción que se va desarrollando a partir de los sujetos que busca representar. Ver De Jesus, "Preconceito racial" y Ramos, "*La ley es otra*".

[11] En el texto periodístico de Rafael Conte y José M. Capmany, titulado *Guerra de Razas: Negros contra blancos en Cuba* (1912), se condena abiertamente el "separatismo" y el "racismo" de los negros frente a la asertividad política de las élites blancas. La Guerra de Razas de 1912, fue el mayor enfrentamiento armado entre negros y blancos en la historia de Cuba. Para un análisis histórico de la guerra, ver Fuente, Helg y Fernández Robaina.

vez, y como "hijos de la nación", el compromiso político de estos intelectuales. La ambivalencia política de los intelectuales criollos juega, entonces, con la figura del doble o el otro, utilizando su cuerpo y su habla para abolir ese lugar de sujeto colonizado o subordinado que le ha tocado frente al texto (y la política) europeo-estadounidense. En estas obras, el lugar intermedio y cambiante de la representación se convierte en el espacio de una lucha ambivalente con el otro –lucha que oscila entre el amor y la subordinación–, característica del travestismo cultural.

La presencia de poblaciones negras en lo que algunos sociólogos contemporáneos califican como el "Caribe continental" –las costas de Brasil, Venezuela, el Chocó colombiano y la costa de Ecuador, para mencionar sólo algunos de los casos más estudiados–, ha creado focos de culturas negras que tienen mucho en común con las poblaciones del archipiélago caribeño (el Caribe hispano, inglés y francés).[12] Aunque la diversidad cultural y lingüística del Brasil debe analizarse como la de un "continente en sí mismo" o –según la definición del mismo Freyre– "como Islas dentro de un continente", mi estudio comparativo se concentrará exclusivamente en las áreas del nordeste del país, desde donde Gilberto Freyre creó su ficción imaginaria de la "brasileñidad". La narrativa cultural de *Casa Grande e Senzala* es una vuelta al pasado de la casa grande y la sociedad esclavista. Al regresar a ese pasado Freyre busca entender la crisis de la sociedad nordestina.

La región del Nordeste, particularmente, en el estado de Salvador de Bahía, es la zona geográfica en donde sobrevive el mayor número de descendientes de africanos en toda América. Cuba comparte con Brasil y Haití un acervo cultural y religioso de origen africano que se ha mantenido desde la colonia (Bastide, Matibag, Verger). Por esto, casi todos los estudios comparativos entre los dos países se han basado mayormente en el análisis de las semejanzas y diferencias en las religiones culturales de origen africano como la yoruba. El acercamiento sociológico-etnográfico a la santería (Cuba) y el candomblé (Brasil) ha producido una serie de estudios sobre folklore, mitos de origen y sincretismo-afro-indígena en ambos países (Fernando Ortiz, Arthur Ramos). Más aún, las religiones populares de origen africano en Cuba y Brasil están presentes en los trabajos de Ortiz, Freyre, y Da Matta, en la novela de Alejo Carpentier *Ecue-Yamba-Ó* y en *Hablen paleros y santeros* de Fernández Robaina.

Según el ensayo de Eugenio Matibag, *Afro-Cuban Religious Experience: Cultural Reflections in Narrative*, las religiones populares como la santería le dan a la narrativa un vocabulario, una serie de signos y una hermenéutica particular. La "magia" de

---

[12] Sobre la representación de las poblaciones negras en la literatura de las Antillas y el Caribe continental, recomiendo los artículos de Kubayanda, y de Martínez Echezábal.

los textos afro-sincréticos revelan un lenguaje similar al literario que une el cuerpo con la voz y se constituye

> a través de rodeos y desviaciones del uso ordinario del lenguaje, que lo alejan de su significado literal [...] Más específicamente, la magia opera de un modo análogo a los significantes literarios que se organizan en tropos como la metáfora, la metonimia y las llamadas subclases de la metonimia como la sinécdoque[....] En la lógica propia de la narrativa, tanto la metáfora como la metonimia organizan operaciones simbólicas [...] la metáfora, que obedece a las leyes de la similitud, es el tropo de la selección, sustitución o condensación; la metonimia, que funciona por medio de de la contigüidad y el contagio, es el tropo del desplazamiento o la combinación. (14-5)

Estas narrativas culturales buscan, a partir de las religiones de origen africano, la creación de un texto "mágico" que contenga un lenguaje "sincrético" para representar su cultura.[13] Es así cómo el escritor pasa a ser el mago de la palabra. Como creador original, accede al título de poeta ya que según señala Ortiz: "éste se le daba originalmente solo a quienes eran magos o taumaturgos, a los que hacían prodigios, a los que *creaban*" (*Poesía y canto* 23).

La "criollez" del lenguaje es la finalidad principal de los procesos de incorporación y traducción. Los personajes negros proveen, en muchos de estos textos, un lenguaje criollo desde el cual se quiere representar la nacionalidad. Tanto Freyre como Ortiz coinciden en la fuerza "física", "originaria", "sentimental" y "teatral" de este lenguaje. El lenguaje del otro pasa a ser una "esencia" que deforma el lenguaje europeo, lo traduce y lo subvierte constantemente, al tiempo que reorganiza la narrativa (Freyre, Ortiz, Pérez Firmat). Para José Piedra éste es un elemento fundamental de la incorporación de las culturas afroamericanas al lenguaje dominante o código colonizador del amo, ya que éstas se constituyen, de un modo complejo desde la parodia del otro, lo que crea complejas redes de significados (Piedra "From Monkey Tales...").

Por esto, los personajes negros y mulatos se dividen entre los que "hablan bien" y los que no. El mulato culto, el esclavo letrado (como en el caso de Sab), el artesano y el "tipo listo" son personajes que se relacionan entre sí por su "buen hablar". El negro curro, por el contrario, está más relacionado con el delincuente y posee un "lenguaje muy físico". Así, el travestismo cultural, como estrategia compleja de identificación/representación en la escritura, jerarquiza, divide y

---

[13] En el caso específico de la incorporación de la cultura afro-cubana a la narrativa, ver Matibag "Ifá and Interpretation" y Piedra "From Monkey Tales".

estereotipa a muchos de estos personajes. Pero al mismo tiempo, crea un mapa de "socialización" en el texto mismo, de modo que los hombres que "hablan bien" –lo que significa que tienen más cultura "social"– educan socialmente al otro.

Un ejemplo representativo de dicha educación homosocial y erótica aparece en las dos novelas de Gilberto Freyre *Dona Sinhá e o Filho Padre* y *O outro amor do Dr. Paulo* que analizo en el capítulo IV. No resulta paradójico, pues, que el escritor de la narrativa cultural haya aprendido también a escribirse, a "hablar" y a explicarse discursivamente con Europa. Este juego presupone acomodos, estrategias de pasividad y tretas propias de la relación colonizador-colonizado (Cornejo-Polar, Ludmer, Piedra "Nationalizing Sissies"). En ese sentido, el cuerpo "enfermo", "atávico", "sexual", "atrasado" o "impuro" pasa a ser, incluso en los primeros trabajos de Ortiz y de Freyre, una forma de representar a las poblaciones negras en Cuba y Brasil, y, por extensión, a lo colonial nacional. Al mismo tiempo, es la estrategia más importante de estos escritores para "escribirse" frente a Europa y Estados Unidos.

¿Por qué es necesario escribir sobre el cuerpo del otro y sus "impurezas"? ¿Qué teorías filosóficas y racistas subvierte este discurso? En primer lugar, al integrar al otro como cuerpo (racial, sexual y de género) estos escritores escriben en contra de la concepción filosófica del sujeto cartesiano y su separación del cuerpo y la conciencia (Cahoone). El cuerpo se convierte, entonces, en un factor de conocimiento. La razón parte de la experiencia sensorial, pero produce un sujeto incompleto, que necesita el contacto constante con el mundo para probar su propia corporalidad. Este aspecto se relaciona más directamente con la visión del cuerpo de la fenomenología de Edmund Husserl. En segundo lugar, la visión del cuerpo como espacio abierto en contacto con el mundo responde a la concepción bakhtiniana del cuerpo carnavalesco, cuyos orificios transforman la materia constantemente, así como al cuerpo "dionisíaco", descrito por Friedrich Nietzsche en su ensayo *El origen de la tragedia*. Para Nietzsche el cuerpo es un espacio creativo en el que se funda una estética de representación propia, una voluntad, de poder. La música y los sentidos se relacionan con el espíritu dionisíaco y esta influencia se ve tanto en *Casa Grande e Senzala* de Freyre, como en *Los bailes y el teatro de los negros en el folklore de Cuba* y el *Contrapunteo* de Ortiz. Por consiguiente, la valoración de lo helénico y la estética de lo bello proviene en ambos autores de sus lecturas de la filosofía alemana, especialmente de Nietzsche, Schopenhauer y Hegel. La influencia de Nietzsche, particularmente la visión del "ocaso" o la caída del *Zaratustra* y su posterior reelaboración en *La decadencia de Occidente* de Oswald Spengler, es fundamental para ambos autores. Spengler alude a un tiempo histórico creativo en el que la propia narrativa, en su espacio-temporalidad, construye las almas creativas de las distintas razas. Para Spengler Europa vivió su mejor tiempo de creación en el Renacimiento, pero otras culturas tienen la posiblidad de fundar su propio discurso estético de la historia.

Después de la Primera Guerra Mundial, y bajo la influencia de las vanguardias europeas, las llamadas filosofías vitalistas, como la de Henri Bergson y José Ortega y Gasset, contribuyeron a la reelaboración de esta visión estética de la historia.[14] Igualmente, la Generación del 98, específicamente la obra filosófica de Miguel de Unamuno, influye marcadamente sobre la escritura de Gilberto Freyre y de Fernando Ortiz.[15] Lo que preocupa a los escritores latinoamericanos es el tema del tiempo histórico y cómo plantearse no una modernidad lineal como la europea, sino una concepción de tiempos simultáneos, que represente la heterogeneidad de tiempos en Latinoamérica y, al mismo tiempo, construya un sujeto en transformación ascendente (Bastos, García Canclini, Cornejo-Polar, Schwarz).

Este dilema se resuelve con la lectura y la incorporación que hacen de la filosofía hegeliana, en particular las meditaciones sobre *La filosofía de la historia* y *La filosofía del espíritu*. Quizás, más que una respuesta a los racismos filosóficos del Iluminismo y a las teorías del Conde de Gobineau y Charles Darwin, entre otros, la escritura sobre el tema racial y la subjetividad latinoamericana ha sido una respuesta directa a estos dos textos. Como señala Olufemi Taiwo, "el fantasma de Hegel" todavía permanece en la visión histórico-filosófica de Occidente porque puso a África "fuera de la historia" y, con África, a los países del llamado "Tercer Mundo". Para Hegel, en África –y en los países en vías de desarrollo– no puede existir un discurso "universal" de la filosofía de la historia ni de la subjetividad creativa, ya que en estos países no existe un desarrollo racional ni un espíritu superior. África no cae dentro de esta descripción porque:

> Desde los comienzos de la Historia, África ha permanecido desconectada y cerrada al resto del mundo; es la tierra de Dios cerrada en sí misma, la tierra de

---

[14] Gilberto Freyre discute abiertamente la influencia de Henri Bergson por medio de Paulo Tavares, el protagonista de su novela *O Outro Amor do Dr. Paulo*. La influencia de José Ortega y Gasset en esta generación de escritores proviene, mayormente, de las lecturas de *La revista de Occidente* y otros ensayos fundamentales de Ortega, en particular, *La rebelión de las masas* (1923) y *España invertebrada* (1917). Ver González Echevarría *Alejo Carpentier*, cap. I. Sobre la influencia de José Ortega y Gasset y los novelistas españoles en Freyre, ver Bastos. Sobre Henri Bergson y su filosofía vitalista ver Deleuze *Bergsonism*.

[15] Según Claudio Aguiar y Carlos Serrano, la influencia de Miguel de Unamuno en Gilberto Freyre y Fernando Ortiz fue fundamental para la formación de sus modelos sociológicos, en particular, la noción unamuniana de "tiempo hispánico" que tanto Freyre como Ortiz retoman.

la niñez, que después del amanecer de la historia quedó envuelta en el manto oscuro de la Noche. Su carácter aislado se relaciona no sólo con su naturaleza tropical, sino también y de un modo esencial con su condición geográfica. (citado en Taiwo 5)

Para Hegel, el cuerpo vinculado directamente a la naturaleza se relaciona con la figura alegórica del esclavo como otro de la conciencia. Este determinismo geográfico y climatológico es propio del discurso Iluminista y de la narrativa espiritual a la que tienen acceso las naciones "civilizadas". África es un lugar oscuro y aislado, el continente niño que se encuentra fuera de la historia. En África, como en Latinoamérica, la condición colonial crea una condición subalterna que marca una "historia" de silencios. En Latinoamérica, las crónicas de Indias, desde el siglo XVII, producirán un discurso ambivalente en el que se alude tanto al exceso, la abundancia y la belleza natural como a la niñez, la inocencia o el salvajismo del indígena y, más tarde, del negro.[16]

En *La filosofía del espíritu*, la pelea a muerte entre el amo y el esclavo le ofrece un lugar preponderante al cuerpo representado por el esclavo. Sin lo que John Russon ha llamado *embodied conciousness* o conciencia corporal no se logra la trayectoria desde el origen de la llamada "conciencia primitiva" hasta la forma "total de conciencia" (3-4). Como señala Russon, la lógica de la conciencia se funda principalmente en la lógica de la identidad y esto crea una dualidad que desplaza el origen de la observación convirtiéndolo en un reflejo de sí mismo: "la lógica de la identidad es, por consiguiente, una lógica de reflexión que no puede capturarse en una lógica simple de seres inmediatos" (39, traducción nuestra). La trayectoria del ser racional tiene tres momentos: la naturaleza o *phusis*, la institución o cultura y la expresión o *logos*. Para continuar esta trayectoria, Hegel reconoce que la lucha entre el amo y el esclavo crea un discurso del cuerpo y su deseo, ya que el amo tiene que reconocer su otredad (su cuerpo) para reconocer al mismo tiempo su dependencia de esa otredad (61). Cuando el yo/cuerpo, que es la razón principal de la conciencia, reconoce que para tener una "conciencia de amo" tiene que crear una narrativa de progresión o *Bildung* y para que el amo cree su "conciencia esclava"

---

[16] Aquí me resultaron muy útiles los planteamientos de Roger Bartra sobre el mito del salvaje en la civilización clásica y el medioevo. Para Bartra, la conquista de América simplemente problematizó las representaciones del hombre salvaje en Europa. Por otro lado, los rituales dionisíacos tenían, en el sentido de la celebración del cuerpo, una relación directa con el hombre salvaje: "lascivia, canibalismo, ingestión de carne cruda, rasgos bestiales (desnudez, piel velluda, piernas de caballo)..." (*Wild Men* 25). El cuerpo y, más aún, la sexualidad y el deseo no controlados son las características principales del hombre salvaje.

tiene que tomar en cuenta el cuerpo (62). Esta relación interpolada se reproduce en las narrativas de Ortiz y Freyre, ya que la única forma en que se puede producir el *Bildung* –visto aquí como la narrativa de progresión de la cultura– es a través de la naturaleza, de la creación de un cuerpo orgánico, que, como unidad, reconoce su dependencia de los demás órganos, su necesidad de ponerse en contacto con el afuera y con el deseo de integrar al otro dentro de sí (Russon 68).

La teoría del cuerpo en Hegel, según la analiza Russon, se puede aplicar directamente a la relación amo/esclavo e intérprete/interpretado, propia de estas narrativas, ya que es el acto de trabajar para el amo el que produce el *logos*. Sin embargo, es la "conciencia del esclavo" o conciencia esclava la que transforma y le ofrece a su vez con su colaboración inconsciente para con el amo, un "gesto" particular –el gesto del aprendizaje o el de "aprender la verdad de las cosas" (Russon 73). En las narrativas de Ortiz y Freyre este gesto aparece como la creación de su propia verdad, que, a su vez, produce el dominio de la interpretación, ya que "convertirse en amo es interpretar" (73).[17] Estamos por consiguiente, ante el salto interpretativo de la naturaleza a la cultura. Un salto que se traduce siempre como un gesto, y se manifiesta en tres movimientos: el gesto corporal del otro negro o mulato, el de la representación o el gesto de entrega frente al otro, y finalmente, el de la escritura como "trazo" o gestualidad propia.

Hay un tipo de "conciencia esclava", en la que se posicionan estos autores, que refleja la presencia del travestismo cultural como estrategia de doble identificación, poder y sublimación del "gesto" del otro. El tiempo creativo y la narrativa lineal de la historia pasan aquí a intregrarse a ese cuerpo, el cual logra un acceso final a la conciencia. La enfermedad, el atavismo o la locura como narrativas de exceso que se incorporan dentro del cuerpo pasan a figurar la temporalidad de la nación y no son actos de destrucción sino actos de purificación y crecimiento. Por esta razón la dialéctica hegeliana es una metáfora importante en la construcción histórica de estas narrativas.[18] En ellas, la construcción del deseo como necesidad, reciprocidad y amor surge, paradójicamente, de la lucha por el poder (Butler, Russon 42). Esta contradicción proviene de los juegos de poder del discurso colonial y de las relaciones conflictivas entre colonizador y colonizado (Bhabha "Signs"). El contacto con el libro europeo se transforma en un discurso híbrido y mimético, como un concepto que no resuelve los conflictos entre dos culturas, sino que crea

---

[17] Una relectura de la dialéctica hegeliana desde el marxismo muestra claramente que la lucha entre amo y esclavos, como se veía en la Cuba del siglo XIX, también puede entenderse como una lucha de clases; y que el aprendizaje del esclavo se mueve hacia un discurso de liberación y de búsqueda agencial de nuevas leyes para la nación futura. Ver la lectura de Hegel que hacen Butler, *The Psychic* y Ramos, "*La ley es otra*".

una crisis en el concepto mismo de autoridad de la cultura "dominante" (175). Igualmente, el conflicto entre la oralidad y los saberes o los lenguajes de las culturas afroamericanas que se representan en estas narrativas contribuye a crear lo que Homi K. Bhabha ve como: "lo cultural, no como el *origen* del conflicto –la diversidad cultural– sino el *efecto* de las prácticas discriminatorias –la *diferenciación cultural* como signo de autoridad" (175). El lenguaje como forma sincrética pasa a ser el ideal de estos autores, partiendo de la voluntad de crear un lenguaje propio y, a la vez, diferenciado, que construya su subjetividad. Si como señala Roger Bartra, las palabras del "salvaje" están desprovistas de sentido pero reflejan "un lenguaje emocional", estas narrativas figuran también un lenguaje "sentimental" (*The Artificial* 124).

La sensualidad del lenguaje "primitivo" y de la magia provee también un acceso al lenguaje del deseo por el otro. Es así como el deseo aparece de un modo contradictorio, como condición que se reprime en la cultura pero como trazo distintivo que hay que "liberar" para producir el discurso (Freud, Marcuse). La concepción moralista de "purgar el deseo", propia del origen de la visión de la cultura, se sustituye por una visión moderna, estetizante y subjetiva en la que se incorpora la libertad del sujeto romántico, la filosofía vitalista, la revisión histórica y lingüística de las vanguardias y la crítica social. Para estos escritores de vanguardia como Freyre y Ortiz, el sujeto deseante se convierte en el punto de partida para su crítica de los discursos filosóficos del sujeto occidental. Al mismo tiempo y junto a este sujeto deseante, la crítica de sus entornos nacionales (Cuba, Brasil) y en particular de las leyes sociales o "anomia" les da una visión crítica del sujeto conectado con su entorno (Herbert 69).

La "buena escritura" será, por un lado, la que busque arreglar ese pesimismo en contra de las instituciones y los discursos de la modernización capitalista, ordenando el cuerpo orgánico de la nación. Por otro lado, será la que provea los modelos estéticos de la vida cultural. La respuesta filosófica del individuo frente a sus circunstancias y su entorno, junto con los planteamientos de orden social, político y cultural de Cuba y del Brasil, encontrarán su solución en la teoría del mulataje y la mezcla de las culturas. Éstas fundarán, en las obras de Fernando Ortiz y de Gilberto Freyre, un tipo de subjetividad cultural particular, producto de un texto híbrido –parte literatura y parte etnografía– pero con el carácter poroso e imaginado que caracteriza a todos los discursos nacionales (Anderson, Benjamin,

---

[18] Esta influencia se ve de forma específica en Gilberto Freyre, cuya *Casa Grande e Senzala* se traduce al inglés con el título hegeliano *Masters & Slaves. A Study in the Development of Brazilian Civilization.* (New York: Alfred Knopf, 1946).

Bhabha). Es así como los capítulos siguientes combinan textos literarios y etnográficos, con el fin de analizar cómo se conforma y transforma el travestismo cultural. En el capítulo II titulado "Memoria y (ges)-textualidad: Gilberto Freyre y Fernando Ortiz" analizo la relación entre literatura y etnografía en la escritura freyriana y orticiana en *Casa Grande e Senzala* (1933) y *Contrapunteo cubano del tabaco y el azúcar* (1940). En el capítulo III, titulado "Masculinidades en el límite: negros y mulatos en la ficción cubana y brasileña", defino el sujeto de la escritura, y sus usos de la mediación como estrategia en los "romances" o novelas nacionalistas cubanas y brasileñas. En el capítulo IV, titulado "Subjetividad cultural, erotismo y representación: la escritura de Gilberto Freyre" discuto dos novelas de Gilberto Freyre como modelos ideales de formación de la fantasía cultural de lo brasileño. La conexión temática que hace Freyre entre historia y ficción para representar la cultura nacional es un modelo que se repite en todas las narrativas que analizaré en este ensayo. En el capítulo V, titulado: "Raza, género y socialización: para leer el carnaval en Fernando Ortiz", leo en detalle estas transculturaciones, específicamente, en la definición de la cubanía de los textos de Fernando Ortiz: *Contrapunteo cubano del tabaco y el azúcar* (1940), *Los bailes y el teatro de los negros en el folklore de Cuba* (1951) y *Los negros curros* (1909; 1986). A partir del análisis de las figuras del negro brujo Bocú, el jugador de maní, el negro curro y los diablitos ñáñigos Kulona y cocorícamo, analizo la trayectoria del pensamiento orticiano desde el positivismo hasta su propuesta del "cocorícamo" como figura del enigma de la identidad. Finalmente, en el capítulo VI, titulado "Otras etnografías: sobre héroes, santeros y travestis", analizo varios textos etnográficos contemporáneos como *Carnavais, malandros e hérois* (1979) de Roberto Da Matta; *Travesti: A Invenção do Feminino* (1993) de Helio Silva; *Biografía de un cimarrón* (1968) de Miguel Barnet; y *Hablen paleros y santeros* (1994) de Tomás Fernández Robaina. El propósito de estas lecturas es ver cómo estas nuevas etnografías transforman el travestismo cultural, partiendo de nuevas concepciones sobre la raza, la sexualidad y la masculinidad. A través del análisis de varios de sus personajes, discuto las similitudes y las diferencias entre estas narrativas y la escritura de Freyre y Ortiz. En el testimonio de Barnet es clara la influencia etnográfica de Ortiz, pero su síntesis de la cubanía asume, como veré en detalle más adelante, los modelos del "hombre revolucionario" y en este caso del revolucionario negro. Por otro lado, la *saudade* o nostalgia de las novelas de Freyre, por ejemplo, se recupera en los ensayos de Da Matta dando lugar a un tipo de sujeto cultural con un posicionamiento intermedio que anula todas las dicotomías que él mismo presenta, como orden/desorden, la casa/la calle, lo público/lo privado (Candido, "A dialéctica"). Por consiguiente, se advierte tanto en Da Matta como en Barnet una necesidad de definir la cultura nacional a partir de dos tipos masculinos específicos, el *malandro* y el negro cimarrón revolucionario.

En el caso de Silva, por el contrario, el trabajo de campo se convierte en un espacio autorreflexivo, novelado y autobiográfico en donde el etnógrafo tiene una relación más directa con sus informantes. Su análisis de la vida de los travestis en el Largo da Lapa de Río de Janeiro, se sustenta con una reflexión sobre el pasado en el que el *malandro* era el tipo social característico del barrio. En *Travesti: A Invenção do Feminino* tanto el *malandro* como el travesti articulan una sexualidad relacionada con el espacio popular y poseen un lugar indeterminado en el discurso socio-cultural. La escritura de Silva "quiere pasar" como un texto autorreflexivo que disemina todas las categorías. Al igual que Freyre, Silva juega con las economías del deseo masculino y, aunque busca integrarse al otro, el otro pasa a ser un eje discursivo sin agencia.

Fenández Robaina transforma el testimonio para dar una versión heterogénea de la vida socio-cultural de los practicantes de palo monte, santería y abakuá, tres religiones afrocubanas. Contrario al texto de Barnet, la voz ordenadora del etnógrafo pasa a un segundo plano para dar paso a varios testimonios de hombres y mujeres. La heterogeneidad y la diversidad de estas voces se sostiene a través de una autonomía textual ilusoria. Las religiones populares son construcciones socioculturales, heterogéneas y cambiantes. En ese sentido, son proveedoras de un discurso de la "diferencia". En esta diversidad de posiciones de sujeto entran, por consiguiente, diferencias raciales, de clase, de género, sexuales, religiosas, jerárquicas, etc. Estas distinciones se refuerzan con la narración de algunos "patakís" o historias de los orishas, que con sus luchas individuales y colectivas, reflejan de muchas formas estas posiciones subjetivas. En *Hablen paleros y santeros* la multiplicidad de posiciones de sujeto y la heterogeneidad de voces transforma, como en el caso de Silva, el travestismo cultural, deconstruyendo las propuestas del nacionalismo cultural. Aunque se asume la cultura como texto, como en el caso de Ortiz, la "cubanía" no es el centro de la reflexión sino los tipos posibles de "culturas" o diferencias dentro de la cubanía misma.

Luego de este análisis, finalizo con una reflexión sobre las contribuciones de Gilberto Freyre y Fernando Ortiz a las narrativas culturales de Latinoamérica y el Caribe. Las obras de estos autores, vistas como "proto-posmodernas" por la crítica contemporánea, revelan la importancia que han adquirido los discursos sobre la cultura y la diferencia en el mundo contemporáneo (Benítez Rojo, Díaz Quiñones). Las "culturas híbridas" latinoamericanas y caribeñas, que se están enfrentando al nuevo orden económico transnacional, han mostrado claramente la necesidad de crear nuevas formas de acercarse a la memoria de un pasado cultural más allá de las fronteras del Estado-nación y de las diferencias raciales, de género, o sexuales (García Canclini, Oyarzún, Richard, Yúdice).

Una mirada a estos textos nos permite deconstruir los patrones de "síntesis" cultural, particularmente el de la mezcla racial, para detectar cómo se construye el travestismo cultural en estas narrativas y acceder a los mecanismos creadores de una narrativa sobre la cultura, que posee, a pesar de sus problemas, una fuerza agencial. A partir de ese juego de espejos y diferencia frente al sujeto negro o mulato, propio del travestismo cultural, se está construyendo, al mismo tiempo, una forma única de narrar. Es entonces cuando la raza y la masculinidad problematizada de estos sujetos de la razón se unen textualmente con el fin de escribir estos textos nacionales desde la hibridez del discurso literario-etnográfico.

Capítulo II

Memoria y (ges)-textualidad:
Gilberto Freyre y Fernando Ortiz

> El contador de historias pertenece al rango de
> los maestros y los sabios. Su habilidad es la de
> relacionarse a su vida, su distinción, la de poder
> contarla. El contador de historias: es aquel que
> dejaría que la mecha de su vida fuese consumida
> completamente por la llama suave de su historia.
> —Walter Benjamin, "The Storyteller"

> Los trazos escritos son como huellas que la
> personalidad va dejando en el papel. La escritura
> es como un manoteo o gesticulación cuyas
> expresiones se fijan por la pluma.
> —Fernando Ortiz, *El engaño de las razas*

1. EL CONTADOR DE HISTORIAS

En su ensayo, "El contador de historias", Walter Benjamin medita sobre la posible pérdida de esta figura, aquel que habla de la condición humana desde su propia experiencia. Su desplazamiento no es sólo un síntoma de la modernidad, sino que surge de las fuerzas seculares de la historia contemporánea, que ha separado las formas de narrar del discurso oral (87). Mientras que la crisis de la novela burguesa europea agota, según Benjamin, las formas de narrar, el verdadero contador de historias logra un distanciamiento de su público, a la vez que se pierde en su historia. En esta combinatoria, la memoria ajusta las referencias y va ensamblando el significado. Esta virtud artesanal, que une los elementos, hace que el narrar mantenga un poder mágico y universal, que se asocia a un tiempo histórico y trascendente. De ahí que el contador de historias haga de los cruces entre historia y ficción su magia fundadora.

Esta magia fundadora es la que permanece y se acentúa en la ensayística de Gilberto Freyre y Fernando Ortiz. Descubridores del "placer del texto" del que habla Barthes, estos narradores incorporan el habla del otro y de los otros como testimonio oral de la realidad cultural de sus naciones. La oralidad es, por consiguiente, un territorio intervenido y problematizado, ya que las "voces" de los otros son representaciones textuales cruzadas por luchas políticas, de clase y de poder.

La influencia marcada del Romanticismo y su valoración del folklore como "habla de las naciones" se combina con los cambios políticos y la crisis filósofica del fin de siglo en América Latina y crea un interés por representar el habla de los otros.[19] A pesar de los puntos de contacto ya mencionados ese sujeto intermedio, mediador entre Europa y su mismidad, se presenta desde lugares distintos. Es decir su relación con la escritura se presenta de formas distintas. La relación de Freyre con la escritura se basa en los devaneos subjetivos de la memoria y un perspectivismo íntimo. Ortiz trabaja más bien con la intertextualidad o la interpretación de sí mismo como "sujeto cultural". En su escritura, muy personalizada, Freyre se presenta como personaje-protagonista de su pasado, mientras que Ortiz crea una identificación mediatizada a través de las "voces" de los informantes. Mientras que Freyre busca la coherencia de una experiencia múltiple y caótica, Ortiz resume esa misma multiplicidad en la cultura misma. Por esto, aunque ambos asumen las ciencias sociales como proyectos que se entremezclan con la literatura, se posicionan frente a ella desde lugares distintos: Freyre como escritor y Ortiz como "investigador". No obstante, ambos parten de que la compleja relación entre raza, nacionalidad y cultura se debe explorar desde la literatura.

De este modo, la recopilación de mitos, folclore, historias y biografías personales que acompañan las referencias literarias en las dos obras monumentales, *Casa Grande e Senzala* (1933) de Freyre y *Contrapunteo cubano del tabaco y el azúcar* (1940) de Ortiz, son parte de un proceso de reordenamiento del pasado que se cruza constantemente con la ficción. Este cruce hace de la etnografía una ciencia totalmente inmersa en la escritura. Como ha señalado James Clifford, este factor está unido a la creación literaria, ya que produce

> una traducción de la experiencia a la forma del texto. El proceso se complica por la interacción de múltiples subjetividades y restricciones políticas que están más allá del control del escritor. Respondiendo a estas fuerzas, la escritura etnográfica establece una estrategia específica de autoridad. Esta estrategia ha implicado siempre un reclamo incuestionable de representarse como el proveedor de la verdad en el texto. ("On Ethnographic Authority" 25)

---

[19] Aunque las obras de Freyre y Ortiz salen a la luz a inicios del siglo xx, la formación ideológica de ambos escritores corresponde a las escuelas históricas, literarias y filosóficas del siglo xix europeo, especialmente el Romanticismo. Sobre la relación entre oralidad y escritura en América Latina, ver Lienhard, *La voz y su huella*.

Esta cita sugiere que la "verdad" que reclama el texto es solo una estrategia para construir su ilusión de totalidad y que, incluso, más que por una verdad, el texto estará cruzado por varios subjetividades o "dominios de verdad." La cultura es, por consiguiente, un espacio cruzado por discursos de poder que pueden leerse como un orden semiótico (Geertz). Tanto la literatura como la etnografía, como "géneros de escritura, descripción y representación", crean, desde su afán interpretativo de la cultura y la sociedad, un espacio de reflexión subjetivo (Marcus 5). Ejemplo de esto es el proceso que ha llevado a las ciencias sociales y sus distintas ramas –la etnografía, la sociología, y la historia– en Latinoamérica y el Caribe a los debates sobre la identidad social, política y cultural.

En las etnografías freyrianas y orticianas se ve la complejidad del proceso de "escribir la cultura." Se escribe sobre la cultura en proceso, cambiante pero, al mismo tiempo, se deja ver el compromiso subjetivo de esta escritura (Clifford "Writing Culture"). A diferencia de otras narrativas etnográficas, en las que el sujeto viaja para convertirse en intérprete de otras culturas y describe un nativo "fijo" que es el objeto de su interpretación, en los textos de Freyre y Ortiz el sujeto forma parte de esa cultura que quiere definir, lo que crea una diferencia fundamental en la forma en que se relaciona con sus otros. Este planteamiento no implica que no exista un distanciamiento –que se hace obvio en las distinciones entre raza, clase y género sexual– sino que tal "distanciamiento" parte de una mirada crítica en la que la alianza con los otros se hace de un modo subjetivo desde distintas posiciones, no desde una sola interpretación. Este aspecto, que se asocia con las etnografías posmodernas, no hace de Freyre y Ortiz escritores "protoposmodernos", sino alude a la posición desde dónde escriben. Como ha señalado Glenn Bowman, la etnografía no llegó a una crisis de representación en los años ochenta, sino que mantuvo esa crisis desde su propio origen como disciplina ya que: "el sujeto antropológico [...] es una construcción específica del pensamiento occidental y, por tanto, forma parte de la ideología del colonialismo [...] y el colonialismo como parte importante del proyecto hegemónico europeo nunca ha sido un medio para entender otras culturas" (35). Como señalé en el capítulo I, la etnografía y la sociología latinoamericana parten de esta premisa y reconocen de forma ambivalente su "marginalidad" frente a la hegemonía de la representación europea y estadounidense. Por consiguiente, esta visión subjetiva y parcializada es propia de un "saber situado", o lo que Donna Haraway describe como una mirada que no busca entenderse en la totalidad sino en la parcialidad de su visión y que se constituye al margen de los discursos científicos occidentales (190). Escribir desde el margen es, más que nada, leer desde el margen para devorar y traducirse en un texto propio (Oswald de Andrade, González Echevarría, Pérez Firmat). Por eso, el nacimiento de una ideología que traduzca una conciencia criolla es vital para los discursos científicos y literarios de sus respectivos proyectos nacionales.

Tanto en Cuba como en Brasil, las últimas décadas del siglo XIX serán clave para la creación de un lenguaje propio. La fundación de este lenguaje surge en la novela, donde se marcan, como señala Julio Ramos, las ficciones de contacto y los límites jurídicos, sociales y culturales del discurso histórico ("Cuerpo"). ¿Cómo se forma el sujeto de la escritura en Freyre y Ortiz? y ¿cúal es el diálogo que mantienen las literaturas nacionales con *Casa Grande e Senzala* y el *Contrapunteo cubano*? Una mirada a las transformaciones de ese "contador de historias", y de sus mediaciones, sitúa los ejes ficcionales del relato nacional y va localizando el cuerpo de estos mitos y su voluntad trascendente.

2. LA NOVELA: FICCIONES DE CONTACTO

Con el fin de localizar esta mirada del contador de historias y situar el diálogo que mantienen con sus literaturas nacionales, habría que destacar que esta configuración híbrida de los campos literario y etnográfico, le da a la novela un papel esencial en la fundación de la ideología de los intelectuales criollos. En el caso de Cuba, como señala Antón Arrufat, las tertulias intelectuales de Domingo del Monte serán el origen de la publicación de algunas de las primeras novelas antiesclavistas: *El ingenio, Francisco o las delicias del campo* de Anselmo Suárez y Romero (1839); *Cecilia Valdés* (1830-1882) y la *Autobiografía* de Juan Francisco Manzano (1840). La novela de Gertrudis Gómez de Avellaneda, *Sab*, será publicada por su autora en su exilio en Madrid en 1841 (749).

Lo que señala Antón Arrufat sobre el período de nacimiento de la novela en Cuba (1830) coincide con las palabras de Antonio Candido respecto a Brasil, ya que, en ambos países, la novela corresponde: "al período de emergencia de una conciencia nacional" (Arrufat 753; Candido 281-2). En un artículo sobre la novela, en 1838, el novelista cubano Ramón de Palma revelaba que una obra de imaginación: "ha llegado a ser la muestra de las creencias, las costumbres, las pasiones, los extravíos y los adelantos de los pueblos" por consiguiente, la obra literaria como medio de instrucción es "un reflejo de la sociedad a la que pertenece"(citado en Arrufat 750). La novela surge entonces como género que hace la función de espejo: "refleja la sociedad a la que pertenece, y a la vez influye en la realidad reflejada"(750). Tanto en Cuba como en Brasil, como ha señalado Roberto Schwarz, estos artistas están integrando y ajustando los modelos literarios europeos para sentirse, por primera vez, conscientes de su diferencia. Esta relación "colonizada" es independiente del momento político que viven los dos países. Cuba será colonia de España hasta 1898 y Brasil había dejado de ser colonia de Portugal en el año 1822. Sin embargo, ambos países comienzan su proceso de descolonización de forma tardía, lo cual influye en la creación artística (Mota, "Idéias"). Esto crea una fuerte afirmación a nivel cultural, como señala Arrufat respecto a la narrativa cubana:

> Estos narradores [...] viven en un país sin identidad política. Manejan un instrumental ajeno que ellos no han creado ni ha surgido de su propia realidad social, generado originalmente por una sociedad más diversa que la suya, sociedad más estratificada y compleja. Habitando en un país sin historia escrita o conscientemente vivida, sin monumentos ni tradición actuante, el mismo Palma confiesa con tristeza, refiriéndose al romanticismo francés: "bien conocemos lo difícil que es libertarse del influjo de una nación cuyas letras nos seducen y cuyo poder y adelanto nos deslumbran". (752)

Aunque esta cita rescata el "poder de seducción" de la literatura extranjera, no toma en cuenta la labor que muchas instituciones socio-políticas y culturales estaban haciendo en Cuba.[20] Estas "ideas fuera de lugar" hacen que estos escritores reciban en sus obras, como en el caso del Brasil, influencias francesas e inglesas (Schwarz 19-21). Sin embargo, esta influencia no es pasiva, sino que "devora" y reescribe estos textos para describir las realidades nacionales de cada país.

Como se ve en dos novelas fundacionales de la literatura brasileña y cubana *Iracema* (1865) de José de Alencar y *Francisco, El ingenio o las delicias del campo* (1839;1880) de Anselmo Suárez y Romero: "el artista literario se encontraba escindido entre el gusto romántico y la responsabilidad práctica, entre la iniciativa individual y las necesidades comunes" (753). El desarrollo de las ciudades y la emergencia de las nuevas sociedades industriales influenciadas por el capitalismo crean también una

---

[20] Entre ellas, la Sociedad Económica de Amigos del País y la tertulia de Domingo del Monte, donde se reunían muchos de los escritores de esta generación, como Manzano, Villaverde y Ramón de Palma, entre otros. La Academia Cubana de Literatura, fundada en marzo de 1834, fue suprimida por O'Gavan, a causa de una polémica con José A. Saco que lo lleva al destierro. Según Max Henríquez Ureña, la polémica con Saco tenía que ver con intereses políticos y conflictos entre los cubanos y el gobierno colonial: "la Academia aparecía como un organismo en cierto modo rebelde, constituido principalmente por nativos de Cuba, que por Cuba vivían y pensaban[...] La Sociedad Económica era, en cambio, una institución ligada por vínculos oficiales al gobierno colonial[...] El conflicto que surgió en torno a la fundación de la Academia Cubana es un ejemplo vivo del criterio prevaleciente en Cuba durante el siglo XIX: establecer un centro de cultura que no obedeciese a inspiraciones directas del gobierno colonial se consideraba un peligro".

"realidad densa" que ayuda al crecimiento de la novela y al examen de las costumbres (753). En ese momento, como ya han señalado Francine Masiello y Julio Ramos, la prensa desempeña un papel esencial en la creación de un público lector.[21] Pero también, como señalan Arrufat y Schwarz entre otros, las sociedades esclavistas como las de Cuba y Brasil exploran nuevos temas, en particular, el conflicto amo-esclavo (754). Estas "ficciones de contacto" aluden directamente al problema racial y a la formación de nuevas conciencias ciudadanas (Ramos, "La ley es otra" 305-36).

En *Francisco, El ingenio o las delicias del campo* de Anselmo Suárez y Romero, el romance entre Francisco, un negro esclavo, y Dorotea, una esclava mulata, pasa por una serie de contratiempos que llevan al buen esclavo a la muerte. Ricardo Mendizábal, hijo de la Señora Mendizábal, ama de Francisco, también pretende a la mulata e intriga para que Francisco sea sometido a castigos crueles. La atracción sexual de Ricardo, amo blanco, por Dorotea, la esclava mulata, ya anuncia el tema del deseo entre hombres blancos y mujeres mulatas que será elaborado más tarde por Cirilo Villaverde en *Cecilia Valdés*. Por este medio, el narrador describe la vida diaria de los esclavos del campo con un lenguaje realista, que coloca la novela como relato de transición entre el romanticismo y el realismo. La muerte final de Francisco y la imposiblidad del esclavo de tener una vida familiar cumple con uno de los fines principales del relato: demostrar los horrores de la institución esclavista y pedir un mejor trato para el esclavo. Aunque en el personaje de la Señora Mendizábal se ve la posibilidad del diálogo y del buen trato, la novela no ofrece una solución optimista.

Aunque *Iracema* de José de Alencar no trata el tema de la mezcla racial con la figura del negro, sino con la del indígena, las alusiones al cuerpo, la lengua y la presencia del "otro" están presentes. En *Iracema*, la princesa indígena del mismo nombre se enamora de Martim, un colonizador portugués. Después de ser bendecido por Baituereté, abuelo de Iracema y sabio viejo de la tribu, Martim pasa a ser el protector de la tribu, "el nuevo sabio", y se casa con Iracema. Al final de la novela, Iracema da a luz un hijo, mezcla de las dos razas y muere en el parto. Martim se lleva a su hijo a Portugal y regresa después con grupos de colonizadores

---

[21] La influencia de la prensa es central para la formación política e intelectual del escritor del fin de siglo latinoamericano, quien se encuentra en una posición menos privilegiada que la de años anteriores, así como para la formación de un público lector. Aquí son fundamentales los ensayos de Julio Ramos *Desencuentros de la modernidad en América Latina. Literatura y política en el siglo XIX*. (1989) y de Francine Masiello *Between Civilization and Barbarism. Women, Nation and Literary Culture in Modern Argentina* (1992).

portugueses a fundar la nación futura. Este mestizaje, que produce el hijo que personifica a Brasil, representa el cuerpo de la "virgen de los labios de miel" como un espacio de cruce de razas. Aquí, la mujer recibe la semilla del colonizador portugués y origina la vida, lo que la lleva a la muerte. Este lugar del cuerpo femenino como origen de la mezcla y, a la vez, "sepulcro" de dicho origen se verá también en muchas de las novelas cubanas, como *Cecilia Valdés* de Cirilo Villaverde. La imposiblidad de la familia en la novela de Suárez y Romero y la desaparición del cuerpo femenino en la novela de Alencar aluden a un doble movimiento en la novela antiesclavista: la fobia al contacto racial y, al mismo tiempo, la necesidad del mismo para crear una ficción integradora de lo nacional.

Esta contradicción recorre toda la producción novelística y etnográfica cubana y brasileña desde el siglo XIX hasta las primeras décadas del siglo XX. Como mostraré más adelante respecto a las novelas (Capítulo IV), y como ya ha apuntado William Luis, esto hace que en Cuba, por ejemplo, la novela esclavista se siga extendiendo, mucho después de la abolición de la esclavitud, hasta la Revolución Cubana (44). Puede afirmarse, sin contradecir a Luis, que tanto en Cuba como en Brasil, la etnografía y la ensayística sociológica producen un discurso paralelo al de la novela para relatar estas "ficciones de contacto". De ahí que el ensayo *Casa Grande e Senzala* narre la novela patriarcal brasileña de las relaciones entre amos y esclavos, con sus consecuencias sicológicas y políticas, y el *Contrapunteo cubano*, traduzca las luchas de poder, de los sujetos migrantes, lo político y lo económico, temas que forman parte del teatro de la Cuba republicana.

3. Subjetividad y escritura: tropicalismo y transculturación

> Eu ouço as vozes
> eu vejo as cores
> eu sinto os passos
> de outro Brasil que vem aí
> mais tropical
> mais fraterno
> mais brasileiro.
> —Gilberto Freyre, "O outro Brasil que vem aí"
>
> todos fuera de justicia, fuera de ajuste, fuera de sí. Y todos en trance doloroso de transculturación a un nuevo ambiente cultural.
> —Fernando Ortiz, *Contrapunteo cubano del trabaco y el azúcar*

45

Una mirada al discurso sociológico cultural, particularmente a las teorías de tropicalismo y transculturación en estas dos obras, se hace urgente para entender no sólo el proceso de síntesis narrativa, sino también la definición del sujeto de la escritura en el travestismo cultural. Las narrativas culturales de Gilberto Freyre y Fernando Ortiz inaguran un espacio de diálogo, hermeneútica y metodología, de influencia notable en la literatura, la filosofía y la investigación histórica en América Latina. Más que un método específico, la cualidad principal de esta escritura es su poder de descripción, síntesis y definición de "lo propio". El sujeto de la escritura, que se acerca a su sociedad "desde adentro", produce una narrativa en la que la objetividad científica del discurso se diluye, reformulando perspectivas y significantes de su lenguaje cultural. Los distintos niveles del texto se abren, pues, a una definición de la nación que se complementa con una inversión subjetiva del sujeto que escribe. Esta subjetividad cultural se abre tanto a los niveles subjetivos como a los socio-políticos. Así, la preocupación de Freyre y Ortiz por sus culturas nacionales "en crisis", propone una nueva forma de entender lo socio-político, desde lo económico y lo cultural.

A principios de la década del veinte, Gilberto Freyre regresa de viajar por Estados Unidos y Europa empapado de las corrientes más avanzadas de la sociología estadounidense y europea. Luego de haberse graduado de la Escuela de Derecho de Recife, Pernambuco, realiza estudios de posgrado en ciencias sociales y antropología en la Universidad de Baylor en Texas y en la Universidad de Columbia, donde fue alumno de Franz Boas. En sus años de estudio en la Universidad de Columbia, Freyre hace amistad con otros estudiantes hispanos y colabora en periódicos como *El estudiante latinoamericano*. Su observación detenida de la segregación racial en Estados Unidos, especialmente durante sus años de estudiante en Texas, le llevó a interesarse por el tema racial. También descubre la particularidad cultural y social de los pueblos latinoamericanos a través de su observación de las poblaciones mexicanas en el suroeste estadounidense. Como señala Vamireh Chacon:

> También a grandeza da herença e a força da resistência cultural hispânicas na Califórnia que acabaram de impulsionar Gilberto Freyre na direção do seu hispanismo, ou iberismo, de que sentira prenúncios quando da sua ida a Waco em 1919, ou dos seus diálogos pan-ibéricos com Federico de Onís, professor de Colúmbia. Também Stanford foi decisiva na vida cultural de Gilberto Freyre. (*Gilberto Freyre...* 217)

Será en Stanford donde comenzará las investigaciones de *Casa Grande e Senzala* haciendo uso de la biblioteca del profesor John Casper Branner. Sin embargo, será la influencia de Franz Boas y la internalización de los conceptos más avanzados en las corrientes del positivismo científico y el relativismo cultural, lo que le permitirá organizar, finalmente, su interpretación del Brasil (Chacon).[22] Como señala Arnold Krupat, Boas fue hijo de la crisis epistemológica de fines del siglo XIX, produjo: "un desplazamiento de los discursos absolutos –en la religión, la lingüística, las matemáticas, las físicas y demás ciencias– hacia la relatividad" (85). El academicismo de Boas, particularmente en su trabajo como investigador científico y de archivo, contrastaba con la visión irónica, escéptica y "desordenada" que daba a muchos de sus trabajos. Como bien señala Krupat: "El proyecto boasiano se organizó a través de un sentido de lo relativo, de la ausencia de lo fijo, de que todo era un flujo, sin certeza en ninguna parte e incertidumbre en todas [...] operaba conforme a un paradigma irónico que era inconsistente con el establecimiento de cualquier tipo de ejercicio científico" (86). La escritura de Boas se alejaba, pues, del cientificismo objetivo y se movía hacia el estudio de posibilidades múltiples que se cancelaban a sí mismas sin proveer ninguna conclusión. Este cosmos científico tenía lo que Boas llamaba el "impulso estético" y el "impulso afectivo", un tipo de "erótica" de las ciencias que tenía un orden preestablecido. La antropología era, como él mismo afirmaba, un estudio de su "objeto de afecto" (90-2).[23] En el caso particular de Freyre, la influencia del profesor Zimmern en la Universidad de Oxford, y en particular, su cátedra sobre la importancia de la esclavitud griega, le dará las bases necesarias para la escritura de su monumental *Casa Grande e Senzala* (1933) (Bastos 44).

Las décadas del veinte y del treinta marcan momentos críticos en la vida social y política brasileña. El país se industrializaba rápidamente gracias a la hegemonía del capital cafetalero en la ciudad sureña de São Paulo, mientras las provincias nordestinas perdían la hegemonía socio-política que disfrutaban desde la colonia. Durante esos años, Gilberto Freyre escribe en el Diario de Pernambuco sobre el clima social y político de la época pero, al mismo tiempo, comienza a redescubrir, con nuevos ojos, la realidad cultural que lo rodea. Las tradiciones, la

---

[22] Franz Boas (1858-1942) fue la mentalidad científica más importante de su tiempo. Su influencia originó los debates de la antropología como ciencia académica en los Estados Unidos. Sus cátedras de antropología física, folclore y raza fueron creadoras de una ciencia de la cultura en las universidades estadounidenses. Como señala Arnold Krupat, su influencia fue tan grande que, en 1926, sus estudiantes dirigían la mayoría de los departamentos de antropología de la nación.

[23] Otras estudiantes de Boas, tales como Margaret Mead, Ruth Benedict, Ruth Landes y Zora Neale Hurston, aprendieron de la "estética científica" de su maestro y fueron, a su vez, pioneras en el campo de las ciencias de la cultura (Sánchez-Eppler).

arquitectura y el folclore de las provincias nordestinas se convierten en un campo fértil para su curiosidad de escritor, y —como Ortiz y posteriormente Carpentier escribe sobre una serie de temas y materiales de archivo: climatología, ecología, tradiciones populares, periódicos, recetas de cocina, diarios, libretas de ingenio. La historia brasileña se convierte, por consiguiente, en el eje de su método culturalista, que, como señala Sebastião Vilanova, puede verse como una sociología existencial o total.[24] En esta sociología existencial, Freyre buscará: "a possibilidade de uma sociologia mista o mestiça: natural e cultural ao mesmo tempo" (Vilanova 76).

Para Vilanova, la sociología existencial:

> não possa prescindir da biografia, da história de vida de individuos concretos refletindo em suas experiências pessoais as situações sociais, ou, antes bio-sócio-culturais em que estão inseridas. E aqui voltamos à presença do postulado pragmático entre o indivíduo, e a sociedade, a cultura e a personalidade. (61)

La función representativa del sujeto de la escritura se forma a partir de la necesidad de incorporarse como sujeto en lo que describe. Esta incorporación se traduce en lo que Freyre define como "empatía" con el objeto de investigación, un factor que lo hace penetrar agudamente en las posiciones subjetivas y sicológicas del objeto de análisis. En ese sentido, Freyre se ve como escritor, más que como sociólogo. Su compromiso con la literatura aparece como parte de su síntesis cultural, pero también en su influencia en los escritores nordestinos de la época, en particular en la obra de José Lins do Rego. En su Manifiesto Regionalista (1926), Freyre expone su teoría de la nueva literatura regionalista. Su interés por resaltar los valores regionales representa una alternativa contra los procesos industriales y modernizadores que habían llevado al nordeste a una situación periférica a nivel nacional.[25] A pesar de las diferencias que los separaban, el

---

[24] En su definición del método freyriano, Sebastião Vilanova destaca que, aunque Freyre se denominara "antiteórico", su método, al que llama existencial o pós-sociológico, contiene, además de la influencia de Boas, mucha influencia de la escuela alemana, específicamente de Georg Simmel y Hans Freyer, y del pragmatismo de la Escuela de Chicago, especialmente de William Thomas y Florian Znaniecki. Compara el trabajo de Freyre con el de la escuela de los Anales de Lucien Febvre y March Bloch.

[25] Durante esos años Freyre organiza el "Primer Congreso Regionalista" (1926) en Pernambuco, que da lugar al movimiento artístico literario llamado "Modernismo Regionalista", al que pertenecieron muchos escritores, artistas y científicos de su época, como José Lins do Rego, Manuel Bandeira, Graciliano Ramos y Jorge Amado, entre otros. La polémica sobre la fecha de publicación del "Manifiesto Regionalista" (1952) ha producido

Manifiesto Antropófago (1922) de Oswald de Andrade en São Paulo y el Manifiesto Regionalista compartían una preocupación por el lenguaje en que se debía representar la cultura nacional brasileña. El comer o devorar, para transformar, es por consiguiente, el centro epistemológico de ambos manifiestos.

Según afirma Vamireh Chacon en su ensayo *A Luz do Norte*, el Movimiento Regionalista que dirigió Freyre no fue, contrario a lo que señalaron sus detractores, un "atraso" a nivel cultural, sino que presentó una valoración de las tradiciones culturales propias, desde una perspectiva universalista que se oponía a la "homogeneización" de la cultura brasileña por parte de las economías del capital. Para Freyre, Brasil podía verse como una serie de "islas regionales" donde debía existir una "unidad sentimental de lengua y nacionalidad común" (74). Por esto, *Casa Grande e Senzala* es un intento de construir un pasado cultural, en que la lengua y la raza sean factores unitarios y creadores de una "empatía" nacional entre los brasileños. Esta "empatía" se relaciona directamente con la búsqueda de un tipo de lenguaje "afectivo" y familiar, anterior a los esquemas científicos. En palabras de Michel de Certeau, este lenguaje representa aquello que se reprime: "Admitir el afecto es también volver a aprender un lenguaje, 'olvidado' por la razón científica y reprimido por las normas sociales. Este lenguaje, cuya raíz se encuentra en la infancia y en las diferencias sexuales, aún circula disfrazado en sueños, en leyendas y en mitos" ("The Freudian Novel" 27).

En *Casa Grande e Senzala*, Freyre escribe la armonía de la ficción nacional desde un lenguaje emotivo que parte del contacto con el negro. Su teoría de la democracia racial plantea que la esclavitud ha creado una sociedad de contacto en la que se ha logrado limar los prejuicios raciales con el fin de crear una cultura nueva. La cultura brasileña surge, por consiguiente, de la mezcla del negro, el colonizador portugués y, en menor, escala, el indígena. La mezcla racial produce lo que Freyre denomina cruce horizontal y elimina las diferencias económicas y de clase, o perspectiva vertical. El cuerpo del negro actúa, entonces, como agente civilizador mientras que la familia patriarcal, el centro del *Bildungsroman* freyriano, recibe del cuerpo del esclavo y la esclava negra el poder espiritual, emotivo y sexual de la cultura. La *senzala*, o casa de esclavos, que aparece en dialéctica oposicional en el sistema, termina por integrarse a la casa grande. La cultura, entonces se

---

debates sobre la historicidad del mismo y el hecho de que se haya escrito originalmente en 1926. Freye antepuso este congreso interdisciplinario como el rival principal de la "Semana de Arte Moderna" de 1922, presidida por Mario de Andrade en São Paulo. Sobre los mecanismos de la modernidad regionalista freyriana ver Selma D'Andrea y Rama, *Transculturación narrativa*.

"abrasilera" porque se compone de elementos "positivos" y "negativos" en los que el negro, como agente de trabajo y víctima económica del sistema esclavista, posibilita las alianzas económicas, sociales y sexuales.

El negro transmite historias orales, mitos, sentimentalidad, y sensualidad, pero al mismo tiempo, contagia con su enfermedad y su deseo sexual. De ahí que la nana negra sea una figura central para el imaginario de Freyre, pues, como figura primordial en la crianza del niño blanco, mantiene el modelo de educación sentimental del que habla el autor. A través de ella se crea el lenguaje, ya que la nana habla un "portugués roto" y suave. Es así como el "brasileño", como lengua "otra", se diferencia del portugués académico y científico. Desde ese lenguaje se produce una visión problemática y contaminante de la sexualidad femenina: "E não só a língua infantil se abrandou dêsse jeito mas a linguagem em geral, a fala séria, solene, da gente grande, toda ela sofreu no Brasil, ao contato do senhor com o escravo, um amolecimiento de resultados às vezes deliciosos para o ouvido" (387).

Freyre se deja "contaminar" por este lenguaje y rompe con el academicismo de la literatura y las ciencias sociales de la época para narrar en "brasileño". Se vuelve a la niñez emocional y subjetiva en este emplazamiento de la memoria que provoca la "suavidad" del lenguaje. En esta escena primaria, en la que el narrador aprende a hablar, la nana-madre parece arrullar al artista narrador. Sin embargo, esta madre-cuerpo es una figura ambivalente, ya que lo que la une al niño blanco no son lazos de sangre, sino ese lenguaje emotivo de la crianza, lo que hace que la relación entre ambos adquiera un carácter sexualizado.[26] El intelectual en formación aprende a neutralizar este deseo por la nana negra desplazándolo, como se verá en las novelas, por la "fraternidad" de los proyectos nacionales (Anderson 7).

Por otro lado, y sin la función materna de la nana negra, el cuerpo del esclavo negro, adquiere una fuerza erótica que es central para la narrativa. Aunque Freyre retoma la noción de Waldo Frank del negro como el "auténtico hijo de los trópicos", resalta las cualidades estéticas del negro brasileño para indicar que los negros más hermosos son los que se ponen al servicio de la familia en la casa grande. Es en este espacio, el de la casa grande, donde el niño negro y el blanco se inician sexualmente:

---

[26] Aquí sigo los análisis de Laura Doyle, Ann L. Stoler y Julio Ramos, quienes entienden las figuras "intermedias" como la nana a partir de los contextos coloniales y las sociedades "de contacto". La nana es una figura intermedia, no solo por su raza sino por su sexualidad. Como un cuerpo femenino presenta el peligro de ser "madre" simbólica y no ser madre biológica, no existe en ella la prohibición del incesto. Por otro lado, alude al espacio del cuerpo que no puede entrar dentro del espacio de la razón intelectual.

Muito menino brasileiro do tempo da escravidão foi criado inteiramente pelas mucamas. Raro o que não foi amamentado por negra[…] Que não cresceu entre muleques. Brincando com muleques. Aprendendo safadeza com êles e com as negras da copa. E cedo perdendo a virgindade. Virgindade do corpo. Virgindade do espírito […] Noutros vícios escorregava a meninice dos filhos do senhor de engenho[…] antecipou-se sempre a atividade sexual, através de práticas sadistas e bestiais. As primeiras vítimas eram os muleques e animais domésticos; mais tarde é que vinha o grande atoleiro de carne: a negra ou a mulata. (404, 424)

En esta cita, la iniciación sexual se relaciona con los instintos "animalizados" del *muleque* (niño negro). Se nota, también, que hay un paralelismo entre la mujer esclava y los animales domésticos, que describe la brutalidad del sistema a la vez que coloca la sexualidad femenina en el terreno de la animalidad. Aunque el esclavo pervierte con su sexualidad al niño blanco, conserva su rol "pasivo" ya que la esclavitud condiciona y fija roles de "sadismo" y "masoquismo" en amo y esclavo.

A diferencia del negro, el mulato es el tipo masculino más atractivo, más inteligente y con más oportunidad de ascenso social. Ya en la segunda parte de *Casa Grande*, titulada *Sobrados e Mucambos* (1936), Freyre le dará al mulato una apariencia "seductora", "erótica" y femenina, que es muy importante para su proyecto cultural. En sus novelas, esta visión de lo brasileño adquiere un carácter "homofílico" de hermandad a la usanza griega, para usar el término de Paul Gilroy, donde el propio autor presenta su fantasía cultural en una meritocracia intelectual y fraterna (citado por bell hooks, 76-85).

La mirada al pasado de Freyre quiere construir una visión de la cultura brasileña desde el propio individuo. En esta visión, el autor-narrador recupera lo "brasileño" al estilo proustiano y se reescribe a sí mismo por medio de la memoria. Freyre se declara "un medio escritor", dividido entre la historia y la ficción, lo que hace que el texto sociológico sea más que nada un texto de exploración ("Como e porque escrevi..." 141-2). En este sentido, su escritura se convierte en una visión conflictiva del mismo pasado que desea recuperar, pues, por un lado, hay una añoranza de ese viejo orden patriarcal pero, por otro, la escritura se revela como un acto de protesta contra la Ley del Padre e impone una ética del afecto y el deseo entre hombres. A partir de este deseo entre hombres se funda la nueva comunidad masculina.[27] Sin

---

[27] Gilberto Freyre sigue, seguramente, el modelo que emplea Sigmund Freud en su ensayo *Tótem y tabú,* en el que el tótem es una alusión a una figura divina, pero, al mismo tiempo, es la figura del Padre simbólico. Existe una ambivalencia en el momento de la muerte del tótem/padre, que se relaciona con la culpa pero a la vez expresa un sentimiento de igualdad/ solidaridad entre los "hermanos." Es así, según Freud, como se inicia el patriarcado, como

embargo, la utopía futura de la integración nacional no se ve como una alianza homogénea y las alianzas regionales serán la única forma de evitar lo que Freyre llama "gobiernos dictatoriales y fuertes" (*Novo Mundo*). Por tanto, en su narrativa la cultura brasileña se representa como un estado subjetivo, una síntesis ideal de aspiraciones afectivas, que articulan una visión particular del conflicto social, con el fin de constituir una comunidad nueva de "hombres nuevos" que trabajen por el bien de la cultura.

En el tropicalismo de Freyre se sintetiza la cultura nacional, para crear un nuevo tipo de ciudadano, que responde a una nueva sensibilidad luso-tropical o hispano-tropical. Si como ha señalado Nancy L. Stepan en un ensayo reciente, el trópico representa las contradicciones de los poderes imperiales en expansión, también es un lugar de representación y creador de una nueva episteme. Freyre funda su teoría sobre la sensibilidad del hombre tropical a partir de influencias locales y europeas. Muchas de estas influencias locales se relacionan, mayormente, con la creación de una identidad regional nordestina, en particular el ensayo de Agamenon Magalhães *O Nordeste Brasileiro* (1921). Para Magalhães, que estaba muy influenciado por las ideas de Euclides Da Cunha y su visión unitaria de la tierra, el clima y la personalidad, el Nordeste tenía: "a solução mas vital dos problemas nacionais" (81). Los distintos tipos de "hombre" del Nordeste, como el *sertanejo* o el *matuto*, lograrían civilizarse por medio de la educación y el dominio industrial de la naturaleza. Por otro lado, Europa define el "trópico" como "tropical" a finales del siglo XIX, por la influencia de los relatos de viajes, en particular el de Alexander von Humdbolt –y el encuentro con la naturaleza tropical. El tropo se transforma con las teorías evolucionistas de finales de siglo, y es ahí cuando surgen los términos: "tropicalismo", "enfermedad tropical", "degeneración tropical", entre otros. En palabras de Freyre:

> "Tropicalismo" usou-se e abusou-se em Europa como expressão pejorativa ou depreciativa. A eloqüência era "tropicalismo". "Tropicalismo" a má literatura. "Tropicalismo" a música, a pintura, a arquitetura menos conformadas com as idéias francesas de medida e os padrões Vitorianos de colorido. ("Em torno" 15)

Como en *Casa Grande e Senzala* Freyre busca subvertir la visión negativa de "lo tropical," y "lo mestizo", y lo hace en un momento de crisis política. En su libro *New World in the Tropics* (1959), publicado en inglés, Freyre sitúa a un Brasil

---

alianza social en donde nunca desaparecen estos sentimientos ambivalentes –de hostilidad y deseo– frente a la figura paterna.

políticamente en crisis como el líder de las naciones americanas, asiáticas y africanas. La crisis política brasileña, luego del suicidio del dictador Getúlio Vargas en 1954, y la clara división del mundo entre Rusia y Estados Unidos, articula una propuesta "luso-tropical" como ideología política, que se hace en el nombre de la cultura:

> Civilización luso-tropical es un término que inaguré con el fin de caracterizar una forma particular de comportamiento y de logros del portugués en el mundo: su preferencia por el trópico para su expansión extra-europea y su habilidad de lograr quedarse en el trópico de formas culturales y ecológicas. (154)

Parecería, entonces, que Freyre, no solo está haciendo una apología de la colonización portuguesa en Asia, África y América, sino que crea al mismo tiempo un tipo de "estructura de sentimiento" para unir a todos los "luso descendientes". Efectivamente, la teoría luso-tropical fue usada por los dirigentes del régimen del dictador Oliveira Salazar en Portugal, y Freyre publicará varios libros relacionados con estas visitas a Portugal y a las ex colonias africanas y asiáticas, como *Aventura e rotina* (1952), y *O mundo que o português criou* (1953). Para Portugal, el mantener relaciones políticas y culturales con las ex colonias significaba lograr una postura "pacífica" en el proceso de descolonización. Mientras que las guerras constantes en Angola o Guiné Bissau continuaban desacreditando su postura conciliadora, se iba creando una oportunidad comercial para el Brasil. Esta oportunidad, la del comercio con África, y la de hacer del Brasil una potencia, fue "profetizada" por la teoría luso-tropical de Freyre. Lo que Carlos Piñeiro Iñiguez ha llamado en un libro reciente el "sueño paralelo" de la política portuguesa y brasileña es para Freyre un modo de concederle al Brasil un lugar como "tercera" alternativa económica en un mundo dividido en dos poderes.

Es así como en varios ensayos y conferencias, específicamente a partir de los años cincuenta, Freyre irá transformando la teoría luso-tropical en otro concepto, el "hispano-tropical", en donde expone la necesidad de unión de las naciones latinoamericanas para crear una fuerza política que haga posible comprender las influencias culturales y transnacionales en un sentido global. Esto hará posible "Estudos sob critérios globais: americano, hispano-americano, ou hispano-tropical"("Importância" 92). En su ensayo titulado "Uma política transnacional de cultura para o Brasil de hoje", propone que a Brasil y a las naciones latinoamericanas les toca dirigir estas transformaciones político-culturales:

> Nós, os povos hispano-tropicais que nos estendemos pela América, pela África e pelo Oriente, como nações uns, como quase nações outros, todos formando um complexo cultural que é um dos mais fortes e significativos do mundo de

53

hoje, conservemo-nos alheios a nossa força e à base da nossa força, à nossa missão que é de oferecermos ou antes sermos, uma terceira solução para os problemas de relações entre europeus e não europeus, entre a Europa e os trópicos, entre as civilizações européias e as civilizacões não européias. (57)

El vínculo cultural que ha formado la colonización española y portuguesa crea, por consiguiente, la modernidad de las culturas híbridas y, gracias a esa mezcla, el llamado "Tercer Mundo" puede proveer una tercera solución. Aunque la teoría tropicalista recibió muchas críticas, porque se entendió como una apología de la colonización portuguesa en África e India y de la dictadura de Salazar en los años cincuenta y sesenta, aún conserva aspectos socio-políticos y culturales que se pueden rescatar. Uno de ellos es la idea de que la injerencia de los poderes imperiales en América Latina puede ser resistida por medio de la cultura. Al realizar un puente, ya sea transnacional o global, de entendimiento e igualdad, las civilizaciones del llamado "complejo tropical" pueden asegurarse el respeto político de esos poderes. Ya en los años sesenta, Freyre ve claramente que las economías del capital dominarán el futuro de las naciones latinoamericanas, pues "el dominio del trópico augura el dominio global" y anuncia, a su vez, que Brasil no puede alejarse, ni discursivamente ni en el plano cultural, de los países hispanoamericanos. La formación de una política anti-imperial desde la cultura llama a una conciliación en la que el "saber existencial" del hombre del trópico vincula "a experiência do europeu com o saber e a experiência indígenas" (35-6).

Freyre inagurará varios seminarios de "Tropicología" en la Universidad de Pernambuco desde el año 1966, y continuará trabajando en sus teorías sobre la sensibilidad hispano-tropical hasta su muerte en 1987.

Durante estos últimos años, sus teorías tropicalistas han ganado mucha popularidad. Recientemente, en un seminario en 1996, el sociólogo Sebastião Vilanova hizo un llamado a entender "los trópicos en la era de la globalización", haciendo nuevas preguntas sobre los lugares económicos, políticos y sociales, no sólo del Brasil, África o Portugal, sino también de las naciones latinoamericanas. Ante las disyuntivas económicas de los procesos de "globalización imaginada" como los ha llamado recientemente Néstor García Canclini, se hace más urgente la discusión de las identidades culturales, políticas y nacionales. La ideología freyriana, en particular sus teorías de tropicalismo, se abren en ese sentido, a una perspectiva local y global. A través de esta forma de entender la historia su proyecto cultural mantiene los matices ideológicos del proyecto nacional y sirve a su vez como episteme o "nuevo saber" de la cultura política. La síntesis de Freyre articula, desde el sujeto, una perspectiva humanista que es, al mismo tiempo, brasileña y universal.

En el caso de Fernando Ortiz, esta síntesis idealista no se da a nivel subjetivo ni humanista sino a nivel del lenguaje. Influido por la escuela del positivismo científico, en la que participó con Enrico Ferri y Césare Lombroso, Fernando Ortiz pasa por las escuelas del relativismo cultural y las ciencias sociales sin pertenecer activamente a ninguna de ellas (Le Riverend, V-XXIX). La criminología fue, sin embargo, la ciencia que cultivó por muchos años y la que dirigió muchas de sus investigaciones iniciales en España. Según Consuelo Naranjo-Orovio y Miguel A. Puig Samper, los contactos de Ortiz con España se mantienen a través de la fundación de la Institución Hispano-Cubana de Cultura en la década del treinta (1926-47).[28] Al igual que Gilberto Freyre en Brasil, Fernando Ortiz será un promotor cultural de la generación de intelectuales criollos de la nueva república.

Si en Freyre se pueden encontrar trazos de la influencia de la filosofía alemana, francesa y española, en un *popurrí* de tendencias, en el caso de Ortiz, la influencia más clara es la de Oswald Spengler y su ensayo *La decadencia de Occidente* de 1932 (González Echevarría, *Alejo Carpentier*). La visión orgánica de la sociedad, muy presente también en la obra de Freyre, adquiere en Ortiz un carácter de laboratorio de investigación. Su formación en las escuelas de filosofía en España y la influencia del positivismo científico italiano hacen que su ojo de investigador social se lance con agudeza a la calle. La mirada de Ortiz es una ley textual en sí misma, que impone los límites de su universo narrativo y le confiere el don de la fuerza descriptiva a su prosa. Su archivo de historias se complementa con el archivo científico y el literario para crear un discurso híbrido, como el de Freyre, pero manipulado con un orden muy preciso. En Freyre, los devaneos de la memoria hacen que la escritura se interrumpa a modo de conversación para encadenar un flujo de conciencia. En Ortiz se representa un modo particular de llegar al "nudo" de cada uno de los temas que se tratan. Este aspecto, que la crítica de Ortiz señala como propio de su gran erudición y, más aún, de "su cubanía", representa, las formas que tiene Ortiz de acercarse a la "palabra" (Benítez Rojo, Le Riverend, Pérez Firmat).

Según Ortiz: "En la prehistoria, la versificación nace con la sacra verbificación de las ideas creadoras. Los versos fueron un don para realizar prodigios o el lenguaje expresivo de ese privilegio divino"(*Poesía y canto* 21). Freyre cree fielmente en el "poder carnal" de la palabra, mientras que Ortiz explora su cualidad poética, o lo que define como "mana", su musicalidad, su extensión y su ritmo: "Sin duda, el verso "crea", el verso tiene mana. El mana es un concepto tomado de los trabajos

---

[28] Hago referencia a los ensayos inéditos de Naranjo Orovio y Puig Samper. Sobre la labor de la Hispanocubana de Cultura, ver Del Toro-González.

sobre la interpretación de la magia de Marcel Mauss. Tiene, según éste, un "carácter indefinido", pero también material: "por su naturaleza es transmisible, contagioso: el mana puede comunicarse de una piedra a otras piedras a través del contacto. Se representa como un cuerpo material" (109).[29] Hay, pues, un cuerpo material y en contacto, que en el caso de ese lenguaje poético del que habla Ortiz se relaciona con la mezcla racial. También la musicalidad del lenguaje es, según su teoría del origen del canto, algo que nace para expresar el sentimiento amoroso o sexual, para organizar el trabajo colectivo y, al mismo tiempo, crear: "un estado de ebriedad fisiológica que se produce cuando en la muerte ceremonial del tótem se suspenden las inhibiciones [...] y los instintos se desencadenan por la licencia temporal de poder realizar lo normalmente prohibido"(*Poesía y canto* 1).

Según esta cita, de clara influencia freudiana, la palabra da, en un sentido metafórico, un poder musical al canto y un gusto por lo prohibido, por romper las reglas que la ley del tótem-padre impone en la sociedad (Freud, Girard). Desde este placer prohibido, *voyeur* y poderoso del cuerpo y la voz "musical" surge la escritura para Fernando Ortiz. No resulta sorprendente, pues, que su ensayo titulado *Contrapunteo cubano del tabaco y el azúcar* (1940) parta del "contrapunto", un modo de debate de trovadores, que es también el nombre de una figura musical en la que se incorporan dos elementos que sincopan el ritmo y crean la melodía (Benítez Rojo, 149-86).[30]

En el *Contrapunteo cubano* Ortiz propone su idea de la cubanía. Este ensayo, basado en la obra del Arcipreste de Hita "Debate entre Don Carnal y Doña Cuaresma" propone de forma humorística un debate alegórico entre el tabaco, como producto natural cubano, y el azúcar, como un producto falso, manufacturado, que viene de Estados Unidos, pero que también tiene auge económico en la isla. La comparación de ambas cosechas lleva a un juego de oposiciones sistemáticas: barbarie-civilización, masculino-femenino, producción artesanal-producción industrial, mercado internacional-mercado estadounidense, etc. Este aspecto, como señala Fernando Coronil, alude directamente a la historia económica cubana,

---

[29] Ortiz toma este concepto de mana de Mauss quien lo incorpora a su vez de un adjetivo de origen melanesio. Ortiz se basa en su concepción "indefinida" para elaborar su concepto del "cocorícamo." Ver el capítulo V de este trabajo.

[30] Según Aurora Lauzardo, Fernando Ortiz utiliza *El libro de buen amor* del Arcipreste de Hita, específicamente el episodio titulado "De la Pelea que Ovo Don Carnal con la Cuaresma." El episodio original no es un debate sino una parodia del combate épico, o *mock epic*. Ortiz no hace una lectura inadecuada de este texto canónico, pero en el episodio no hay debate alegórico —como el del Arcipreste con el Amor— sino un desafío convencional propio del género.

utilizando el tabaco y el azúcar como personajes o actores sociales dentro del contexto de superproducción capitalista (71). Esto se completa en la segunda parte del ensayo, donde, según Coronil: "Ortiz describía la sociedad cubana, sus transformaciones, las mudanzas de identidades y de lealtades de sus más destacados actores, el carácter provisional de sus organizaciones e instituciones" (75).

El gobierno republicano en Cuba (1902-1959) había caído económicamente en manos de las corporaciones estadounidenses, que arruinaron la economía nacional y crearon un sistema colonial con una burguesía media dependiente. Durante las décadas del veinte y del treinta Ortiz participa activamente en la política nacional cubana como abogado y presidente del Comité de Restauración Civil que quería terminar con la corrupción política del país (65). En 1926 funda la Institución Hispano-Cubana de Cultura, cuyo órgano principal, la revista *Ultra*, mantiene relaciones político-culturales con la vanguardia intelectual española. Durante el breve gobierno revolucionario de Ramón Grau y San Martín (1933), Ortiz forma parte del comité que busca una solución conciliadora a las divisiones estatales y burocráticas que se han creado por la injerencia estadounidense en la Isla. La crisis civil de 1933, que acaba con la dictadura de Gerardo Machado, termina con la toma del poder de Fulgencio Batista en 1934, y más tarde con la creación de un nuevo orden constitucional en 1940. En el *Contrapunteo cubano* (1940) Ortiz no sólo critica los intereses políticos nacionales que se han vendido por dinero, sino que rescata –en su representación del tabaco– el poder "mágico" del colectivo popular frente a los intereses extranjeros. Así, el tabaco se convierte en el origen o planta madre (femenina), que se transforma en un producto masculino, mágico, sagrado, producto del placer o demoníaco, según sea el caso (Benítez Rojo 181).

Esta relación dialéctica entre opuestos, que se describen desde el cruce de lo masculino y lo femenino, alude a distintas posiciones de identidad ante el flujo histórico. La relación carnavalesca y productiva del lenguaje mina, por consiguiente, cualquier intento de definir la cultura cubana. Este aspecto, como se verá en el capítulo IV, remite a su visión de la cultura como "gestualidad" o lugar cambiante sin referente fijo. Para Ortiz, la cultura cubana es un gesto vivo, abierto a la interpretación, que tiene "cocorícamo", una palabra folclórica que se usa en Cuba para referirse a elementos contradictorios y que se asocia con lo femenino ("El cocorícamo"). Este aspecto será trabajado en detalle en mi análisis del cocorícamo como un personaje alegórico que traduce el enigma de la identidad y que, como el mana, se relaciona de un modo ambivalente con el cuerpo y su trascendencia.

Esta ambivalencia se representa, mayormente, a partir de las figuras de los negros y mulatos populares, como el travesti sagrado, el negro curro, el jugador de maní y los diablitos ñáñigos, a los que el investigador quiere socializar. Aunque Ortiz no sexualiza de ningún modo, a diferencia de Freyre, su lugar como sujeto de la escritura, su postura *voyeur* revela una fascinación por el sujeto "marginal" masculino. De esa fascinación surge una ambivalencia clara, ya que el narrador no quiere sentirse atraído hacia ese "otro" en la representación. Este aspecto, que se encuentra más bien en sus primeros textos, como *Los negros esclavos* (1903) y *Los negros brujos* (1906), presenta una preocupación por el movimiento social, la jerga oral y los rituales de los sujetos que describe. Ortiz, no juega, como Freyre, con una atracción erótica masculina, sino que más bien se sitúa desde un espacio "viril" en el que lo masculino se constituye como el eje principal desde donde se quiere socializar a estos sujetos. Lo masculino, sin embargo, trabaja igual que en Freyre, como una construcción social en la que se crean poses, jergas, juegos, etc. (Butler, Conell). "El fumar", como se verá más adelante, también actúa en la creación de una comunidad masculina. Desde estos valores espirituales y físicos que se le dan al negro y al mulato, se construye el imaginario cultural de la cubanía. Así, el "ajiaco" o guiso cubano de distintos elementos, que define la identidad cubana, se describe como "el guiso más típico y más complejo" en el que colaboran todas las culturas que forman la cubanía ("Los factores humanos de la cubanidad" 1-20). En el "ajiaco", las culturas africanas se manifiestan a través de la oralidad populachera del choteo, la musicalidad del canto africano, los bailes etc. En estas representaciones se produce, a nivel textual, una atracción erótica muy particular en la que la sexualidad, el género y la raza conforman un imaginario de "atracción-repulsión" de lo femenino que construye la cultura cubana como una alianza masculina. Estas alianzas se dan en Ortiz desde el lugar del conflicto que crea la transculturación. Es así como el discurso de amor entre hombres –tan presente en Freyre– se sustituye aquí por uno en donde median la ley, el poder y la violencia del desarraigo original.

La transculturación es una revisión del término *acculturation* del antropólogo polaco Brolisnaw J. Malinowski, que se puso en boga en la antropología británica y estadounidense en los años treinta.[31] La "aculturación" según Ortiz, propone la idea imperialista de la asimilación de una cultura a otra. La transculturación habla de aportes de dos o más culturas que entran en un cruce de clases, razas y lenguajes, para luego producir una síntesis cultural. La transculturación es un proceso cultural complejo que implica un discurso de poder y en el que se entremezclan dos culturas "desgarradas" o "desarraigadas" como la blanca europea y la negra africana. Para Ortiz, este desarraigo es propio, tanto en la cultura cubana como en las culturas de

---

[31] Para tener una visión más clara del desarrollo de la antropología británica y estadounidense y la contribución del etnógrafo polaco Brolisnaw Malinowski, ver Clifford, "On Ethnographic Authority" y "On Ethnographic Self Fashioning: Conrad and Malinowski".

América, de la formación de un grupo diverso de culturas que le van proveyendo: "esa perenne transitoriedad de los propósitos y esa vida en desarraigo de la tierra habitada, siempre en desajuste con la sociedad sustentadora. Hombres, economías, culturas, anhelos, todo aquí se sintió foráneo, provisional, cambiadizo, 'aves de paso' sobre el país" (89). Esta transculturación, es por consiguiente, un proceso doloroso en el cual se asiste a la transformación de un sujeto:

> En mayor o menor disociación estuvieron en Cuba así los negros como los blancos. Todos convivientes arriba y abajo, en un mismo ambiente de terror y de fuerza; terror del oprimido por el castigo, terror del opresor por la revancha, todos fuera de justicia, fuera de ajuste, fuera de sí. Y todos en trance doloroso de transculturación. (90)

Para Ortiz, este "salirse fuera de sí", propio del estado de trance espiritual, sitúa por encima de los actores sociales una ley superior (justicia legal-justicia divina) en la que cada uno de los individuos que está "fuera de la justicia" debe entrar en un proceso de "ajuste cultural". Aquí, la mirada del investigador se construye como un discurso interpretativo de estos choques. A diferencia de Freyre, Ortiz no busca una "empatía" o armonía entre negros y blancos, sino que se sitúa en un espacio intermedio como ley textual, como sujeto en "trance". Esta visión de sujeto en trance –o mediador, en palabras de Gustavo Pérez Firmat– alude al estilo de la escritura orticiana y a su forma de entender la cultura cubana como un espacio de conflicto continuo (*The Cuban Condition* 52).

La cultura cubana aparece, entonces, como ejemplo del espacio latino-americano y la historia, en particular, como espacio de conflicto. Según Antonio Cornejo-Polar estos conflictos producen temporalidades, jerarquías y espacios contradictorios, que a niveles discursivos apuntan a: "la actuación de sujetos sociales diferenciados y en contienda, instalados en ámbitos lingüísticos distintos, idiomáticos o dialectales y forjadores de racionalidades e imaginarios con frecuencia incompatibles"(22). Si los lenguajes culturales son originalmente violentos, ¿cómo representar esta heterogeneidad? ¿cómo se crea un relato de "síntesis" conciliadora de estas diferencias?

Aunque Ortiz no busca una síntesis en sus textos, provee a cada una de las razas una serie de características determinadas, imponiendo un orden "social" y narrativo, su propia ley textual. En el *Contrapunteo*, por ejemplo, lo blanco europeo se representa como la cultura rota, vieja y desgarrada mientras que lo negro alude al espíritu, el alma, la gestualidad y la fuerza de lo nuevo. La cultura europea se asocia con la escritura, mientras que la africana se representa a través de la oralidad y las tradiciones religiosas. Será, a partir de los choques y los entrecruzamientos de la tradición oral y la escritura, que el narrador en Ortiz fundará las problemáticas de su texto transculturado; una narrativa, que, como señala Ángel Rama, no sólo vincula distintos géneros y lenguajes, sino que busca:

> Reestablecer las obras literarias dentro de las operaciones culturales que cumplen las sociedades americanas, reconociendo sus audaces construcciones significativas y el ingente esfuerzo por manejar los lenguajes simbólicos desarrollados por los hombres americanos, es un modo de reforzar estos vertebrales conceptos de independencia, originalidad, representatividad. (*Transculturación* 19)

La literatura y la etnografía como campos discursivos, obedecen, pues, a los registros de sus agendas nacionales y de sus respectivas transformaciones en el plano ideológico y global. De ahí que el narrador de las formas discursivas transculturadas se revele, según Rama, como un mediador que posee los registros de ambas culturas, ya que en él: "se deposita un legado cultural y sobre él se arquitectura para poder transmitirse a una nueva instancia del desarrollo ahora modernizado. Es el escritor el que ocupa el puesto de mediador, porque esa es su función primordial en el proceso…" (100). Al igual que el narrador-personaje, que organiza su historia íntima en los textos de Freyre, en Ortiz, los personajes negros o mulatos (el brujo, el jugador de maní, el negro curro, los diablitos del carnaval) apuntan a ese lugar mediado y ambiguo "que vacila entre un territorio y otro" del que habla Rama. El lenguaje de este "mediador" o ley textual en Ortiz adquiere, por consiguiente, la plasticidad y los sistemas de negociación necesarios para posicionarse frente a la otredad desde la máscara subjetiva, representativa y cambiante que le proveen sus otros. De ahí que la cubanía, aparezca en sus matices como una construcción de los ejes simbólicos del lenguaje orticiano, y de su uso de referentes cósmicos asociados al espacio del mito como el diablito cocorícamo.

Puede afirmarse, entonces, que aunque muy influenciados por la literatura y el carácter literario de sus creaciones, Gilberto Freyre y Fernando Ortiz presentan dos propuestas diferentes de sujeto de la escritura. Mientras que Freyre se posiciona como escritor y hace de sus personajes su propio *álter ego*, Ortiz representa los choques culturales y discursivos a través del lenguaje corporal, mágico y trascendente de sus personajes. Para Freyre la memoria es la fuerza constitutiva de la narrativa homosocial y la fuerza creadora de la ficción de la cultura brasileña, y de su subjetividad, mientras que para Ortiz el "gesto" de la cultura es la personalidad misma de la escritura. Lo que hace que para Freyre la escritura detalle su implicación emocional con el objeto de su análisis, algo que para Ortiz sería imposible, ya que el objeto forma parte de ese orden que la pluma va moldeando, que se va "fijando por la pluma". El pacto del contador de historias se da, sin embargo, con la misma función: la de narrar lo heterogéneo, sin teorías que "fijen" el lenguaje. La presencia de la oralidad en la escritura, aunque porosa y pegada al cuerpo de los sujetos que se representan parte, por consiguiente, del deseo de modernizar la lengua con los modismos regionales, y narrar "en brasileño" y "en cubano." Sin embargo, a partir del travestismo cultural, es decir, de una relación de representación y espejo con una otredad masculina de color que resulta en el desplazamiento de lo femenino, ambos inauguran un diálogo fundacional en su definición del "carácter" nacional. Es aquí, en ese compromiso con su escritura y en ese deseo constante de verse a través del otro, que estos autores inaguran la hibridez de su discurso para reflejar los aciertos y contradicciones de su modernidad.

¿Cómo se inaugura entonces el discurso fundacional de estas narrativas? ¿Cúales son los espacios de representatividad que configuran ese canon? Una mirada a la literatura, específicamente a la representación de los personajes negros y mulatos, permite definir la particularidad del sujeto de la escritura. Este sujeto de la escritura, que se organiza desde el margen y el límite frente a sus otros, será el que organice, en las narrativas culturales de Gilberto Freyre y Fernando Ortiz, los espacios de mediación, lucha y subordinación propios del travestismo cultural.

Capítulo III

Masculinidades en el límite:
negros y mulatos en la ficción cubana y brasileña

> Tales chulillas, me han hecho conoser que solo
> el esmero con que smd: se ha dedicado a pulir
> mis versos, amenisandolos en las partes que les
> cupieren, podrá darme el titulo de medio poeta.
> –Juan Francisco Manzano-Carta a Domingo del
> Monte, 16 de octubre de 1834[32]

1. Imaginario y representación: el sujeto de la escritura

En 1834, Juan Francisco Manzano, esclavo cubano de la Marquesa de Justiz, escribe una carta a su protector y mecenas, Domingo del Monte, en la que hace referencia a sus primeros poemas. En su carta, Manzano agradece "el esmero con que smd. se ha dedicado a pulir mis versos, amenisandolos en las partes que les cupieren, podrá darme el título de medio poeta" (78). La lectura de estos poemas en la tertulia intelectual de Del Monte hicieron gala de las cualidades de versificador de Manzano y de su sensibilidad lírica, a pesar de que su aprendizaje oral no cumplía con las pautas de la ciudad letrada. Mucho se ha dicho sobre los intereses políticos de la tertulia delmontina y su posición contradictoria frente a la esclavitud. Más que un proyecto abolicionista, la tertulia delmontina era un espacio crítico de la lucha por la hegemonía de una clase social, que sólo pedía mejor trato para el esclavo. Las continuas correcciones y traducciones, que llevaron a la publicación de la *Autobiografía* de Manzano y de varios de sus poemas por Richard Madden en Inglaterra, hacen que esta narrativa de esclavo, se lea, aun hoy, como un texto intervenido (Molloy, Labrador, Ramos).

Mi interés en la respuesta de Manzano en dicha carta de 1834 radica, precisamente, en el hecho de que su poema, o su inflexión oral, sea "intervenido" por la corrección gráfica de la letra. Al llamarse a sí mismo "medio poeta", Manzano, mediante las "tretas del débil" trae a la luz su condición de saberse parte de un medio, que se abre a varias connotaciones: en específico, su poder de mediación entre el margen y el centro. Manzano entiende su condición subalterna frente al mundo letrado.

---

[32] Todas las citas del texto de las *Obras* de Juan Francisco Manzano, de *O Mulato* de Aluízio de Azevedo y *Bom-Crioulo* de Adolfo Caminha, se mantienen en la ortografía y acentuación del texto original.

En la interpelación, o "el llamado a ser", que le ofrece su relación con Del Monte, Manzano se localiza estratégicamente entre dos saberes. La necesidad de un mecenas mediador y protector del esclavo coloca a Del Monte en la posición de padre-amo de la accesibilidad al espacio letrado. Manzano hace valer su posición subalterna, dejando claro que su texto intervenido es un orden simbólico u "otro", que lo hace un medio-poeta. Si Manzano, como escritor-esclavo, accede a una economía de saberes contradictorios en la sociedad cubana de fin de siglo, podría afirmarse que hay un espacio en la representación que hace posible su actuación, como mediador. Si Del Monte accede a la representación de su "papel de amo" letrado que le concede Manzano, Manzano, por otro lado, accede también a ese espacio de la letra, no como lugar de conciliación, sino como eje posible de negociación y aprendizaje.

El mediador se define como aquel que: "media a favor de alguien para arreglar un trato o poner en paz a los que están enemistados", "arbitrar" o "conciliar"; también "intermediario", "medianero", "pleités" o "tercero". La acción de mediar alude a: "llegar a la mitad de una cosa, recorriéndola, consumiéndola" (Moliner 307-8). El hecho de que mediar aluda también al tiempo y a las circunstancias que influyen en un hecho determinado, reformula los ejes significativos de la relación compleja entre centro y margen. Hay un espacio de ley, conciliador y absorbente, donde se articula una oposición en la que el "tercero" o "medianero" lleva a cabo un pleito, una lucha. En esta lucha, la intervención de un poder mayor, y casi absoluto, hace de este tercero un "medium" o "medio" para la recepción y la traducción de un saber. Podríamos afirmar, siguiendo el análisis del mediador en la *Transculturación narrativa* de Ángel Rama, que el "medio" como lugar de lucha (y espacio de trance, en palabras de Ortiz), donde confligen varios poderes, lenguajes y articulaciones subjetivas, refleja el eje transculturado de la negociación de Manzano (101-3). Sin embargo, y ante la dificultad de definir a Manzano como "letrado", habría que hablar de los cruces, dificultades e inflexiones violentas que hacen posible su acceso de subalterno a "mediador". Más que "mediador" Manzano coincide aquí con otra postura o lugar: el del "sujeto a medias". Para Gilles Deleuze los mediadores construyen los bordes necesarios en el discurso de oposición, al construir dominios de verdad que deconstruyen los saberes hegemónicos:

> Los mediadores son fundamentales. La creación tiene que ver con los mediadores[...] No hay "verdad" que no sea pura falsificación de ideas ya establecidas. Decir que "la verdad se crea" implica que la producción de la verdad conlleva una serie de operaciones, que equivalen a obrar sobre un material –en su sentido estricto, una serie de falsificaciones. ("Mediators" 125-6)

La escritura de Manzano, intervenida por Del Monte, produce, por consiguiente, esta mediación, donde la imitación o la falsificación se entrelaza con los saberes letrados. El situarse en el "medio" como "medio escritor" es el gesto cultural y agencial de Manzano, por el cual se accede a los ejes constitutivos del sujeto literario en Cuba. Ante la ambigüedad transitoria de estos dominios de verdad, ¿cómo se articulan estas mediaciones en el discurso literario? ¿Cúal es el papel de los personajes negros y mulatos en este proceso?

El análisis de las representaciones de los personajes negros y mulatos en *Sab* (1841) de Gertrudis Gómez de Avellaneda, *Cecilia Valdés* de Cecilio Villaverde (1832, 1882); *Bom-Crioulo* de Adolfo Caminha (1891), *O Mulato* (1881) de Aluízio de Azevedo y *Ecue-Yamba-Ó* (1933) de Alejo Carpentier revela cómo influyen estos personajes en la construcción del sujeto de la escritura. Los mediadores figuran el travestismo cultural, ya que describen: el lugar de este sujeto de la escritura con su entorno (social, nacional, cultural); su relación con un afuera (el texto europeo); y, finalmente, con su escritura. Según Lacan, el "sujeto de la escritura" es la construcción de un lugar "imaginario" desde donde se sitúa el que escribe. El "imaginario" de la escritura aparece entonces, como la elaboración necesaria constitutiva del sujeto. Para Lacan, el sujeto no es una unidad, sino un sujeto múltiple, que se asume o se ve a sí mismo sólo desde la mirada y el lenguaje de un otro (Sarup 53-4). Esto hace que la subjetividad siempre dependa del "reconocimiento" de los demás (Lacan, Hegel, Fanon). En estas novelas el sujeto de la escritura, como un "yo" escindido y múltiple, lee su subjetividad en sus personajes negros y mulatos, o los que constituye como "otros." Esta búsqueda constante de la subjetividad en la mirada de estos otros, complica el juego de miradas, ya que, según Lacan, la imagen del sujeto integrado nunca es posible (Sarup, *Jacques Lacan* 75-9).

La caracterización de los personajes negros y mulatos es solo el comienzo de un juego de miradas complejas. Desde su "imaginario" construido, el sujeto de la escritura mira al otro –negro o mulato– y éste le devuelve una mirada de "reconocimiento", la que a su vez, contribuye a construir otro "imaginario" frente a otra mirada (Europa/Estados Unidos). En este complejo proceso de miradas, o más bien "guiños", lo que Clifford Geertz ha llamado en la etnografía "winks upon winks", se va articulando un proceso complejo de traducción, interpretación e interpenetración cultural que reelabora continuamente las redes de poder (Geertz "Thick Description" 9). Es así como, en estas novelas, la transculturación que define Ortiz resume las complejidades de la narrativa cultural.

La mirada del negro y el mulato forma parte de la elaboración de un narrador, de modo que se encuentra condicionada con anterioridad. Aunque traduce los prejuicios raciales del narrador y, muchas veces, su miedo a la mezcla, esta mirada quiere explorar las posibilidades de un discurso de integración para "temporalizar", desde ese mismo cuerpo, su nacionalidad. Es una mirada que apunta directamente tanto al liberto como al esclavo y quiere negociar no solo el lugar de estos ciudadanos en el mapa nacional, sino su lugar frente a la otredad que representan.

Todas estas novelas, tanto las brasileñas como las cubanas, se sitúan en el marco histórico de fin de siglo y las primeras décadas del siglo xx. Se escribieron en un clima de compleja tensión racial y nacional en ambos países. Por consiguiente, la representación de negros y mulatos en todas ellas, es bastante similar.[33] Aunque las novelas pertenecen a movimientos literarios muy distintos, como el Romanticismo, el Naturalismo y la Vanguardia, todos los personajes negros o mulatos, ya sean protagonistas o personajes secundarios, tienen un poder de agencia en sus historias, ya que precipitan el clímax de la acción. Este agenciamiento, según Foucault, es el poder que condiciona la verdad ética de un sujeto, pero también la ley que se le impone desde afuera para disciplinarlo (Foucault, "On the Genealogy" 356-7). Es así como a pesar de parecer responsables por su ética y/o su condición en la sociedades en que viven, estos personajes parecen depender siempre de un orden superior a ellos, como por ejemplo el del amo blanco en *Sab*, el de la religión popular en *¡Ecue-Yamba-Ó!*, el del amo en *Cecilia Valdés*, el de la sexualidad en *Bom-Crioulo* y, finalmente, el de la cultura letrada y la sociedad racista en *O Mulato*.

El estudio de la mezcla simbólica entre todos estos órdenes nos sitúa en el mundo socio-cultural y sicológico de las novelas. La interdependencia de lo socio-cultural y lo sicológico alude, entonces, a la experiencia de la esclavitud y a la división de clases en estas sociedades. El personaje mulato como sujeto mezclado tendrá frente al negro una ventaja en el color de piel, lo que presentará más cuadros de "arribismo" social e intelectual. Sin embargo, se ve que esta dependencia continua forma parte del perfil de estos personajes y los construye como sujetos a "medias", divididos, en busca de la aceptación continua de estos órdenes sociales, políticos y culturales. En todos estos personajes hay un deseo de pertenecer y una búsqueda

---

[33] En una novela con tantas referencias históricas –conocidas y comprobadas– como *Cecilia Valdés* de Villaverde (Deschamps Chapeaux, 24-5), se observa que algunos de los mulatos, que aparecen como "serviles" a los blancos, fueron históricamente los acusados de conspiración contra el gobierno español en la revuelta de "La Escalera" en el año 1844. Ya en 1832, José A. Saco alertaba a la población blanca de que en Cuba "las artes estaban en manos de gente de color". "La Escalera" fue el nombre que se le dio a la conspiración política que organizaron negros y mulatos en 1844 en Cuba. Nunca se supo si fue en realidad una conspiración o solo un intento de destruir el poder político social que estaban adquiriendo las llamadas "clases de color", particularmente la de los artesanos.

continua, que fracasa o tiene un final ambiguo. Esta complejidad resume la agencia como un deseo constante de pertenecer a "otro". Así, la agencia es un lugar en donde se mezcla de forma ambigua la actividad y la pasividad, el reconocimiento del otro y el deseo de convertirse en él, de estar dentro de él. El negro y el mulato pertenecen a un "otro" pero desde su actividad, desde su diferencia, y esto es lo que los marca como sujetos (Silverman, "White Skins, Brown Masks" 3-5).

La presencia de los sujetos femeninos es de gran importancia en estas novelas, ya que como sujetos deseantes, o "lectoras", forman una alianza con estos personajes masculinos. El deseo femenino, muchas veces visto como deseo sexual, coexiste la "crisis" de identificación con que se representa a estos personajes. Esta crisis, al igual que en las novelas de Freyre, se muestra desde la "actividad" (deseo de ser) y la "pasividad" (desaparecer en el otro) a través del uso transpuesto de los géneros "masculino" y "femenino", lo que también feminiza a estos personajes negros. Como los personajes negros y mulatos, estos escritores tienen que destruir un orden discursivo que los amenaza —el del canon europeo y estadounidense— y por esto se posicionan desde un lugar intermedio, erotizado e intervenido del discurso. Los negros y mulatos que alegadamente "copian" al blanco y acceden a los espacios de cultura se representan como "femeninos", a excepción del protagonista de *¡Ecue-Yamba-Ó!*, Menegildo, cuya hombría se ve como una "masculinidad" exagerada. Amaro, el negro homosexual de *Bom-Crioulo*, tiene una homosexualidad agresivamente "masculina", que seduce a Alexio, un joven blanco. Al ser muy "machos", homosexuales o femeninos, tanto los personajes mulatos como los negros se representan como masculinidades en el límite de la representación narrativa.

Estas representaciones tradicionales de raza, género y sexualidad (actividad/masculinidad; femeneidad/pasividad) exponen abiertamente la complejidad del imaginario del sujeto de la escritura (Butler). Las voces narrativas en estas novelas, problematizan, por medio de la raza, muchas de las concepciones tradicionales del género. La "negritud" y, más aún, la "mulatez", como lugares de encuentro y lucha en estos escritores, condicionan y, a la vez, "contaminan" sus propios límites como sujetos, constituyendo, así, un imaginario complejo frente a Europa o Estados Unidos. La masculinidad cuestionada de estos personajes pasa a ser el lugar límite, el borde mismo de este sujeto ambiguo, que también se posiciona y, como ha señalado José Piedra, se "deja penetrar" a la vez que penetra al colonizador ("Nationalizing Sissies"). En ese sentido, la "pasividad" o el erotismo excesivo que se le atribuye al personaje de color, pasan a formar parte del narrador de estas novelas quien los utiliza para describir su relación con un "afuera" o con el mundo intelectual europeo. Por lo tanto, el negro y el mulato no solo contribuyen a formar el imaginario de la hermandad de la cultura nacional, sino que, al mismo tiempo, van moldeando la subjetividad y el síntoma de esta escritura.

Si el travestismo cultural articula estos espacios contradictorios de la escritura como ejes de mediación y negociación, la ficción y la etnografía, como "narrativas culturales", buscan modelos ideales de integración nacional. La nación no se presenta, entonces, ni en estas novelas, ni en la etnografía, como un modelo fijo de integración, sino como un espacio poroso que excluye, delimita y cuestiona sus confines (Bhabha, "DissemiNation"). En este espacio poroso, cuyas fronteras interiores se están marcando constantemente, la novela se presenta como un laboratorio en el que se articulan estos límites. La mezcla de lenguajes –individuales y socio-culturales– hacen del espacio de la novela el lugar idóneo para discutir la formación de sujetos (Bakhtin, Ramos). En ese sentido, los personajes negros y mulatos van formando sus identidades de sujeto en la narrativa misma. Asimismo, a partir de los llamados a su subjetividad, se van articulando los procesos de integración de un lenguaje nacional cubano o brasileño. En *Dona Sinhá* y *O Outro Amor*, por ejemplo, la novela se va haciendo, como género híbrido y en su condición metanovelística, desde el lenguaje y las situaciones de estos personajes.

Una lectura de la *Autobiografía* de Manzano nos devuelve a ese mapa subjetivo de la escritura que, aunque se hace desde un lugar de enunciación subalterna, puede equipararse con las voces de los escritores cubanos y brasileños mencionados. Como escritor que se inserta en su tradición y desde su condición periférica y subalterna, Manzano, "interpelado" por Domingo del Monte, ejemplifica las problemáticas del lugar del intelectual en sus países y las complejas "posiciones" de sujeto mediado y violentado frente a la escritura. El carácter híbrido de la *Autobiografía*, en el que se entremezcla el género testimonial y la biografía novelada, confirma lo ya expresado por Arrufat: "los orígenes de la literatura cubana comienzan explorando la relación amo-esclavo"(754). En efecto, esta *Autobiografía* de Manzano, traducida y publicada en Inglaterra por Richard Madden, inaugura un nuevo sujeto de la escritura.[34] Manzano narra los pormenores dolorosos de su vida como esclavo, las torturas, sus cambios de amo, su entrada a la escritura y, finalmente, la forma en que escapa de su cautiverio. Este aprendizaje de la escritura,

---

[34] Mi noción de "mediación" mantiene un diálogo con las lecturas de Labrador-Rodríguez, Luis, Molloy, Ramos, y Williams, quienes coinciden en ver el texto de Manzano como un texto "intervenido". Quisiera ir más allá, sin embargo, en el cuestionamiento de la figura de Del Monte como sujeto dominante en los lenguajes del circuito de poder. Sugiero que en la mediación de Manzano y Del Monte se logra que la posición amo/esclavo entre en un circuito de demandas subjetivas, sociales y económicas. Estas demandas se problematizan constantemente, creando posiciones agenciales o de negociación en ambas partes.

narrado ya desde una posición de sujeto distinta, en la que Manzano como escritor organiza su historia, no se separa de la historia de los tormentos de la esclavitud.[35] La esclavitud es, entonces, lo que condiciona a este sujeto de la escritura y, como señala Paul Gilroy, lo que traduce su modernidad, ya que el texto esclavista, inaugura una hermenéutica que tiene dos dimensiones interrelacionadas: "la hermenéutica de la sospecha y la hermenéutica de la memoria" (71). Es este lugar de "la memoria rota" o la memoria del cuerpo, el que Manzano desea recuperar por medio de la tortura (Díaz Quiñones, *La memoria rota* 67-86). El dolor, que parece romper o desintegrar física y moralmente al sujeto, es la única referencia que lo va constituyendo.

En *The Body in Pain*, Elaine Scarry propone que las metáforas que se relacionan con el dolor físico y específicamente con la tortura conforman un campo discursivo en sí mismas, que crea "otro" orden discursivo. Desde la tortura física Manzano logra el acceso a la escritura (Labrador, Molloy, Ramos). El esclavo, sujeto sin nombre propio, cuyo amo blanco organiza todo su orden discursivo y sicológico, va inscribiendo desde el castigo físico un orden del dolor (Cunnigham 113-4). Así, como señala Orlando Patterson, para el esclavo nacer a la esclavitud significa la "muerte" de una subjetividad propia porque es entrar en el orden del amo, quien "lo llama" por un nombre que no es el suyo (citado en Cunnigham 113). En las narrativas de esclavos la voz (la oralidad, el gesto) es otro lugar importante en la construcción del ego, ya que la entrada a lo simbólico (el lenguaje), que propiciará la escritura, se hace siempre desde esta relación conflictiva con el amo. Este paso del orden semiótico al simbólico, del niño al hombre, tiene que romper con el orden patriarcal del Padre/amo y su triángulo Edípico para tomar una postura antipatriarcal y, al mismo tiempo, "crear" una comunidad fraternal, en la que se insertará en el orden del Padre de otra manera, buscando relaciones igualitarias (Cunnigham 116-24).

La búsqueda de esta igualdad y los órdenes desiguales que crea es una estrategia del travestismo cultural. La *Autobiografía* se organiza desde el cuerpo torturado y es

---

[35] Estas narrativas de esclavo tuvieron, tanto en Cuba como en Estados Unidos, una gran importancia. Por un lado y, más que nada, promovidas por el Gobierno inglés, sirvieron con el propósito de narrar los horrores de la esclavitud e impulsar el proyecto abolicionista. El interés de Inglaterra por la abolición correspondía a la necesidad de vender sus productos en Cuba y Estados Unidos, y a las transformaciones de la sociedad industrial. Por otro lado, la narrativa de esclavo formó, en ambos países, nuevas voces y planteamientos sobre la conciencia ciudadana, particularmente desde el hombre negro. Ver, junto con Manzano, la autobiografía de Frederick Douglass de 1845, titulada *Narrative of the Life of Frederick Douglass An American Slave written by Himself*.

desde el ritual de la tortura que se inscribe "el gesto" de la escritura. El "gesto", que parte de la oralidad y el moviviento exagerado, es el instante de adquisición de la "cultura letrada". Como narra Manzano, el recitar sus versos de memoria y el "improvisar" le ganaron la admiración de los otros sirvientes. También fueron la causa pincipal de muchos de sus castigos (12). Es, entonces, cuando decide aprender por su cuenta y describe que:

> ablaba solo asiendo gestos y afeciones segun la naturaleza de la composición desian qe. era tal el flujo de ablar qe tenia, qe. Pr. ablar ablaba con la mesa, con el cuadro y con la pared & yo a naiden desia lo qe traia conmigo y solo cuando me podía juntar con los niños les desia muchos versos y les cantaba cuentos de encantamientos qe yo componía de memorias en el resto del dia con su cantarsito, todo conserniente a la aflictiva imagen de mi corazón |...| (12-3)

La oralidad del esclavo Manzano es vista como un exceso por sus amos y tiene que ser disciplinada. Un esclavo que "habla bien", como se verá en *Cecilia Valdés*, es visto como figura amenazante. "Decir versos o contar cuentos a los niños" es la estrategia de este sujeto. Por consiguiente, Manzano asume otra actitud, una de encubrimiento y sospecha: la de "no decir a nadie lo que traía conmigo". En ese caso, el encubrimiento de "todo lo concerniente a la imagen aflictiva de su corazón" es el primer instante de adquisición de la poesía. La memoria es la transformación subjetiva de ese deseo "excesivo" de oralidad. Luego de esos castigos y prohibiciones, Manzano señala que: "mi cararter se asia cada ves mas tasiturno y melancolico" (13). En ese sentido, memoria y sospecha van conformando el imaginario de este "sujeto melancólico" en el que se transforma Manzano. La "melancolía", vista como "la enfermedad de los poetas", es, según Julio Ramos, el punto de partida de este nuevo sujeto ("Cuerpo, lengua y subjetividad" 23-36). Manzano imita el carácter de los poetas románticos e incorpora la memoria como la estrategia principal de su escritura. Por consiguiente, la escritura le servirá para reelaborar su cuerpo e inscribir la cultura como "gesto". Manzano se inscribe en un lugar intermedio del discurso: el de la voz (exceso-oralidad) y la letra (melancolía-represión).

Esta reflexión parte de una escena muy importante de la *Autobiografía*, en la que narra que, cuando era niño, hubo una época en que: "ya yo bestia mi balandran de carranclan de lista ancha y entraba y salia de la casa sin qe. nadie me pusiese ostaculo"(7). Acto seguido, narra la escena en donde recibe su primer castigo. Estos castigos corporales, en los que sufría hambre y dolor, lo llevan de nuevo a casa de sus padres y es en casa del Sr. y la Sra. Concepción donde aprende a dibujar. En este primer encuentro con el lápiz y el papel, Manzano cuenta: "me sente en un rincon buelta la cara a la pared y empese asiendo bocas, ojos sejas dientes". El niño también dibuja: "una cabeza con su garganta qe. demostraba una mujer desolada que corria con el pelo suelto ensortijado"(11- 2).

Es importante destacar que de este dibujo de un cuerpo fragmentado, "bocas, ojos, dientes" y una cabeza de mujer "con su garganta", deriva el gesto corporal, base de la escritura de Manzano. La figura femenina simboliza lo semiótico, el lugar anterior al lenguaje (Kristeva, "From one Identity to An Other" 133). Esta escritura sujeta al lugar de la memoria callada y la melancolía se verá más tarde como la recuperación de un "buen hablar". Ya que para Manzano "hablar bien" es un gesto que deja ver su originalidad-diferencia frente a otros esclavos y a la adquisición de la cultura "escrita" o "letrada". La cultura letrada siempre es un lugar falsificado que impone: "repetir como el papagallo las lesiones de retorica" o "imitar las letras mas ermosas" (31).

Podría afirmarse que, aunque ambas derivan del cuerpo del esclavo, Manzano delata dos tipos de gestualidad frente al espacio de la cultura. Por un lado, el dibujo revela una gestualidad creadora y mediadora (lo semiótico) entre la oralidad y la escritura, que produce el acceso a un cuerpo fragmentado e incapacitado: su tortura. Por otro lado, el gesto imitativo sugiere un distanciamiento que desplaza su subjetividad y crea un imaginario de la escritura: el gesto de la cultura.

La cultura o el "gesto culto" de Manzano es, al mismo tiempo, un lugar de represión y de liberación para el sujeto. La cabeza y la garganta de esa mujer, que dibuja el joven Manzano representan la incorporación activa del espacio de la escritura desde lo semiótico: ese lugar anterior a la escritura (Kristeva). Es así como Manzano sustituye el nombre del Padre, identificando su escritura con esta figura femenina y abyecta. En ese sentido, como señala Cunningham respecto a Frederick Douglass, el conflicto entre voz y escritura crea una problemática interesante en el esclavo, quien termina sustituyendo la figura del Padre y, con ella, las nociones fijas de su orden discursivo, como las de género e identidad (111). Esto hace que Manzano se inserte en la comunidad de escritores que lo "apadrinan". Su relación con la figura de Domingo del Monte, desde una postura humilde de "medio" escritor, en una de esas "tretas del débil", que describe Ludmer, le asigna un lugar en el círculo de Del Monte. Como señala Sonia Labrador, esto hace que para Manzano el acto de escritura sea un acto de libertad, pero también de subyugación y humillación, ya que su manuscrito es dirigido por Del Monte (15- 7). Del Monte pasa a ser ese lugar problemático del orden del Padre que Manzano tiene que desplazar. Por lo tanto, el imaginario de la escritura de Manzano incorpora dos llamados o interpelaciones que condicionan sus leyes como sujeto (Althusser citado en Cunningham 112). El primero es el llamado del amo, que no reconoce diferencias de género, sexo o condición de ningún esclavo. Con este llamado comienza el proceso que lo lleva a la escritura. El segundo es el llamado de Domingo del Monte, que lo impulsa a publicar y a hacer conocida su historia y que condiciona su lugar como sujeto de la escritura (Ramos, "Cuerpo, lengua y subjetividad" 26). Interpelar o llamar a la ley, al lugar del sujeto dentro de la ley, implica un proceso de reconocimiento por parte del otro, que forja la identidad solo desde la representación. En esta compleja relación se forja el "imaginario" representativo o la verdad del sujeto Manzano, la cual se definirá como escritura "a medias", porque se constituye desde una relación ambigua y conflictiva con el Nombre de Padre.

En todas estas novelas mediante los personajes negros y mulatos, como personajes mediadores, sujetos femeneizados o seres con una hombría a medias, que luchan contra su entorno sicológico y social –se plantea el imaginario subjetivo de sus autores y su relación con la escritura y los modelos europeos. En ese sentido, las estrategias que usan estos autores para "salvar" o "condenar" a sus personajes revelan su modo de insertarse en un discurso intelectual y crear voces propias desde una compleja relación con el otro, en la que se entremezclan alusiones a la raza, el género y la sexualidad. En estas novelas, el "llamado a ser" de estos personajes exagera o minimiza su masculinidad, problematizando su integración al discurso nacional y adentrándose en los límites de la escritura.

2. La mulatez: cultura y feminización

> Pela beleza física e pela atração sexual exercida sobre o branco do sexo oposto é que, em grande número de cassos, se elevou socialmente o tipo mulato em nosso meio: pelo prestígio puro dessa beleza ou por esse prestígio acrescido de atrativos intelectuais [...]
> —Gilberto Freyre, "Ascensão do bacharel e do mulato"

La figura del mulato o de la mulata trágica es un tópico literario de las novelas del siglo XIX, tanto en Latinoamérica, como en el sur de los Estados Unidos (Harper 108). En *Sab* de Gertrudis Gómez de Avellaneda, *O Mulato* de Aluísio de Azevedo y *Cecilia Valdés* de Cirilo Villaverde, el mulato presenta características muy similares. Este personaje es producto de una mezcla racial y tiene características estereotipadas de la raza negra y la raza blanca; también es un sujeto lleno de contradicciones, dado a la melancolía y al silencio –igual que el personaje de Manzano– o extremadamente agresivo o demostrativo en sus afectos. En estas novelas el mulato tiene dotes artísticas formadas por un espíritu romántico y liberador, y un carácter excesivamente sentimental, como en el caso del esclavo Sab; o puede tener tendencias artísticas, como en los casos de Raimundo, el protagonista de *O Mulato*, o de Pimienta, el mulato músico de *Cecilia Valdés*.

El mulato aparece en estas novelas como un ser físicamente bello, pero síquicamente conflictivo. En su cuerpo se combinan las características físicas más atractivas de las razas negra y blanca[36] para convertirlo en un individuo idealizado, nacido de la mezcla productiva de las dos razas, al que se reconoce como "hijo nacional" o "hijo de su país". En la psique del mulato, no obstante, coexisten conflictivamente las esencias de las dos razas. De la raza blanca hereda la cultura, la inteligencia y la espiritualidad; de la raza negra, el ritmo, la intuición, la venganza y la sexualidad. Como señala David Brookshaw respecto a la literatura brasileña, tanto el mulato como la mulata tienen una sexualidad exacerbada y animalizada, que muchas veces cae en el estereotipo. (36-7). Su sensibilidad es cambiante y confusa, y abriga ansiedades o actitudes inadvertidas: las escenas de *O Mulato* en que Raimundo se enfrenta finalmente con la parte negra de su identidad –cuando descubre que es hijo de una esclava, por ejemplo, o en la confrontación con su "enigma" racial frente al espejo– albergan una serie de construcciones síquicas y sociales que lo sitúan como una personalidad en crisis e incompleta. Esta "incompletez" se presenta, en estas novelas, en relación con el dolor, que coloca al sujeto al margen de su destino y lo feminiza. El dolor le añade a la sensibilidad trágica del mulato un toque romántico, pasional y de entrega. En ese sentido, su sensibilidad artística, su espiritualidad y su fuerza ante el dolor hacen del mulato trágico una figura con una masculinidad cuestionada constantemente.

La mulatez es entonces un lugar de sujeto que define una sensibilidad sico-social distinta y un perfil artístico "trágico" y romántico. Por consiguiente, la personalidad dividida del mulato y su conciencia trágica le deben mucho, tanto en Cuba como en Brasil, a la influencia clave del Romanticismo. Así, la liberación individual del sujeto romántico que aparece en el mulato –política y social– se problematiza en el enfrentamiento con la realidad del entorno social de la esclavitud

---

[36] Esta mezcla de lo "apolíneo" (raza blanca) y lo "dionisíaco" (raza negra) es fundamental en la caracterización del mulato y está presente en los estudios sociológicos y etnográficos de la época. En el caso de Gilberto Freyre y Fernando Ortiz hay un diálogo con la vanguardia europea y el primitivismo, pero también una valoración de los clásicos griegos. El físico del mulato se privilegia como el origen de la mezcla de razas y adquiere un carácter positivo, contrario al que se le daba en las teorías raciales europeas que condenaban al mulato por considerarlo estéril, poco inteligente y sexualmente agresivo. Paradójicamente, su belleza se compara con la belleza griega o apolínea.

y sus prejuicios. La raza negra es la marca con la cual se mide su ansiedad de identificación sicológica y social. La feminización de la figura del mulato un elemento común en estas tres novelas, no sólo por esta fascinación con la imagen, o el deseo de ser aceptado por el blanco, sino también por la sensibilidad artística que lo destaca de los demás. El personaje del artista mulato traducirá la subjetividad dependiente, intelectualmente colonizada, y feminizada de estos autores. Como señala Gilberto Freyre, esta será una de las características principales del Romanticismo como primer movimiento nacional artístico en Brasil:

> O romantismo literário no Brasil –vozes de homens gemendo e se lamuriando até parecerem às vezes vozes de mulher [...] Em alguns casos, parece ter sido menos expressão de indivíduos revoltados que de homens de meia raça sentindo, como os de meio sexo, a distância social, e tal vez psíquica, entre eles e a raça definidamente branca o pura; ou o sexo definidamente masculino e dominador. (*Sobrados* 590)

La media raza condiciona, entonces, una posición de sujeto de la escritura pasiva y dependiente, pero que se diferencia y se marca "síquicamente" por la raza misma. Freyre destaca las relaciones "pasivas o femeninas" de la literatura romántica brasileña con los modelos de Europa. En esta relación descrita muy irónicamente y con un vocabulario sexual se presenta un tipo de "arribismo intelectual". La mulatez, condiciona una alegoría de la escritura misma y del lugar del narrador como "medio escritor" de "medio sexo" cuyo posicionamiento frente al texto de afuera es ambivalente y complejo. El escritor se figura como posición subjetiva desde sus personajes mulatos o negros a través de los cuales logra el control de la representación.

Este último aspecto, que resulta muy interesante dada la importancia que se le da a la masculinidad en las sociedades patriarcales, es discutido en detalle por Gilberto Freyre en su ensayo *Sobrados e Mucambos* (1936). En la sociedad brasileña el patriarcado en decadencia produce, según Freyre, tipos sociales en los que se problematizan las categorías de género. Siempre existe: "uma distancia tão grande como a que separa os sexos: o 'forte', do 'fraco', o 'nobre', do 'belo'. Tão grande como a que separa as classes: a dominadora, da servil –as vezes sob a dissimulação de raça ou casta 'superior' e 'inferior'" (67). Sin embargo la esclavitud transforma estas jerarquías: el esclavo adquiere, junto con la mujer y el niño de la casa grande, el calificativo de "pasivo", "afeminado" o "débil" (101). Aparece como un niño débil al que se debe castigar rudamente para educarlo.

De ese modo, el mulato se enfrenta, como un niño, a los modos de aprendizaje social y al prejuicio racial. Aunque, según Freyre, dentro del proceso de aprendizaje "hay algo de niño" en el mulato: "no meninote, aos primeiros sinais de homem", este proceso se asocia con la evolución y el aprendizaje positivo (647).[37] Pero, como se verá en las novelas, esta evolución (sicológica/biológica) es lo que lo lleva a su destrucción. El mulato es víctima de la sociedad y la cultura en que vive. Sin embargo, su condena o "corrupción" final salvan el orden social. De este modo, la narrativa se sirve de la moral seductora de este personaje, que unas veces antagoniza y otras concilia las diferencias sociales y culturales. Así, la esclavitud "educa" al mulato, haciéndolo "agradable" frente a sus amos blancos:

> O mando desenvolve nos senhores vozes altas e nos servos falas brandas e até macias quase sempre acompanhadas de sorrisos também doces. Aliás, tanto com a relação no sorriso como a fala é ao gesto, o sistema patriarcal da escravidão, dominante longo tempo no Brasil, parece ter desenvolvido no escravo e, por intermédio deste, no descendente mulato, modos agradáveis que vinham do desejo dos servos de se insinuarem à simpatia, quando no amor, dos senhores.[...] Aqui apenas recordaremos que o abraço, hoje tão do ritual brasileiro da amizade entre homens, e da origem, ao que parece oriental ou indiana, quando acompanhado pelas palmadinhas nas costas, tomou entre nós calor, passou de gesto apolíneo a dionisíaco, por influência do mulato: da exuberância da sua cordialidade. (601)

Esa delicadeza del mulato lo feminiza y le añade un carácter erótico y seductor a sus modos sociales y a los oficios que practica. Así lo vemos en el caso de Pimienta en *Cecilia Valdés* y de Bernabé, el protagonista de *Sab*. Este cruce con lo erótico puede verse en el ejercicio de las artes manuales y creativas, en particular de oficios relacionados con la escritura. El proceso de adquisición de cultura, se ve, entonces, como un deseo seductor. De ese modo, se advierte que lo erótico en el mulato parte de un texto de aprendizaje social en donde el adquirir o "ser penetrado" por la cultura, lo convierte, en vez de un sujeto pasivo, en un escriba de procesos culturales. Mientras que el niño de la casa grande "no aprende a hablar", el mulato aprende el gesto del habla y en este caso de la escritura, y lo copia. Esta "copia" o "mímica" va reproduciéndose a través de distorsiones del original y creando una agencia en el sujeto colonizado (Bhabha, "Of mimicry" 86).

---

[37] Freyre atribuye positivamente al mulato esta metáfora del crecimiento, que proviene del esquema positivista comtiano, presente en la bandera brasileña: "ordem e progresso". Esto reproduce las metáforas propias de los intelectuales de la Generación del treinta: las del crecimiento corporal nacional (un "Brasil niño que ya creció", como en el poema de Cassiano Ricardo), o las de "Brasil como un gigante adormecido", que figura en el himno nacional.

Por lo tanto, la copia nunca es idéntica al original sino que se revela como un desliz o una falta en la representación y, en el discurso, como "algo que se parece pero que no llega a ser igual" ("Of mimicry" 89). Que se le atribuya una "falta" o carencia a este sujeto de la representación no solo lo infantiliza, sino también lo convierte en un "hombre cordial". Esta concepción de la cordialidad, texto clave para el discurso sociológico, particularmente en el Brasil, construye el imaginario de la hermandad nacional. En ese sentido, el aprendizaje de gestualidades que producen los modos "íntimos" de amor social en la cultura brasileña, sale de esta "copia" exuberante y alterada. El mulato-artista representa la cultura. A pesar de ser el sujeto de la representación cultural, Freyre lo define como un "arribista intelectual":

> A denguice do mulato, é certo que vai às vezes ao extremo da molície —certas ternuras de moça, certos modos doces, gestos quase de mulher agradando homem, em torno do branco socialmente dominante. Alguma coisa também do adolescente diante do homem sexual e socialmente maduro, o homem completo e triunfante que ele, adolescente, no íntimo quer exceder; que imita exagerando-lhe os característicos de adulto —a voz grossa, a força, a superioridade intelectual e física; e junto a quem se extrema em agrados as festas, em desejos de intimidade. Socialmente incompleto, o mulato procura completar-se por esse esforço doce, oleoso, um tanto feminino. (*Sobrados* 647)

En esta descripción, el orden semiótico de la "incompletez", la "falta" y la carencia subordina al mulato en su condición de "arribista".[38] Para Freyre, lo que lleva al mulato a la categoría de sujeto es esa imitación de un sujeto masculino blanco, que pasa a ser el que controla no sólo la representación, sino el deseo del otro. Así, la narrativa crea un espacio intermedio que se sitúa en los límites de la dialéctica hegeliana del amo y el esclavo, pero en la que se hacen claros una situación y un lenguaje de poder. El diálogo social propicia contactos sinuosos que, aunque se dan en un espacio homosocial (controlado), se producen desde ese deseo que el narrador ve en el mulato. Al destacar este deseo entre el blanco y el mulato, Freyre quiere subvertir "la guerra fatal" del amo y el esclavo tan presente en Hegel (Kòjeve). El deseo del mulato, se presenta como un movimiento que desvía la definición social de género y alude al posible contacto homoerótico, pero en el que se mantiene, como en las novelas de Freyre, el estereotipo y la subordinación del otro (Butler, *The Physic Life of Power*; Sedgwick).

---

[38] Según Rolena Adorno, esta "feminización" es propia de las literaturas o crónicas coloniales, en las que lo femenino, lo infantil y lo moro eran categorías que se utilizaban para definir la otredad y la diferencia.

Estas categorizaciones, como se verá en *Cecilia Valdés*, se problematizan en la representación del mulato disfrazado, que se ve como el más "peligroso", porque puede disfrazarse de formas de socialización fraterna, seducir al blanco y "corromper" el sistema. De un modo similar, para los narradores de *Sab* y *O Mulato* el disfraz tiene un carácter doble. Por un lado, "feminiza" al personaje porque deja ver cierto tipo de "vanidad": el estereotipo de la vanidad femenina. Por otro lado, es un gesto político que crea un sentido de subversión o de doble agencia. Como señala Francine Masiello, esta estrategia del disfraz no solo ubica a la mujer del fin de siglo en un "discurso doble" o "bilingüe" frente al Estado, sino que crea un registro "femenino" para identificar a todos los ciudadanos que se ubican en esa "frontera" ininteligible para el discurso político nacional ("Women" 5- 8). El mulato será, como la mujer travesti, un traductor crítico de esos lenguajes socio-políticos y culturales.

El personaje principal de la novela cubana *Sab* (1841) de Gertrudis Gómez de Avellaneda es un ejemplo de la sensibilidad femenina y trágica del mulato artista. Como ya ha señalado Doris Sommer, a partir de la figura de Bernabé, apodado Sab, esclavo mulato de la joven Carlota de B, Gertrudis Gómez de Avellaneda reclama su lugar subjetivo en la escritura y puede, al mismo tiempo, condenar la posición de la mujer en la sociedad cubana del siglo XIX: "¡Oh las mujeres! ¡Pobres y ciegas víctimas! Como los esclavos, ellas arrastran pacientemente su cadena y bajan la cabeza bajo el yugo de las leyes humanas. Sin otra guía que su corazón ignorante y crédulo eligen un dueño para toda la vida" (227). Estas líneas de la carta de Sab a su ama Carlota, son también parte del reclamo de humanidad, amor y reconocimiento que hace el esclavo antes de su muerte. Así, Sab cuenta en una carta su historia de amor, desconocida por su ama pero no por Teresa, la prima de Carlota, que comparte con Sab las desdichas de un amor no correspondido.

La tragedia amorosa de la pasión de Sab por su ama Carlota se complica cuando se arregla el matrimonio entre ésta y Enrique Otway, hijo de un comerciante inglés. Esta unión que salvaría a la casa familiar nacional de la ruina por medio de la alianza con los intereses económicos extranjeros, es suspendida por el padre del novio. La intervención de Sab y su entrega de un billete de lotería premiado salva el matrimonio, pero a costa de su pasión y la de Teresa por Otway. Carlota se casa con Otway, Teresa se interna en un convento y Sab escribe la carta que Teresa guarda hasta el día de su muerte, en la que le confiesa a Carlota su amor y el sacrificio que hizo por ella. La carta es un testimonio abierto de la pasión y la escritura de Sab. Sab ha contenido su pasión-escritura durante toda la novela, confesándosela solo a la controlada y "desapasionada" Teresa, una mujer racional y "masculina". Teresa y Sab, la protegida y el esclavo, dos huérfanos de familia sin la protección del apellido paterno y exilados del mismo sistema que dice protegerlos, crearán una dureza "masculina" y una sensibilidad "femenina", respectivamente.

Esta masculinización de lo femenino en el personaje de Teresa contrasta con la ingenuidad de su prima Carlota y será la contrapartida de la representación de los personajes masculinos en la novela. Estos, así como su relación, se figuran en un juego continuo de identificaciones y miradas que enfrenta dos órdenes culturales distintos: el del esclavo criollo Sab y el del inglés Otway. Su encuentro en la primera escena de la novela revela una atracción curiosa del uno por el otro:

> El campesino estaba ya a tres pasos del extranjero, y viéndole en actitud de aguardarle se detuvo frente a él y ambos se miraron un momento antes de hablar. Acaso la notable hermosura del extranjero causó cierta suspensión al campesino, el cual por su parte atrajo indudablemente las miradas de aquél. Era el recién llegado un hombre de alta estatura y regulares proporciones, pero de una fisonomía particular[...] Era su color de un blanco amarillento con cierto fondo oscuro; su ancha frente se veía cubierta con mechones desiguales de un pelo negro y lustroso como las alas del cuervo; su nariz era aguileña pero sus labios gruesos y amoratados denotaban su procedencia africana [...] El conjunto de estos rasgos formaba una fisonomía característica, una de aquellas fisonomías que fijan las miradas a primera vista y que jamás se olvidan cuando se han visto una vez. (41-2)

Este juego de miradas revela lo que Kaja Silverman ha llamado "doble mímesis", en el que se entremezclan no solo la curiosidad por el otro masculino, sino también un momento erótico de identificación y posible posesión –cultural, sicológica y física– en el que la mirada crea una doble identificación donde: "la raza se define a través de filtros culturales en vez de 'esencias' biológicas [...] y el sujeto occidental puede imitar tan bien a los sujetos de otra cultura, que estos lo imitan a él" (24-7). En este encuentro, Otway se fascina con la belleza física y la belleza de alma del mulato. La copla que entona Sab, "una canción del país" seduce y detiene el camino del viajero extranjero (41). En este momento de indecisión, en el que Otway no sabe todavía la condición de esclavo de Sab, éste, como "hijo de la tierra" y conocedor de la finca, le describe al inglés las riquezas del lugar. La curiosidad por el otro aumenta más en Otway cuando descubre que Sab "habla bien": "el aire de aquel labriego parecía revelar algo de grande y de noble que le llamaba la atención, y lo que acababa de oírle el extranjero, en un lenguaje y con una expresión que no correspondía a la clase que denotaba su traje pertenecer, acrecentó su admiración y curiosidad" (45).

Cuando Sab confiesa que es mulato y esclavo, la atracción curiosa se transforma en una de poder. Sab admite pertenecer: "a aquella raza desventurada sin derechos de hombres", mas termina reclamando la hombría de su alma: "a veces es libre y noble el alma aunque el cuerpo sea esclavo y villano"(46). Aunque Sab revela, a insistencia del extranjero, la historia de su vida, Otway no le revela su identidad al esclavo. Así, el extranjero busca escuchar el testimonio del esclavo, incluso resume su historia desde su punto de vista: "Estás acostumbrado a la esclavitud – interrumpió el extranjero, muy satisfecho con acabar de expresar el pensamiento que suponía el mulato"(49). Al revelar su nombre, Otway lo hace como su futuro amo: "te prometo hacer menos dura tu condición de esclavo" (50). Aquí, Otway fija su identidad como amo de Sab; lo que resulta paradójico, ya que Sab recibirá su libertad cuando lo salve dos veces de la muerte. En ese sentido, Otway "le debe" su vida a Sab, quien se transforma en el "guardián" de su bienestar. Así, uno termina dependiendo del otro, creando una situación de identificación doble, que parece fusionarlos. Los celos hacen de Sab "una sombra" de Otway y, como le confiesa a Teresa:

> Yo he sido la sombra que por espacio de muchos días ha seguido constantemente sus pasos; yo el que ha estudiado a todas horas su conducta, su mirada, sus pensamientos...; yo quien ha sorprendido las palabras que se le escapaban cuando se creía solo y aun las que profería en sus ensueños cuando dormía[...] Desde la primera vez que examiné a ese extranjero, conocí que el alma que se encerraba en tan hermoso cuerpo era huésped mezquino de un soberbio alojamiento. (163)

Por consiguiente, el mulato esclavo de alma "blanca" se contrapone al extranjero rubio de alma "negra" y malvada, que posee una visión positivista y comercial de la vida y los sentimientos. Entonces, será Sab, exilado de la sociedad por su condición de esclavo, y exacerbado en sus apasionamientos, el que defenderá la cultura nacional frente a ese "extranjero" o "huésped" de su tierra. Paradójicamente, ambos son exilados y extraños en el mismo lugar, y lo único que parece atar a Sab es la pasión y el amor por la tierra. Así, el jardín que él crea para Carlota, lleno de flores nacionales, se describe como un lugar único, donde: "No dominaba el gusto inglés ni el francés [...] Sab no había consultado sino sus caprichos al formarlo"(85). En este jardín nacional, hecho por Sab para su ama, se traduce su amor por Carlota –la tierra– y la labor creativa de su subjetividad. Influenciado por las lecturas de su ama, con la que crece como un hermano, Sab va formando su amor a la patria y como señala en su carta: "me agitaba con un ardor salvaje a los grandes nombres de *patria* y *libertad*" (222, énfasis en el original).

Aunque Sab solo se acerca a Otway, sinónimo de amo blanco y extranjero, a través de su amor apasionado por Carlota, no se identifica con ellos completamente. Como esclavo privado de su orgullo y de su hombría le señala a Teresa: "Teresa, vos sois una mujer sublime; yo he querido imitaros [...] Vos os levantáis grande y fuerte, ennoblecida por los sacrificios, y yo caigo quebrantado. ¿Cuál es esa fuerza que os sostiene y que yo pido en vano a mi corazón de hombre?"(220). En una doble mímesis, Sab quiere ser como Teresa, ya que su emotividad no lo deja tener control de su pasión. Sab y Teresa conforman entonces, dos niveles distintos de conciencia: el de la pasión y el de la razón. La razón controlada y "masculina" de Teresa contrasta con la "femineidad" desbordante y pasional del esclavo. La razón "masculina" de Teresa, vista en la novela como una profunda virtud femenina, es el baluarte final al que aspira el esclavo. Su "masculinidad", como inversión de roles, le da la pasión al esclavo, como alegoría del arte y figuración de lo estético.

Sin embargo, tanto la mujer como el esclavo tienen que "resignarse a su destino". Esta resignación no se entiende como "pasividad" sino que, por el contrario, refleja la claridad y la fuerza de la voluntad femenina. Un ejemplo claro de esta voluntad se ve cuando Teresa, a pesar de su dolor controlado y su aparente frialdad, decide recluirse en un convento. Así, mientras que las "almas nobles y elevadas" como las de Sab se destruyen ante el poder del extranjero, la fuerza de Teresa revela otro tipo de alternativa: la de la reclusión. Mientras Sab decora su jardín interior, Teresa termina figurando su identidad detrás del muro del convento. En ese sentido, resulta significativo que Teresa guarde detrás de ese muro el secreto de Sab: el de su escritura y el síntoma que la origina.

La carta final de Sab, de tono confesional y escrita desde la enfermedad con "mano mal segura y que fue poniéndose más y más trémula" somatiza la escritura nacional acercándola a la muerte y aliándola más a lo abyecto. La casa nacional, desde donde escribe Sab, es un bohío en el que se encuentra rodeado por la vejez y la muerte. Mariana, la vieja de origen racial dudoso que lo adopta, su nieto moribundo y un perro acompañan a Sab en su viaje a la muerte y a la escritura (198). Así, la muerte trágica del mulato consolida, a través de la escritura, una nueva subjetividad que necesita el lado del desborde pasional y la razón –la lectura de Teresa– traducidas como una alianza de lo femenino y lo masculino. El artista es, entonces, una subjetividad exilada de su patria o de su entorno social y está tan sujeto a la pérdida de su hombría como el esclavo. De ahí que la actividad del artista y la escritura de lo nacional se vean como la búsqueda de un balance entre lo femenino y lo masculino.

Un balance al que sólo se llega a través del exilio y la muerte física. La escritura, como un exilio interior, alude siempre al cruce entre la pasión y la muerte, que construye al sujeto. Es a partir de este viaje subjetivo, tan cercano a la muerte física, que Raimundo, el protagonista de la novela de Aluízio de Azevedo *O Mulato* (1881), lleva a cabo la búsqueda de su origen. Raimundo también es escritor, pero a diferencia de Sab, se ha formado en el espíritu positivista y revolucionario del

Brasil de fin de siglo, ya que se educa en Europa. Desconocedor de su pasado y educado como hombre rico y libre, Raimundo regresará de Europa a Río de Janeiro y volverá a la provincia nordestina de São Luiz de Maranhão para poner en orden los negocios de su padre, el hacendado portugués José Da Silva. En este viaje de regreso a São Luiz descubre que es mulato y que es hijo de una esclava de su padre. Esto transforma su relación amorosa con su prima Ana Rosa y, cuando deciden huir juntos, el canónigo Diego delata el secreto de confesión del plan de los amantes e intriga para provocar la muerte de Raimundo. Al final de la novela, Raimundo muere asesinado sin descubrir que murió del mismo modo que su padre en el pasado, también por las maquinaciones del canónigo Diego. Este secreto de su pasado, que no conocerá ningún personaje de la novela, destaca la hipocresía de la Iglesia en la figura del canónigo. *O Mulato* se centra en las transformaciones sicológicas de los personajes principales y el modo en que la Iglesia (canónigo Diego) y los intereses comerciales extranjeros (portugueses) intervienen en las transformaciones de un futuro orden social brasileño (Raimundo). Por un lado, la novela destaca, como en *Sab*, la pasión de los hijos de la tierra o de los portugueses "abrasilerados" frente a la vida cerrada y provinciana del portugués ligado a su tierra.

El estilo naturalista de la novela revela, como señala Eva Paulino Bueno, un discurso crítico de fragmentación, propio de la narrativa naturalista de Brasil que, al mezclar géneros literarios y corrientes científicas construye:

> una mirada decentrada o excéntrica a la sociedad brasileña de su tiempo, y un intento de representarla como totalidad compuesta de partes contradictorias, cada una de ellas intensificada y exacerbada, que consiste de negros, mulatos, mujeres masculinas, hombres femeninos u homosexuales, cada una intensificada y exacerbada en sus partes. (xii)

Mediante esta fragmentación del sujeto se critica abiertamente la fragmentación del Estado y las leyes políticas que lo constituyen.

El descubrimiento del nacimiento mezclado de Raimundo y su consecuente transformación sicológica constituyen un viaje simbólico al origen nacional. Raimundo es el bachiller mulato que "pasa por blanco" y "se piensa" blanco, siempre que quienes lo observen no conozcan su origen. Raimundo no sabe de su pasado, así que se reconoce más en los modos culturales de Europa que en los del Brasil. Al principio de la novela, y muy al contrario de Sab, se presenta como el mulato que copia los modelos de Europa y los hace suyos sin evaluarlos críticamente. Raimundo "no canta las canciones de la tierra" como Sab, sino que se distancia emocional y críticamente de ellas. Por lo tanto su viaje al nordeste del Brasil, se ve también como un viaje simbólico al lenguaje nacional. La llegada del europeizado Raimundo a São Luiz, es motivo de intrigas y confidencias secretas, ya que mucha gente conoce su origen y, como señala el canónigo Diego: "ninguém aquí lhe ignora a biografia; todos sabem de quem ele saiu" (29). A pesar de esto, el mulato se destacará por su belleza física, contrastada constantemente con la vulgaridad y la fealdad del portugués:

> Raimundo tinha vinte e seis anos e seria um tipo acabado de brasileiro, se não foram os grandes olhos azuis, que puxara do pai. Cabelos muito pretos, lustrosos, e crespos; tez morena e amulatada, mas fina; dentes claros que reluziam sobre a negrura do bigode; estatura alta e elegante; pescoço largo, nariz direito e frente espaçosa. Tinha os gestos bem educados, sóbrios, despidos de pretensão, falava em voz baixa, distintamente, sem armar ao efeito; vestia-se com seriedade e bom gosto e amava as artes, as ciências, a literatura, e, um pouco menos a política. (40)

A pesar de que la belleza física, la eugenesia y la intelectualidad reflejan una imagen positiva de la mezcla racial, particularmente del brasileño educado en Europa, el narrador se distancia críticamente de su personaje y lo presenta como un hombre con aire de superioridad frente a los demás. Por lo tanto, su orgullo "intelectual" lo separa de su origen y no le provee el lenguaje necesario para entenderse con la gente de su país. Su actitud de distancia no es solo clasista; presenta también un tipo de *ennui* (hastío) europeo a la brasileña, que lo distancia de todo lo que tenga que ver con su país, particularmente, de la lengua del pueblo. Irónicamente, los portugueses "abrasilerados" serán los que le proveerán a Raimundo estas historias y versos populares que recibe muchas veces con fastidio y otras con interés simulado. La malicia del *sertanejo* se contrasta con la ignorancia del hombre de la ciudad en coplas como ésta: "Quando passares na rua –Escarra, cospe no chão!– Qu' estou cosendo à candeia –Não sei se passas ou não!..." (114). En esta copla, dedicada al "pasar por la calle", Freitas, el portugués abrasilerado, ironiza directamente la figura del mulato.

Frente a la copla, el humor popular y las funciones de teatro, que tanto alaba Freitas, se contrapone la escritura periodística de Raimundo, llena también de matices irónicos y humorísticos que satirizan la vida en Maranhão. Para Aluísio de Azevedo O *Mulato* será un instrumento de crítica de la vida de esta provincia.[39]

---

[39] Sobre este particular Azevedo responde: "Como se ve não segui o conselho do único jornalista da minha província [...] vim simplesmente para a Corte e continuei a escrever, a fazer novos volumes, um atras do outro sem descansar" (12). Su novela es, sin embargo, muy bien acogida en las ciudades del sur como Rio de Janeiro y São Paulo.

Así, por medio de la escritura de Raimundo, asistimos al proceso metanovelístico del relato. El mulato escritor va formando, como en *Sab*, el perfil subjetivo de la escritura nacional. Sin embargo, a medida que pasa el tiempo, Raimundo se aparta de los amigos de la familia tomando sus bromas y el rechazo de los vecinos con desdén. El encerrarse, su distancia y su melancolía se convierten en la defensa sicológica del mulato artista frente a un medio hostil. Al mismo tiempo, la curiosidad y el deseo de su prima Ana Rosa irán abriendo, simbólicamente, el alma del mulato y lo irán orientando en el enigma del viaje al origen: "Raimundo perdia-se em conjeturas e, malgrado o seu desprendimento pelo passado, sentia alguma cousa atraí-lo irresistivelmente para a pátria[...] Ele, que sempre vivera órfão de afeições legítimas e duradouras" (41). La orfandad del mulato encontrará, en el desenfreno pasional de su prima Ana Rosa, el modo de guiar su deseo. Descrita como una joven en "edad de casarse", Ana Rosa es víctima de varios ataques de pasión "histérica" a la llegada de su primo. Dejándose llevar por su pasión, entra en el cuarto de su primo varias veces "a curiosear" manifestándole su deseo por él. En el cuarto de Raimundo, Ana Rosa descubre los matices fetichistas y *voyeurs* de su deseo, en un libro francés sobre sexualidad y anatomía:

> Tinha visto de surpresa um espectáculo, que os seus sentidos ainda mal formulavam por instinto —o ato da fecundação. Aquele desenho abriu-se, defronte dela, como um postigo, para um mundo vasto e nebuloso, um mundo desconhecido, povoado de dores, mas ao mesmo tempo irresistível; estranho paraíso de lágrimas, que simultâneamente a intimidava e atraia. (94)

El libro francés de anatomía abre el camino al deseo y se presenta como una alegoría significativa, ya que Francia será un espacio "deseado" por los intelectuales latinoamericanos. Ana Rosa, como veré más tarde en mi análisis de *¡Ecue-Yamba-Ó!*, de Carpentier, será como los niños de la pandilla de Cayuco que aprenderán sobre su deseo en las páginas pornográficas de una revista o libro francés. En ambos casos, la mirada curiosa es lo que crea y condiciona el deseo. En el caso de Ana Rosa, también su histeria, en opinión de su abuela María Bárbara, aparece desde su niñez por su trato con negras. El discurso médico que se forma alrededor de la relación entre Ana Rosa y Mônica, su nana negra, sugiere que sus ataques de "histeria" femenina y su atracción desmedida por el mulato tienen que ver con la influencia de su nana: "todo o seu ser se revolucionou; o sangue gritava-lhe reclamando o pão de amor; seu organismo inteiro protestava contra a ociosidade" (94). Aquí la nana, como en las novelas de Freyre, es un eje simbólico de la construcción del deseo de Ana Rosa.

En la escena del libro que simula indirectamente un acto de masturbación femenina, Ana Rosa es descubierta por Raimundo. Éste se sorprende porque no se ha dado cuenta de los sentimientos de su prima y termina reprendiéndola. La declaración agresiva que le hace la joven lo halaga y, al mismo tiempo, le despierta una pasión desconocida. Es así como el mulato va inagurando por medio del deseo femenino un nuevo lenguaje subjetivo que le transforma su orden simbólico. Este orden es visto por Kristeva como un espacio pre-Edipal que se relaciona con la madre ("The Father, Love, and Banishment" 157). El lenguaje académico y disciplinado (logos-ley del Padre) se va transformando poco a poco en un lenguaje emotivo que conduce a otras complejidades. Esto se ve cuando Raimundo le confiesa a Ana Rosa:

> Deploro ter esperdiçado tantas madrugadas a estudar, a matar-me de trabalho [...] Com franqueza, toda a obra de uma geração inteira de investigadores da ciência; tudo quanto ensinam as melhores academias, não vale a bôa lição que em algumas horas de passeio á seu lado me dá a natureza, a grande mestra! (103)

Raimundo desea a Ana Rosa, poniendo de lado las preocupaciones "racionales" del intelecto. De ese modo, su deseo se relaciona de forma indirecta con el despertar sexual de su prima. Este cambio en Raimundo parece ir preparando positivamente su subjetividad para el encuentro con el origen. Mas esto no ocurre, ya que el encuentro con este enigma es la entrada a la locura y la abyección. En ese sentido, la entrada a lo femenino desde el deseo por Ana Rosa lleva a la figura oculta y desconocida de la madre. Este aspecto cumple con la definición de lo abyecto en Kristeva, ya que no solo presenta el rechazo de algo desde dentro del ser, sino que al mismo tiempo marca y condiciona los límites del sujeto (*Poderes* 7-15). La madre, como cuerpo y deseo originario remite a lo abyecto, ya que es el lugar del origen del yo (63-76).

En el caso particular de Raimundo, el viaje en compañía de su tío a São Braz, la finca que era propiedad de su padre, es un viaje simbólico a la noche de su origen. Así, la escena en la que ve a su madre por primera vez se presenta como una pesadilla. El mulato escucha una voz que viene de los árboles y la espesura cercana a la casa: "Dir-se-ia uma voz de mulher e tinha uma melodia exquisita e monótona"(156). En ese momento, Raimundo recuerda las historias de brujería y muerte que les hizo el guía en el camino, para destacar que el territorio cercano a São Braz es un lugar "maldito" y poblado en su mayoría por negros fugitivos. El llamado encantado de la voz de mujer, confundido con el del pájaro llamado *mãe da lua* es la voz distorsionada de su identidad negra. Esa voz de la locura que "habla y habla sin detenerse y, como un susurro", menciona su nombre y el de su padre, pero no dice nada sobre su madre. El mulato vuelve a su cama y en la entrada de su puerta aparece el espectro de su pasado:

> Mas, um leve e surdo ruído despertara-o. Raimundo encolheu-se na rede e insensivelmente se lembrou do revólver que tinha a seu lado; na porta desenhava-se, contra a claridade exterior, a mais esquálida, andrajosa e esquelética figura de mulher que é possível imaginar. Era uma preta alta, cadavérica, tragicamente feia, com os movimentos demorados e sinistros, os olhos cavos, os dentes escarnados [...] o espectro porém, olhou em torno de si, viu-o, sorriu, e tornou a sair silenciosamente. (157)

Este primer encuentro con su pasado se repite una segunda vez frente a la tumba de su padre, la cual tiene una lápida sin nombre que revela la orfandad de su identidad: "só um pedaço de mármore charruroso e negro; o tempo apagara da pedra o nome do seu pai" (162-3). En ese momento, la negra loca lo ve, baila de felicidad y lo abraza. Este contacto le provoca una abyección desmedida: "o rapaz não tivera tempo de fugir e sentiu-se em contacto com aquele corpo repugnante. Então num assomo nervoso repeliu-a bruscamente. –Não me toques! gritava o moço, com raiva, levantando o chicote"(164). Irónicamente, es luego de este encuentro que Raimundo descubre que ese cuerpo que rechazó era el de su madre, ya que le insiste a su tío que le diga abiertamente por qué le está negando la mano de su hija Ana Rosa. Esto produce un cambio instantáneo en su subjetividad:

> E, querendo reagir, uma revolução operava-se dentro dele; idéias turvas, enlodadas de ódio e de vagos desejos de vingança [...] Uma só palavra boiava à superfície do seus pensamentos: "Mulato". E no círculo de seu nojo, implacável e extenso, entrava o seu país, [...] e seu pai, que o fizera nascer escravo e sua mãe, que colaborara nesse crime. (167-8)

Este odio gradual, va desde su amor por la nación hasta el lenguaje y la ley, vista en la figura del padre, y finaliza con la madre o el hueco mismo de su identidad (Bhabha, "Are you...?" 59). Este viaje, que va de lo abstracto hacia lo corporal, cubre los tres órdenes principales de su identidad: la nación, la ley (el lenguaje) y la madre. Estos tres órdenes se combinan para demostrar que el crimen de la esclavitud reproduce una marginalidad o una forma de estar "fuera de la ley" de la identidad. Este "no ser" es visto como un lugar de sujeto intervenido. Lo que hace que Raimundo termine borrando su identidad y su nombre, como su padre lo había borrado en su lápida, en el mismo instante en que la descubre.

En ese sentido, los raptos pasionales que lo llevarán a alejarse de Ana Rosa, descubrirle su identidad y, finalmente, decidir huir con ella, revelan fragmentariamente su transformación como sujeto. El mulato regresa a São Luiz para alejarse del mundo; "se cierra por dentro": "E Raimundo, alí, no desconforto do seu quarto sentia-se mais só que nunca; sentia-se estrangeiro na sua própria terra, desprezado e perseguido ao mesmo tempo" (281). A partir de estas cavilaciones maldice la esclavitud: "Ah! amaldiçoada fosse aquela maldita raça de contrabandistas que introduziu o africano no Brasil!" (185). Como en *Sab*, se ve aquí la condena de la esclavitud en la boca del mulato y la alianza mulato-mujer en la rebelión de Ana Rosa y su deseo de huir con su amante. Creyendo que Raimundo había cumplido las órdenes de su padre y que ya había dejado São Luiz para siempre, Ana Rosa: "sentia uma raiva mortal de tudo e por todos, pelos parentes, pela casa paterna, pela sociedade, pelas amigas, pelo padrinho; e assistiu-lhe, abrupto, uma força varonil, um ânimo estranho, um querer déspota" (198). Así, la "fuerza varonil" transforma la curiosidad agresiva del primer encuentro y convierte a Ana Rosa en huérfana, o exilada de la casa del padre, a causa de su pasión. En contra de lo que creen sus familiares y Ana Rosa, Raimundo no abandona Maranhão y regresa para despedirse de su tío. Allí, la joven se confiesa esclava de su amor, se entrega a él y deciden huir juntos, mas cuando va a llevarse a cabo el plan el canónigo Diego descubre a los amantes.

A pesar de que Ana Rosa está encinta, es mayor de edad y el joven la pide insistentemente en matrimonio, la familia se opone y por medio de las intrigas del canónigo, un portugués enamorado de la joven, mata al mulato. Al ver el cuerpo muerto de Raimundo, Ana Rosa sufre un aborto. La muerte física del mulato y de su hijo es un augurio de la muerte existencial de la joven al final de la novela. La escena final, llena de comentarios irónicos por parte de la voz narrativa, es "una vuelta al orden" cósmico, visto aquí como el orden mediocre de la sociedad provinciana y, por extensión, de la nación brasileña. El pecado de Raimundo de desconocer su identidad, lo que lo hace tomar "otro lugar" en la sociedad que no le pertenece, crea el exilio físico y sicológico en una sociedad dividida en clases y regida por leyes exageradamente hipócritas. El estilo de realismo naturalista de *O Mulato* hace que la figura del mulato trágico, aunque no participe de los crímenes de la esclavitud, sea culpable de "no conocer su identidad" o "su lugar". Es este último aspecto, lo que lo lleva a la noche de su origen y, de ahí, a la muerte. Al reconocer su identidad, el mulato se hace extranjero en su propia tierra y, como *Sab*, llega a la muerte en el momento en que se inscribe como sujeto.

José Dolores Pimienta, el mulato que antagoniza con Leonardo Gamboa por el amor de la mulata Cecilia Valdés, también termina su vida trágicamente. Aunque conoce su origen, se ciega por la pasión que le despierta Cecilia y le da muerte a Leonardo, convirtiéndose en un criminal. Sin embargo, este rapto pasional que lo llevará a cometer el crimen con el que concluye el relato de Villaverde, no concuerda con la caracterización inicial que se hace de José Dolores en la novela. Músico, compositor y director de orquesta, trabaja como oficial de sastre en el taller del maestro Francisco Uribe. El mulato artesano es, por consiguiente, un sujeto en el que se traza una ética del trabajo y de responsabilidad social. En *Cecilia Valdés*, estos mulatos artesanos se contrastan constantemente con los criollos blancos y los españoles. Las figuras como Pimienta y Uribe se contraponen constantemente a las de Leonardo Gamboa, hijo (criollo) y Leonardo Gamboa, padre (español). El desempeño de estas "artes nobles" como la sastrería y la tabaquería, entre otras, daba a estos mulatos de clase media baja un sentido de honor que no compartían los negros en otras profesiones y, mucho menos, los esclavos. Muchos de estos artistas y artesanos como el sastre Uribe, el poeta Plácido y el propio Manzano fueron personajes históricos de La Habana de los años 1830, que murieron o fueron silenciados por el gobierno español al ser acusados en la conspiración de La Escalera (1844).

El mulato criollo compite con el criollo blanco y el español por el cumplimiento de sus deseos (políticos, sociales, sexuales), como se ve en el triángulo amoroso formado por Leonardo, Cecilia y Pimienta. Deseada por ambos hombres, Cecilia se convierte en el lugar de choques y encuentros entre ambos. La narración de *Cecilia Valdés* parte del cuerpo de la mulata que "pasa por blanca" para señalar los límites sexuales y sociales, no solo de la sociedad cubana sino también de la propia narrativa. Cecilia quiere a Leonardo pero "juega" con los sentimientos de José Dolores, traspasando continuamente la líneas de raza y clase.

El texto se manifiesta como "híbrido" y "contaminado" desde el principio. La narrativa se contagia con la confusión de cuerpos para manipular y mezclarse en la jerga del otro. Ese cuerpo que insiste, que manipula y que busca ocupar un espacio "que no le pertenece", revela la realidad y el horror al mestizaje en la sociedad cubana, así como el "desborde" de la narrativa misma, su condición "parda". En la escena de baile se representa esta condición de la narrativa. El narrador describe los bailes "de color" o "de cuna" utilizando el lenguaje que describe "cubanamente" esa costumbre. En estos bailes que, según señala el narrador, eran visitados tanto por negros, mulatos y blancos, se refleja la mezcla racial y de clases de la sociedad cubana. La nación es vista como "confusión de cuerpos" que se mueve insistentemente al ritmo de una contradanza. Al señalar la con-fusión nacional de los cuerpos, el narrador indica: "que para valerme de la frase vulgar, el baile no había rompido"(19). Este uso del lenguaje popular cubano, que luego se verá en el uso de bastardilla para representar la lengua de los esclavos, representa, a pesar de la separación, un intento de cubanizar o hacer criollo el lenguaje. Aunque el baile es dirigido simbólicamente por el mulato José Dolores, su labor en la fiesta "no es muy bien agradecida" (27).

El mulato queda opacado por la presencia de Leonardo Gamboa e, inclusive, por la presencia de figuras de la ley como el comisario Cantalapiedra. Sin embargo, José Dolores posee su arte y su maestría musical, que aparecen en la narrativa inspirados por la figura de la mujer que ama, como si la angustia y la desolación del mulato frente a un amor no correspondido fuera la fuente de inspiración de su talento musical. Así, la entrada de Cecilia al baile y el toque de su hombro con su abanico transforman las notas de su clarinete: "y con ansia devoradora sacara de su instrumento las melodías más extrañas y sensibles [...] el lenguaje de sus ojos y de su música era el más elocuente que podía emplear ser alguno sensible"(20). La sensibilidad de José Dolores figura pues un tipo de estética "criolla" popular que forma la narrativa. Esta sensibilidad le da, como a Sab, características físicas y morales asociadas con lo femenino:

> la casi perfección de sus manos y la pequeñez de los pies, que así en la forma, como en el arco del puente, podían competir con los de dama de raza caucásica. Ni con ser de constitución delicada, sobresalían mucho los pómulos de su rostro ovalado[...] En sus maneras, lo mismo que en la mirada y a veces hasta en el tono de la voz, había un aire marcado de timidez, o melancolía, pues no siempre es fácil discernir entre ambas, que revelaba, o mucha modestia, o mucha ternura de afectos. (71)

Es así como José Dolores se describe como un "hombre delicado", lo que sugiere que estas virtudes de la educación le vienen de la parte blanca de su raza y de su condición de artista. Su relación con el arte, ya que es artesano y músico, lo feminiza poniéndolo en el lugar "femenino" de la creatividad. En ese sentido, tanto la música como la artesanía se manifiestan como dos formas de expresión social y cultural. Mientras el arte de hacer un oficio con las manos lo conecta de algún modo con la "esencia" o el origen de las cosas, la música representa el lugar de su memoria y traza un vínculo estético con esa nación en formación (Gilroy).[40] Aunque la contradanza aparece no como música negra sino como música mezclada, revela esa "cubanía" o "costumbre cubana", que se representa en la novela. Más que Leonardo Gamboa, el mulato José Dolores Pimienta parece reflejar el carácter problemático de la criollez, ya que tiene que defender su arte, el lugar del origen y de la memoria, y, a la vez pactar con el criollo blanco.

---

[40] Como señala Paul Gilroy, la música tiene para el artista negro y mulato un lugar significativo en las formas de ritualización social, ya que en la música permanece y se transforma su memoria, principalmente la de la esclavitud.

La creatividad del mulato, de la que carece por completo Leonardo Gamboa, refleja también la "doble conciencia" a la que se refiere Gilroy: la de la memoria del cuerpo y la de la cultura como espacio de conflicto (103). Así, mientras Leonardo aprende sus lecciones de Derecho Civil en "los costados o en la parte trasera del salón de clase", José Dolores parece redimirse por medio de su trabajo y su arte (45). Sin embargo, la mulata desea al blanco con el terror de tener un hijo "saltapatrás" (o más negro que ella); y cree de forma ingenua que Leonardo la acepta como si pertenecieran a la misma clase social y a la misma raza. La lucha amorosa en el triángulo llevará a una serie de encuentros e intrigas, que harán que la narrativa se llene de secretos, malentendidos y medias palabras. Cecilia no conoce las intrigas que se tejen a su alrededor, ni siquiera sabe que es media hermana de Leonardo. Los límites narrativos, vistos en los desplazamientos metonímicos de la historia –el cuerpo y su deseo vistos en Cecilia– le dan movimiento a la narración mientras que los silencios, ponen un tipo de "lugar limítrofe" en la palabra y la apariencia. En ese sentido, como señala Norman S. Holland en "Fashioning Cuba", se construye un traje nacional cubano en las formas del habla y la vestimenta. Así, el sastre Uribe pasa a ser un modelo de la integración futura, porque:

> el es una figura que está, estrictamente hablando, fuera del orden jerárquico y familiar que dominan la novela [...] por su profesión puede intervenir en diversas prácticas sociales, respecto a las cuales está en una posición marginal a causa de su raza y la clase a la que pertenece [...] la novela celebra las creaciones de este sastre negro no solo para meterse en el *costumbrismo*, sino también para producir un modelo de orgullo nacional y cívico, un modelo que tiene el "beneficio" añadido de salvar las diferencias raciales y de clase en la nueva nación. (149-50, énfasis en el original)

Siguiendo el análisis de Holland, se puede decir que, a pesar de su sensibilidad artística, Pimienta no aprende la lección de supervivencia que le enseña su maestro Uribe, actuar de un modo hipócrita frente a los blancos: "¿Tú no me ves besar muchas manos que deseo ver cortadas? ¿Te figurarás que me sale de adentro? Ni lo pienses, porque lo cierto y verídico es, que del blanco, no quiero ni el papel" (73). Uribe revela los elementos necesarios de reciprocidad social con el blanco, pero lo hace con hipocresía. En su reconciliación de los elementos de la nación futura, no figura la desaparición armoniosa del conflicto, sino una agenda secreta. Contrario a la visión integradora y de conciliación nacional que lee Holland, me parece más sugerente una lectura del diálogo entre Uribe y Pimienta, en la que se vean en detalle los conflictos raciales y de clase de la época. En la frase, "por que lo cierto es que del blanco, no quiero ni el papel", se ve entonces, un conflicto racial y de clase muy claro, obvio para Villaverde, que así parece haberlo entendido en su época.[41] También, Uribe es quien parece entender el enigma de la mulata y el hombre blanco aclarándole a José Dolores: "son ellas, no ellos quienes los buscan" (74). El mulato y el blanco pasan a ser dos polos irreconciliables que solo se unen en su deseo por Cecilia, como se ve en la escena en que Uribe le prueba la casaca de Leonardo a Pimienta para moldeársela y acabarla de coser. En esta escena se representa la figura del doble como el opuesto y, al mismo tiempo, la del doble dentro de sí mismo: "Vamos José Dolores, sirve tú de modelo. Apuradamente tienes el mismo cuerpo que el caballerito Leonardo" (73). Momentos antes de esta escena, Pimienta había salvado a Adela, la hermana de Leonardo y la "doble" de Cecilia, de un atentado en la calle. La escena de la casaca hace referencia a la de la intervención de Pimienta en el atentado, jugando así con el tema de las relaciones fraternales a través del doble. Pimienta acepta probarse la casaca de mal humor y Uribe le responde:

> Compadre tienes hoy palabras de poco vivir[...] antes tomaste a una de las niñas Gamboa por Cecilia Valdés; ahora te pones bravo porque para ganar tiempo pruebo la casaca *del hermano* en tu cuerpo. Si lo haces porque el blanco te pisa la sombra, lo peor que puedes hacer es tomarlo tan a pecho. (73, énfasis mío)

En esta escena, Villaverde parece jugar con la idea del doble a partir de los usos de la palabra "hermano". En primer lugar escribe "del hermano" lo cual se puede referir a Leonardo como hermano de Adela, o como medio hermano de Cecilia (Uribe sabe que Leonardo y Cecilia son hermanos). Leonardo y Pimienta tienen una hermandad, en este caso social e irreconciliable, que hace que se uno se "moldee" como o frente al otro. El mulato rechaza la casaca del blanco, pero al mismo tiempo, ansía ponérsela. En la escena siguiente Leonardo llega a buscar su chaqueta y mientras se la prueba en el espejo cree:

> ver la imagen de alguien que le miraba a hurtadillas desde atrás de la puerta del comedor. Aunque le pasó por la mente que había visto aquella cara en alguna parte, de pronto no pudo recordar ni dónde ni cuándo. En este esfuerzo de la imaginación se quedó un rato [...] completamente abstraído. (76)

---

[41] Este aspecto fue, seguramente, comprendido por los lectores de la novela, ya que, como señalan Jorge e Isabel Castellanos, Cirilo Villaverde podía estar aludiendo aquí a la Conspiración de la Escalera del año 1844. Según Pedro Deschamps Chapeaux al sastre Uribe, otro de los personajes históricos que incorpora Villaverde, se le acusó de ser uno de los cerebros conspiradores de la revuelta. Uribe se suicida en la cárcel de La Habana en 1844 (24-5).

Esta mirada del otro, a hurtadillas, produce abstracción en Leonardo porque es ya, más que nada, una mirada de reconocimiento e interpenetración. Al ponerse la chaqueta del otro, se da una transformación en los dos personajes, el que trabaja (el mulato) zurce la chaqueta de Leonardo para ganar su posición en el circuito del deseo, mientras que el blanco sabe en ese momento que el otro no sólo lo mira a hurtadillas y desde lejos, sino que se "probó su casaca" y se metió metafóricamente dentro de él. Después de esta escena Pimienta se convierte en "la sombra" de Leonardo, como se ve en la escena en que Leonardo castiga a su cochero por haberse movido, por órdenes de un "extraño", de la calle en que debía esperarlo: "Aponte no pudo decir si el desconocido era militar o paisano, comisario de barrio o magistrado, hombre blanco o de color" (85). Al perseguir a Leonardo, se crea una conexión emocional entre los dos personajes, basada en esta noción de hermandad pero también en su hombría. Es así como al final de la novela se ve cómo José Dolores conoce los motivos amorosos de Leonardo, más que Leonardo mismo, augurando así el final de Cecilia cuando dice: "su belleza será la causa de su perdición"(96).

Por otro lado, en las figuras de Dionisio y María de Regla se representa al esclavo doméstico que se libera de la voluntad de los amos. Influenciados directamente por la historia de Cecilia y separados por las intrigas en las que Don Cándido se escuda constantemente, buscarán, finalmente, sus propios destinos individuales. Aunque Dionisio termina en la cárcel, es un mulato que conoce, no sólo la historia de sus amos, sino la de Cecilia. En el baile de negros en el que irrumpe mal vestido con la ropa de su amo, le dice abiertamente a Pimienta: "soy quien soy" y se describe también como un mulato "que habla de memoria"(167). El insulto que le hace a Cecilia no es nada más que decirle la verdad sobre su historia. La alianza que hará más tarde con el curro Malanga, y que lo coloca como zapatero un tiempo, alude a las ventajas del "cimarrón urbano" frente al esclavo del campo y a las astucias de Dionisio frente a una ley frágil.[42] Los sacrificios de María de Regla en el ingenio serán, sin embargo, un castigo por su forma astuta de ser. María de Regla, como señala William Luis, es la madre natural de José Dolores, y la madre de leche de Cecilia Valdés y de Adela. Su nombre alude a la Virgen de Regla que se sincretiza con Yemayá en la santería afrocubana (Luis, *Literary Bondage* 192-3). Al final de la novela, es María de Regla la que acude a salvar a Cecilia y con

---

[42] En su artículo titulado "Cimarrones urbanos", Pedro Deschamps Chapeaux señala que la ciudad era un escondite privilegiado para el esclavo que huía, ya que: "éste se refugiaba en los barrios de intramuros de la ciudad o en los caseríos de intramuros, o en la casa de algún compatriota libre o hacían licencias falsas y se unían a los batallones de pardos y morenos" (147-51).

quien Leonardo le manda mensajes cuando ha sido recluida por su padre en el convento de las recogidas. A pesar de este acto de conciencia, en el que Leonardo quiere ayudar a Cecilia, éste termina casándose con Isabel Ilincheta; y se cumple en Cecilia el destino de su madre.

El enfrentamiento final de los dos hombres, que parecería motivado por Cecilia, se presenta de antemano como un acto de hombría, en el que José Dolores señala: "primero me dejo escupir la cara que hacer el papel de tapa. No es *él* hombre para pasarme la mota y reírse de mí. Que se ponga en mi camino" (274, énfasis en el original). No se aclara, finalmente, si Pimienta es puesto en prisión por este acto, sino que Cecilia es recluida como responsable. La locura final del personaje, así como su deseo excesivo, se recluyen en el espacio de la ley (la institución) para contener el desbordamiento, simbolizado en el cuerpo de Cecilia. Cecilia, el cuerpo femenino, tiene que desaparecer de la narrativa. Asimismo, Dionisio, preso por atentar contra la ley al matar a Tondá, el Jefe de la Policía, parece figurar junto con Cecilia en este instante simuladamente "efectivo" de la ley.

La novela tiene un final abierto, en el que las mujeres, como Doña Rosa e Isabel Illincheta, establecen "su propia ley": "Doña Rosa [...] persiguió, pues a la muchaha [...] y no le fue díficil hacer que la condenaran como cómplice en el asesinato de Leonardo [...] Isabel Illincheta se retiró al convento de las monjas Teresas [...]"(299-300). Como mujeres fuertes, que dominan tanto el espacio de la casa como el de la calle, su ley contiene el "desbordamiento" metonímico del narrador. Por otro lado, y en el caso de Pimienta, su fuga sugiere una circunstancia "peligrosa" para la ley futura, ya que su cuerpo está fuera de la ley y la justicia (Luis 193).

El discurso de la formación nacional está representado, por consiguiente, a través de la muerte sicológica y física del mulato artista. Es así como Gertrudis Gómez de Avellaneda, Aluízio de Azevedo y Cirilo Villaverde reformulan las relaciones entre la escritura y la nación. El mulato artista, ya sea esclavo como Sab, intelectual y desconocedor de su origen como Raimundo, o liberto y artesano como José Dolores, revela un tipo de identidad problematizada, de lugar recurrente en el imaginario de la escritura. Su masculinidad, originalidad y destino están mediatizados y condicionados por el blanco y por la pasión que los personajes femeninos desatan en ellos. Este deseo exacerbado puede, en muchos casos, transformar al personaje en un hombre feminizado, como en el caso de Sab; exiliarlo de sí mismo como en el de Raimundo; o, finalmente, hacerlo dependiente de su deseo y "sombra" como en el caso de José Dolores. Su dependencia del blanco fragmenta su identidad en varios circuitos de poder social y económico, y lo hace un sujeto sin padre, sin apellido. Sin embargo, esta misma dependencia del blanco, su intento de pasar por, o "ponerse la ropa del otro", los ubica como "criollos" o "nacionales" de su país. Desde esta ausencia de apellidos o identidades se inscriben sus manifestaciones artísticas: la carta de Sab, la escritura periodística de Raimundo, la música de José Dolores. Es, también, en este espacio sin nombre, donde la escritura simula el viaje a la identidad y, paradójicamente, a la fragmentación o disolución de la misma.

En estas novelas decimonónicas, el mulato artista desaparece, se exila dentro de sí, muere o es víctima de la ley según las circunstancias. También se vuelve prisionero de la pasión por una mujer de otro color y otra clase social. Los personajes femeninos que despiertan esa pasión –Carlota, Ana Rosa, Cecilia– proveen, sin embargo, el lenguaje emotivo por el cual se van "feminizando" estos personajes masculinos. Desde este lenguaje "histérico", o del cuerpo, se va fundando, como en las novelas de Freyre, la virtud creativa del hombre femenino y sus ficciones de sujeto. ¿Cómo se problematizan estas ficciones de sujeto –cultural, nacional– cuando la raza y la sexualidad se exponen abiertamente como centros del discurso?

3. *BOM-CRIOULO*: HOMOSEXUALIDAD, RAZA Y NACIÓN

> Assim, quando imagino o cidadão brasileiro, penso naquele ser fragilizado pela ausência de reconhecimento social, naquele indivíduo sem rosto, sem direitos e sem recursos, colocado numa espera interminável que é o símbolo mais perfeito, no Brasil, da ausência de uma verdadeira cultura da cidadania.
> –Roberto Da Matta, "Um indivíduo sem rosto",
> *Brasileiro: Cidadão*

En la novela naturalista de 1895, *Bom-Crioulo* (*El buen criollo*) de Adolfo Caminha, el protagonista, Amaro, es un hombre negro, que desde su homosexualidad irá presentando, una a una, las "llagas de los problemas nacionales" del Brasil de fin de siglo (164). Por un lado, la relación homosexual del negro Amaro con el joven blanco Aleixo es una alegoría de las relaciones socio-culturales y raciales del Brasil del Imperio. Por otro, la relación se presenta simbólicamente como una forma de educación a la vida adulta del joven blanco y la reformulación de "otras subjetividades" sociales, sexuales y culturales (Lopes 68). Si la homosexualidad, como señala Arnaldo Cruz Malavé, se constituye como un "hueco en la representación y en la subjetividad nacional" (*El primitivo implorante* 91) parecería que esta novela "fundacional" de Caminha va abriendo, a partir de sus propias contradicciones, un camino a la conciencia del negro homosexual. Para este narrador naturalista, lleno de curiosidad excesiva, que quiere "penetrar en la llaga" del síntoma nacional, la homosexualidad escribe ese lugar del placer prohibido en el que el goce es el exceso mismo de la narrativa.

Bom-Crioulo describe el amor interracial entre dos marinos y su convivencia en una pensión en la Calle de la Misericórdia en la ciudad de Río de Janeiro, que se ve interrumpida cuando trasladan a Amaro a un acorazado militar. En este momento, doña Carolina, la portuguesa dueña de la pensión, seduce a Aleixo y lo hace su amante. Amaro, apodado por todos "Bom-Crioulo" trata de bajar a tierra a ver a su amante, tiene varios incidentes con la ley y termina castigado y enfermo en un hospital de la marina. Allí, lleno de llagas purulentas y comenzando a enfermarse de lepra, recibe la noticia del engaño de Aleixo, se escapa del hospital y lo acuchilla en la calle a la vista de todos los transeúntes. La muerte de Aleixo, ya anunciada varias veces por el narrador, aparece como premonición en los sueños de la portuguesa:

> ela relembrava casos que tinham alvoroçado o Rio de Janeiro, casos de ciúme, de traições. Na Rua do Senhor dos Passos um sargento esfaqueara uma pobre "mulher da vida"; encontrara-a com outro[...] Lembra-se também de outro caso medonho; fora na Rua dos Arcos: o assassino cortara a mulher em bocados como se esquarteja uma rês. O povo correra em massa para ver o espetáculo. (83-4)

En este pasaje, con el que abre la novela, se inagura la mirada "disectora" de este narrador naturalista, que construye un circuito del deseo y de la curiosidad *voyeur* a través de ese lector implícito que asiste, como un lector de prensa amarilla, a la descripción de los crímenes. Se va, por consiguiente, desde el cuerpo del homosexual negro y el objeto de su deseo, que es el joven blanco, hacia el cadáver, construyéndose así, una gradación implícita, que alegoriza la temporalidad de ese mismo sujeto homosexual y de su placer. El deseo anal y la muerte, como un juego de circularidades, se convierte en un circuito de control y de violencia: el ano, como otra boca, revela el límite del discurso. Si en el acto homosexual, como señala Perlongher, la lengua —el discurso— llega a su propio límite, se accede a un logos que de un modo ambiguo se cierra y se abre a otras posibilidades (37).[43] Según Perlongher, al "controlar el esfínter se accede a un 'punto de subjetivación' y se construye una sociedad masculina libidinalmente homosexual" (37). Es así

---

[43] Ver mi análisis sobre la boca y el ano como puntos de subjetivación y límite en el colonizador y el colonizado en "Manuel Ramos Otero: Las narrativas del cuerpo más allá de *Insularismo*" (303-24).

como al describir el placer homosexual Caminha busca un discurso de la liberación de las jerarquías históricas, políticas y culturales/pero al mismo tiempo, lo sitúa en ese lugar del goce reprimido en donde el homosexual es el abyecto de la representación. El cuerpo de Amaro, como un vínculo entre lo racial y lo sexual, va construyendo lo que Francisco Lopes define como una "subjetividad otra" que:

> articula todos os esterótipos de uma sociedade que passava a ver o elemento negro como uma ameaça perigosa. A libertação dos escravos tinha sido feita, conforme é sabido, há pouco tempo. Assim a sociedade branca, elitista e perdedora de uma grande parcela de poder se via ameaçada por esta força disruptora. (71)

Por consiguiente, los problemas del Brasil después de la abolición de la esclavitud (1888) se discuten en una novela ubicada, estratégicamente, en las primeras décadas del Brasil Imperial (1830-40). En esta novela, Amaro tendrá el retrato del Emperador en su cuarto de la pensión, lo que simboliza la identificación del pueblo y, particularmente, del esclavo y el liberto, con la figura de Don Pedro II.[44] Amaro es, además, un esclavo que escapó y que al refugiarse tanto en las Fuerzas Armadas como en la Marina puede ser protegido por el Estado. La Marina representa para el "buen criollo" un oficio seguro, buen salario y, sobre todo, libertad.

A pesar de que, como señala Lopes, el apodo "buen criollo" articula los estereotipos sociales del miedo al negro en el Brasil de fin de siglo, también responde de muchas formas a su intento –ya sea fallido o no– de ser un "buen ciudadano". En ese sentido, y a pesar de la patologización de la homosexualidad que se ve en el personaje y en su castigo final, Amaro es un personaje lleno de contradicciones que no parece caer dentro del estereotipo decadente y morboso del criminal o el degenerado en la novela naturalista canónica. Por el contrario, se describe como un hombre bello y atractivo, cuya belleza física es "peligrosa" y, al mismo tiempo, "atrayente": "Não havia osso naquele corpo de gigante: o peito largo y rijo, os braços, o ventre, os quadris, as pernas, formavam um conjunto respeítavel de músculos, dando uma idéa de força física sobre-humana" (24); "Era uma massa bruta de músculos ao serviço de um magnífico aparelho humano" (27). Esta belleza peligrosa contiene, sin embargo, "a morbidez patólogica de toda uma geração

---

[44] Don Pedro II era venerado por las poblaciones negras y mulatas como un protector divino, ya que, durante las Guerras con Paraguay, les había dado la oportunidad a los negros de liberarse si participaban en el ejército.

decadente y enervada"(18). Aunque Amaro cambia de personalidad y se vuelve agresivo cuando bebe, recibe su apodo de "buen criollo" por su comportamiento tanto en el trabajo, como con los demás: salvó a Doña Carolina de un robo y a un hombre enfermo de morir en la calle.

Si la novela patologiza la homosexualidad, no parece condenarla como pasión o deseo amoroso, sino conforme a la fórmula decimonónica de "pérdida de energía" o semen. Aquí, el narrador reproduce el discurso médico de la homosexualidad en la novela naturalista, muy presente en Zolá, el cual pasa a ser, en el fin de siglo, una forma de referirse a la mezcla racial. Según Siobhan Sommerville:

> [...] los discursos médicos sobre la sexualidad se insertan en ansiedades culturales penetrantes sobre los cuerpos "mezclados", particularmente el del mulato, cuya posición simbólica como mezcla de cuerpos negros y blancos se trataba literalmente en los tratados científicos. Los sexólogos y escritores que escribían sobre la homosexualidad tomaron el modelo del cuerpo mezclado como forma de explicar "el invertido". Finalmente, los discursos raciales y sexuales convergían en modelos sicológicos que entendían el deseo "contra natura" como una marca de la perversión; en estos casos, el sexo interracial y el homosexual eran análogos. (47)

En la primera escena de la novela aparece un comentario sobre el deseo de Amaro por Aleixo, que todavía no se ha consumado: "¡si tan siquiera lo hubiese gozado!" (24). El semen, que se intercambia en la unión homosexual es para el narrador, una "semilla que se pierde" y no da fruto. Por consiguiente, el exceso sexual y, en este caso, la homosexualidad, cae dentro del discurso de la pérdida constante de energía, la cual se asocia a los "cuerpos mezclados racialmente" y al discurso de la vagancia (Gallagher 88-9). Sin embargo, la pasión amorosa de Amaro se describe, más que como una pasión desorientada, como un sentimiento sincero y fraternal por los demás. Así, la energía sexual que parece estar perdiendo este "gigante cordial" que es Amaro, se relaciona con su condición de esclavo cimarrón, y su socialización. El buen criollo es indisciplinado porque actúa según su ley individual, "goza" su semen en un circuito de placer no reproductivo y no se deja llevar por el Reglamento de la Marina.

Es así como la novela comienza confrontando estos dos códigos y castigando a varios marineros en cubierta, incluyendo a Amaro. El barco, como comunidad homosocial, es un lugar en el que se enfrentan los deseos sexuales (individuales) frente a la ley social. El castigo corporal que recibe el sertanejo Herculano por masturbarse y el de Amaro por defender a Aleixo de las insinuaciones sexuales de otro marinero se complementan con los comentarios del narrador sobre la figura del Capitán como "pederasta activo" y sobre el placer sádico de Agostinho, el torturador que da los azotes (16-21). La lectura del Reglamento de la Marina antes del castigo articula simbólicamente los límites del poder legal y su propia contaminación, mientras que el castigo desata la curiosidad y el espectáculo (Foucault, *Discipline* 18-9, 21-2). La economía del castigo corporal hace de los marineros "hombres y ciudadanos", a la vez que los sujeta al orden. Sin embargo, en el caso particular de Amaro, esclavo huido y homosexual, el castigo lo hace rebelarse aun más. Dentro de ese "estado de control de los deseos", que es el barco, el mar se constituye como un símbolo de liberación:

> No mesmo dia que foi para a fortaleza, e, assim, que a embarcação largou do cais a um impulso forte, o novo homem do mar sentiu pela primeira vez toda a alma vibrar de uma maneira extraordinária, como se lhe houvessem injetado no sangue de africano a frescura deliciosa de um fluido misterioso [...] que até lhe vinha a vontade de chorar, mas de chorar francamente, abertamente a presença de outros, como se estivesse enloquecendo... Ele, o escravo, "o negro fugido" sentia-se verdadeiramente homem, igual que aos outros homens, feliz de o ser, grande como a natureza, em toda a pujança viril da sua mocidade. (21-2)

En este pasaje, Amaro encuentra su libertad, pero su humanidad y su hombría no se separan del ojo de la ley. El mar le provee un espacio nuevo para su conciencia y la reformulación de su subjetividad. Este viaje por mar, ya sea en un barco real o imaginado, es para Paul Gilroy un eje transformador en la conciencia de las poblaciones negras, primero como esclavas, luego como libertas y más tarde como intelectuales (12-6). En el caso particular de Amaro, este viaje a su subjetividad reproduce los patrones de entrada a una comunidad homosocial de servicios, la cual se altera con la llegada de Aleixo y el descubrimiento de su homosexualidad. Es entonces cuando se ve, a partir de la homosexualidad agresiva y pederasta de Amaro, el contraste con la figura femenina y pasiva del joven Aleixo. Casi como un efebo griego, Aleixo, el joven-niña, se pasea por la cubierta del barco incitando los placeres de todos los marineros. Aleixo se embarca en el puerto de Santa Catarina, en el sur del país, contrastando, así, con la figura de Amaro, un cimarrón sin origen definido, que quizás ha venido del Nordeste del país, para refugiarse en Rio de Janeiro. Aquí, el origen indefinido de Amaro y la posibilidad de que haya sido cimarrón remiten a la agresividad y violencia de su "raza", situándolo, nuevamente, fuera de la ley textual y estatal.

Aunque Amaro, víctima de su pasión, actúa "indisciplinadamente", es en ese momento que comienza a educar a Aleixo. En una de las primeras escenas de la novela, Amaro le regala a Aleixo un espejo barato para que vea lo "bonito que es": "O pequeno mirou-se e... sorriu, baixando o olhar. Bom-Crioulo compreendeu o efeito da experiência e tratou de completar a 'educação' do marineiro [...] No fim de algunos días Aleixo estava outro e Bom-Crioulo comtemplava-o com esse orgulho de mestre que assiste o desenvolvimento do discípulo" (30-1). Esta educación, puesta irónicamente entre comillas por el narrador, es también una seducción y un despertar del deseo del joven, que culmina con la escena sexual en la que Amaro por fin realiza: "seu forte desejo de macho torturado pela carnalidade grega" (37).

Ese deseo hace que Amaro le muestre a Aleixo "com exclamações de patriotismo" los lugares de la ciudad: "os acidentes da entrada, os edíficios: as fortalezas de São João no alto, e de Santa Cruz à beira mar, olhando-se, com a sua artilheria muda; a Praia Vermelha, entre morros; o hospício; Botafogo..." (38). Aquí el narrador expresa su amor patriótico por la ciudad de Río, con todos sus males y "llagas", por medio del negro Amaro. La ceguera, indiferencia y pasividad del blanco, vistas en Aleixo, serán, por lo tanto, un tema que Caminha explorará a partir del triángulo Amaro-Aleixo-Dona Carolina. El negro, a pesar de su homosexualidad y su desvío, sabe amar a su patria con pasión, la acepta y la conoce.

Sin embargo, frente a esta plenitud subjetiva de Amaro, la llegada a la pensión de los dos amantes los confronta con otro tipo de ley, la de la buena administración que establece la portuguesa doña Carolina, quien les alquila un cuarto sabiendo que son amantes. Doña Carolina es una buena administradora en el sentido que tolera las diferencias –raciales, sexuales, nacionales– en su pensión, donde conviven angolanos y portugueses, lo que remite a las relaciones entre las colonias portuguesas y a la "armonía" racial y sexual de la diferencia en el imperio portugués. Aunque en algunas escenas Aleixo demuestra su desprecio, particularmente por los angolanos, Doña Carolina se cuida de proveerles un espacio de respeto y de libertad a sus pensionados. Aquí se plantea la idea de la nación ideal como una pensión bien administrada en la que se toleran las diferencias y cada individuo vive en consenso con los demás, manteniendo su propio cuarto (individualidad). Mientras Doña Carolina calla y guarda la privacidad de sus huéspedes, el cuarto de Amaro se convierte en un espacio en donde la pareja convive libremente; en un lugar de gozo y sensualidad: "Bom-Crioulo, desde a primeira noite dormida no sobradinho, começou a experimentar uma delícia muito íntima, assim como um recolhido gozo espiritual" (46). A pesar de la paz que tienen los amantes, el cuarto huele a ácido, porque en él: "murió un portugués de fiebre amarilla"(46-7).

En la síntesis entre deseo homosexual y enfermedad, que se relaciona directamente con lo racial, el narrador patologiza la vida de los amantes y augura la enfermedad futura de Amaro, que se deja llevar por una pasión desenfrenada. Aleixo se convierte, entonces, en el esclavo sexual de Amaro. En este sentido, la pasividad del joven lo convierte en un personaje feminizado. Los "caprichos libertinos" del negro Amaro llegan al extremo del placer cuando ve a la luz de una vela, la desnudez y la blancura de Aleixo:

> Bom-Crioulo ficou extático! A brancura láctea e maciça de aquela carne terna punhale frêmitos no corpo, abalando-a nervosamente de um modo estranho [...] Faltavam-lhe os seios para que Aleixo fosse uma verdadeira mulher! Todo ele vibrava, demorando-se na idolatria pagã daquela nudez sensual como um fetiche diante de um símbolo de ouro ou como um artista diante duma obra prima. Ignorante e grosseiro, sentiasse, contudo, abalado até os nervos mais recônditos, até as profundezas de seu duplo ser moral e físico, dominado por um quase respeito cego pelo grumete que atingia proporções de ente sobrenatural a seus olhos de marinheiro rude. (49)

A pesar de la descripción fetichista de la escena, el placer del negro Amaro –que será más tarde su condena infectándolo "desde adentro"– parece ser un lugar de reivindicación. Amaro posee la blancura de Aleixo y la domina, la hace suya en el acto sexual. Sin embargo, el poder de la mirada en esta escena dice mucho más que el propio acto sexual, ya que fetichiza al otro blanco y lo convierte en objeto de adoración. La mirada directa de Amaro es un reconocimiento de la complejidad de su propio placer y de la "duplicidad" de su condición moral y física, lo que le da un tipo de conciencia subjetiva.

Este deseo agresivo, idólatra y fetichista será identificado como un deseo masculino en la novela. En ese sentido, cuando Doña Carolina seduce al joven Aleixo, aprovechando la ausencia de Amaro, y lo hace su amante, actúa desde un lugar masculino. Descrita como una mujer de cuarenta años, con una vida llena de altas y bajas, en la que fue prostituta de varios y amante de muchos, Doña Carolina se representa como una maestra de la vida y del deseo. Su pasión de mujer conocedora de la vida adquiere un carácter maternal y educador. La relación sexual entre ambos se ve como el regreso de Aleixo a una madre simbólica y a aguas que no conocía, ya que la portuguesa se relaciona en la novela con el agua: "a sua vontade era não sair d'água, viver dentro d'água, morrer n'água, flutuando..." (74). Para la portuguesa seducir a Aleixo es, más que nada, una muestra de su poder sensual y, como señala el narrador, de su "hermafroditismo", ya que Aleixo tiene para ella "forma y rostro de mujer" (73). Al cumplir lo que Kristeva ha señalado como la mayor de las fantasías femeninas, Doña Carolina se convierte a su vez en esclava de Aleixo, quien la domina con sus pedidos y sus celos.[45] Aquí,

---

[45] Sobre el amor de la pareja heterosexual, Julia Kristeva señala en *Historias de amor* (1995) que, para ambos sexos, la relación erótica se funda sicológicamente en la búsqueda de la madre: "El ideal de la histérica sería un puerto maternal provisto de pene".

desde el vínculo entre amor y esclavitud se invierten, por consiguiente, las relaciones de poder en la novela, ya que Aleixo pasa a ser en "su debilidad" el objeto de deseo del triángulo amoroso.

Mientras Amaro se encuentra en el hospital, enfermo de lo que se describe como llagas purulentas, o quizás lepra, le escribe una carta a Aleixo. Aleixo, en contra de lo que pareciera, se encuentra aburrido con la portuguesa y no ha olvidado a su primer amante:

> Mas Aleixo não podia esquecer Bom-Crioulo. A figura do negro acompanhava-o a toda parte, a bordo, em terra, quer ele quissese quer não, com uma insistência de remorso [...] a cada instante lembrava-se da musculatura rija de Bom-Crioulo, de seu gênio rancoroso e vingativo, –de sua natureza extraordinária-híbrido conjunto de malvadez e tolerância– (75)

Aquí, el temor a la fuerza física de su amante y, más aún, al castigo que Amaro pudiera darle al enterarse de las relaciones con la portuguesa, se mezclan con su deseo. La culpa de Aleixo, también vista simbólicamente como la culpa del brasileño blanco y de su impotencia frente al "problema negro", es la de no actuar para buscar la integración nacional. Aunque ésta le atrae de un modo ambivalente, la manipulación de lo portugués, simbolizado aquí por Doña Carolina, termina siendo la representación del "orden" social y nacional. También la carta de Amaro aparece como una invitación clara a la reconciliación: "Não sei o que é feito de ti, não sei o que é feito do meu bom e carinhoso amigo da Rua da Misericórdia. Parece que todo acabou entre nós. Eu aqui estou no hospital, já vai quase um mês" (138). La carta, escrita según el narrador, "numa garatuja desigual, tortuosa é indecifrável", es interceptada por Doña Carolina y nunca llega a manos de Aleixo. Su intervención no sólo imposibilita el amor entre Aleixo y Amaro, o la integración de negros y blancos, sino que hace que desaparezca su buena administración y que no se logre el "consenso nacional". A partir de este momento, la enfermedad de Amaro, su lepra, descrita como "lívida marca de castigo", suscita nuevos cambios en su subjetividad. Mientras la hemorragia de la desintegración nacional está en su propio cuerpo, su deseo por el grumete crece aún más: "Aleixo era uma terra perdida que ele devia reconquistar fosse como fosse; ninguém tinha o direito de lhe roubar, aquela amizade, aquele tesouro de gozos, aquela torre de marfim construída pelas suas próprias mãos" (90).

Cuando Aleixo logra educarse –racial y sexualmente– abandona a su amante. Por consiguiente, el intercambio erótico y cultural de la relación amorosa llega a su fin. Mientras el negro sufre en la piel los síntomas de un deseo sexual "patológico", Herculano, el hombre del sertón, va a visitarlo al hospital. Este personaje se describe como: "gordo, rosado, o olhar vivo e brilhante, sim melancolia sem sombra alguma de tristeza"(91). Amaro, a diferencia de Herculano, es una calavera: "Viam-se lhe os ossos da cara; tinha uma grande cicatriz, uma espécie de ruga funda no pescoço", lo que señalaría en los discursos positivistas de la época que el sertanejo tiene una posibilidad de integración a la nación gracias a su aspecto saludable (91). Herculano le dice a Bom-Crioulo que Aleixo es amante de Carolina. En ese momento la mirada de Bom-Crioulo se transforma y adquiere: "uma expressão dolorida e úmida como o olhar de um náufrago perdido no círculo imenso das águas"(93). Este naufragio simbólico es la muerte del sujeto del mar y de la posibilidad de su regeneración. Amaro se escapa del hospital para apuñalar a su amante.

Al matar a Aleixo, Amaro mata a su "otro", simbolizado aquí como el objeto de amor, lo que hace que termine vagando por la ciudad con su enfermedad. Amaro, castigado por la ley y recluido en cárceles y hospitales comete su crimen al final de la novela y escapa sin ser visto. El cuerpo ensangrentado del joven Aleixo es lo único que queda como prueba del crimen. El vagar del cuerpo enfermo de Amaro traduce un exceso narrativo del cual se sirve el propio texto. Antes de matar a su amante, Amaro transita por las calles de Río de Janeiro como un sujeto deseante, lleno de instintos pasionales y criminales en un lugar descrito como de: "sujeitos mal vestidos, operários e ganhadores, que desciam com um aire bisonho de ovelhas mansas que seguem fatalmente, num passo ronceiro, numa lentidão arrastada, numa quase indolência de eunucos"(97). Frente a la multitud castrada y arrastrada, que sigue el camino de los demás, el negro Amaro se desplaza como cuerpo deseante y con un propósito fijo en la mente. Antes de cometer su crimen Bom-Crioulo enfrenta a su amante.

En esta escena, el llamado del deseo de Bom-Crioulo, no se cumple, ya que Aleixo "no lo reconoce": "Sou eu mismo, rugiu Bom-Crioulo, sou eu mesmo! [...] Olha para esta cara! Olha como estou magro, como estou acabado. Olha, olha! E apertava bruscamente o outro, sacudindo-o como se o quisesse atirar ao chão. –Vê-la se me conheces, anda! Olha bem para esta cara! O efebo debatiase, pálido, aterrado" (100). En esta escena de reconocimiento de corte hegeliano, Aleixo rehúsa devolverle la mirada a su "otro" Amaro, lo que sugiere, según ha visto Judith Butler en *The Psychic Life of Power*, que la dialéctica entre amo y esclavo puede leerse desde las luchas sociales y eróticas del sujeto. Amaro, como personaje, presenta ambos órdenes, y la lucha por su reconocimiento, es el clímax central de la novela. Sin embargo, la inversión de la dialéctica y la lucha por la representación del sujeto negro, enfermo y homosexual, le da a la novela de Caminha un cierre interesante. A pesar de que es "esclavo" de su propio deseo, y de que es castigado con su enfermedad y el rechazo de su amante, Amaro escapa al castigo de la ley. Es así como luego del crimen, la vuelta al orden monótono de la ciudad se encuentra marcada con la presencia de Amaro, quien huye entre la multitud. Y aunque, el narrador señala que "ninguém se importava com o 'outro', com o negro que lá ia, rua abaixo, todos queriam ver '*o cadáver*' (102, énfasis en el original). Amaro termina representando el orden social y textual que no puede disciplinarse.

A pesar de que este orden escapa, Caminha se sirve de la llaga de Amaro y de su homosexualidad para analizar los "síntomas" de la enfermedad nacional. Aquí la novela naturalista, al querer poner el dedo en la "llaga" de los males nacionales, va penetrando simbólicamente en el propio intersticio de la enfermedad, y en el orificio *contra natura* de la homosexualidad. El fetichismo *voyeur* de Amaro, su belleza peligrosa y "monstruosa", así como el deseo masculino de la mujer –visto también como degeneración o exceso– hacen de Aleixo un joven pasivo pero manipulador. El hecho de que su cuerpo como "cadáver", termine siendo el lugar de la curiosidad –también *voyeur*– de la multitud, presenta un distanciamiento irónico de este narrador, que curiosea como el resto de la multitud y de un modo interesante, también condena al personaje de Aleixo.

Al final de la novela, los tres componentes del triángulo son destruidos por su propio deseo; y la "buena ciudadanía" de Amaro se destruye al no tener en su otro, su amante, el aprendiz deseado o el objeto de amor ideal. El narrador, como el negro Amaro, termina vagando simbólicamente en una narrativa llena de víctimas, en la que no hay ningún héroe o heroína. Lo que remite, como señala Eva Paulino Bueno, al lugar del sujeto naturalista que Caminha quiere recrear en su novela y que se describe como: "el efecto de un proceso complejo, en el que coexiste un orden semiótico en el que se entremezclan proyecciones, compensaciones, represiones y desplazamientos" (116). Tanto el personaje principal como la novela se construyen, por consiguiente, de un modo relacional, entremezclando varios lenguajes y órdenes textuales, lo que implica que la historia de amor de Amaro y Aleixo no puede reducirse solo a un crimen pasional, ni puede verse solamente desde el ángulo político de la formación de la nueva república, ni de las relaciones raciales y sexuales, sino que se constituye como un orden fragmentado de lenguajes, en donde lo nacional como totalidad forma parte de todos estos discursos. Esta diversidad de lenguajes, encarnados en el cuerpo del negro Amaro como dueño de su deseo, van desde el circuito del placer hasta la enfermedad, para representar la nación como un cruce de temporalidades fragmentarias. Tanto la enfermedad como el placer se patologizan en el discurso sobre el homosexual, que pasa a ser un sujeto ambiguo, ya que, a pesar de que se encuentra marcado por la narrativa, no puede someterse a su dominio. Amaro es un "logos" patógeno que contamina la escritura y la lleva a los límites de su imposiblidad, dejando ver que la llaga es el mismo orificio fronterizo que divide la subjetividad, el lenguaje y el texto mismo.

4. *¡ECUE-YAMBA-Ó!* ABAKUÁ, HOMBRÍA Y MUERTE

> Pero quien quiso entender entendió a medias
> porque desconocía el idioma o los idiomas que
> allí se hablaban. Se enfrentaba, en las librerías
> con tomos herméticos cuyo título se dibujaban
> en signos arcanos. Conocer esos signos hubiese
> sido mi deseo.
> —Alejo Carpentier," De lo real maravilloso
> americano."

Al igual que Amaro, Menegildo, el protagonista de *¡Ecue-Yamba-Ó!* de Alejo Carpentier, es un personaje cruzado por una serie de discursos de lo nacional, pero, a diferencia de él, Menegildo no logra liberarse, ya que carece de la complejidad subjetiva necesaria para su liberación. El deseo constante de probar su hombría frente a su familia y la fraternidad abakuá lo enfrentan con su destino final: expiar la culpa de su familia —el clan de los Cué y la nación— para hacer posible el lenguaje de la nación futura. Menegildo es un sujeto que actúa como "función" no solo de las leyes sociales que lo condenan sino también de la propia narrativa. A través de este personaje, el narrador articula una serie de lenguajes sobre "lo negro" y sus distintas manifestaciones sociales, económicas, culturales y míticas. En otras palabras, el narrador no le provee una subjetividad a Menegildo; más bien, lo elabora como una función de la narrativa, un lugar donde se cruzan todos estos lenguajes, que para Carpentier conforman el origen de lo nacional. Más que un cuerpo con conciencia, Menegildo es un cuerpo sin "conciencia", que "se hace" de un modo relacional a través de los otros personajes. Aunque este "hacerse" logra su culminación simbólica —en su iniciación abakuá, una fraternidad religiosa masculina— Menegildo "falla" al final de la novela y muere de una forma violenta. Paradójicamente, es a partir de esa "falla" de Menegildo que se logra una integración "aparente" de los distintos lenguajes de la novela.

Casi toda la crítica en torno a *¡Ecue-Yamba-Ó!* parece coincidir en que la novela, como experimento vanguardista, se manifiesta como una fábula del lenguaje o un intento de síntesis de diversos lenguajes, cuya intención principal es la descripción de "lo cubano". En esta presencia de varios lenguajes —o heteroglosia— confluyen, además, varios órdenes, tales como el socio-político y el mítico-filosófico. Hay que destacar que, a pesar de ser la primera novela de Carpentier, en *¡Ecue-Yamba-Ó!* están presentes estos temas, que luego se irán transformando en el escritor. Este deseo posterior, o plan del novelista, extendido a un plano latinoamericano de "nombrarlo todo como un Adán", aparece de muchos modos en esta novela

("Problemática" 25). Aunque en *¡Ecue-Yamba-Ó!* el narrador no se verá como un narrador-personaje, que escribe su propio relato –o la imposibilidad del mismo– como en su novela posterior *Los pasos perdidos* (1953), algunos de los personajes principales como Menegildo y el sabio Beruá llevan el peso de la narrativa. Ambos personajes simbolizan la entrada a un mundo mítico, a un nuevo lenguaje, que busca integrarse en la narrativa. Si Menegildo, como personaje representativo de un orden mítico, "falla" en su búsqueda, ¿puede "salvarse" la narrativa, articulando una "síntesis" lingüística?, o, por el contrario, ¿traduce esta misma "falla"?

Si se concibe el "Glosario" que está al final de la novela como un intento de definir la otredad, se puede afirmar que la síntesis lingüística y cultural a la que aspira la novela no existe. En una novela latinoamericana, dirá el mismo Carpentier años más tarde, nuestras palabras deben incorporarse al lenguaje literario sin traducirse (40). Esa condición es lo que las hace universales. Sin embargo, esta postura posterior de un narrador "creador y hacedor de la palabra" se encuentra de un modo muy ambivalente en su primera novela. A pesar de que el "Glosario" termina separando lenguajes y modos culturales, presenta un deseo de integración y explicación de lo negro. Es así como esta primera novela, vista desde la fábula de la integración nacional y de razas, representa un intento precario de traducción de las costumbres culturales negras, no solo para el lector al que se le da el "Glosario", sino también para el propio escritor.[46]

A pesar de estas diferencias, la búsqueda de una palabra absoluta que traduzca sin dejar un vacío ha sido un lugar continuo en la narrativa carpenteriana. Como afirma Gustavo Pérez Firmat, esta narrativa siempre se ha distinguido por estos intentos de traducción e integración. Lo que él mismo llama "la crisis del proyecto criollista cubano y su necesidad de consolidar un lenguaje propio" está presente en las novelas y relatos de Carpentier (52). Este complejo nivel de incorporación, traducción y representación es muy propio de la novelística de Carpentier y es lo que define la "condición de lo cubano". El intento de definición de lo nacional forma su discurso etnológico y estrecha sus conexiones con la Vanguardia europea y el primitivismo (Fass, González Echevarría). El arte europeo, mayormente después

---

[46] En el "Glosario" se pueden encontrar errores tales como decir que "Yemayá" es el nombre afrocubano de la Virgen de la Caridad, cuando Yemayá se sincretiza con la Virgen de Regla patrona de La Habana y la Caridad se asocia con Ochún. También se traduce "Yamba-Ó" como "¡Loado seas!", cuando literalmente quiere decir "Ya firmó el Iyamba" que es uno de los cuatro sacerdotes principales de la potencia ñáñiga. Su intento parece ser "cristianizar" la iniciación de Menegildo a la potencia. Ver las descripciones sobre la santería en Bolívar Aróstegui *Los orishas en Cuba*; y la de una ceremonia abakuá en Roche y Monteagudo.

de la Primera Guerra Mundial, inicia una búsqueda del origen en la cultura africana. La vanguardia europea, particularmente el movimiento surrealista del que participa Carpentier durante su estadía en Francia, incorpora el elemento negro como parte de su búsqueda de un leguaje mítico y socio-político de lo nacional (González Echevarría). Este lenguaje adquiere tanto en Carpentier, como en los surrealistas, un carácter liberador. El negro pasa a ser, entonces, representante del origen de lo nacional cubano.

Como señala González Echevarría, Ortiz tuvo una influencia clave en la formación del Carpentier novelista, especialmente en su primera novela *¡Ecue-Yamba-Ó!* Carpentier conoce el trabajo de Ortiz desde *Los negros brujos* (1906), y colabora con él en la creación de la *Revista de Estudios Afrocubanos* (1936). Asimismo, muchas de las definiciones del "Glosario" al final de la novela están basadas en las que hace Ortiz en *Los negros brujos* o en su diccionario *Un catauro de cubanismos* (1923). Podría decirse que *¡Ecue-Yamba-Ó!* es una recreación literaria de muchos de los personajes populares que aparecen en la etnografía de Ortiz, en especial, del ñáñigo abakuá con sus diablitos, el chévere, el negro catedrático y el negro curro entre otros.[47] Tanto en la obra de Ortiz como en la de Carpentier, la influencia del primitivismo busca proveerle a la narrativa un lenguaje propio y del origen de lo cubano, como se verá más adelante. La fábula del futuro integrador de la nación en el cuerpo de Menegildo no es posible. A pesar de que se da el contraste continuo entre un adentro (los afrocubanos) y un afuera (los yanquis, los otros antillanos), la novela cierra con la muerte de Menegildo y una referencia a la continuidad de la crisis social (Janzon 28-35). En ese sentido, la crisis individual de Menegildo y su familia refleja la crisis social del país.

La novela corresponde históricamente a la crisis social de Cuba desde los primeros años de la república (1902-1930) hasta el advenimiento de la dictadura de Machado. Durante este período, hay un florecimiento de las artes y las letras, que contrasta marcadamente con la insatisfacción en el clima político. La corrupción a nivel político provoca respuestas contradictorias entre los intelectuales, quienes se debaten constantemente entre el pesimismo, la crítica voraz y la formulación de planes optimistas para un futuro nacional (Castellanos 331-6). En el polémico ensayo de Jorge Mañach, "La crisis de la alta cultura en Cuba" (1925), se resume el malestar de esta generación cuando señala: "Cuba es un pueblo sin literatura

---

[47] No resulta extraño, pues, que el ensayo de Pérez Firmat comience con la obra de Ortiz o "Mr. Cuba", quien marca el estilo "incompleto" o "en progreso" de esta generación de escritores criollistas (52). Fernando Ortiz consagra un tipo de lenguaje y estilo de escritura, en los que se busca una síntesis de lo cubano. Ver Carpentier "Glosario". *¡Ecue-Yamba -Ó!*

relevante en lo que va del siglo" (citado en Castellanos 343). Sobre el polémico ensayo de Mañach, Andrés Valdespino añade:

> presentar el panorama literario de esas primeras dos décadas de la República como un árido desierto era, sin duda, una injusticia de Mañach [...] explicable – aunque no justificable– por la natural irritación de aquella generación a la que él pertenecía contra el clima general de mediocridad que vivía el país, y la falta de estímulo oficial y popular para las empresas culturales. (citado en Castellanos 345)

Sin embargo, esta generación será la que se rebelará contra la crisis y la que producirá el proyecto intelectual criollista. Así, Castellanos marca las fechas de 1923 a 1925 como años importantes para esta generación de escritores y artistas, ya que marcan el comienzo del famoso período revolucionario, que culmina con la constitución del cuarenta. Entre los hechos artísticos e históricos de importancia cita:

> la Protesta de los Trece; el manifiesto que la explicó, el grupo Minorista, que va a expresarse sobre todo a través de la revista *Social;* la creación de la Federación Estudiantil Universitaria y el Primer Congreso Nacional de Estudiantes presidido por Julio Antonio Mella; la fundación de la Universidad Popular José Martí [...] y en 1925 la fundación de la Confederación Nacional Obrera y del Partido Comunista. (348)

Varios de los capítulos de *¡Ecue-Yamba-Ó!,* como, por ejemplo, "Política" y "Rejas (a), (b), (c)" tienen un carácter histórico y autobiográfico, ya que Carpentier fue uno de los intelectuales que sufrió persecución política; de hecho, escribe la primera versión de la novela en la cárcel de La Habana en agosto de 1927. Aunque la cárcel revela el síntoma de encerramiento, la división narrativa del texto se hace a partir del contraste continuo entre los espacios públicos y privados, objetivos y subjetivos, y las jerarquías que marcan sus límites. Así, mientras que la división social y la discriminación por raza, clase o afiliación política crea diferencias sociales, el mundo del ritual afrocubano ofrece otras alternativas. Al describir el mundo afrocubano y situar su narrativa desde él, Carpentier quiere rescatar un origen puro e incontaminado de la cultura cubana. Como señala su narrador: "sólo los negros conservaban una tradición antillana" (129):

> [...] los yanquis, mascadores de andullo, causaban su estupefacción. Le resultaban menos humanos que una tapia, con el hablao ese que ni Dió entendía. Además, era sabido que despreciaban a los negros... ¿Y qué tenían los negros? ¿No eran

hombres como los demás? ¿Acaso valía un negro menos que un americano? Por lo menos los negros no *chivaban* a nadie ni andaban robando tierras a los guajiros, obligándoles a vendérselas por tres pesetas. ¿Los americanos? *¡Sarambambiche!* (66, énfasis en el original)

El negro será, entonces, el que luchará directamente contra la explotación y la deshumanización del colonizador yanqui. Esta maldición contra los americanos, puesta en la boca de Menegildo, transfiere la lucha de sus ancestros –Juan Mandinga, el abuelo Luí, Usebio su padre– a su plan de vida. En esta genealogía masculina, el apellido del clan, lo que en África se llamaría su tótem, es Cué, que proviene de la palabra efik Ecué, que significa "hijo sagrado de la palma" o "hijo del leopardo" (Martin, *¡Ecue* 27-33; Ortiz). La palma real sagrada, como el primer árbol, se transcultura en Cuba y se representa como el árbol del origen y al mismo tiempo el que puede integrar la raza o la nación. El "ecué", según Martin, también es el hijo del clan, o del tótem de la tribu, ya sea el leopardo o un árbol como la palma, y puede sincretizarse con Jesucristo o la figura encarnada, el hijo de la divinidad suprema (27-8).

En ese sentido, Menegildo Cué, el hijo encarnado del padre del clan, es el que entrega su vida, o se sacrifica, por la unidad futura del grupo y el que termina reivindicando el símbolo social del tótem. A través de la figura de Menegildo Cué y su lucha individual y social, se puede interpretar la confluencia del espacio social y el espacio mítico. En ese sentido, la "falla" de Menegildo puede verse de dos formas: por un lado, es la figura que se sacrifica por la unidad del clan, por otro, parece augurar un fracaso futuro en la próxima generación. Al final de la novela, y luego de la muerte de Menegildo, su amante Longina tiene un hijo que, se augura, pasará por el mismo camino que su padre.

La novela concluye con un tono pesimista que traduce el fracaso del *Bildungsroman*. La división en tres capítulos, titulados "Infancia", "Adolescencia" y "Ciudad", representan el viaje de Menegildo hacia la búsqueda de su subjetividad. En esta búsqueda, la religión y la sexualidad tienen un papel preponderante. En primer lugar, Menegildo encuentra su lugar en la pertenencia a una comunidad de hombres: la abakuá. Paradójicamente, esto es lo que lo lleva a la muerte. En segundo lugar, el conocimiento de Menegildo está fuera de su alcance, ya que se encuentra en figuras como las del sabio Beruá.

La trama de *¡Ecue-Yamba-Ó!* narra la historia de la familia Cué, agregados de la central San Lucio en el interior de Santiago de Cuba. El patriarca de la familia, Usebio Cué, ha perdido muchas de sus tierras a causa del latifundismo estadounidense. El hijo de la familia, Menegildo, crece como su padre, trabajando en la caña y ayudando a su familia. La familia es muy devota de la santería y la madre de Menegildo, Salomé, visita constantemente al sabio Beruá, el babalao. Menegildo crece siendo analfabeto pero tiene, desde pequeño, mucha habilidad para el canto y el baile. Así que se dedica a los cantos y tambores rituales. Se enamora de Longina, quien está conviviendo con un haitiano, y él los descubre juntos. Menegildo lo apuñala y por esto es apresado y llevado a Santiago. En la cárcel, Menegildo aprende sobre los ñáñigos y las potencias abakuá. A insistencia de su primo Antonio, y por medio de influencias políticas, Menegildo sale de la cárcel y se inicia como abakuá. Finalmente, se reencuentra con Longina hasta que al final muere en una lucha entre barrios o potencias ñáñigas. Longina regresa al San Lucio con un hijo de Menegildo en las entrañas y es acogida por su suegra. Tanto Menegildo padre, como el hijo, serán víctimas de sus circunstancias y de su propio destino. Así, los "monstruos de la historia" o el destino futuro de la nación cubana se fusiona con la microhistoria o la historia de un grupo oprimido simbolizado en la figura de Menegildo y en el clan de los Cué. La lucha individual de Menegildo contra las fuerzas históricas (naturales y sociales) que lo deshumanizan, se define, entonces, a través de sus iniciaciones.

Durante toda la historia, el personaje pasa por una serie de iniciaciones a la vida sobrenatural, a la vida social, al sexo, a la cárcel y, finalmente, a la comunidad fraterna abakuá. Está última, junto a la sexual y la de la cárcel, son las que marcan su sentido de identidad. Así, luego de su iniciación abakuá, Menegildo "logra finalmente sentirse a sí mismo" (196). Este sentimiento se relaciona directamente con la necesidad imperiosa del personaje de demostrar constantemente que "es un macho de verdad", logrando vencer la timidez que lo aqueja. Aquí, su primo Antonio desempeña un papel importante, ya que es a través de él que Menegildo se inicia como abakuá. El negro Antonio, a diferencia de Menegildo, es un negro de la ciudad que "se las busca" y se las arregla en el sistema. El narrador lo describe como

> Rumbero, marimbulero, politiquero, era sostén de los Comités de barrio y de los primeros en presentarse cada vez que el régimen democrático necesitaba comprar "¡Vivas!" a peso de cabeza en favor de algún *pescao gordo* que aspiraba a ser electo [...] Era ñáñigo, reeleccionista, apuntador de la *Charada China* y tenía una *pieza* que trabajaba para conseguirle los diez y los veinte ¡Ese sí que se reía de la crisis y del hambre que mataba a los campesinos en el fondo de sus bohíos! ¡Que otros trabajaran por jornales de peseta y media! [...] Repantigado sobre un taburete, en el centro del portal, desarrollaba un tornasolado monólogo, haciendo desfilar imágenes rutilantes ante los ojos de los Cué. ¡Cómo combelsssaba el negro ése....! (120-21, énfasis en el original)

Antonio representa al negro que sabe engañar al sistema, sobornar y comprar influencias para el político corrupto que lo necesite. También vive de las mujeres y, a diferencia de Menegildo, "habla bien". En ese sentido, el negro Antonio cae dentro de la descripción del "chévere", un personaje popular relacionado con negocios ilegales. El grupo musical de Menegildo recuerda en sus coplas la figura de otro "chévere" llamado Papá Montero. En *La sociedad secreta abakuá narrada por viejos adeptos*, Lydia Cabrera describe al chévere como:

> guapetón, jactancioso, impulsivo y ególatra de una vanidad quisquillosa e infinita de una presencia insultante. Pesonaje muy típico del patio no entraremos a describirlo. No es necesario ir a buscarlo al Hampa, ni al barrio de Jesús María ni al del Pocito. Este chévere hace años que transita por todas partes; triunfa más no se despinta. Podemos reconocerlo aunque varíe de indumentaria aunque ha sustituido las chancletas de becerro por los zapatos importados de Norteamérica, el estilete de hueso o el coco macaco, por el revólver que le abulta de modo especial la cadera que contonea con especial arrogancia. Este puro chévere [...] es por su mentalidad, ética y estilo, un producto con perfume ñánigo. (10)

La entrada al Ellenegüellé ñánigo, o su potencia, le da a Menegildo una importancia social, que se asocia con el mundo criminal. El abakuá es una fraternidad para "machos de verdad", en la que no se admiten eronquibés (afeminados) o ankunis (homosexuales) (Roche y Monteagudo, sp; Sosa 404). Esto se corrobora con el dicho: "Para ser un hombre no hay que ser abakuá, pero para ser abakuá hay que ser un hombre" (Sosa Rodríguez 317-8).[48] A pesar de estas leyes tan rígidas, los ekobios (hermanos) tienen un código de lealtad en el que ayudaban a sus familiares y empleaban a los suyos. Como señala Rafael López Valdés, las potencias abakuás surgen en los puertos (Cárdenas, Matanzas, Regla, La Habana) y se hacían cargo de darles trabajo a los obreros que pertenecían a sus potencias, lo que creaba luchas internas entre los que estaban iniciados y los que

---

[48] Otros ejemplos en los que se ve el código de respeto social y de identidad individual que crea la sociedad abakuá son: "Insué saero eñón llambí Obon Eriero" ("Yo soy un hombre libre que anda por donde quiere") y "Embacaré eribó enan boraquisun" ("En mi tierra soy un rey"). En *¡Ecue-Yamba-Ó!*, Carpentier da un ejemplo de la fuerza de estas frases en los retos y debates entre los miembros del grupo, que demuestran la sabiduría ñániga. Esto se ve en la escena entre Antonio y un ñánigo viejo en la que el viejo le responde con varias frases o fórmulas que derrotan a Antonio. Antonio le dice: "Tu madre que era mona en Guinea pretende ser gente aquí" y el viejo le responde: "Me tienen en un rincón como ñánigo viejo. Pero en Guinea soy Rey. Dios en el cielo y yo en la tierra. Efí bautizó a Efó y Efó bautizó a Efí" (186-7).

no lo estaban (151-8). De ahí que los trabajadores de puertos, artesanos y capataces se relacionasen, en su mayoría, con una potencia o un barrio abakuá. El enfrentamiento final entre dos potencias –Efó Acábara y Ellenegüellé–, en el que muere Menegildo se da como parte de una lucha entre barrios, que, en la novela, se relaciona con las orquestas musicales. Es una lucha por el dominio del trabajo, lo que demuestra que: "La sociedad abakuá se nutre y se desarrolla en el barrio. Y allí alcanza el máximo de su valor social. Es allí en donde transcurre su ciclo vital moldeado por la tradición localista; lleva como un timbre de orgullo, el haber nacido en tal o en cual barrio" (López Valdés 166). Aunque la iniciación abakuá completa su sentido de identidad, resulta irónico que Menegildo se sienta distinguido por primera vez cuando lo detienen y lo llevan a la cárcel. Ahí es reconocido desde afuera por un niño que le grita a su madre: "¡Mira mámá! ¡Ahí llevan a un negro preso!" (143). Es entonces cuando la marca de la ley lo identifica entre el gentío: "Su delito lo hacía merecedor de aquella solicitud que la sociedad solo sabe prodigar generalmente en favor de los creadores, los ricos, los profetas y los bandidos" (146). Menegildo se convierte en una subjetividad que la nación tiene que limitar y marcar, "manipulándola con guantes de caucho" para que no crezca "monstruoso y bello como una orquídea javanesa"(146). La ley crea, paradójicamente, una monstruosidad perversa en Menegildo que lo transforma como sujeto.

Por otro lado, el cuadrado, a través del cual se describe el ambiente de encerramiento de la penitenciaría, es una figura que responde a la ley; contrario al círculo, que se manifiesta como una figura que alude al tiempo circular y a la bóveda celeste. Sin embargo, a pesar de su condición de encerramiento, la prisión acoge a todo tipo de criminales y se manifiesta como extensión del mundo de afuera. En ese sentido, la cárcel es tan corrupta, carnavalesca, contradictoria y jerárquica como la sociedad que la crea, pues "los machos de verdad", como Radamés, tienen más poder que los llamados "hermafroditas" o "invertidos" y que los presos políticos o "pretendidos comunistas" (150-1). Es en la cárcel donde Menegildo, "luego de unas semanas de obligada promiscuidad con hombres de otras costumbres y otros hábitos", se educa en nuevas formas y "gestos recios y arrogantes" (157). A pesar de haber sido en un pasado "maestro de gestos y cadencias" relacionadas con la música y el ritmo, es en la cárcel donde Menegildo aprende a ser un *performer* o "hacedor" de su masculinidad (33), lo que le permite pasar directamente a formar parte de una comunidad de hombres. En este momento, las contradicciones de su pasado parecen disiparse y hay una armonía aparente en sus creencias.

Menegildo se piensa protegido, ya que Longina está con él y ha logrado salir de la cárcel. Aquí podemos pensar que la mano del babalao Beruá ha actuado sabiamente, ya que es gracias a su "embó", o "hechizo amoroso", que Menegildo consigue el amor de Longina y logra salvarse de la ley; esto último, gracias a la Oración del Justo Juez, rezo que se le hace a los perseguidos o criminales y que parece salvarlo de muchos años en la cárcel. Es, sin embargo, la iniciación a la que lo lleva su madre Salomé la que le permite entender: "los misterios de las cosas grandes", que probaban "[su] pequeñez y [su] debilidad ante el mundo de las fuerzas ocultas" (60). Esta pequeñez se relaciona directamente con la escena en la que Menegildo de niño gatea curiosamente frente a los altares:

> Menegildo sentía, palpaba, golpeaba al lanzar su primera ojeada sobre el universo [...] El sudor de los caballos sabe a sal. Es grato llenarse la boca de tierra. Pero la saliva no derretirá nunca la estrella fría de una espuela [...] Pero de pronto, un maravilloso descubrimiento trocó su llanto por alborozo: desde una mesa baja lo espiaban unas estatuillas cubiertas de oro y colorines [...] Un muñeco negro que blandía un hacha de hierro. Collares de cuentas verdes [...] Menegildo alzó los brazos hacia los santos juguetes, asiéndose del borde de un mantel. (24-5)

Aquí, el niño no siente ningún miedo, ya que, simbólicamente, su inocencia aparece protegida por lo sobrenatural y por los santos que le dan la entrada al mundo. En este descubrimiento inicial, el niño es uno con su entorno y mantiene esa curiosidad salvaje que lo une a la naturaleza. Sin embargo, esta inocencia se va perdiendo cuando Menegildo empieza a convertirse en hombre. En esos primeros años, "cuando su sexo comenzaba a definirse bajo la forma de inofensivas erecciones", Menegildo comienza a trabajar con su padre (31). Este vínculo con su padre será una parte importante de su educación, pues "Menegildo no sabía leer" (33). Aunque en Menegildo no se ve, como en el caso de los personajes anteriores, un acceso a la escritura, que figura una relación subjetiva y de representatividad con la ley del padre, el personaje completa su iniciación a la masculinidad por medio del contacto con otros hombres; primero por sus habilidades como músico y, más tarde, por su experiencia en la cárcel, donde se hace abakuá. Sin embargo, se da una separación del padre, que aparece figurada en una corta escena, fundamental para el desarrollo de su hombría, su relación con Longina y su iniciación en la sociedad masculina abakuá. En esta escena, de corte claramente freudiano, Menegildo escucha a sus padres en el preámbulo de la relación sexual:

> Menegildo tuvo la revelación de que ciertas palabras dichas en la oscuridad del bohío, seguidas por unas actividades misteriosas, lo iban a dotar de un nuevo hermano. Sintió un malestar indefinible, una leve crispación de asco, a la que se mezclaba un asomo de cólera contra su padre. Le pareció que, a dos pasos de su cama, se estaba cometiendo un acto de violencia inútil. Tuvo ganas de llorar.

Pero acabó por cerrar los ojos... Y por vez primera su sueño no fue sueño de niño. (39)

Este asco que Menegildo siente contra su padre sitúa su hombría en lo que Alfred Adler ha llamado el gesto de "protesta" contra la masculinidad, lo que produce una neurosis que motiva un énfasis exagerado en el lado masculino de las cosas. Esto significa una sobrecompensanción en forma de agresión y de una incesante pugna por triunfar (citado en Conell 16). Sin embargo, aunque Menegildo describe ese acto sexual como un "acto de violencia inútil", su primer acto sexual con Longina será una extensión de esa agresión de su padre contra su madre. Menegildo será, desde ese instante, un *performer* ansioso de su masculinidad, la que lleva muchas vecesa la exageración machista. También él cerrará su vida con ese círculo de violencia en el hijo que tendrá con Longina. Esa violencia inútil de la relación sexual, vista aquí como una violación, marca la tragedia alegórica de los Cué: el hijo se condena porque marca sus relaciones desde esa violencia contra el padre.

Por otro lado, podría afirmarse que el sabio Beruá hace las veces de un padre adoptivo que busca guiar a Menegildo por otro camino: el de la magia de la palabra. Beruá se describe con los poderes y la conciencia de un filósofo que pensaba que "lo que contaba era el vacío aparente" (60). Esta nada a la que se enfrenta Beruá, y que manipula constantemente con su magia, parecería casi una contradicción, ya que es controlable pero sólo en su propio vacío. Beruá, se convierte en una extensión simbólica de la magia del narrador. El sabio crea, como el narrador, una suerte mágica de palabras que producen "milagros" expresivos en la vida de la gente. La palabra adquiere un poder especial: "La palabra, ritual en sí misma, refleja entonces un próximo futuro que los sentidos han percibido ya, pero que la razón acapara todavía para su mejor control" (62). Beruá es el mago de la palabra, el que la produce y logra que crean en ella. En su doble dimensión de contador y creador de historias:

> conocía prácticas que excitaban los reflejos más profundos y primordiales del ser humano. Especulaba con el poder realizador de una convicción; la facultad de contagio de una idea fija; el prestigio fecundante de lo tabú; la acción de un ritmo desquiciado sobre los centros nerviosos... Bajo su influjo los tambores hablaban, los santos acudían, las profecías eran moneda cabal. (62)

Beruá es, por consiguiente, una extensión del creador de ficciones o el artista. Viejo y olvidado de la gente, que solo acudía a él cuando tenía problemas, se dispone a ayudar a Menegildo y a su familia, reinscribiéndolos con su palabra sagrada. Cuando Menegildo "creyente" se aleja a la ciudad y pierde el contacto con la palabra de Beruá y con la tierra, se condena. Aunque la ceremonia abakuá lo protege, ya que Menegildo queda dentro del círculo simbólico de tiza, este conjuro lo entrega como víctima del sacrificio por los suyos.

El círculo se convierte en una extensión significativa del poder manifiesto de Beruá, pues conjura y marca el tiempo subjetivo del personaje. Lo circular y lo cíclico –el ciclo de la historia manifestado en el ciclón del capítulo "Temporal"– es el vacío en sí o el centro de la narrativa. Beruá es el símbolo manifiesto de un tipo de sortilegio narrativo que, con el dominio del círculo, moldea la palabra y la traduce en combinatorias infinitas. Frente al vacío existencial que conjura Beruá se da la figura de Paula Macho, mujer masculina, como su propio nombre lo indica, guerrera y seguidora de Elegguá, que traiciona a los suyos, oficiando ceremonias religiosas de vudú con los haitianos del central.[49] Esta mujer masculina y hechicera es considerada por Salomé y los vecinos como "una salación" que trae maldiciones al contorno. Sus alianzas con los haitianos la hacen alejarse de su conciencia criolla, a diferencia de Longina, quien es víctima de ellos. La figura de una oficiante del culto del Santo Cristo del Buen Viaje, Cristalina Valdés, también adquiere un matiz irónico y lleno de humor, particularmente, por su altar espiritual con los bustos e imágenes de Vladimir I. Lenin, Antonio Maceo y Allan Kardeck.[50] El

---

[49] Elegguá es uno de los orichas más importante del panteón yoruba-lucumí y está presente en el vudú con el nombre de Papa Legba. Es la deidad relacionada con la apertura del camino espiritual y de la vida. Antes de oficiar cualquier ceremonia se le da una ofrenda para que facilite los pedidos a las otras deidades. Tiene varias "personalidades", avatares o caminos de los cuales el de Elegguá Echú es el más popular en Cuba y Brasil. Según Fernando Ortiz, los "echús" o "exús" son los espíritus más cercanos al hombre y por eso fuman y beben alcohol. En su avatar masculino representan una potencia fálica y sexual.

[50] Lydia Cabrera en *La sociedad secreta abakuá narrada por sus viejos adeptos* (1958), describe el culto del Santo Cristo del Buen Viaje como: "una fusión de todos los cultos". El Santo Cristo del Buen Viaje o Kimbisa fue fundado por el haitiano André Pétit, un santero que también fue iniciado abakuá, a finales del siglo XIX. El culto fusiona la santería del panteón yoruba-lucumí con divinidades congas, espiritismo Kardecista y creencias abakuás. A partir del espiritismo kardecista, el Santo Cristo del Buen Viaje se basa en la búsqueda de contacto con los llamados "espíritus de luz" para el progreso espiritual. Los bustos en la escena de la casa de Cristalina Valdés hablarían, también, de un progreso político. André Pétit también reorganizó las potencias ñáñigas e incorporó a los blancos a la religión. Como señala un informante de Lydia Cabrera: "André Pétit quiso que los blancos entraran a la sociedad para engrandecerla con su poder y con sus luces. André vendió el secreto de los ñáñigos por veinte onzas de oro" (52).

sabio y las hechiceras producen un mundo narrativo en donde coexisten el conjurador del vacío y las traidoras. Entre ellos se reformulan y se cuestionan continuamente los significados y significantes de la conciencia criolla.

Sin embargo, es en los niños de la pandilla de Cayuco en los que se plantea la posibilidad de una concreción de la palabra futura. Los niños representan una subjetividad al margen de la palabra adulta y representan la palabra en formación. Representan, simbólicamente, la situación del intelectual criollo en busca de su palabra. En el capítulo "Niños", uno de los más estilísticamente logrados de la novela: "Menegildo sentado frente al solar en el borde de la acera, se divertía interminablemente contemplando los juegos de los niños" (191). Los juegos de los niños, que "variaban con las modas más imprevistas", terminaban siempre en una casa abandonada "desierta y mal custodiada" (192). Esta casa vieja, llena de periódicos amarillentos y muebles carcomidos, se transformaba en la "Cueva de las Jaibas":[51]

> Cada cual era "jaiba" y aceptaba que aquella habitación se encontraba en el fondo del mar. Si alguno abriera las ventanas todos morirían ahogados... El hallazgo de la cueva había conferido a los que estaban en el secreto una superioridad sobre todos los chicos del barrio. Los otros adivinaban que los fieles de *Cayuco* disfrutaban de extraordinarios privilegios. El rumor de que "poseían una cueva en el mar [...]" quitaba el sueño a muchos envidiosos del vecindario poniendo en la atmósfera un olor a prodigio. (193, énfasis en el original)

Esta cueva se manifiesta como la presencia de un mundo submarino o un lugar subjetivo bajo el mar que es tan real como la superficie. En la novela, el mar es un universo mítico en sí mismo, un lugar de una naturaleza fabulosa propiciadora de apariciones sagradas, como la de la Virgen de la Caridad del Cobre. En el capítulo "Cielo Redondo", Menegildo ve el mar por primera vez. El narrador describe que en ese mar: "un pez mujer, heredero de eras cuaternarias, moría de soledad centenaria en alguna ensenada arenosa" (165). Sin embargo, Menegildo se aleja del mar y se niega a acercarse a él (166). Los niños son los que construyen su propia cueva submarina en la casa vieja. La realidad de la pandilla de Cayuco es la "Cueva de las Jaibas" y la evolución continua de sus rituales submarinos. La diosa de los niños es una fotografía pornográfica de una revista francesa:

---

[51] En su "Glosario", Carpentier dice que la jaiba es un cangrejo pequeño de las costas de Cuba. En el dialecto caribeño el dicho popular "saber más que las jaibas" equivale a ser listo y alude al don de adaptarse a cualquier lugar y sacarle provecho a cualquier situación.

habían encontrado su reina en una gaveta llena de papeles. Era un grabado de revista francesa que mostraba una mujer desnuda erguida en una playa. Sus ojos, dibujados de frente seguían siempre al observador, cualquiera que fuera el ángulo en el que se colocara [...] La imagen venía a llenar entre ellos una necesidad de fervor religioso. (193-4)

Francia se convierte de nuevo en el lugar de añoranzas eróticas y subjetivas de esta generación futura. La gaveta de papeles donde aparece la imagen representa un archivo intelectual en ruinas y carcomido por el tiempo. Sin embargo, se propone un espacio creativo novedoso, una subjetividad en la que el cielo redondo, bóveda y mar se juntan confundiendo perspectivas. Los niños son las añoranzas de una generación intelectual en formación, que reclama su poder creativo y que, a pesar de que se deja erotizar por Europa, particularmente por Francia, se une secretamente para forjar una escritura nacional. Frente a los juegos de los niños, Menegildo permanece solo como observador para luego entregarse como víctima del sistema que lo oprime.

En *¡Ecue-Yamba-Ó!*, el negro tiene un vínculo originario con esta palabra a través del sabio Beruá, pero la abandona y se convierte en víctima de sus circunstancias. Así, se le cede la palabra a la generación nueva, los niños (intelectuales). Menegildo piensa incorrectamente "que ya está muy grande" para los juegos de piratería de la pandilla de Cayuco y termina "sintiéndose a sí mismo de una forma que excluía toda angustia metafísica" (195-6). Como hijo del "ecué" o la palma sagrada, Menegildo rompe su trato con la tierra y se entrega como víctima del sacrificio. Su entrega, paradójicamente, no cierra con una propuesta de integración nacional en la figura de su hijo, sino que busca otro espacio que augure nuevas promesas. Menegildo pierde su contacto con el "origen" o el logos que lo funda y que pasa a formar parte del discurso del futuro nacional. Es decir, sin la muerte de Menegildo, la síntesis contradictoria de lenguajes de la Cuba futura no puede escribirse. El narrador como figura mediadora o "mago" se convierte en esa conciencia de Menegildo, haciendo un puente entre ese cuerpo primitivo y sus iniciaciones para lograr una trascendencia. El escritor, se escribe como una instancia mediadora entre el cuerpo y la razón y "participa" en la condena de su personaje. En ese sentido, puede afirmarse que tanto en *¡Ecue-Yamba-Ó!* como en las otras cuatro novelas que he analizado, el sujeto de la escritura como "mediador" busca la conciliación nacional por medio de la trascendencia de ese cuerpo negro o mulato y lo que representa.

No es una paradoja, entonces, que estas cinco novelas presenten personajes negros o mulatos como protagonistas y exponentes de la conciencia nacional criolla emergente. Por consiguiente, traducen la subjetividad del escritor nacional cubano o brasileño frente a su escritura y a su relación con Europa, y en la novela de Alejo Carpentier, la relación política de Cuba con los Estados Unidos. Es así como el travestismo cultural organiza los acercamientos y distancias de ese "mediador" narrativo con sus caracteres, y al mismo tiempo controla esa misma representación.

De un modo similar al de sus personajes-protagonistas, este sujeto de la escritura ve lo racial de un modo ambivalente, como lugar del origen y la defensa nacional, y al mismo tiempo, como eje del atraso, y subordinación, que los excluye, los sexualiza y los divide. Así, en todas las novelas se da una toma de conciencia del lugar marginal y crítico del escritor en la sociedad y su deseo de pertenecer a ella como "hijos de la nación." Esta toma de conciencia o viaje hacia la subjetividad se hace a partir del deseo. En el caso de los mulatos artistas Sab, Raimundo y Pimienta, se revela una sensibilidad apasionada y trágica. El objeto de su deseo, la mujer blanca o mulata, actúa como una línea de conflicto que lo pone más cerca de su propio origen y de su identificación con el blanco. El mulato entra en un complejo proceso de "doble mímesis" con su otredad blanca; la desea problemáticamente y se convierte en su sombra, para comprobar luego, como José Dolores Pimienta en *Cecilia Valdés*, que este juego especular condiciona su tragedia como sujeto, ya que el blanco y el negro se encuentran uno dentro del otro.

En la organización de ese deseo por una hermandad masculina propia del travestismo cultural, y a pesar del "control" del narrador, los personajes femeninos en estas novelas muestran un carácter innovador. Son *voyeurs* o agresivas, como en el caso de Ana Rosa; muy masculinas, como en el caso de Teresa; o marcan un deseo mortal, como en el caso de Cecilia Valdés. A pesar de ser visiones escritas por autores masculinos, se incorporan al viaje subjetivo del mulato artista, borrando las categorías fijas de género y problematizándolas constantemente. En palabras de Julia Kristeva, instauran un orden semiótico oral y pre-Edipal en la narrativa, que tiene que reorganizarse continuamente para no romper la ley simbólica del discurso (citado en Sarup *Post-Structuralism* 124-5). Estas representaciones cuestionan la categoría de autoridad "masculina" haciendo de este mediador cultural una subjetividad "en crisis" que lucha constantemente contra esa amenaza de lo femenino. Aunque el límite de los personajes femeninos se ve en la figura abyecta de la madre, en muchos de los casos, como en *Sab* o en *O Mulato*, el texto necesita una lectura simbólica femenina para completarse a sí mismo. Esa lectura no logra una totalidad coherente, sino que reproduce una situación de exilio interior o desplazamiento. En ese sentido, la melancolía de la "no identificación", que problematiza estas representaciones de los personajes femeninos, así como de los negros y los mulatos, necesita ese cuerpo abyecto de la representación para subordinarlo, pero también para perderse en él. La raza crea, ya de antemano, un orden significante en sí mismo que localiza estas masculinidades al margen o en el límite de la representación misma. La narrativa parecería reinscribirse como trazo sobre lo mismo que desea borrar y, como Raimundo, busca encontrar su origen para desaparecer dentro de sí.

Por otro lado, será en el exceso de la enfermedad, o la locura, que el sujeto de la escritura articulará una visión de lo abyecto en el travestismo cultural, en este caso desde la patologización de la raza y la sexualidad en la figura de Amaro, el negro homosexual. La ficción incorpora la enfermedad de Amaro y la reproduce como su síntoma necesario de desbordamiento y fragmentación. La escritura desde la enfermedad, vista en *Bom-Crioulo* y *Sab*, refleja una visión del exceso, que en la escritura de Avellaneda se cierra con la lectura de Teresa, la mujer masculina. La visión de una unidad futura no aparece en *Bom-Crioulo* y, aunque como *Cecilia Valdés* termina con un delito, tampoco existe un espacio de reclusión para esta subjetividad. Su escritura se manifiesta, por consiguiente, como figuración de ese placer que se desea reprimir. Ante el desborde que representaría la pérdida meláncolica dentro de sí mismo, al tratar de incorporar a ese "otro" a quien adora y teme, y ante el fracaso de la "unidad" en la narrativa misma, el narrador o mediador del travestismo cultural busca un lugar para su visión futura de la nación. La "pandilla de Cayuco" podría representar, el lugar ideal de ese discurso futuro, la subjetividad a la que aspira el intelectual.

Nótese, sin embargo, que tanto en la novela de Alejo Carpentier, como en el ensayo freyriano, se alude a un lenguaje emocional y emotivo, y como diría de Certeau siguiendo a Freud, un lenguaje que parte del deseo y la sensibilidad infantil (de Certeau, "The Freudian Novel" 17-34). Sin embargo, para el narrador carpenteriano ese niño tiene la habilidad de cruzar otros espacios sociales y otros lenguajes. Es así como el "niño-jaiba" metaforiza ese discurso que se mueve con astucia y rapidez entre la tierra y el mar. Este espacio intermedio y mediado alude de forma alegórica a las transformaciones del discurso literario y etnográfico de las primeras décadas del siglo xx. Desde la casa en ruinas de Gilberto Freyre, y su nostalgia homosocial y erótica por un hombre femenino, hasta los nuevos espacios alternos, y los encuentros con los diablitos, abakuás y danzantes en la calle y el carnaval en Fernando Ortiz, la etnografía continuará su diálogo con la literatura en el terreno de la representación. Y hará del travestismo cultural un modelo y una estrategia para acercarse sinuosamente, y al mismo tiempo, controlar la agencia de esos "otros". Mientras se concentra en los aportes culturales africanos –el lenguaje, la comida, el baile, el teatro, la música, o la religión– este narrador soñará con su origen en la historia de la nación y a su vez, buscará trascender en su escritura la marca "racial", con el fin de imaginarse en la modernidad.

Capítulo IV

Subjetividad cultural, erotismo y representación: la escritura de Gilberto Freyre

> A expressão literária é, em vários casos, purgação; e sempre, revelação. Acentue-se mais uma vez: a literatura brasileira é como outras literaturas nacionais, uma literatura impura.
> –Gilberto Freyre, *Heróis e vilões no romance brasileiro*

1. ESCRIBIR COMO PURGACIÓN

Hace varios años, el debate crítico en torno a la monumental obra de Gilberto Freyre, particularmente en el Brasil, tomó un giro interesante gracias a la lectura revisionista que la sociología marxista hizo de su obra. Mientras que la crítica de los primeros años se centró en su diversidad, en su visión universalista de la historia y en su creación de una escritura y un lenguaje brasileño, la crítica marxista se dedicó a iluminar los "silencios" de la idílica lectura freyriana del pasado. En ese sentido, se situó en el tratamiento de otros temas como la lucha de clases y el discrimen contra las poblaciones negras. Para la crítica contemporánea el análisis sociológico de los textos freyrianos como escritura del pasado brasileño con "una visión particular del conflicto" puede utilizarse para describir la riqueza de los debates que despierta su obra y el posicionamiento conflictivo de mucha de esta crítica (Bastos 43-76).

Podría decirse que la importancia de la obra de Freyre reside, como señala Élide Rugai Bastos, en esa visión armónica del pasado brasileño y de la fuerza ideológica de su construcción. Gilberto Freyre no sólo escribe sino que, por medio de su escritura, "inventa" un pasado y una "forma de ser" de la cultura y la "psique" brasileña. Si, como señala Kaja Silverman parafraseando a Louis Althusser y Slavoj Zizêk, la fuerza de las ideologías radica en su poder de erigirse como "ficciones dominantes" de la ley –política, cultural y síquica– de los individuos, la escritura freyriana "inventa" esta ideología y la organiza para crear su definición de la cultura brasileña (*Male Subjectivity* 15-51). Como se ve en mi análisis de *Casa grande y senzala*, casi todo el poder de esta "ficción dominante" se centra en la organización de la familia patriarcal como eje fundador de la nacionalidad y el modo en que ésta va integrando a las poblaciones negras. Para Carlos G. Mota, esta ideología tiene, desde sus propias contradicciones, otro poder fundamental: el de entender la brasileñidad como un orden que tiene que "explicarse".

Según Mota, Freyre perteneció a una generación de escritores para quienes el ensayo proveía un espacio rico para manipular "um material complexo, sem se tentar descifrá-lo pelo flanco ideológico", donde existía "uma perspectiva modernizante, conjugada ao mandonismo do senhor de engenho" (*Ideologia da cultura basileira* 54-5). Es en esta coyuntura, según Mota, donde surge el ensayo: "*apenas como o terreno ideal, mas como o discurso possível*" (*Ideología da cultura brasileira* 55, énfasis en el original). Al leer la ensayística freyriana como un discurso de "lo posible", Mota traduce el fallo principal del proyecto culturalista freyriano, que consiste en la imposibilidad de salir de los límites de su visión de clase. En otras palabras, para Mota, Freyre no logra trascender lo regional (Pernambuco, el mundo de la casa grande) para entender lo nacional, y no toma en cuenta la lucha de clases, ni matiza estas relaciones desde un punto de vista económico, social o político. Pero, a pesar de este fallo, continúa Mota, Freyre logra "traducir-se" de una clase a otra creando a su vez un lenguaje de unidad, necesario para su imaginario de la cultura.

En la fundación de ese lenguaje "unitario" entre las razas y las clases y la contención misma de esos otros –la heterogeneidad de lo nacional– se ve la contradicción y la fuerza de su relato. Se podría decir que este relato se inagura desde su propia imposibilidad y que lejos de desaparecer ante la contradicción, se alimenta de ella. Estamos ante una obra que se hace desde las fisuras de su escritura, y que se nutre, como la literatura, de sus propios desplazamientos. A pesar del debate crítico, que se ha hecho, desde el marxismo, sobre su visión cultural, los intelectuales brasileños coinciden en que la obra de Gilberto Freyre sigue manteniendo un valor sociológico, científico y literario incalculable (Candido, Da Matta, Mota, Ribeiro).[52] Parece necesario vincular esta variedad de interpretaciones, pero más que nada, acercar la obra de Freyre a lo que él mismo valoraba más: la ficción.[53] En su escritura, la ficción produce una narrativa ordenadora, llenando las fisuras del sujeto que se escribe; pero también produce un desplazamiento inevitable que fragmenta al sujeto (Derrida). En otras palabras, si lo que Freyre crea es una "ficción dominante" de la "unidad" emocional de la cultura brasileña, de sus propias carencias, será aquello que desplaza, por su visión de clase, lo que producirá los ejes metonímicos del relato. De ese modo, tanto la etnografía como

[52] Ver los ensayos de Roberto Da Matta, "A hora"; y el prólogo de Darcy Ribeiro a la edición en español de *Casa Grande e Senzala*.
[53] Sobre la relación de Gilberto Freyre con la literatura, ver Candido, Coutinho, Benzaquen de Araújo, y los análisis compilados por Nery da Fonseca, Selma D'Andrea y Ribeiro. Entre los estudios sociológicos, se destacan Fernandes; Maria Alice Aguiar de Medeiros; Bastos; Mota; Valle Silva y Carlos A. Hanselbag.

la literatura aparecen en Freyre como órdenes narrativos que se unen para describir las carencias de ese sujeto que escribe.

En *Dona Sinhá e o Filho Padre* (1964) y *O Outro Amor do Dr. Paulo* (1977), las dos únicas novelas de Gilberto Freyre, se construye un imaginario de la escritura, o subjetividad cultural, en el que se rearticula tanto la "brasileñidad" como la posición subjetiva del escritor-etnógrafo.[54] En estos dos textos, el travestismo cultural es la estrategia principal de representación, ya que el autor simula un pacto con sus personajes, en el que se incorporan la raza, el género y la sexualidad, para narrar el romance entre dos jóvenes, Paulo Tavares y José María. Aunque su amor no se consuma, el despertar erótico entre los dos jóvenes y su fuerte atracción sexual es el subtexto principal por el que se construye un nuevo saber: el del amor a la patria y la hermandad nacional. Ese deseo sublimado tiene un carácter sumamente sexualizado, gracias a la influencia de los personajes femeninos de las novelas, en particular, Dona Sinhá, la madre de José María, e Inácia, su nana negra. Mientras que la presencia de las madres marca la alianza entre los dos jóvenes, pues "afemina" a José María, el padre de Paulo Tavares, como personaje ausente, será un eje fundamental en la iniciación de este personaje como escritor. La escritura y el deseo del padre ausente fundan esta nueva postura de Paulo Tavares, que se convierte en el agente de la escritura, que se presentará como una nueva representación de la masculinidad. Esta nueva escritura, se moldea a partir de la virtud cívica y social de la hermandad griega. La comunidad de hermanos desplaza a la nana negra y a María Emília, los personajes femeninos, que aunque condicionan la unidad nacional no pueden ser integradas como cuerpos en la representación. Es así como la misma condición de las novelas, que es la de presentar la mezcla de razas, se reformula desde las alianzas masculinas, creando un tipo de mezcla imposible, la de dos cuerpos masculinos. Según Robert C. Young, esta mezcla representa de un modo claro:

> [...] la ansiedad respecto a la hibridez reflejaba el deseo de mantener a las razas separadas, lo que significaba que la atención se enfocaba inmediatamente en el hijo mezclado, producto del acto sexual interracial [...] En esta situación, el contacto sexual con el mismo sexo, aunque caía en una dialéctica racial y sexual de lo

---

[54] Estas novelas fueron publicadas durante el período de la dictadura militar en Brasil (1964-1980), y fueron recibidas como textos literarios de menor importancia, aunque se destacó el estilo técnico y modernizador de su narrativa. *Dona Sinhá e o Filho Padre* fue traducida al inglés por Barbara Shelby con el título *Mother and Son* (1967). Aunque la dictadura fue muy dura con los artistas de filiación marxista, Gilberto Freyre pudo seguir publicando sus obras. Sin embargo, en ambas novelas, se censuraron algunas escenas eróticas.

mismo pero diferente, no representaba una amenaza porque no producía hijos; su ventaja era que se mantenía en secreto, cubierto y sin marca. (25-6)

El caso de Freyre demuestra esta visión contradictoria de la mezcla, pero también ve el amor entre hombres como una consolidación estética de los valores nacionales y humanistas. Esta mezcla racial idealizada inaugura un modelo androcéntrico y una masculinidad idealizada para fundar, a través de esta subjetividad cultural, el nuevo orden nacional. Al acercarse a esta relación discursiva entre la raza, el género y la sexualidad a la luz del travestismo cultural, se manifiesta claramente el control de Freyre como sujeto de la representación. Este autor-narrador produce una escritura que amenaza con perderse en el otro, pero se mantiene, paradójicamente, en la sublimación de su deseo por el otro. Desde ese deseo es que se funda la escritura y se sientan las bases "democráticas" de la nación futura. En estas novelas se traduce uno de los puntos más controvertidos del pensamiento freyriano: su visión señorial de la sociedad brasileña y, particularmente, su teoría de la democracia racial. Como se vio en la Introducción (Capítulo I), esta teoría veía la sociedad brasileña como un conglomerado de razas que se mezclaban "democráticamente", limando así las relaciones de poder y el prejuicio, para imaginarse como una "meta-raza" o tipo nuevo: el brasileño.[55] Aunque, como se vio en el análisis de *Casa Grande e Senzala*, este esquema socio-económico no borra las relaciones de poder entre negros y blancos, el conflicto social se presenta como una forma de "amor entre las razas", lo que Freyre llama "empatía".[56] La empatía, eje fundamental de su sociología, revela una forma de amor que atraviesa las clases sociales y que viene de ese mismo contacto entre los grupos. Aunque no se define directamente como un tipo de "sentimiento nacional",

---

[55] Esta teoría de la meta-raza tiene mucho en común con el fundamento estético de las razas bellas y espirituales, propio del ensayo arielista hispanoamericano, particularmente, con los fundamentos de *La raza cósmica* de José Vasconcelos. Aunque, ya para los años sesenta, Freyre critica abiertamente esta visión de las razas, su visión de la meta-raza brasileña como una meta-democracia sigue estando muy presente en su obra, como por ejemplo, en las novelas que se analizan en este capítulo.

[56] El término empatía, proviene del sicoanálisis, y describe la relación del terapeuta con su paciente. Se usa para describir el tipo de alianza subjetiva que tiene que haber entre los dos para que la transferencia sea posible. El drama del sujeto narcisista, que forma la visión de Freyre como escritor, revela la búsqueda de esa totalidad en la figura superior del otro. Solo esta superioridad puede garantizarle su amor como sujeto. Sobre el narcisismo, ver el ensayo de Sigmund Freud, "On Narcissism: An Introduction" y la introducción al ensayo de J. Brooks Bousson, *The Empathic Reader*.

la empatía se traduce muchas veces como una subjetividad cultural definida, un "modo de ser" o de aprender a ser brasileño que crea: "uma nova convivência entre os homens de sexos, origens, idades e profisões diversas" (*Sobrados* LXIX).

La empatía actúa como un "ideal científico de totalidad" y de envolvimiento subjetivo con lo que se estudia, que posibilita una comunicación y un entendimiento que va más allá del texto (Brooks 22). Esta comunicación es un punto clave en estas narrativas, ya que presenta la empatía como una cualidad que cruza las diferencias raciales y de clase en el Brasil. Actúa como un eje simbólico, que se va formando a través del contacto entre las razas, pero también se manifiesta como un espacio discursivo, que posee una coherencia de antemano, pues refleja la capacidad de mantener la subjetividad propia mientras que, simultáneamente, va creando una perspectiva "desde afuera", que remite a la del narrador omnisciente, y una visión totalizante de la realidad. Las diferencias raciales y de clase presentes en la dialéctica amo-esclavo, son un ejemplo claro de este discurso, ya que esta "empatía" o comunicación ideal antecede al conflicto mismo asumiendo la "brasileñidad" desde una visión unitaria. El narrador se construye como un yo-masculino que se debate entre una visión arcaica de su subjetividad –la relación con la madre y el orden anterior al lenguaje– y que, al mismo tiempo, se ve como un sujeto idealizado que necesita unirse a una otredad más fuerte y poderosa que su yo (Brooks, Silverman).

Dicha visión unitaria crea una visión estética de la subjetividad cultural y de la historia brasileña. En esta construcción del pasado, la escritura refleja una necesidad de "purgarlo" y "limpiarlo". El epígrafe de este capítulo, tomado de su canónico ensayo *Heróis e Vilões no Romance Brasileiro*, puede considerarse, entonces, un manifiesto literario de la escritura freyriana: "a literatura é em vários casos purgação e sempre revelação" (33). Como todo escritor moderno, que recibió gran influencia de las vanguardias, en particular de las europeas, Freyre interpreta el instante de la revelación como ese momento en el que la ficción lo une al objeto que está representando. Mientras que la purgación o la limpieza remite al proceso de la escritura misma, su fin es el continuo desdoblamiento de su subjetividad:

> Mas realizado de modo a tais diferenças de perspectivas e tais contradições de perspectivas por vezes se complementarem, como corretivo, de alguma maneira, ao que pudesse ser apenas senhoril ou pretender conservar-se monolítico na personalidade do autor; a qual se desdobra em torno de certos assuntos a ponto de o ser antes um conjunto meio pirandeliano de autores, que um autor único, tal a empatia através da qual procura aperceber-se da mesma realidade contornando-a e considerando-a de diferentes pontos de vista. Diferentes e complementares: o do homem, o do adulto, o do branco, más também o do

menino, o da mulher, o do indígena, o do negro, o do efeminado, o do escravo.
(*Como e porque sou ou não sou sociólogo* 117)

El narrador no es un sujeto homogéneo sino una construcción que se va haciendo a través de sus representaciones. En estas novelas, el narrador busca el desdoblamiento por medio de sus personajes, entre ellos, el hombre y la mujer negra, la madre, la señorita brasileña y el homosexual. Freyre retoma lo que el llama la *pessoa social* para erigir un perfil sicológico, social y moral de sus personajes (Benzaquen, Coutinho). Cada personaje es un cuerpo que personifica la temporalidad orgánica de la nación brasileña y actúa como reflejo: "dos seus meios e dos seus tempos sociais; seu valor simbólico com relação a esses meios e esses tempos" (*Heróis e Vilões* 15).

La persona social se abre también a otro referente más complejo: el de la persona sexual, que puede ser distinto al rol de su sexo biológico y viceversa (*Sociologia II* 695). Aunque admite que: "é característico do regime patriarcal o homem fazer da mulher uma criatura tão diferente dele quanto possível", critica esas posturas patriarcales admitiendo que el mundo del ingenio y de la esclavitud, como sociedad de contacto, cuestiona de antemano estas visiones patriarcales, pues "houve senhoras de engenho em quem explodiu uma energia social e não simplesmente doméstica, maior da comum dos homens[...] e onde o homem da casa era uma mulher" (*Sobrados* 93-5). El discurso sobre los roles de género se subvierte y la mujer de la casa es tan "fuerte y agresiva" como el hombre de la calle. Esta valoración masculina de la mujer, tan presente en sus novelas, es un discurso lleno de ambigüedades y de contradicciones, que, junto al discurso racial, propone una visión cultural en la que se funden la raza, el género y la sexualidad.

Lo masculino y lo femenino parten de la mezcla racial para convertirse en ejes relativos y cambiantes del discurso. Así como se mezclan las razas, también se mezclan las sexualidades, ya que "quase não há sexo puro, como quase ñao há raça pura" ("O que W.L.", 181). En ese sentido, el género sexual, que Freyre describe como "sexo social", tiene mucha más importancia que el sexo biológico, cuyo carácter performativo puede transformarse continuamente (Butler, *Gender Trouble*, Freyre *Sociologia* I-II, 85-142). Aunque se la intente condicionar o definir por el género, esta "persona social" escapa a toda definición. Parecería que, a partir de las "personas sociales" y la performatividad del género se produce el movimiento metonímico y progresivo característico de la cultura.

El planteamiento sociológico de "la cultura como contenido" será una forma de entender las alianzas sociales entre los grupos. En este esquema, el negro y el mulato siempre seducirán al blanco con su risa, su gesto y sus movimientos (*Sociologia* I, 680-1). Este aspecto, que también está presente en la etnografía de Ortiz, resulta clave para entender su visión sobre la sexualidad y la cultura, que se define como "simulación". La simulación o el intento de pasar por otro presenta un esquema relacional, que en Freyre se traduce de forma sexual (688-91).[57] Sin embargo, el fin de la cultura será el "monosexualismo" o la combinación balanceada de los dos sexos: una mezcla ideal entre la fraternidad masculina y la creatividad femenina, que subvierte, con su fuerza, el viejo patriarcado.

La escritura de lo nacional es el intento de conciliar estos dos polos y, a pesar de la importancia que se le da a lo femenino, hay un interés por parte de este narrador de mantener una "genealogía masculina" en su descripción de la familia, de la subjetividad cultural y de la nación brasileña. En otras palabras, Freyre transpone los usos del género pero termina construyendo un esquema normativo de la sexualidad. Como ha señalado Ricardo Benzaquen de Araújo, en este esquema normativo, lo femenino es lo estable, calmado y armonizador, mientras que lo masculino representa lo excesivo, ambiguo, inestable y paradójico. Por esta razón, Freyre prefiere la alternativa masculina (207).

No obstante, como se ve en sus novelas, Freyre parte de un tipo de excesividad asociada con lo femenino y que se manifiesta en su deseo ambivalente por un "hombre femenino", lo que abre la interpretación de este hombre femenino a otras posibilidades. Una de ellas se centra en la manipulación de lo femenino como condición de la escritura, a la vez que se caracteriza el deseo, de un modo muy freudiano, como un rasgo masculino. En ese sentido, Paulo es el actor de su deseo masculino, mientras que José María es el hombre femenino. Sin embargo, este hombre femenino, u homosexual reprimido, termina desplazándose de la narrativa para dar paso a la escritura y al imaginario nacional del amor a la patria. Sublimar el deseo por el otro y, al mismo tiempo, mantener el deseo por él, es el eje contradictorio de esta subjetividad cultural. Como ha señalado Vera Kutzinski en su lectura de la poesía afrocubana, esta "masculinidad sublime" se hace posible gracias a la ausencia del padre y la recreación de otros personajes que trazan una genealogía masculina en las figuras del abuelo y del niño (163-200). Estas novelas generan significantes desde las figuras de la madre y la narrativa de la ausencia del padre.

El interés por entender las articulaciones y los límites de ese cuerpo masculino y los marcos en que se van formando sus "personas sociales" a través de la literatura,

---

[57] Este esquema relacional, también visto como "el dominio de la casa y la calle", será el punto de partida del análisis de la sociedad brasileña en el ensayo de Roberto Da Matta, *Carnavais, malandros e heróis* (1979). Para un análisis de las similitudes y las diferencias entre Gilberto Freyre y Roberto Da Matta, ver el capítulo V de este trabajo.

es un eje de reflexión en mucha de la obra freyriana y, al que –exceptuando algunos comentarios valiosos de Ricardo Benzaquen y Edilberto Coutinho– no se le ha dado la debida atención. La escritura freyriana recrea este tipo de masculinidad sublime en las figuras del abuelo, el padre y el niño desde su tesis de maestría titulada *Social Life in Brazil in the middle of the 19ʰ Century*. En este ensayo, sobre el que se basará años más tarde para escribir *Casa Grande e Senzala*, Freyre analiza la historia íntima de su familia, incluyendo fotografías y diarios familiares, con la intención de cubrir: "alguns aspectos menos ostensivamente públicos e menos brilhantemente oficiais […] do viver em família –inclusive o quase secreto viver das alcovas, das cozinhas, das relações entre iaiás e mucamas, entre mucamas e ioiôzinhos, entre pais e filhos já estudantes– dos brasileiros de aquela época de esplendor patriarcal" (Prefácio, *Vida social no Brasil* 16).

En su análisis de la vida íntima, el joven Freyre siguió los modelos de ensayistas como Montaigne y Walter Pater (*The Child in the House*). La historia familiar se abre, por consiguiente, a la etnografía y a la psicología, ya que, según Freyre, lo que lo movía era la voluntad "de encontrarme a mi mesmo em meus avós, meus antepasados, nos brasileiros de uma época anterior à minha e à dos meus pais" (24). La influencia social, cultural y económica de la familia tradicional del ingenio crea un mundo que, aunque volcado sobre sí mismo, recibe la influencia cultural europea. La vida del niño del ingenio representa la abundancia y, al mismo tiempo, la rigidez de la sociedad patriarcal: "O menino, também, crescia como se fosse desde os oito anos adulto ou homenzinho. Aos dez era uma caricatura de homem" (90). Las fotografías incluidas en el texto dan la impresión de un álbum familiar, en el que tanto amos como esclavos comparten los escenarios de la vida rural y urbana. Las epidemias, los teatros, las relaciones sexuales, los juegos y los vestidos, relatan la convivencia de amos y esclavos en la casa grande desde un punto de vista íntimo y personal.

Esta visión patriarcal de la sociedad brasileña también aparece en sus primeros ensayos periodísticos, que han sido recogidos en el volumen titulado *Artigos de Jornal* (1922). En uno de ellos, Freyre lee el diario de un tío abuelo, Félix Calvacanti, y traslada su memoria a las casas solariegas de Recife (111).[58] Esta lectura es, más bien, la recreación de una escena paradigmática, en la que el partiarca Calvacanti protege a un esclavo de un castigo:

[58] El diario de Félix Calvacanti le sirve a Freyre como texto primario en su recreación de la vida en las casas grandes y los sobrados urbanos en Recife, las epidemias de cólera de 1854 y 1861, las muertes tempranas, el trato a los esclavos, la Revuelta Praiera de 1848 y la llegada de la República.

As vezes andando a pé, pelas ruas do Recife ouvia vir dentro de alguma casa ou do fundo de algum sobrado, gritos de "me acuda, me acuda!" Gritos de escravo castigado pelo senhor. (Ele) parava, batia a porta com o cabo do chapeu-de-sol e pedia misericórdia para o pobre negro. Era uma praxe entre os senhores de negros de todo o Brasil, atender a êsses pedidos de misericórdia de "gente distinta" que passasse pela rua. (LIV, *O Velho Félix e suas memórias*)

El gesto de protección, remite indirectamente a la tesis freyriana de que la esclavitud fue "mas benigna" en las colonias portuguesas, que en las colonias de España y de Estados Unidos. El esclavo sigue viéndose como propiedad que hay que proteger, no por su humanidad, sino por ser el sujeto del trabajo. En la escena, en que el esclavo doméstico-urbano pide auxilio y el paseante le ayuda se relacionan dos tiempos sociales e históricos: el del paseante moderno con su paraguas, y el del régimen esclavista, con su memoria de régimen semi-feudal y capitalista. El retorno a este gesto paternalista también se entrelaza con la fuerza de sus relatos de la vida del niño del ingenio tan presentes en *Casa Grande e Senzala*.[59] Igualmente, en el capítulo "O Pai e o Filho" de *Sobrados e Mucambos*, Freyre reconstruye estas relaciones familiares señalando la distancia entre el padre y el hijo que caracteriza a la sociedad patriarcal: "tão grande como a que separa os sexos: o 'forte', do 'fraco', o 'nobre', do 'belo'. Tão grande como a que separa as classes: a dominadora, da servil-às vezes sob a dissimulação de raça ou casta 'superior' e 'inferior'" (67). El niño se equipara, en subjetividad e identidad social, con la mujer y el esclavo. A esta feminización y ausencia de representación legal del niño se añaden las "deformaciones" de la promiscuidad sexual y de un sistema educativo que lo castiga. Sobre este particular Freyre añade: "Depois do corpo do muleque e o corpo do escravo, seu corpo era o mais castigado dentro da casa [...] Era castigado pelo pai, pela mãe, pelo avô, pela avó, pelo padrinho, pela madrinha, pelo tio padre, pela tia solteirona, pelo padre mestre, pelo mestre-régio, pelo professor de Gramática" (*Sobrados* 69).

El castigo corporal que iguala al niño con la mujer y el esclavo recrea una jerarquía que comienza con el padre y termina con el profesor de Gramática. De este modo, se narra la influencia sicológica de la ley del padre sobre el niño. El aprender a hablar y el crecimiento son procesos interrumpidos por la autoridad severa del padre y del educador. Por lo tanto, aquí Freyre sigue el planteamiento

---

[59] Estos relatos influyen en el comienzo de la llamada literatura regionalista y sus recuentos de la vida del niño del ingenio, en particular, en la obra de José Lins do Rego y su novela *Menino de Engenho*. Se construyen a partir de las metáforas de la nación enferma y su caracterización como un cuerpo orgánico que se corrompe a lo largo de la narrativa.

de Freud en el que aprender a hablar es desviarse y rebelarse contra la Ley del Padre.[60] El niño, como elemento "pasivo" dominado por la ley "sádica" del discurso patriarcal, "aprende a hablar" social y culturalmente cuando se convierte en *bacharel*, es decir, cuando completa su educación universitaria. Por consiguiente, Freyre se ve a sí mismo desde las representaciones románticas del *bacharel* brasileño educado en Europa que, como Paulo Tavares, el personaje principal, se desvía de la cadena de significantes de la Ley del Padre para forjar nuevas alianzas masculinas. Estas alianzas se reconfiguran por medio de la literatura: "Em torno dessas figuras de poetas e romancistas pálidos, nazarenos, olhos grandes e sofredores [...]" (*Sobrados* 72).

Desde su ensayística más temprana, recogida en *Artigos de Jornal* (1922) y *Congresso Afro Brasileiro* (1934), Freyre mezcla su interés por la figura del artista brasileño como *pessoa social* y por cómo se relaciona con otras *pessoas sociais*, en particular, las poblaciones negras y mulatas. Aunque muchos de estos ensayos se concentran en estudiar sociológicamente estos "focos de delincuencia", también construyen un "tipo mulato" atractivo, fuerte, sicológica y eugénicamente condicionado para adaptarse al medio social. Además del esclavo, incluye otros personajes "sociales", como el *capoeira*, el *muleque*, o el niño de la calle, entre otros cuerpos de gran interés para su narrativa.[61] Todos ellos se representan como cuerpos excesivos y deseantes que marcan la subjetividad cultural brasileña. Por ejemplo, el *muleque* es para Freyre:

---

[60] Los ejemplos más representativos en esta relación entre lenguaje y autoridad paterna se ven en la obra de Sigmund Freud en los casos de Dora y de Anna O. En ambos casos, la afasia se asocia con la histeria femenina y la rebelión contra la figura del analista (Padre simbólico). Dora "habla en lenguas" en su momento de crisis histérica, lo que representa una visión de su deseo, pero también, de su creatividad frente a la imposición de un lenguaje único, el socio-cultural, el del análisis. Este factor, lejos de producir un efecto de transferencia, en el que se cae bajo el lenguaje simbólico del Padre (Freud), produce una serie de desplazamientos posteriores, que llevan a la interrupción del análisis ("Fragment of an Analysis of a Case of Hysteria "Dora", 172-238).

[61] El *capoeira* es un juego de artes marciales de origen angolano que tenía lugar en las plantaciones del Nordeste de Brasil. Durante el siglo XIX, el *capoeira* se representa como un ladrón que usa sus artes para robar y hacer actos criminales. También protegía a los políticos de la época, especialmente durante las elecciones. Gilberto Freyre lo describe como un sujeto marginal, pero que tiene dotes artísticas y un "pie pequeño y femenino casi de bailarín." (*Sobrados e mucambos*, 44, 525). El muleque es el niño de la calle que vive de la limosna y de pequeños oficios como lustrar zapatos, vender dulces etc. La palabra del portugués brasileño es *moleque*. Para fines de este ensayo, mantengo el uso freyriano de *muleque*.

[aquele] que escreve a margem da história da família brasileira. O muleque é toda uma moral: a da rua. E contra a sua moral não há burguês com a bravura de assumir ofensivas rasgadas. O medo do burguês ao muleque é maior do medo do muleque à polícia. Tambem atravez da caricatura do muro e a parede da casa, revelam um crítico social de grande importância. (89)

Aquí se destaca una escritura al "margen", no solo por el sujeto que escribe, sino porque sus trazos se hacen al margen de las clases altas y de las leyes del orden burgués. La distancia entre las clases sociales, entre la burguesía y este niño de la calle, que escribe su arte –su caricatura– se ve claramente en ese muro que separa los dos mundos, el de la calle y el de la casa. El miedo burgués, sin embargo, es el factor que provoca esa misma escritura, ese trazo crítico del *grafitti* en la pared que escribe una frontera, pero al mismo tiempo, dibuja un puente entre los dos mundos. La caricatura es, por lo tanto, una burla del orden, pero también el mensaje crítico entre la oralidad y la escritura. Ese carácter del *muleque* (niño de la calle) lo hace un sujeto desafiante y fronterizo, ya que escribe las paredes para *épater le bourgeois*. El *mulequismo*, como el *malandragem* para Antonio Candido, será el punto de partida del ojo crítico de Freyre, que finaliza su argumento calificando al ensayista Antonio Torres como un "muleque de la literatura" (*Artigos de Jornal* 90).[62] Tanto el *muleque* como los "héroes" o "villanos" de la literatura brasileña tienen, como mediadores culturales, la capacidad de marcar los límites espacio-temporales de la nacionalidad, pues representan "seu valor simbólico com relación a esses meios e esses tempos" (*Heróis e Vilões* 15). Por consiguiente, el intelectual manifiesta su subjetividad trazando el límite de su escritura desde su compenetración con el otro.

Es así como el intelectual, para Freyre, se figura siempre como un "marginal" que manifiesta su carácter de "aprendiz", mostrando sus debilidades y abriéndose simbólicamente al lector. Al figurarse subjetivamente en este juego, Freyre se llama a sí mismo "um marginal da literatura", ya que se formó en los márgenes de la sociología y la literatura ("Como e porque" 141-2). Sin embargo, según afirma, ya ha caído en la tentación de la ficción a la que llama "uma espécie de pequenos amores dos chamados contra a natureza" (141-2). Este coqueteo con el "deseo prohibido" lo hace también un "emigrado", ya que lo desplaza, no solo fuera de las fronteras geográficas de su país, sino fuera de sí mismo (116-25). El relato de la ficción del sujeto se construye a través de su deseo por un hombre femenino y

---

[62] Gilberto Freyre será, por consiguiente, el precursor de la representación del *malandro* como eje discursivo, que forma el carácter y el gesto literario de la literatura brasileña, que aparecerá años más tarde en el ensayo canónico de Antonio Candido, "A dialéctica da malandragem".

el desplazamiento social y cultural que esto conlleva. No será entonces, por coincidencia que en la trama de estas novelas se reúnan todas estas características y que la emergencia de la subjetividad cultural se describa desde el deseo del amor "contra natura" –y su sublimación– y desde la narrativa del emigrado. El emigrado articula, de un modo similar el imaginario fronterizo del *muleque*, ya que ambos se definen a través de su condición de transeúntes y desplazados. La escritura busca proveer, dentro de esta transitoriedad de lugares de sujeto, un espacio de totalidad. También busca estrechar los lenguajes emocionales del sujeto de la escritura y el lector. Aunque se busca un vínculo con el lector, los referentes se desplazan y se contradicen, sin dejar de lado el propósito principal de la escritura, que es buscar la carnalidad de la palabra, que se define como:

> uma forma suprema e divina, mesmo –pensavam os gregos– não só de saber como de sabedoria com relação ao universo –o universo de que a encarnação do mesmo verbo em homem fosse um aspecto. O escritor plenamente, caracteristicamente, inconfundívelmente escritor será o que, em poema, novela, ensaio, conto, se revele capaz de fazer da carne, verbo, sem o verbo perder, nos mais sensuais desses escritores [...] o gosto ou a cor ou o cheiro da forma da carne. (*Heróis e Vilões* 81)

La escritura se manifiesta como un cuerpo propio, que va construyendo la sique del que escribe y también la "persona" del narrador. Si la palabra es el órgano constitutivo del cuerpo del escritor, el arte, para Freyre, será un conjunto de síntomas que transforman este cuerpo. Aquí resulta clave la influencia de las vanguardias europeas y en particular de los trabajos de Henri Bergson y Sigmund Freud y de escritores como Rubén Darío, Marcel Proust, James Joyce y André Gide.[63] Como se vio en las novelas, la subjetividad cultural, o lo que Freyre llama freudianamente "el equilibrio de fuerzas" socio-culturales, se presenta desde el manejo de varios cuerpos marcados por su raza, género y sexualidad, y el modo en

---

[63] En su ensayo "Como e porque sou e não sou escritor", aparte de verse como "marginal" de la literatura, define Freye la escritura como un oficio personal y masculino; y aunque se refiere a su escritura como híbrida, se califica a sí mismo como "caricatura de los escritores ibéricos" (179). Es interesante notar que no se define como escritor latinoamericano, sino como "hispano-luso-brasileño". Rubén Darío es el único escritor latinoamericano que rescata en su lista de influencias. Un elemento importante, ya que la obra de Darío, en particular en su etapa modernista revela una admiración ambivalente por el decadentismo francés y la "rareza" de los artistas en su búsqueda de un ideal estético. Freyre lee ese decadentismo en Rubén Darío.

que reconfiguran el discurso de la mezcla racial. Su visión de la escritura como "cuerpo" y del artista como productor de esa carnalidad de la escritura contiene todos estos elementos.

Es por esta razón que los famosos "perfiles" o "retratos" del artista son una parte importante de la escritura de Freyre. Para entender la importancia de estos retratos habría que acercarse a su labor como crítico literario. Freyre escribió cientos de prólogos, lecturas y conferencias sobre la vida y obra de varios intelectuales de Brasil y el extranjero.[64] Una mirada breve a esta "otra" genealogía artística sirve para entender la creación novelística del binomio Paulo Tavares-José Maria como eje subjetivo del artista y la importancia del deseo entre estos dos hombres. Freyre reelabora algunos temas vinculados directamente con el arte en sus ensayos sobre José de Alencar, Gonçalves Dias, Manuel Bandeira, el escultor brasileño Alejaidinho y el poeta estadounidense Walt Withman. Entre estos: las relaciones entre cuerpo, género y escritura; el cuerpo y la enfermedad; y finalmente, la creación de una comunidad fraterna de escritores que construya una república platónica de las letras.

Con José de Alencar y Gonçalves Dias, Freyre traza el perfil del escritor romántico brasileño, al que percibe como el forjador de la literatura nacional. Hay una relación estrecha entre voz, escritura y paisaje que se describe a través de lo femenino. Por ejemplo, los personajes femeninos de Alencar, en particular de obras como *Senhora*, son representativos del "carácter de la mujer brasileña"(29). Como se verá en las novelas, el retrato de Maria Emília, la esposa de Paulo Tavares en *O Outro Amor do Dr. Paulo*, está muy influenciado por su lecturas críticas de Alencar y de Henry James. Asimismo, la naturaleza en las novelas de José de Alencar es una fuerza femenina y exuberante (*José de Alencar* 19).[65] La naturaleza como un imaginario femenino de la nación tiene una simbología ambivalente: es origen y al mismo tiempo cuerpo abyecto que tiene que desplazarse para construir la comunidad nacional (Heller, Ventura). Este aspecto también será de gran importancia para la representación de lo femenino en Freyre. A diferencia de Freyre, que lo hará de un modo muy ambivalente, en la escritura alencariana "lo

---

[64] La mayoría de estos trabajos no fueron solo literarios, sino que cubrieron una diversidad de temas: medicina, ecología, psicología, arquitectura, teatro y agronomía, entre otros. Muchos de los ensayos literarios, en su mayoría prólogos de libros y conferencias, se encuentran recogidos en los volúmenes *Perfil de Euclides e outros perfis*, *Seis Conferenças*, y *Alhos e bugalhos*.
[65] Freyre también resalta esta relación entre naturaleza y escritura en la obra de Euclides Da Cunha: señala que la representación que hace de los paisajes, muy angular y excesiva, tiene que ver con la relación con su madre. En otras palabras, la naturaleza en Da Cunha representa lo maternal (18-20).

brasileño" se entiende como una exploración de lo femenino y no como una fuerza masculina. En la cultura brasileña se crea una relación directa entre la literatura romántica, la representación de lo indígena y la femineidad, ya que como en el caso del novelista José de Alencar, la obra poética de Gonçalves Dias es calificada en su mayoría como indianista . Sin embargo, la raza indígena es también la marca de la mezcla racial y de un perfil sicológico:

> O romantismo literario no Brasil –vozes de homens gemendo e se lamuriando
> até parecerem às vezes vozes de mulher [...] Em alguns casos, parece ter sido
> menos expressão de indivíduos revoltados que de homens de meia raça sentindo,
> como os de meio sexo, a distância social, e tal vez psíquica, entre eles e a raça
> definidamente branca o pura; ou o sexo definidamente masculino e dominador.
> (*Sobrados* 590)

Freyre destaca las similitudes de las relaciones femeninas de la literatura romántica brasileña con las de la literatura romántica europea. Esta relación sexualizada, en la que media un tipo de "arribismo intelectual", produce, a pesar de los modelos europeos, una manifestación artística original, donde el grito mujeril y el medio sexo representan la mezcla de razas que se idealiza con el elemento indígena en Gonçalves Dias. A pesar de que la literatura romántica se "viste" con los modelos europeos, la presencia de un medio-sexo o un sexo a medias delata modelos que comienzan a articular, desde lo femenino, modos de cultura brasileña. El arte como fuerza creativa adquiere una marca de deformidad y decadencia corporal, que recrea lo femenino como una vuelta al hueco del origen y del exceso materno. Las esculturas barrocas de Aleijadinho reelaboran esta retórica del exceso. En la descripción que hace Freyre de Aleijadinho se articula un discurso del desvío erótico, la enfermedad y la obra de arte "corrupta" y "contaminada." Aleijadinho como un hombre tullido, articula las deformaciones del arte nacional:

> É o que se observa também –a revolta do homem de meia raça consciente,
> como o de meio sexo, da distância social entre ele e a normalidade social do seu
> meio [...] Nesse mulato doente –distanciado não só pela cor e pela origem como
> pela doença que foi lhe comendo o corpo e lhe secando os dedos até só deixar
> vivo um resto ou retalho de homem e de sexo– o ressentimento tomou a
> expressão de revolta social, de vingança, de sub raça oprimida, de sexo insatisfeito.
> (*Sobrados* 590)

En otras palabras, para Freyre, el deseo insatisfecho y marginal del escultor mulato hace posible su producción artística. El artista, que en este caso es la corrupción misma a nivel corporal, no puede esconder el signo de su deseo de creación, que aquí se asocia con la marginalidad y la mulatez. Por consiguiente, "el deseo de venganza contra el blanco" se ve en la obra de arte que, como el mismo Freyre añade, se presenta como deformación:

> O caso, em ponto grande, grandioso mesmo, do Aleijadinho, em cujas figuras cristãs há evidente deformação em sentido extra-europeu, extra-greco romano, embora não se possa dizer que em sentido caracteristicamente africano. Marginalmente africano, apenas. Caracteristicamente brasileiro, isto é, mestiço; o culturalmente plural. (*Sobrados* 591)

El juego con los límites corporales, que se alimentan de esa doble marginalidad mulata, sexual y enferma, produce una obra de arte puramente brasileña, como manifestación heterogénea, excesiva y plural. En *La expresión americana*, José Lezama Lima asocia esta enfermedad con la fuerza creativa del barroco: "Con su gran lepra está también la raíz proliferante de su arte, riza y multiplica[...] son las chispas de la rebelión, surgidas de la gran lepra creadora del barroco nuestro"(81). Estas dos temporalidades, la del arte y la de la escritura, traducen el tiempo de la nación. Es así como en su perfil del poeta Manuel Bandeira Freyre traza ese cruce de espacios temporales y el afán de escribir una memoria subjetiva. El poema de Bandeira "Evocação do Recife" recoge una visión de la ciudad, con la que Freyre se identifica, ya que evoca una red de sentimientos intuitivos de su pasado:[66]

> A vida não me chegava pelos jornais nem pelos livros
> Vinha da boca do pôvo na língua errada do pôvo[...]
> A vida com uma porção de coisas que não entendia bem
> Terras que não sabia onde ficavam
> Recife...
>   Rua da União...
>   A casa de meu avô....
> Nunca pensei que ela acabasse!
> Tudo lá parecia impregnado de eternidade
> Recife...
> Meu avô morto.
> Recife morto, Recife bom, Recife brasileiro como a casa de meu avô.

La vuelta al pasado desde la ciudad, la añoranza por un lenguaje emotivo y, finalmente, el derrumbamiento de la casa del abuelo hace que la voz lírica sueñe

---

[66] Gilberto Freyre nace en Recife, Pernambuco (1900-1987).

con un Recife "sem história nem literatura –Recife sem mas nada– Recife da minha infância". En esta vuelta al pasado, que se repite en los ensayos y en la ficción freyriana, la memoria subjetiva del cuerpo sustituye a la historia "oficial", acercándola al límite de su articulación; y el derrumbe del cuerpo es paralelo al derrumbe de la casa paterna o nacional (Díaz Quiñones *La memoria rota* 67-86). Entenderse a través de la literatura es, para la escritura freyriana, el buscarse en esta genealogía de escritores que va construyendo su memoria. En los versos de otro poema de Manuel Bandeira se vuelve a rescatar la importancia del cuerpo y la memoria en Freyre: "o menino que sustenta esse homem, o menino que não quer morrer" (*Perfil* 165).

La memoria del cuerpo como fuerza intuitiva, que se forja para crear una fraternidad nacional, es también el elemento más importante de su lectura de la obra de Walt Whitman. La hermandad nacional, o lo que Benedict Anderson llama "la fraternidad y camaradería ideal de los proyectos nacionales", es una propuesta abierta para hacer un llamado a una nueva masculinidad y un nuevo humanismo ("O Camarada Whitman" 85,98). La homosexualidad de Whitman, o su bisexualidad, tal y como Freyre la describe tendrá "contrário à maneira debochada dos Verlaines e dos Wildes" una fuerza ética particular y sublimada, que entremezcla la poesía y la política (95-7).[67]

Este balance entre poesía y política hace de Whitman un hombre "masculino y femenino", que equilibra ambas energías, convirtiéndose en un Narciso que adora su imagen, a partir del reflejo de la identidad del otro. La importancia que Freyre le da a este equilibrio de energías construye su identidad como sujeto de la escritura y lo convierte en un hombre femenino, traduciendo, así, su identidad como escritor. Si, como señala Silvia Molloy en su análisis del encuentro entre José Martí y Oscar Wilde, este último es una fuerza que no cae dentro de los códigos temporales y heterosexistas de Martí, "eso de lo que no se habla", entonces, la única salida es el equilibrio de esos fragmentos femeninos o abyectos de su propia escritura, a través de otra definición, la estética, del "nuevo hombre americano" (189). El equilibrio masculino de la fuerza creativa femenina, tan necesaria para la escritura, valida, tanto en Freyre como en Martí, los lugares de sujeto e identificación constante con el otro. De ese modo, Freyre logra construir el ideal de una nueva hombría y de la nacionalidad brasileña. A partir de ese nuevo ideal, valida su visión de la cultura, colocándola en el centro de los debates sobre las culturas nacionales de su tiempo.

---

[67] Esta lectura de Freyre, que quiere destacar el americanismo de Whitman, tiene también una influencia muy "inglesa": coincide con los planteamientos de Eve K. Sedgwick en su análisis de Withman, en *Between Men. English Literature and Male Homosocial Desire*.

Como señala George Mosse en su ensayo *The Image of Man*, este ideal de la masculinidad tiene una conexión directa con las políticas modernizadoras de los Estados liberales. Freyre pone el hombre-femenino como una estrategia para posicionarse frente a este discurso europeo, pero también como el lugar desde donde se forma "la diferencia" (7). Desde la incorporación de esas voces o cuerpos "femeninos" se cruzarán todos los discursos de subyugación, dominación y poder en estas narrativas (Butler, Foucault). El complejo proceso de validación e interpretación de esta "masculinidad femenina" quiere crear nuevas posiciones de sujeto para criticar el viejo patriarcado brasileño y para constituirse como una nueva narrativa, que subvierta los modelos de interpretación europea y estadounidense. Como "treta del débil", este discurso simula una voz marginal y se manifiesta, en la escritura freyriana, como lo que José Piedra ha llamado "afeminamiento de la escritura". Esta estrategia, imprescindible para entender los proyectos de escritura en Latinoamérica, se define como "una mediación activa en el intercambio entre colonizador y colonizado, un rol o tipo que sirve para calificar, modificar, contaminar, neutralizar e, incluso, atrapar −aunque sea en una ilusión de dominio− a todo aquel o aquello que quiera que intente ocuparlo(a) en su territorio" ("Nationalizing Sissies" 375).

Entre los colonizadores y los colonizados surge un lenguaje de poder en el que la palabra del esclavo-Calibán entra en un espacio de negociación y ajuste (Fanon, Fernández-Retamar). El rol que ha desempeñado la esclavitud en este proceso de representación de los lenguajes nacionales entra de lleno en una dinámica, en la que se transponen las identidades raciales, sexuales y de género. La esclavitud, como el lugar donde se crean nuevos cruces de poder y de identidades, ponía como líder de esta red de poder al amo blanco. El amo, como la fuerza que dirigía y marcaba las subjetividades de sus esclavos, controlaba la lengua y las sexualidades, tanto del hombre y la mujer negra como de la mujer blanca (Ginsberg 5). Al "matar a este amo blanco", que se convierte, simbólicamente, en el *master narrative* europeo, el narrador freyriano construye metafóricamente su comunidad de hermanos (Cunningham 123-5). No obstante, este narrador realiza la misma tarea que mueve al negro esclavo: "matar al amo." Como se verá en *Dona Sinhá e o Filho Padre* y *O Outro Amor do Dr. Paulo*, la creación de esta masculinidad femenina y el deseo sublimado entre hombres serán estrategias fundamentales para crear una nueva subjetividad, que cae en un tercer espacio, o lo que Homi K. Bhabha define como "una brecha, ni uno, ni lo otro" ("DissemiNation" 299).

La alianza homosocial rehuye el tema de la homosexualidad situándose en un erotismo controlado. A pesar de que el mapa subjetivo que traza Freyre se alimenta de la homosexualidad reprimida, como "la condición ontológica del poeta joven", esta misma homosexualidad se vuelve un acto sublimado del deseo reprimido, que aunque forma la escritura, no se lleva a cabo como acto en sí (Cruz Malavé, *El primitivo implorante* 90). Asimismo, la raza aparece como un referente problemático, ya que los personajes maternos, como la nana, se sexualizan y corrompen al joven José Maria. Esta corrupción construye, a su vez, su homosexualidad. Sin embargo, es por medio de su carácter emotivo que se define la subjetividad cultural brasileña. Esta relación directa entre la raza, el género y la sexualidad ubica el síntoma de la escritura nacional brasileña en la misma tradición discursiva que lo forma: en la mezcla racial. En otras palabras, la mezcla racial, que parte de un patrón reproductivo de la sexualidad, se desplaza aquí, dándole importancia al romance masculino, que forma la nación brasileña. Por consiguiente, como señala Zizêk, si el relato de Freyre es una ficción dominante de la ideología, vemos como ésta se contradice, dejando ver que toda ideología termina minando su propio eje discursivo, ya que se funda a partir de la vuelta de lo reprimido. Esta vuelta o contradicción se define como el síntoma: "un punto de ruptura, heterogéneo a un campo ideológico dado y, al mismo tiempo, necesario para que ese campo llegue a su fin, a su forma acabada" (21).

La ficción de Gilberto Freyre es, por lo tanto, el punto de partida para entender la relación entre algunos mitos de la cultura nacional brasileña como la democracia racial, y el modo en que éstos se alimentan de sus propias contradicciones. El único requisito para mantener esta mirada crítica es un pacto con la propuesta literaria de Freyre, la de interpretar su escritura desde donde él mismo la entendió: desde la ficción.

2. RAZA, GÉNERO Y LO HOMOERÓTICO: *DONA SINHÁ E O FILHO PADRE* Y *O OUTRO AMOR DO DR. PAULO*

> Ama, pues, pero no sabe qué; no comprende lo que experimenta, ni tampoco podría decirlo; se parece al hombre que por haberse contemplado mucho en otros ojos enfermos, sintiese que su vista se oscurecía; no conoce la causa de su turbación, y no se da cuenta de que se ve en su amante como en un espejo.
>
> —Platón, *Fedro*

Como "romances fundacionales", del modo en que los define Doris Sommer, *Dona Sinhá e o Filho Padre* y *O Outro Amor do Dr. Paulo* proponen una lectura de las transformaciones históricas, sociales y culturales del Brasil de fin de siglo y las primeras tres décadas del siglo XX. En ese sentido, son textos en donde está presente el gesto fundacional, específicamente el de escribir la nación. Desde una serie de temas concatenados (la relación entre la casa y la iglesia, entre amos y esclavos, la vida de las familias brasileñas exiladas en París) se configura una serie de retratos del Brasil, que forman parte de una experiencia totalizante, la de Paulo Tavares. Paulo es el intérprete de estas transformaciones de la sociedad brasileña y el que escribe la síntesis ideológica de estas experiencias en su libro *Uma interpretação do Brasil*. El viaje fundacional que hace posible esta síntesis es, también, un viaje a la escritura, donde Paulo Tavares representa el viaje creativo de Gilberto Freyre en su escritura de *Casa Grande e Senzala*. En estos experimentos literarios, a los que bautizó como "seminovelas", Freyre no sólo parte de los discursos literarios y sociológicos, sino que vincula técnicas de la novela de fin de siglo y la novela experimental.[68] A pesar de considerarse un "semi escritor", Freyre hizo de *Dona Sinhá* un éxito de la crítica internacional, a la que llegó en traducciones diversas. Para Alexander Coleman del *New York Times*:

> *Dona Sinhá e o Filho Padre (*trad. *Mother and Son)* é um retrato em profundidade de um homossexual inconsciente de sua homossexualidade: um indivíduo do que ele chama meio-sexo. Não há nesse retrato nem apologética nem caricatura: é, além de delicado, intensamente conmovedor na sua compreensão da ambivalência sexual... Gilberto Freyre é acima de tudo um escritor. Éle será ainda reconhecido como um dos fundadores da metaliteratura do século XX. Suas técnicas são muito mais ricas e mais generosas que as do meio narrador (citado y traducido por Livraria José Olympio, s.p.)

Nominada para el premio Aspen de crítica en Estados Unidos, la novela llamó la atención por sus técnicas metaliterarias, por la duplicidad y la inclusión del escritor como personaje, y por el uso del sicoanálisis en la descripción de las relaciones homosexuales de Paulo y José María, y de éste con su madre Sinhá. Sin embargo, para el Brasil de los años de la dictadura, el contenido abiertamente homosexual de la novela provocó diversas reacciones, tanto de la crítica como de la casa editorial. De hecho, con *O Outro Amor*, Freyre volvió a enfrentar la censura de algunos sectores de la crítica y de su casa editorial, que no publicó varios fragmentos de ésta, su segunda novela (Ver Apéndices). La homosexualidad se

---

[68] Gilberto Freyre definió estas dos novelas como "seminovelas" porque eran obra de un semi-escritor, que estaba experimentando con la literatura. Su publicación en los años de la dictadura (1964-1980), deja ver que Freyre, a pesar de la represión por la que pasaron muchos intelectuales, continuó publicando sus obras, si bien fue censurado por algunas de sus escenas eróticas.

141

convierte entonces, en el centro de un debate político y saca a estos romances fundacionales del canon de la literatura nacional.

Una lectura que resalte lo homoerótico en estos textos freyrianos, abre nuevos problemas, ya que el sujeto de la escritura se concibe a partir de la atracción erótica y sus desplazamientos. En este sentido, el travestismo cultural aparece como gesto fundador de estas narrativas, ya que sin el deseo de Paulo Tavares por un hombre femenino, José Maria, no se produce la interpretación de Brasil. La escritura, por consiguiente, se abre a una *fantasía cultural*, la del hombre femenino, que, al ser homosexual reprimido, articula todos los síntomas –raciales, de género– de la brasileñidad.

Dona Sinhá narra la historia de José Maria y Paulo Tavares, dos jóvenes que se enamoran, pero que, aunque tienen un contacto íntimo –varios abrazos y un beso– no consuman su unión. Paulo y José Maria son hijos de familias patriarcales y esclavistas en el Nordeste del Brasil. Sin embargo, Paulo crece en un sobrado urbano en la ciudad y José Maria en la casa grande. Para huir de su deseo, Paulo Tavares se exila en Francia, donde se entera de la enfermedad de su amigo y la muerte de su padre. Cuando regresa a Brasil, José Maria ha muerto y Paulo le pide a Dona Sinhá, la madre de su amigo, que se case con él. Ella no lo acepta y él regresa a Francia, donde lucha por olvidarse de su primer amor. En *O Outro amor*, la continuación de *Dona Sinhá*, Paulo se enamora de Maria Emília, hija de brasileños exilados en París, con la que finalmente se casa. Sin embargo, Paulo no puede olvidar a José Maria; su *saudade* o nostalgia por José Maria se relacionan con un deseo de descifrar los enigmas de su amor nacional y su patria. Entonces Paulo Tavares se convierte en escritor, reformulando así su deseo por la patria y por el hombre femenino como centro de la subjetividad cultural brasileña. En el caso de Paulo Tavares, actúa esa preservación del objeto amado como parte del ego, lo que Judith Butler define como "incorporación melancólica":

> Aquí vemos que dejar el objeto significa, paradójicamente, que el objeto no se abandona por completo; solo hay una transferencia del estatus del objeto desde lo externo hacia lo interno [...] La internalización de la pérdida es parte del mecanismo de su rechazo. Si el objeto no puede existir en un mundo interno (sic), entonces existirá internamente; y esa internalización será también una forma de negar esa pérdida, de mantenerla a raya, es decir, de detener o posponer el reconocimiento y el sufrimiento que causa la pérdida. ("Melancholy" 23)

En su creación de un "hombre femenino" como centro de la subjetividad, Freyre reelabora un lugar del discurso liminal, que se relaciona con lo homoerótico. Aunque se parte de la propuesta del deseo por otros hombres, este homoerotismo no se define como homosexualidad, sino más bien como una "fantasía cultural" de "integración de partes iguales".[69] A partir de esta visión platónica del amor, el narrador, Paulo Tavares, interpreta su deseo por José María y puede escribir su texto sobre Brasil. Este texto interpretativo de su amor por un hombre femenino pone su deseo como el gesto principal que inaugura su escritura. La escritura como un balance del deseo traduce el mismo equlibrio de fuerzas que Freyre ve en lo homoerótico: una combinación de energías masculinas y femeninas. Como se vió en el capítulo I, este balance de energías masculinas y femeninas también está presente en *Casa Grande e Senzala*, y cumple con la misma intención de criticar el patriarcado oligarca y en ruinas de la casa grande. Sin embargo, es en estas novelas que se completa ese vínculo con el "otro" masculino, para reproducir un patriarcado idealizado a través del deseo erótico.

En ambas novelas, la narrativa tiene un doble significado: mientras que la historia es una fuerza femenina, la ficción actúa como un "desvío", que seduce al escritor. Esto se ve en las primeras páginas de *Dona Sinhá*: "A História como que me surpreendera a querer traê-la, entregando-me aos namoros com a Ficção; e antes que se consumasse o desvio como que me fazia voltar a seus braços femininos, porém fortes, absorventes e imperiais" (17). La homosexualidad reprimida de Paulo Tavares es el "desvío" o la condición misma de la narrativa, lo que posiblita

---

[69] El término de Paul Gilroy "homofilia" describe las alianzas masculinas en estas dos novelas, ya que se refiere al vínculo homosocial entre hombres, que implica "el amor por lo mismo" o "love for the same" (Citado en bell hooks). El amor por lo mismo se relaciona directamente con la fundación platónica del amor entre hombres y el andrógino que ya está presente en el *Simposio* de Platón: "son valientes y masculinos, tienen una fortaleza viril y abrazan aquello que es como ellos" (103-57). En el caso de Freyre, este amor también asume una forma ética de virtud social. Hay que destacar que la visión freyriana de la homosexualidad se encuentra muy influenciada por sus lecturas de Sigmund Freud, pero también por los trabajos de Carl Jung y la teoría de la "protesta masculina" de Alfred Adler. No obstante, Freud parece ser su mayor influencia, especialmente en su visión de la cultura como la lucha entre civilización y deseo; y la bisexualidad como la coexistencia de los dos sexos. En una de sus magníficas notas al pie de página, Freud cuenta una historia que remite directamente a las alegorías freyrianas sobre la hermandad nacional y que valdría la pena reproducir aquí: "Conocí en una ocasión a dos hermanos gemelos, dotados ambos de intensos impulsos libidinosos. Uno de ellos era muy afortunado con las mujeres y mantenía sus múltiples relaciones amorosas. El otro, siguió, al principio, sus pasos; pero luego le resultó desagradable rivalizar con su hermano y ser confundido con él en circunstancias íntimas, a causa de su mutua semejanza física, y resolvió esta situación haciéndose homosexual. De este modo abandonó las mujeres a su hermano, apartándose de su camino" (*Ensayos* 234).

su existencia. Sin embargo, como vieron críticos contemporáneos de Freyre, esta homosexualidad reprimida puede leerse de otras formas. Por un lado, y como ha señalado Edilberto Coutinho, el beso entre Paulo y José Maria es, más bien, un "experimento erótico" entre los dos, un gesto infantil de iniciación a la masculinidad, que desaparece por completo cuando Paulo se casa con Maria Emília. Esta lectura parece ignorar la relación compleja que existe entre la escritura, la cultura, la homosexualidad reprimida y el discurso político nacional, no solo en la obra de Freyre, sino en otros textos literarios brasileños.

Un ejemplo de esto es la novela *Bom-Crioulo* (1891) de Adolfo Caminha, que como señalé en el capítulo anterior, escribe una "patología" de la nación brasileña, como parte de su cuadro naturalista, poniendo la homosexualidad como el paradigma para discutir otros temas de interés socio-cultural en el Brasil. Asimismo, en la lectura de la homosexualidad en la obra de Freyre se encuentra una visión de la cultura, que no tiene conexión alguna con sus preferencias sexuales. En su diario de juventud, titulado *Tempo Morto e Outros Tempos*, por ejemplo, los usos de lo homoerótico se centran en la descripción de las fantasías colonialistas europeas, lo que entrelaza el discurso homoerótico con sus visiones sobre la política y la cultura nacional:

> Cortejado não só por lindas inglesinhas como por mais de um louro inglesinho, desde que estou na Inglaterra. Sinto-me um pouco um Romeu moreno entre louras e Julietas de toda éspecie[...] Em Oxford não são de tudo raras as danças de rapazes com rapazes: danças animadas por muito vinho do Porto que para os ingleses é o vinho dos vinhos. São danças que às vezes terminam em beijos e abraços. A verdade, porém, é que tais explosões não sejam tão freqüentes, aqui, como na Alemanha de após-guerra. Aí o mito da "raça de senhores" corresponde muito masoquismo sexual da parte de alemães jovens, dos mais senhoris que parecem deliciar-se em ser machucados por morenos ou por exóticos. Em Oxford o que se encontra é, antes, a tendência para intensas amizades de rapazes com rapazes semelhantes às que existiam –suponho eu– entre os gregos platônicos. Podem ter às vezes alguma coisa de homossexual. Mas, quase sempre –é o que me parece– um homossexualismo transitório. (Citado en Coutinho, 169)

En ambas novelas lo homoerótico forma parte de esta visión compleja de la cultura en la que se entremezcla el discurso político y colonial, particularmente, en la relación de Europa y Brasil. El amor entre José Maria y Paulo Tavares articula, a través de la nostalgia, el deseo ambivalente del viajero por su lugar de origen y la recreación de este deseo en su escritura. Por consiguiente, la atracción homoerótica es un tópico necesario para la representación, que también traza el perfil subjetivo de Paulo Tavares en su viaje como enamorado, científico y escritor.

Dona Sinhá abre con un giro unamuniano en el que el personaje "Gilberto Freyre" discute los pormenores de la novela con la "Dona Sinhá real". Dona Sinhá está enojada porque se ha enterado por la prensa de que su biografía y la historia de su hijo van a ser publicadas próximamente en Río de Janeiro. La recriminación de Dona Sinhá, que aparece en la primera línea de la novela: "O Senhor está abusando do meu nome. Não se faz isto com uma senhora"(3), tendrá resonancias significativas en la relación de los dos jóvenes, ya que la femenidad, como fuerza poderosa, se convierte en una perspectiva crucial en el texto. La madre natural, Dona Sinhá, y la nana negra, Inácia, son influencias centrales en la crianza de José María, el joven homosexual. Aquí Freyre retoma las descripciones de la "ama negra" de *Casa Grande e Senzala* como un personaje principal en la trama cultural brasileña. Por consiguiente, el contacto con los negros que propicia el régimen esclavista marca de un modo significativo la narrativa de crecimiento y educación sexual y socio-cultural de ambos jóvenes, especialmente de José María: "A la figura bonancible de la ama negra que en los tiempos patriarcales criaba al niño dándole de mamar, que le arreglaba la hamaca o la cuna, que le enseñaba las primeras palabras de un portugués torpe" (*Casa* 312).

La misión educativa y civilizadora que le atribuye Freyre al negro en la cultura nacional está muy presente en ambas novelas y sitúa a *Dona Sinhá* en el género del *Bildungsroman*. En ambas novelas se mezclan rasgos y temas de la novela decimonónica, como la novela de costumbres, la novela de viajes, la educación laica vs. la religiosa, el erotismo vs. el amor, junto con el experimento metanovelístico en el caso de *Dona Sinhá* y el elemento de la ciudad de la modernidad europea en *O Outro Amor*. En ambas, también, se asegura, como eje esencial del relato, un tratamiento de lo femenino en el que se funda la relación erótica de Paulo Tavares con José María. En esta relación se reproducen los patrones tradicionales de masculinidad: la agresividad en Paulo y la pasividad femenina en José María. A pesar de la construcción problemática de este esquema, "la pasividad" de este joven y su homosexualidad débil y femenina son condiciones centrales que mueven el deseo de Paulo. Este esquema es problemático porque, tal como discute Judith Butler en su ensayo *Gender Trouble: Feminism and the Subversion of Identity*, no sólo asume la heterosexualidad como un patrón "normativo" para describir la sexualidad, sino que le atribuye a cada sexo el rol que se le ha designado en la economía social del patriarcado. El género sexual y sus atribuciones de "agresividad" o "pasividad" caerían dentro de lo que Butler ha llamado la construcción social del género.

En la descripción física de José María se percibe su femenidad, que luego será continuada por la influencia materna, ya que el amor dominante de Dona Sinhá es lo que condiciona la "pasividad" del personaje:

> Não gostava que tocasse no seu meninozinho nu ou para lhe mudar as fraldas nem mesmo a negra Inácia, que a acompanhara do engenho, como presente de casamento do Pai; e que era pessoa de toda a sua confiança. As outras negras tinham que admirar de longe o sinhôzinho alvo, o ioiôzinho puro. Alvo como um Menino-Deus de presepe. Enxuto. Cabelinho alourado quase como o da mãe. A própria piroquinha, uma piroquinha de Menino-Jesus. Sinhá o contemplava como a um Menino-Jesus. Tratava-o como a um Menino-Jesus. A proporção que o menino foi crescendo, foi enchendo-o de fitas azuis como a um menino Jesus vivo. Foi deixando que o seu cabelo crescesse como o dos anjos e o das meninas. (26)

La comparación irónica de José Maria con el niño Jesús y su devoción a la Virgen son importantes en la caracterización del personaje. El nombre José Maria es una mezcla de la pareja fundacional del catolicismo y su hijo Jesús. Un factor que resulta interesante, dada la relación de paternidad "pasiva" y poco asertiva que tiene el José bíblico en el episodio de la concepción mariana. Como hombre que tuvo que someterse a la voluntad de Otro paterno –Dios, la masculinidad de José también parece ser problemática, lo que pone a José María como hijo simbólico de una madre agente y un padre pasivo o ausente. En la novela, la figura del padre ausente –Dona Sinhá es viuda– o dominado por la fuerza de la madre, concuerda con la lectura freudiana que hace Freyre de sus personajes.[70] Resulta interesante, que el niño que crecerá con tendencias homosexuales incluya en su nombre propio el esquema de la sagrada familia: José, María y el niño. En ese sentido, en Freyre, la familia y la homosexualidad coexisten como eje indivisible del imaginario nacional. La devoción mariana del niño proviene directamente de una promesa que hace Dona Sinhá a la Virgen cuando su hijo se enferma por vez primera. Irónicamente, el niño tiene un ataque de diarrea. Para el autor, conocedor de Freud, esta alusión a la etapa anal junto con la entrega a la devoción religiosa refleja los dos tipos de amor e intercambio, el corporal-individual y el religioso-social ("Sobre las transmutaciones" 166). Para Julia Kristeva, la devoción mariana en Occidente encarna, en la figura de la Virgen, "un poder femenino que debía ser vivido como un poder negado [...] una especie de poder sucédaneo del poder efectivo en la familia y la ciudad, pero no menos autoritario, doble solapado de la potencia fálica explícita"("Stabat Mater" 218).

Como dueña de ese poder fálico la madre adquiere un carácter complejo, que se refuerza con la imagen sincrética de María que José Maria va creando a través de las historias de Iemanjá, la madre del agua, que le cuenta Inácia, su nana negra: "E temia a água funda: um temor misturado com uma vaga vontade de descer um dia

---

[70] Agradezco a mi editora Aurora Lauzardo por su aguda lectura de este pasaje.

ao seu mistério, é claro que protegido por Iemanjá" (28). Iemanjá, la madre del agua, tiene en la cultura yoruba un poder riguroso y fálico que describe, según afirma Natalia Bolívar, a "mujeres impetuosas, fuertes y rigurosas [...] que son justas y tienen un alto sentido de las jerarquías" (95).[71] A través de esta rigurosa ley materna, comienza "la otra" educación de José Maria, la que le provee un tipo de lenguaje emotivo y de devoción religiosa distinta. Freyre habla del "ablandamiento" que la figura de la nana negra provocó en el niño blanco, no solo en el lenguaje, sino en las costumbres. José Maria se educa, por consiguiente, con una narrativa laxa, blanda, que le quita el miedo al agua y "le crea nuevos miedos y aparecidos" (*Casa* 307-8). Aunque esta educación forma parte de la infancia de José Maria, es su madre la que lo desvía de estas creencias. Le dice a su hijo que esas son "cosas de negros" y que no debe hacer caso a lo que le dice Inácia (28).

Irónicamente, el narrador destaca que la compra de un acuario desvía la devoción del niño por Iemanjá y lo enfoca hacia la imagen católica. Sin embargo, hay una vuelta a lo africano con el despertar sexual: "Pois a verdade é que já há algum tempo quando sozinho, no banho morno, ele dera para brincar com a piroca, amolegando-a como se fosse um passarinho, apertando-a como se fosse um dos peixinhos do seu aquário" (32). El descubrimiento de su cuerpo acrecenta la devoción religiosa, revelando en José Maria las mismas características de algunos personajes femeninos de la novela decimonónica europea, como, por ejemplo, Emma Bovary. Tanto para el narrador de Freyre, como para el de Flaubert, lo femenino construye una estética de la seducción y lo erótico para describir un sujeto conectado con su entorno, dueño de una sensibilidad social distinta.[72] Este nuevo erotismo reorienta a José Maria en la búsqueda de lo que le ha prohibido su madre; y es así como desarrolla un deseo inmenso por "conocer África" y "escuchar más historias de la madre del agua" (39). El descubrimiento de su erotismo, su despertar sexual, es también un redescubrimiento de lo negro que hay, ya no fuera, sino dentro de sí: "Seu pecado de brincar com a 'tetéia' talvez tivesse qualquer

---

[71] En *Yemayá y Ochún* (1996) la etnóloga cubana, Lydia Cabrera, destaca que Iemanjá (Yemayá) posee un carácter doble que entremezcla energías femeninas y masculinas, ya que es la Madre universal y de todos los orishas, una energía femenina que se entrega a los demás, pero también es Yemayá Olokún, o el océano, una deidad terrible y furiosa.

[72] Según Anthony J. Cascardi, en *Madame Bovary* de Gustave Flaubert, el tema principal es el conflicto entre el deseo femenino, como forma de conocimiento y "nueva razón", y su enfrentamiento a la hipocresía de las burguesías medias. Madame Bovary, como un "quijote femenino", caracteriza el dilema del escritor decimonónico y las transformaciones de su escritura en una estética de la seducción y lo erótico, como la fundación de una nueva epistemología del sujeto ("Flaubert").

coisa de pecado africano. Feitiço. Mandinga. Quem lhe poderia trazer um pouco de luz sobre um assunto para ele tão escuro talvez fosse Inácia" (36).

A pesar de la distancia irónica de este pasaje, existe, sin duda, un descubrimiento de lo otro dentro de sí mismo, que se relaciona con la educación de esa "otra madre". Sin embargo, esta nueva educación es un discurso que se abre a varias interpretaciones. Como ya han visto en detalle Ann L. Stoler y Julio Ramos, las nanas negras, como cuerpos representativos de la ansiedad de la mezcla racial, son figuras problemáticas para las sociedades coloniales y esclavistas. El cuerpo de la nana, junto con el de la madre, se ven aquí como la causa principal del "desvío" (la homosexualidad) de José Maria, ya que mientras la madre biológica disciplina y reprime, la nana negra "sexualiza" al niño. El cuerpo y la sexualidad de la nana, como lo abyecto, es, junto a la homosexualidad, otra de las fuerzas que, aunque necesaria para construir la subjetividad nacional brasileña, termina conteniéndose dentro de la narrativa (Kristeva *Poderes de la perversión* 7-20). Sin embargo, los contactos homosociales proveen formas de saber social que no crean abyección. José Maria sustituye las historias de su nana Inácia por las de Seu Tonho pescador: "ele se deliciava em contar historias da mãe da água aos pescadores mais moços" (39). Estas historias son un tipo de iniciación a su saber intuitivo de la naturaleza: "Aprendeu com os pescadores do Largo a conhecer peixes[...] colecionou conchas deliciando-se em admirá-las" (65).

Por otro lado, la homosexualidad reprimida de José Maria se canaliza por medio de la Iglesia, la cual ya ha perdido su poder en la sensibilidad del muchacho y ha sido sustituida "por la casa-grande de ingenio" (*Casa* 196-200). Dona Sinhá ocupará, entonces, el lugar de la madre fálica, sustituyendo al señor del ingenio y también a la Iglesia, al actuar en el lugar del padre ausente. José Maria se hace cura, entregando a la Iglesia su inclinación erótica natural, lo que lo convierte en una subjetividad "a medias" que reprime sus deseos.

En Paulo Tavares, por el contrario, se da la fuerza de la masculinidad y la racionalidad, que se conforman en un perfil menos complejo que el de José Maria. Paulo Tavares, como un *performer* masculino, es el "protector" y el "iniciador a la hombría" social de José Maria. La amistad comienza en la escuela en donde Paulo se convierte en su protector, ya que los demás le llaman "Sinházinha" (señorita, Pequeña Sinhá).[73] Sobre esta amistad protectora, señala el narrador:

---

[73] En portugués el adjetivo "sinhá" era el nombre de la señorita de la casa grande o la casa patriarcal del ingenio azucarero. A José Maria le llaman "Sinházinha" lo que quiere decir en portugués "la pequeña Sinhá" o "la hijita de Sinhá". Este apodo sugiere que José Maria, como el "hijo-hija de Sinhá", no tiene referentes conocidos que lo unan a la figura del padre. Como dice el narrador: "Sinhá, viúva e só, distante da parentela dos engenhos [...]

Perigosa amizade, essa, desde o início com o seu toque de amor ou o seu não sei quê de sexo. Com o seu pouco de amor proibido, proibidíssimo até, no tempo a que se refere a história, que aqui desajeitadamente se conta, embora ao rapaz protetor, já avançado em suas leituras, consolasse o fato de ter havido outro tempo, e tempo ilustre, no passado humano, em que o normal era os Josés Marias serem protegidos pelos Paulos Tavareses. (42)

Paulo Tavares es el lado fuerte de José Maria, pero también es un joven social y culturalmente incompleto. En este sentido, la relación entre ambos reproduce los patrones de la sociedad de la Grecia clásica, en la que, según señala Foucault, las relaciones entre hombres, no sólo forman parte de una idea de reciprocidad en el espacio social, sino que son parte de un discurso de verdades ciudadanas (202-14). Por consiguiente, la pederastia, como práctica de cortejo, en la que se da un intercambio educacional, o más bien, una educación social e intelectual, se entiende en la sociedad griega como un modelo de reflexión moral, estético y filosófico (214). En palabras de Derrida, esta metáfora también se constituye como un eje simbólico de la democracia ya que es "la aristo-democracia de hermanos conforme a la virtud" (*Politics* 94). En ese sentido, Paulo Tavares educa socialmente a José Maria y su relación no es una práctica excesiva, sino una lección de educación, o, en palabras de Foucault, de proveer "dominios de verdad" social y ciudadana, en la que el beso de los jóvenes es un modo de firmar este contrato social:

> Mas voltando ao caso que aqui nos interesa considerar: até onde terão ido as relaçãoes de protetor com protegido, de Paulo com José Maria, nos dias em que a amizade entre os dois se confundiu com atração sexual de um pelo outro? *Não é fácil dizê-lo agora*. Não seria a Gaspar, muito menos a Dona Sinhá que confessaria o próprio Paulo ter um dia perdido de todo o tino e beijado furiosamente na boca o seu franzino protegido: *o fato vem apenas anotado, de modo um tanto cabalístico, no diàriozinho de José Maria guardado pelo tio. O Sinhazinha teria então —imagino eu, valendo-me de umas tantas hipóteses de detetive apenas no plano sicológico— quase desmaiado* [...] A verdade é que *esse beijo e talvez a esse agarrado se teriam sucedido outros beijos e outros agarrados*, embora, *pelo que sei* dos dois, de Paulo e de José Maria, os agarrados não tenham ido nunca a extremos de realização sexual: *só a antecipações de atos irrealizados*. Apenas esboçados. *"Necking"* como se diz em inglês moderno. O que, sendo exatas estas suposições, tornou as relações entre os dois as de uma intensa e até lírica amizade animada, mas não dominada, pela atração sexual de um pelo

criara, na verdade no filho único a sua imagem" (26). Como el hijo hecho a la imagen de Sinhá, José Maria se encuentra fuera de la línea de referentes paternales, lo que lo coloca en una posición indeterminada —sexual, social y económicamente hablando.

outro. Por isto mesmo, *difícil –mas possível, dizem os sexologistas– de ser mantida sem degradação*. (45-6, énfasis mío)[74]

En esta larga cita, no sólo se incluye la escena del beso sino que se entremezclan varios textos y narrativas sobre el mismo. Como texto escrito, está el diario de José Maria, en el cual se describe de un "modo cabalístico" el instante erótico. A partir de la escritura de un texto "otro", se accede a la descripción de ese momento de deseo. Coexisten tres voces narrativas que cuentan el suceso. Por un lado, una voz cómplice, que aplaude y comenta lo que pasa y que se esconde detrás de la voz de un detective. Esta complicidad *voyeur* es más que una voz detectivesca y su comentario del posible desmayo de José Maria crea un juego de posiciones subjetivas y sugerentes. Esta voz, asimismo, se completa con la picardía del rumor: "quizás hubo más abrazos y besos", extendiéndose al lector. Por otro lado, está la presencia del antropólogo, el sociólogo y el sicólogo en las líneas con las que se cierra la cita: "Por isto mesmo, *difícil –mas possível, dizem os sexologistas– de ser mantida sem degradação*". Pero más aun, se da un acercamiento particular a través del término *necking* (caricias amorosas), que usa en inglés, desplazando "a otra lengua" el momento homoerótico. Aquí la narrativa se abre a una multiplicidad de puntos de vista, a los que el lector accede indirectamente a través de la lectura del diario erótico de José Maria. El narrador retoma el lenguaje del diario erótico y la presenta al lector apropiándose del término *necking* perteneciente a otra lengua. Hay un conocimiento que rompe, a través de esa palabra, con la ironía que pueda desprenderse del pasaje. El rumor se traslada al límite mismo de la complicidad *voyeur* y viceversa, revelando un goce participatorio por medio de la narrativa.

Con esa complicidad *voyeur* se presenta la corta relación entre los dos jóvenes, que incluye paseos por el mar, baños desnudos en el río y largas conversaciones con los pescadores negros. Todo termina cuando José Maria ingresa al Seminario y Paulo se va a París. José Maria se enferma de tuberculosis y muere. Paulo regresa de París a Recife cuando se entera de que su padre ha muerto y, a su

[74] Como me informó Silviano Santiago en una entrevista informal, parece que los manuscritos originales de *Dona Sinhá e O Filho Padre* y *O Outro Amor* contenían muchas más escenas de contenido erótico, que fueron editadas por censura gubernamental y otras por razones personales. Freyre negocia la inclusión de algunas escenas como en la que se refiere abiertamente al pene de Joaquim Nabuco el líder abolicionista. Ver copias de las cartas de Freyre a José el director de la editorial en el Apéndice adjunto al final del ensayo. Agradezco a Osvaldo L. Gregori, director del acervo cultural de la Editorial José Olympio, Atrium Promoções Ltda., la autorización para publicar estos documentos y a Silviano Santiago la sugerencia de trabajar en los archivos de la editorial.

regreso, encuentra a José Maria moribundo. En este regreso, y ante la pérdida del padre y del amigo, Paulo transfiere sus deseos a la parte emocional o "la otra parte de sí mismo": "De sua parte, sentia-se restituído a um Brasil materno que de algum modo já lhe vinha fazendo falta *entre franceses apenas fraternos e entre francesas nem todas fraternas* [...]" (Subrayado mío 110). Este reencuentro con su lado emocional (femenino) y afectivo (masculino) logra la emergencia de una nueva subjetividad. El sujeto migrante escribe su nostalgia o *saudade* desde ese doble carácter, materno y fraterno. La búsqueda de esta totalidad contiene el amor materno como un amor controlado o asimilado. La vuelta a Brasil también se ve como una vuelta a la naturaleza (o a la madre): "Ele sentia com o corpo inteiro dentro de aquela água de mar docemente morna como que restituído às fontes ou às raízes[...] Eram águas para ele maternas"; "Água. Era a água que dominara as saudades do Brasil que Paulo experimentava na Europa" (156).

También, la nostalgia de la vuelta a la patria se sustituye por un deseo amoroso y sexual de regresar con José Maria, su "otra" mitad, la "más brasileña," la que lo completa. Cuando pierde a José Maria, Paulo Tavares encuentra a Brasil:

> Muitas francesas beijara nos seus vários anos de Europa... mas de nenhuma lhe ficaria na memória uma sensação de beijo igual à que recolhera um dia, no colégio, dos lábios de José Maria. Apenas ele lembrava de que no instante em que sua audácia de adolescente macho [...] agira sobre o inocente com aquela meia-violência, enquanto a boca do menino parecia receber o calor sensual da sua, sem repugnância, os olhos de José Maria fitaram o agressor com o assombro de quem não compreendesse aquela expressão de amor. Era como se os olhos fossem de uma pessoa e a boca de outra. (164)

La comunidad nacional se reformula desde este "texto de iniciación" del imaginario nacional que inagura el trayecto hacia la escritura. Por lo tanto, a partir de esas dos muertes, la de su amigo y la de su padre, Paulo redescubre la naturaleza y decide sumirse en la "totalidad", esta vez pidiendo a Dona Sinhá en matrimonio. Luego del rechazo de Dona Sinhá, a través de una carta escrita en francés, Paulo Tavares regresa a París (172).[75]

---

[75] Nótese la importancia del lenguaje de la carta en comparación con el uso del término *necking* en inglés en la escena del beso. Aquí el francés es una lengua fría, que separa, la lengua del exilio. La escritura epistolar pierde su "origen" subjetivo, desplaza y mueve el afecto. Sin embargo, el término *necking*, propio de la juventud norteamericana de los años cincuenta, crea una complicidad erótica, que describe a la perfección el acto amoroso entre los dos jóvenes.

Ambos jóvenes sustituyen y "pierden" la figura materna desplazando y deseando la del padre, lo que crea el deseo homoerótico en José Maria y el exilio en Paulo Tavares. El deseo por la madre y la marcada ausencia del padre se transforman en *saudade*/nostalgia y amor patrio. Esta *saudade* produce una subjetividad incompleta, ya que, como señala Daniel Gerber:

> Lejos de prometer la plenitud, el falo es marca de la castración que hace del viviente un sujeto deseante, exilado del ser por el significante que lo mantiene bajo la barra del signo. Exilio del ser sin retorno posible, con una sola alternativa: explorar nuevas tierras en el intento de reencontrar la patria que no puede sino perderse. El exilio del ser es otro nombre de lo que la represión primordial genera. Y el falo es el estigma de esta última, el sello de no retorno inscrito para siempre en el pasaporte; la marca indeleble que mortifica la carne expulsada del suelo natal cuando se convierte en cuerpo. (122)

Este exilio del ser, como entrada a lo simbólico, permite que Paulo Tavares escriba un libro en Europa. Esta escritura desde el exilio es una forma de buscar la totalidad perdida a través de la memoria. Se accede, entonces, a una memoria del cuerpo, que va inscribiendo, trazo a trazo, el exilio del sujeto. En el caso de Paulo Tavares, el exilio a Europa es un desplazamiento de su deseo sexual por José Maria –que es la causa de su abyección– pero también es una recreación de ese mismo amor que quiere reprimir. Si la escritura de sus memorias, de su amor, es la única forma de encontrarse en el exilio, aquí se entra de lleno en las complejidades de esa revelación.

El tema principal de *O Outro Amor do Dr. Paulo* (1976) es el viaje de Paulo Tavares al exilio y a la escritura. La novela narra la historia de Paulo Tavares en Europa y su amistad cercana con un grupo de exilados políticos brasileños, que pertenecen a la oligarquía nordestina y se han exilado por el advenimiento de la abolición de la esclavitud (1888). La historia abarca, aproximadamente, el período de 1880 hasta 1920, año de la muerte de Paulo Tavares. Aunque es un texto menos logrado, formal y estilísticamente, que *Dona Sinhá*, se centra, igualmente, en la descripción de modos sociales. La narrativa se mueve a partir del contraste continuo de la civilización europea del norte (Francia, Inglaterra, Alemania) frente a la civilización mediterránea, con la cual Paulo Tavares y sus acompañantes de viaje se identifican. Más adelante, y a través de la amistad con una familia brasileña en el exilio, Paulo Tavares se enamora de Maria Emília, una joven de clase alta, inteligente y culta que se convierte en su segundo amor. Este ideal aparece "masculinizado" en la narrativa, lo que permite la "masculinización" de la cultura como ideal estético y la creación de la fantasía del hombre femenino como eje creativo-histórico y temporal de la subjetividad.[76]

La primera parte de la novela se centra en una descripción detallada del deseo de Paulo Tavares por José Maria, que se mantiene tan intenso como en el pasado. La segunda parte de la novela es el viaje de Paulo Tavares, su novia y la familia de ella por Europa. En este viaje, muy similar a los del sujeto romántico, en los que se destaca el carácter nacional de las culturas, se propone una exaltación de lo propio frente a lo otro europeo, con una retórica fuertemente influenciada por la filosofía intuitiva de Bergson.[77] Se propone un triunfo de la intuición frente a la lógica, relacionado con la visión de un espacio geográfico "desordenado" –la realidad intuitiva frente al orden– y, de ese, modo se interpreta la nacionalidad brasileña. Luego de la visita a Brasil, motivada por la muerte de José Maria, Paulo Tavares se transforma en un ojo etnográfico. El deseo por José Maria no solo le ayuda a ver su país de otra manera, sino que le da una fuerza creativa. Paulo se convierte en analista de las nociones sobre la cultura y las recoge para la posible edición de un nuevo libro que se titularía: *Um Brasileiro na Grécia,* una comparación de Brasil con Europa. El ojo etnográfico de Paulo se vuelve un tipo de mirada fálica o "intelecto penetrante", donde la subjetividad del etnógrafo asume un papel deseante y agresivo, mientras que la disciplina etnográfica es el campo "femenizado", que se deja interpretar (Killick 78, 83-85). Lo que resulta interesante en esta escritura, y que se opondría al argumento alegórico de Killick, es que este ojo etnográfico también responde a las "narrativas de penetración europea", lo que problematiza aún más la situación del ojo que interpreta y el espacio que se deja interpretar (86). Esa nueva mirada quiere constituirse no solo desde una masculinidad "agresiva", sino también desde un lado femenino. Esto no la convierte en una mirada neutra ni "penetradora", sino en una mirada afectiva y afectada al mismo tiempo. Una percepción que, en lugar de quedarse en la superficie, busca ese conocimiento parcial de lo subjetivo y, como señala Kate Altork, provoca "un proceso

---

[76] Influida directamente por *The Americans* y *Portrait of a Lady* de Henry James, *O Outro Amor do Dr. Paulo* Freyre presenta a María Emília como una copia brasileña de Isabel Archer, la protagonista de *Portrait of a Lady* (1881). El análisis de Duco van Oostrum en su ensayo "Male Authors and Female Subjects" es muy útil para entender los cruces de género y la "masculinización" de los personajes femeninos.

[77] Henri Bergson fue un filósofo francés de los años veinte que influyó en las vanguardias europeas, especialmente en Francia. Su filosofía "intuitiva" muy influida por Freud y las corrientes artísticas de la época, presenta un mundo donde la intuición sicológica y corporal supera el orden lógico de las ciencias y la historia, un factor clave en la lectura freyriana del tiempo de la nación como construcción epistemológica de la memoria subjetiva.

profundamente subjetivo, muy afectado por la interacción de todos los sentidos" (115).

La mirada emotiva y deseante que crea el exilio –el amor por José María– se une con una parte agresiva, intelectualizada y penetrante. Esta nueva forma de mirar y de conocer, al no asumir dominios de verdad totalizadores, produce un "saber situado" (Haraway 183-202). Los saberes situados, según Haraway, se producen cuando el saber científico adquiere formas de verdad que no se construyen a partir de los paradigmas universalistas, sino en una posición distinta, "en los que el objeto del conocimiento se presenta como actor o agente, no como filtro ni recurso, ni como el esclavo que sirve al amo que cierra la dialéctica en su agencia y autoría única del conocimiento objetivo" (198). Este saber situado, como "saber femenino", requiere, según Haraway una posición autoreflexiva que deconstruya el saber científico como "saber universal".

El casamiento de Paulo con Maria Emília simboliza la incorporación de lo femenino a esa nueva mirada. No sorprende, entonces, que el nuevo proyecto, *Un Brasileiro Revê o Brasil,* sea un libro escrito a dos manos por Paulo y Maria Emília. Sin embargo, la muerte súbita de Maria Emília desplaza esa escritura incompleta hacia el lugar originario del deseo que es José María, con el fin de reparar una subjetividad dividida. De esta subjetividad surge la nueva visión del escritor, que es, más bien, un "rever" (redescubrir) de su posiblidad como sujeto de la temporalidad de la nación brasileña:

> De acordo com uma sua idéia já antiga, ver era bom; rever melhor. Revendo agora o Brasil, numa extensão da sua viagem anterior, já anos realizada, ele como que vinha verdadeiramente descobrendo uma terra e uma gente que sendo a sua, só poderia ser descoberta por um nativo com alguma coisa de estrangeiro nos seus modos de observar o *déjà vu.* (203)

De cierto modo, el regreso a la patria ya ha transformado la *saudade* en *déjà vu.* El narrador, Paulo, ve su propio país con una mirada aprendida en Europa pero que ya es la de un ojo crítico e intelectualizado. Esta mirada es una mirada aprendida, lo que sugiere que el deseo por la patria, o el amor patrio, no es una condición dada, sino que implica un desplazamiento. En este sentido, Paulo Tavares se educa en las formas de amor a la patria cuando besa a su amigo y huye de ese mismo deseo cuando se va a Europa: "Que se processara então em Paulo Tavares, tão respeitoso do amigo mais jovem? Passara a considerá-lo, sublimado um afeto ante outro, um irmão mais moço que não tivera e sempre desejara ter. Passou a amá-lo idealmente" (33). La escritura de este libro interrumpido es un acto de sustitución como lo es el exilio y el deseo. Aquí Freyre está siendo totalmente autobiográfico, ya que *Casa Grande e Senzala* (1933) se concibe en el exilio. Su viaje a Portugal como acompañante del gobernador Estácio Coimbra, luego de un incidente policial en el que su casa paterna fue saqueada, es el punto de partida del libro.[78] Ante la crisis política de los años treinta, *Casa Grande e Senzala* ofrece una alternativa de integración a nivel cultural (Chacon, *Gilberto Freyre*, "Como e porque escrevi..." 125). El relato de pérdida de lo propio a causa de lo político, hace que la escritura sea la única forma de conciliar la fragmentación del sujeto. Paulo, el personaje *alter ego* de Freyre, hace de su poder de interpretación una praxis de la memoria colectiva, en la que cuerpo, subjetividad y nación se enmarcan en una totalidad. El deseo sublimado por José Maria, forma parte de este relato del yo y de la posibilidad de la escritura.

El imaginario nacional se construye a partir de esta subjetividad a medias, que busca su totalidad. Por otro lado, Maria Emília, será el último afán de sustituir el amor del pasado, su fantasía del "hombre femenino". Por esta razón, y por la necesidad del narrador de construir una subjetividad cultural de control masculino, Maria Emília termina validándose como una "mujer masculina":

> Entretanto essas meninas criadas com tantos cuidados [...], quase sempre, achavam jeito de gozar de liberdades aparentemente só de meninos. Trepavam em árvores. Armavam arapucas para apanhar passarinhos. Montavam a cavalo. Viam a escondidas brigas de canários e até de galos. Tinham meios secretos de se afirmarem e serem um tanto livres. (56)

La masculinidad es la cualidad más destacada en esta construcción de un "eterno femenino" y es, también, lo que destaca a Maria Emília frente a las señoritas europeas de la época porque crea "um novo tipo de mulher [...] mais livre sob certos aspectos que a mulher européia", pero todavía bajo la representación de un orden masculino. Este orden desplaza el cuerpo femenino como abyección con el fin de integrar la fantasía del hombre femenino al mapa cultural y subjetivo de la nación.

La integración del hombre femenino parte de un cruce cultural entre las formas regionales (Brasil, Pernambuco) y los modos de vida artística en la Europa de mitad del siglo xx, los intercambios entre brasileños y europeos en un ambiente

---

[78] En este incidente policial, la casa de su padre, Alfredo Freyre, es saqueada e incendiada por agitadores políticos, opositores del gobierno de Estácio Coimbra, que representaba los intereses oligárquicos en Pernambuco. En este incendio, Freyre pierde la mitad de su biblioteca. Gilberto Freyre, que era jefe del gabinete del gobernador, se exila con Estácio Coimbra a Dacar y a Portugal. Vamireh Chacon hace un recuento detallado del hecho histórico en *Gilberto Freyre. Uma biografia intelectual*.

de bohemia, donde el chisme masculino y la atracción erótica o sexual abundan. Muchas de estas escenas fueron editadas por la censura; algunas por su contenido erótico y otras porque hacían referencia directa a personajes históricos de la época. Para fines de este trabajo, sólo incluyo las que se relacionan con la fantasía cultural del hombre femenino:

> Uma vez, em La Rotonde, [...] comentou-se a propósito do escândalo de Oscar Wilde, o amor de Diaghilev por Nijinski. Camargo me perguntou se conhecera a Emílio Cardoso Ayres, pintor brasileiro –"era de seu Pernambuco"– disse-me Camargo[...] Emílio era um narcisso. E o grande pavor dos narcissos é começarem a envelhecer. Pavor mais deles do que das mulheres. É que seu esplendor é muito curto. Camargo conhecera Emílio. Paulo também. Era um belo jovem com uns delicadíssimos pés e mãos de moça. Seu todo era mais de mulher que de rapaz. Andava de sapato de salto alto e de espelhino sempre na bolsa. Como pintor começava a impressionar Paris [...] Camargo lembrava-se de ter ouvido de Paulo –o antigo apaixonado do que antes, do adolescente filho de Dona Sinhá, lhe parecera uma beleza quase angélica e acima de qualquer canalhice– que, em um futuro não distante, se reconheceria nessa espécie de amor, não uma degradação do verdadeiro amor, mas uma sua variante *(O outro amor*, manuscrito inédito Livraria José Olympio).

En la novela se editan las últimas líneas que se refieren directamente al personaje de Paulo y al deseo homosexual:

> Camargo lembrava-se de ter ouvido de Paulo –o antigo apaixonado do que antes, no adolescente filho de Dona Sinhá, lhe parecera uma beleza quase angélica e acima de qualquer canalhice– que, em futuro não muito distante, se reconheceria em espécies de amor, então consideradas "malditas", não uma degradação do verdadeiro amor, mas umas suas variantes. (*O outro amor*, 189)

Nótese que en la primera cita se hace referencia directa a "esa especie de amor homosexual", mientras que en la segunda se habla de "variaciones de amor" que se consideran "malditas". En la primera cita la homosexualidad es una variante del amor, en la segunda es un deseo "maldito". A pesar de que raya en la caricatura, la caracterización afeminada del homosexual explora lo sicológico –"era um narcisso"– y lo creativo –"Como pintor começava a impressionar Paris"– para ofrecer una visión subjetiva del artista. La alusión a Oscar Wilde, remite a este cruce entre la creatividad artística y la homosexualidad que no se reprime y actúa abiertamente, "en público". París como ciudad cosmopolita se erotiza, ofreciéndose "públicamente" al artista. Mientras, la defensa de la homosexualidad como "otra especie de amor" alude directamente a la sublimación del deseo de Paulo por José María y a su fantasía erótica.

Al final de la novela esta fantasía del hombre femenino vuelve a ser una motivación subjetiva de gran importancia en la vida de Paulo, ya que éste se enamora platónicamente de Diaghilev. Este personaje histórico, un ruso que produjo muchas de las presentaciones de ballet en el París de principios de siglo, comenzó, según el narrador, "uma renovação dos tradicionais ballets [...] sacolejando o mundo inteiro com uma nova expressão de arte". Paulo construye su atracción por Diaghilev a través de un rumor: "Dizia-se que os jovens que transformava en grandes bailarinos, os transformava em amantes como se fossem mulheres. Bissexual" (229). La relación de Paulo Tavares con Diaghilev es una alegoría que remite a la correspondencia entre el arte, el deseo homoerótico y la sexualidad. De un modo significativo, la novela termina con un ballet brasileño, que como ballet "otro", reelabora una estética del arte distinta, que se proyecta hacia el futuro: "Um ballet com dançarinas de todas as cores. Brancas, pardas, negras e morenas" (241-2). Aunque Paulo Tavares muere en 1920, el hecho de que este final alegórico se ubique en forma paralela al momento del diálogo que cierra la narrativa, en 1937, es un factor clave, ya que ese es el año en que Getúlio Vargas, el dictador brasileño, inagura el Estado Novo.[79] Mientras Brasil celebra, con un baile alegórico y estético, la completez de su deseo en la figura del dictador Getúlio Vargas, Paulo Tavares, como el *álter ego* freyriano presenta de un modo paradójico la condición del escritor nacional. El escritor es aquel que escribe la nación desde los márgenes y el exilio –de la política, de la nación– pero, al mismo tiempo, utiliza su deseo por el otro para entender su propia totalidad. De forma paradójica, también, esa totalidad es la que describe la ideología formativa de la nación. Esta fusión totalizadora solo se

---

[79] En ese sentido, la descripción del Estado Novo, como un sistema que niveló los intereses políticos y culturales de la nación brasileña resume la idea central de este pasaje. El equilibrio final del ballet femenino y las fuerzas del deseo masculino se fusionan en la figura del Jefe Mayor del Estado populista, como figura del Padre. Esta cita, recogida por Mônica Pimenta Velloso, resume la visión intelectual de Freyre sobre los primeros años de Vargas: "A originalidade do regime é personificada na figura de Vargas, que encarna e concretiza os 'desejos' do povo ... sua maior originalidade consiste no fato de ter sido previsto por um homem que teve a coragem de proclamá-lo dando-lhe corpo. Na realidade ele já existia no íntimo de cada um, na alma mesma da Nação como um desejo latente e impossível (84, énfasis en el original). Resulta interesante que la imagen del ballet mestizo, relacionada también con la producción de Diaghilev de la pieza de Stravinsky, bailada por el ruso Nijiski, es el tema central de la última novela de Alejo Carpentier, *La consagración de la primavera*. No se sabe si Carpentier toma la idea de Freyre o si la temática del ballet cultural como fuerza política es un tópico que se repite en los dos autores.

convierte en posibilidad desde ese hombre femenino, que se erige como fantasía erótica. Desde esta fantasía cultural se inscribe el imaginario de la escritura y la subjetividad en Gilberto Freyre.

3. SUBJETIVIDAD CULTURAL Y REPRESENTACIÓN

> E. homem fantasiado de mulher que, à sombra de tal fantasia freudianamente significativa, não se exagere ou em remelexo de corpo ou em acréscimo artificial às próprias formas para ostentá-las como sua maior identificação com uma desejada figura de mulher?
>
> —Gilberto Freyre, *Modos de homem e modas de mulher*

Si se quiere entender el "síntoma" propio de la escritura freyriana habría que buscarlo en la transposición de los discursos de raza, género y sexualidad, que se manipulan con la intención de construir una subjetividad cultural nacional "no contaminada", forjada por alianzas masculinas. La nación brasileña en las narrativas de Freyre se constituye desde el carácter performativo del género y de la escritura de la nación (Bhabha, "DissemiNation" 299). El cuerpo del hombre femenino, que origina el deseo homoerótico sublimado en la figura del escritor, Paulo, es la fuerza creadora de un espacio liminal del lenguaje y la visión del exilio; lo que inaugura una perspectiva nueva, que abarca la totalidad porque "observa" y "siente" de un modo intuitivo. Por consiguiente, el nacionalismo se convierte en una búsqueda constante de equilibrio.

Freyre refleja que las cualidades subjetivas, que conforman el amor nacional, son tan frágiles como las de la masculinidad, ya que se construyen a partir de un desplazamiento y de la búsqueda constante de la aprobación del otro. Así, el género se presenta como una categoría de identidad, que, como señala Judith Butler, "es una identidad que se constituye tenuemente en el tiempo, instituida en un espacio exterior a través de la estilizada repetición de sus actos" (*Gender Trouble* 140). Como ha visto Homi K. Bhabha, la masculinidad como posición enunciativa, crea un género de escritura socio-histórica y, al mismo tiempo, crea un género cultural (Bhabha, "Are you?..." 58). La ausencia del padre revela otro tipo de ansiedad compartida, la del *amor patriae*: "la identificación, naturalista y fálica con el servicio a la nación" (59).

En la escritura freyriana, la nación se consolida a través de este amor fálico, mientras que su deseo por la figura del Padre es una forma de identificación que se va desplazando continuamente. Esta "periferia fálica" divide el amor nacional.

el sujeto nacional se funda, entonces, en el trazo de la presencia –ausente del padre, en el presente del espejo, mientras que la "sobre" presencia de la madre es suplemental y está marcada por la sombra inmanente del Padre, aunque se mantiene claramente en los límites de la visión subjetiva. (Bhabha, "Are you?... 60)

La ansiedad va construyendo la subjetividad nacional como un orden discursivo, que se encuentra siempre en el borde de la identidad y de la representación (60). La raza y la homosexualidad reprimida se convierten, paradójicamente, en los registros de abyección del imaginario nacional brasileño. Este discurso racial, asociado con las visiones arquetípicas de los personajes femeninos y los mitos matriarcales de la religión yoruba –como Inácia, Iemanjá, el mar– se asocia directamente con lo homoerótico, originando una serie de significantes asociados con el cuerpo y la sexualidad. La fuerza fálica de lo femenino, como una cualidad que se desplaza, aparece encarnada en la figura de la madre, Dona Sinhá, que es un poder controlador y desviado que, finalmente, se borra como lugar de deseo y como cuerpo reproductor. Aunque Paulo desea casarse con Dona Sinhá, lo que esto representa es una sustitución breve de su amor erótico por José Maria. Por otro lado, en el personaje de la nana negra se figura el centro del origen, en la vuelta a lo africano a través del lenguaje; pero, también, el lugar del sexo, como centro de la ambivalencia y del horror de la representación. En ese sentido, como han visto Julio Ramos y Ann L. Stoler, entre otros, el cuerpo de la nana negra es una figura del borde mismo de la representación porque en ella se entremezclan la raza y la sexualidad. Aunque lo femenino se manipula para consolidar un "nuevo patriarcado", que sustituya el viejo poder patriarcal, Freyre siente nostalgia por ese Padre ausente. Aun en las fantasías de las "mujeres fuertes", como Inácia, Dona Sinhá y Maria Emília, el narrador mantiene el control total de la representación.

El hecho de que Paulo, su *álter ego*, haya logrado construir la realidad brasileña con otra mirada –la mirada del exilio– produce el imaginario nacional y le proporciona, a través de su nueva subjetividad, otras formas de poder social. En este viaje a su interior, Freyre traza un mapa epistemológico, que combina la mirada privilegiada del investigador-etnógrafo con la intención de crear una nueva hermandad nacional, una "masculinidad estética." En la trayectoria hacia su propia subjetividad, Freyre utiliza la ficción para definir su proyecto científico. El libro interrumpido de Paulo, esa interpretación del Brasil que no llega a completarse, es *Casa Grande e Senzala*, un texto cuyo proyecto sociológico no presenta conclusiones objetivas, sino que se encuentra cruzado por la ficción, por la memoria autobiográfica y por las historias de los otros que construyen la figura del narrador.

El libro interrumpido de Paulo Tavares-Maria Emília, se figura, al igual que *Casa Grande e Senzala,* en el exilio, buscando la "totalidad" en la escritura misma. De ese modo, la ficción y la escritura etnográfica se entrecruzan, tejiendo varios textos en diálogo y desplazamiento, cuya concepción "afectada" crea un mapa del sujeto que escribe como un exilado de su historia y de sí mismo.

El deseo por el otro, José Maria, es el instante fundador del exilio. Se inaugura, por consiguiente, un lenguaje incompleto, en el que las continuas migraciones de sujetos y lenguajes producen un texto transculturado. ¿Cómo entender esas transformaciones continuas en el lenguaje de esos otros? ¿Cómo asimilarlas para producir una definición "homogénea" y "fija" de la cultura nacional? En el travestismo cultural, el perfil psicológico, moral y corporal del otro define las formaciones de la cultura. La escritura como máscara reproduce los vacíos y discontinuidades de estas formaciones.

Capítulo V

Raza, género y socialización:
para leer el carnaval en Fernando Ortiz

> Diríase que en estas tierras que el sol caldea,
> padecemos de la enfermedad del sueño, la del
> sueño más terrible, la del sueño de las almas.
> —Fernando Ortiz, "Al dormido lector". *Entre*
> *cubanos. (Psicología tropical).*

> Miedo. Desolación. Asfixia. Todo
> duerme aquí sofocado
> —Luis Palés Matos, "Topografía"

> El negro y el blanco se sienten extraños entre
> sí. Pero no solo por el color, que los separa,
> sino por todo lo demás humano que los une y
> los identifica. Nuestra crisis actual de hombres
> no reconoce otro origen. El trópico, en síntesis,
> no es propicio para el desenvolvimiento de la
> personalidad.
> —José A. Ramos, "Cubanidad y mestizaje"

1. Sicología tropical

En 1913, Fernando Ortiz publica un pequeño volumen de ensayos que resulta clave para la interpretación de la complejidad y la totalidad de su obra. El texto, sugerentemente titulado *Entre cubanos. (Psicología tropical)*, es un llamado de alerta a la conciencia del "soñoliento hijo de los trópicos", que "aún duerme al borde del camino de la vida".[80] El tono de los ensayos que, utilizando el término de Roberto González Echevarría, puede definirse como "magisterial" (*The Voice of the Masters*

---

[80] Esta colección de ensayos retrata el ambiente político y social de Cuba durante la primera república (1902). La Enmienda Platt, que contemplaba a Cuba como un protectorado de los Estados Unidos, arruinó las industrias locales y dio prioridad a la industria cañera. El determinismo climatológico como factor de atraso de la civilización era un tema que estaba muy en boga por esos años y que provenía, particularmente, de las lecturas de la escuela evolutiva inglesa, específicamente, de los trabajos de Herbert Spencer. La modorra colonial, asociada con la psicología del hombre del trópico, estará presente en la obra de muchos escritores e intelectuales caribeños y se extenderá hasta los cincuenta. Un ejemplo significativo en el caso puertorriqueño lo sería la poesía de Luis Palés Matos. Juan G. Gelpí ha analizado

21), tiene sin embargo una peculiaridad interesante. Por un lado, Ortiz continúa con el tono sicologizante y determinista de sus dos ensayos anteriores del ciclo del "hampa afrocubana", *Los negros esclavos* (1903) y *Los negros brujos* (1906). Por otro lado, en varios de estos ensayos, utiliza su análisis sobre la sique de las poblaciones negras para reestructurar su teoría de lo que constituirá la sique de lo cubano. Muchas de las características sicológicas que Ortiz atribuye a la modorra colonial se asocian con la falta de educación y progreso de las "masas", especialmente, las poblaciones negras. Este "perfil de atraso social" describe el choteo como "esa desgracia criolla", y presenta un desgano frente al trabajo intelectual, que describe como " bobería" ("No seas bobo" 17-20). Igualmente, las "supervivencias africanas", como el ñañiguismo, contribuyen a ese estado de "parasitismo social", en el que "los troncos de nuestra cultura [la cubana] se encuentran resquebrajados y entierran sus raíces en un charco pestilente sumida en la negrura más espantosa" ("Supervivencias africanas" 121).

De estas "supervivencias africanas" que se adaptaron a la sociedad urbana del siglo pasado, Ortiz destaca al negro curro que, aunque es "un fósil que ya no existe en la sociedad cubana", colabora con este perfil de atraso síquico del cubano. Del curro se destaca su "jerga oral", su "agresividad" y su "exhibicionismo", actitudes pícaras propias del "choteo" que Ortiz critica abiertamente. Así, se establece una relación directa entre la mezcla racial, la modorra colonial y el sujeto masculino negro. El deseo de forjar una síntesis sicológica, para descifrar el "alma" de lo cubano, parte de la preocupación por entender las prácticas populares africanas y, a su vez, socializar a este sujeto masculino negro, ya que de África "se importaron instrumentos musicales, adornos y modas de indumentaria". Sin embargo, también hay un influjo en su "corrupción sexual y una contribución notable a la jerga popular" ("Las supervivencias africanas en Cuba" 153). Aunque en ese mismo ensayo se advierte la preocupación de Ortiz por la cultura negra, ya que "los trece mil negros que hay en Cuba se extinguirán", este llamado se complementa con otra preocupación constante: la cuestión nacional y la heterogeneidad racial.

---

los matices de este discurso criollista que relaciona el cuerpo, desde Antonio S. Pedreira hasta René Marqués. En la década del treinta en Cuba, dos ejemplos significativos serían, aparte de Carpentier y la poesía negrista, la novela de José A. Ramos, *Caniquí* (1936), y el ensayo de Jorge Mañach *Indagación del choteo* (1928). En el caso cubano, se añade a la retórica paternalista y cívica del republicanismo, un tono crítico de denuncia a la injerencia estadounidense que corresponde a lo que Rafael Rojas ha descrito, en una ponencia reciente, como los "ciclos de integración y de desintegración" en el discurso historiográfico-literario en Cuba que señala un tipo de discurso del nacionalismo que se ha transformado con la literatura de la diáspora. Ver "Diáspora y literatura".

En "El dedo en la llaga", Ortiz plantea el siguiente problema: "¿cómo crear un lenguaje propio de la nacionalidad desde diversos troncos étnicos?" (190). Esta pregunta resume el dilema que enfrenta la escritura orticiana, en su intento de entender el alma de lo cubano: para entender lo cubano hay que entender lo africano como un aporte significativo, lo que implica incorporarlo como un cuerpo orgánico y trascendente de la cultura cubana. ¿Cúales son los pasos fundamentales en la integración de lo negro en la etnografía de Ortiz? ¿Cómo transformar "su visión positivista" de la sociedad cubana en una "visión positiva" de lo negro?

La trayectoria de la visión de lo negro y lo africano en la escritura de Fernando Ortiz, se centra en los tres factores fundamentales de esta integración: el cuerpo del negro y del mulato como factor no asimilado, que corresponde a su primera fase criminológica; la socialización del negro y su disciplina como moral masculina; y, finalmente, el enigma de la identidad como el lugar de la escritura. Podría afirmarse entonces, que en mucha de su obra la representación del sujeto masculino negro – su socialización textual– recontextualiza la cuestión de la nacionalidad cubana.

En *Los negros brujos* (1906), *Contrapunteo cubano del tabaco y el azúcar* (1940), *Los negros curros* (1909, 1981) y *Los bailes y el teatro de los negros en el folklore de Cuba* (1951) la ley social y textual se transforman en una visión de lo mágico y lo carnavalesco que manipula la raza, el género y la sexualidad. Siguiendo el movimiento del "contrapunteo" entre lo masculino y lo femenino para representar la sociedad cubana, Ortiz describe varios tipos masculinos: el negro brujo (Bocú), el jugador de maní, el negro curro y los diablitos ñáñigos de las comparsas de carnaval. Una mirada a la representación de estos tipos masculinos permite trazar un modelo de socialización, subordinación e identificación con lo representado. En Ortiz, el travestismo cultural se presenta también como un eje de representación de la masculinidad y de la manipulación de lo femenino. A diferencia de Freyre, Ortiz no trata el tema homosexual, pero busca consolidar un espacio homosocial masculino. Para Ortiz, lo femenino también es una condición esencial para la alianza entre hombres y para describir la cultura. Sin embargo, a pesar de que lo femenino adquiere una serie de referentes creadores, se forma a través de una serie de significantes de atracción-repulsión.

La identidad dentro de este espacio carnavalesco se articula a través de la figura del cocorícamo, un diablito ñáñigo, en cuya representación se mezclan varios elementos: brujería, magia, algo feo, algo atractivo, repulsivo y, finalmente, "que no se sabe lo que es" ("El cocorícamo..." 289-312; *Glosario* 115-6). La presencia de los diablitos ñáñigos resalta la importancia de la religión abakuá como una secta masculina, que se organiza a partir del tabú de lo femenino y el cocorícamo de Ortiz tiene una relación directa con esta percepción de lo femenino. En otras palabras, la organización de esta narrativa se hace a partir de la feminizaciónorigen y se va dirigiendo progresivamente hacia un orden más estructurado: el de la "masculinidad socializada". El cuerpo del criminal y el ñáñigo, racializado y sexualizado, pasa a formar parte del cuerpo del origen. Por consiguiente, "escribir sobre ese cuerpo" es también socializarlo.

Los ensayos de *Psicología tropical* reflejan esta doble articulación en la escritura de Ortiz. Por un lado, aluden al deseo de crear un lenguaje sico-social de lo cubano, que transforme las costumbres africanas en un espacio socializado y asimiliable de "cultura" y hermandad social; y, por otro, a la marca que sigue dejando este sujeto masculino negro, con su sique "infantil", su sexualidad y su corrupción, que lo hacen un hombre incompleto, al que hay que dirigir, disciplinar y socializar. Dentro de ese cuadro pesimista, estos ensayos buscan describir dichos "males" con la intención de limpiar la llaga del atraso y el síntoma colonial para sustituirla por las luces y la civilización. La cultura ciudadana, que Ortiz describe como "viril", "cívica" e "iluminadora", es la que logrará esta limpieza: "Tengamos más constancia en el trabajo, más fe en el triunfo, más virilidad en la ideación y menos afeminamiento en la crítica" ("La librería cubana" 52). Este llamado, que para Ortiz es "la cultura cívica de la varonía", se funda en el concepto de la verdad y la moral social.

Ortiz se hace eco de las palabras del filósofo cubano José de la Luz y Caballero: "Solo la verdad nos pondrá la toga viril"; el progreso civilizador no es el de la técnica sino el de la cultura social y la disciplina ("Universidad popular" 58). El deber del escritor es, por tanto, forjar esa nueva disciplina y dirigir ese proceso con coherencia (42). La escritura es el modo de crear cultura social y de construir una "verdad" que dirija y organice la nación. Para socializar a estos sujetos masculinos negros hay que "dirigirlos" y crearles una "conciencia viril", que deje fuera todo tipo de "afeminamiento" civil, atavismo y corrupción sexual y que los eduque en la virtud del amor fraternal. Solo así se podrá resolver, con las "luces" del amor fraternal, la sombra de extrañeza que crea la separación entre las razas y que produce "la crisis actual de hombres", que describen los intelectuales cubanos (José A. Ramos "Cubanidad y mestizaje"). La relación directa entre raza, masculinidad y escritura será el punto de partida para trazar el mapa de la subjetividad y formular la pregunta sobre la identidad de lo cubano.

Mientras que las descripciones del carnaval conjuran un poder sobrenatural, que re-produce cuerpos animalescos, de sexualidades andróginas y "bestiales", lo que Ortiz llama "seres de otro mundo", la escritura va construyendo, paradójicamente, una trascendencia de ese espacio del cuerpo. En otras palabras, la "magia" de estos diablitos carnavalescos pasa, por medio del travestismo cultural, a la escritura para producir un sujeto en "trance", que accede a un lugar más allá del cuerpo o fuera del cuerpo. En este trance tanto el cuerpo como el espíritu están en constante transformación. La cultura es también un "trance doloroso de *transculturación*" (90). En ese sentido, la *transculturación* se define como un estado transitorio y físicamente doloroso (orgánico), de los ajustes de poder que tienen que hacer las culturas blancas y negras ante la violencia de su circunstancia. Esta visión sugiere una escritura cambiante, progresiva e intensa, que adquiere las virtudes positivas y negativas de estar en contacto con el cuerpo y al mismo tiempo "estar en trance" o "salirse fuera de sí" (90). La escritura en Ortiz adquiere estas características, ya que trata de transmitir la palabra del otro y de transformarse en voz, gesto y actos, convirtiéndose, así, en un canal activo y pasivo al mismo tiempo. La narrativa alude, pues, a la necesidad de "conciliar religión y ciencia, que estaba a tono con las corrientes evolutivas de su pensamiento y con su interés de conciliar las discontinuidades de espacio y tiempo en la sociedad cubana" (Díaz Quiñones, "Fernando Ortiz...").[81] Sin embargo, hay un tipo de éxtasis o abandono en el que se localiza la paradoja principal de lo que Ortiz mismo llama la "mística afrocubana." En este éxtasis, la relación con el cuerpo se da de formas contradictorias. Si, por un lado, se quiere disciplinar el cuerpo, salirse de él y crear un tipo de "moral socializante", por otro, hay una atracción inevitable hacia ese mismo cuerpo que causa horror y que posee: "una profunda voluptuosidad de todos los sentidos, no sólo erótica, sino en la aventura de una plenaria vitalidad de abandono y de superación" ("La religión..." 165). Las religiones populares de origen africano inauguran ese binomio del horror-atracción como la condición creativa principal del sujeto de la escritura. En ese sentido, hay una fuerza femenina en la creación literaria que se manipula, como en el caso de Freyre, para consolidar alianzas masculinas.[82]

En las narrativas culturales de Ortiz la descripción de la sociedad cubana actúa como un laboratorio social para detectar los ejes de poder que mediatizan las relaciones del blanco con el otro negro o mulato. La escritura de Ortiz busca no

---

[81] Además de las corrientes espiritualistas de su obra, que, como señala Díaz Quiñones, son el marco interpretativo de su idea del progreso, Ortiz está influenciado por las obras de varios filósofos cubanos como el Padre Félix Varela y Morales (1787-1853) y José Cipriano de la Luz y Caballero (1800-1862), que hicieron sus propios esquemas sobre la relación espacio-tiempo en la sociedad cubana. En relación al espiritismo parto de los trabajos de José Millet y la colección de oraciones de Allan Kardec.

[82] Para Ortiz, este cuerpo femenino también puede ser sexual, como en la figura de la mulata: "María Belén quiere a su hombre en el presente para que le clave la cruz del sexo en la carne y para el sacro goce del amor fecundo que eterniza la creación de Dios [...] la vida aún siendo de goces fugaces le parece apetecible [...] La mística afrocubana es siempre creadora o procreadora" ("La religión", 166-8).

solo situar a estos sujetos en espacios donde produzcan cultura, sino "socializarlos", trazar un mapa de sujeto, en palabras de Foucault, y pulir sus excesivos movimientos corporales, sus contactos y su jerga oral.[83] En *El contrapunteo*, *Los negros curros* y *Los bailes y el teatro de los negros en el folklore de Cuba*, el ojo etnográfico sale a la calle y se mezcla en ese "ajiaco" de cultura, que es el festival callejero y el carnaval. Como espectador, crea los límites del "cuerpo otro" para incorporarlo al árbol de cultura fuerte y viril, que José Martí define como la cultura cubana. Este mapa de sujeto traza un perfil que va describiendo los problemas del amor homosocial en la criminalidad atávica del brujo, la violencia del jugador de maní y la gestualidad física del curro, que concluye con el hueco sobrenatural de los diablitos ñáñigos. Por consiguiente, los retos mayores de esta escritura serán situar los límites de ese "cuerpo otro" en transformación y desplazamiento constantes y producir una síntesis trascendente de esa misma heterogeneidad. El intento socializador de esta escritura es un eje que se va transformando desde el sujeto más antisocial, el brujo, hasta el ñáñigo de las comparsas de carnaval.

El contraste de conceptos como "gesto", "jerga", "ley", y "mímica" revelan una serie de contradicciones de orden discursivo y textual en el negro brujo Bocú, el jugador de maní y el negro curro. Del tipo "brujo" o criminal al carnavalesco, Ortiz pasa por una serie de transformaciones, o lo que él mismo llama "fases de integración racial", que darán paso a su visión sincrética y celebratoria del carnaval. Estas cinco fases: la hostil, la transigente, la adaptativa, la reivindicadora y la integrativa, han sido parte de la trayectoria investigativa de Ortiz, ya que, como él mismo admite, "han sido sentidas por mí, claramente y en lo vivo, en los contactos con mis compatriotas de color durante los cuarenta años transcurridos desde mis primeros estudios afrocubanos: desde la hostilidad y la desconfianza, hasta la transigencia y al fin, la cooperación". Como se verá más adelante, en la última fase, "la del mañana que ya alborea", Ortiz situará, indirectamente, la síntesis celebratoria del espacio del carnaval ("Por la integración" 181-91). El carnaval es el tiempo y lugar en que se manipulan el género y la sexualidad para dar origen a la escritura.

---

[83] En ese sentido, puede pensarse que la presencia de novelas cubanas, como *Cecilia Valdés* (1883) de Villaverde, o *Francisco, El ingenio o las delicias del campo* (1880) de Anselmo Suárez y Romero, en un texto anterior de Fernando Ortiz, como *Los negros esclavos* (1906), busca incorporar, por medio de la literatura, esos modos o hablas populares, ese carco masculino, esa vestimenta popular. Como señalan Pedro Barreda, Vera M. Kutzinski, William Luis, y Lorna V. Williams entre otros, ya desde las primeras novelas románticas cubanas, el personaje negro y mulato se usará como símbolo para la discusión de la escritura y la personalidad nacional.

El *Contrapunteo* también se puede leer como texto carnavalesco y de "desafío", que organiza una moral social masculina. Las contribuciones de las culturas africanas como la poesía, el teatro, el baile y la música vienen del alma africana y se describen como aspectos intuitivos "femeninos" o "mana". En este espacio sincrético las figuras de los diablitos ñáñigos, o "seres" de otro mundo, articulan una visión filosófica de la escritura en la que la teatralidad y el carnaval son el foco principal. Los diablitos, como identidades travestidas de raza, género y sexualidad, serán el punto de partida para entender el cocorícamo como una visión conflictiva de la identidad y del sujeto de la escritura. La máscara y el disfraz inauguran, pues, esta postura de sujeto, ligado con su entorno, que desempeña una función representativa y alegórica: "También el propio enmascarado, cuando se reviste del disfraz y la careta alegórica y, en medio de la solemnidad ritual, desempeña su sacra función, experimenta cierta transfiguración emocional" (*Los bailes* 437). Esta transfiguración emocional del sujeto de la escritura se relaciona directamente, por medio del travestismo cultural, con la sexualidad andrógina y sagrada de algunos de estos diablitos, por ejemplo el Kulona o el cocorioco.

La escritura parece ser el único lugar de alianzas posibles y de consolidación de un espacio homosocial, ya que se vuelve a esta melancolía de la identificación frente al horror que causa el cuerpo y la sexualidad del otro (Butler, "Melancholy" 21-36). Paradójicamente, es este horror el que produce la virtud contradictoria del travestismo cultural en Ortiz. El sujeto, perdido en el hueco de la identidad, se sitúa en un tipo de "saber parcial" donde no se aspira a una verdad totalizante y objetiva, sino que privilegia un discurso, en el que, como señala Donna Haraway, "El yo cognoscente es parcial en todas sus formas, siempre incompleto, simple y original; siempre se construye y se une en puntadas imperfectas; por esto se puede unir a otro, para ver con el otro sin reclamar ser otro de singularidad" (193). Esta unión imperfecta y asimétrica con el otro sólo surge para construir posiciones subjetivas que sugieren lo incompleto de ese mismo sujeto, cuestionando, así, el propio origen de la identidad.

2. De la criminología al espíritu de las culturas

> el mal mayor de nuestra cultura, el predominio
> excesivo de lo masculino.
> —Alfred Adler, *Masculinities*

> La ciencia, guía a menudo vacilante pero única
> de la mente, prueba que los hombres por la
> original progenie y por la esencia del ánimo,

169

> negros y blancos somos todos iguales [...] por
> ser todos nacidos de la entraña de una misma
> bestialidad y ya elevados evolutivamente al
> decoro erecto de hombres, por el esfuerzo
> propio y la mutua cooperación.
> —Fernando Ortiz, "La religión en la poesía
> mulata"

Existen tres sujetos "antisociales" o "criminales" en la ensayística de Ortiz: el negro brujo visto principalmente en la figura de José Domingo Bocourt (o Bocú, como lo llama Ortiz); el jugador de maní, un hombre agresivo que se asocia a las costumbres populares africanas; y el negro curro, un sujeto que de hampón se transforma en un personaje carnavalesco. La trayectoria evolutiva que se mantiene en la representación de estos tres sujetos, no solo forma parte de la sique del criminal o del cubano de la masa, sino que también escribe el acceso futuro que tendrán, como cuerpos alegóricos de la cubanía en formación, a las luces o a la civilización. Esta representación trazará pues un mapa de socialización, que va desde el sujeto "menos asimilable y agresivo", el brujo, hasta el "curro de carnaval", que se convertirá en un personaje menos agresivo y más fácil de disciplinar. Aunque aquí el espacio sincrético de la escritura solo accederá a una síntesis "mágica" en el carnaval, el curro puede verse como un personaje "de transición" y también como un sujeto que pertenece a los dos mundos: el hampa y el carnaval.

En la fase criminológica del ensayo *Los negros brujos* (1906), Ortiz iniciará muchos de los temas y modos representativos que aparecerán en textos posteriores, como *Los negros curros* (1909, 1981) y el tardío volumen sobre *Los bailes y el teatro en el folklore de los negros en Cuba* (1951). Como ha sugerido mucha de su crítica, es posible que la escritura de estos textos haya sido simultánea, lo que refleja la preocupación de Ortiz por estos temas, especialmente, por el del cuerpo masculino delincuente.[84] La intención socializante de la representación busca crear una nueva visión de lo masculino, un nuevo tipo de moral cívica "viril". Esta nueva moral será una reformulación de viejos patrones de hombría considerados antisociales, como el machismo, la agresividad o la violencia. Los tipos masculinos señalados anteriormente son sujetos con una hombría a medias o, muchas veces, teatralizada y exagerada, que demuestran, como ha señalado Rafael Ramírez, que la

---

[84] Mucha de la crítica sobre Ortiz reconoce que éste escribía sus ensayos en forma simultánea a partir de anotaciones sobre temas diversos y generales que le interesaban. Ver los trabajos de Jorge Ibarra; Diana Iznaga; Isaac Barreal; y los ensayos de Fernando Coronil, Julio Le-Riverend y Gustavo Pérez Firmat, citados anteriormente.

masculinidad es un discurso que "se hace" de un modo frágil como un espacio que tiene que "negociarse" constantemente en los modos sociales (15-6). En esta relación de hombría-subjetividad, la masculinidad actúa simúltaneamente como un lugar desde el cual se marca la diferencia frente al otro y como espacio definitorio del cuerpo, la personalidad y la cultura (Conell 71).

Partiendo de esta "virtud cívica de la varonía", como diría Ortiz, se reformulan las categorías de lo femenino que se asociarán, en algunos casos, con las culturas populares africanas y, en otros, con el "cocorícamo" como categoría de monstruosidad-abyección-atracción. El orden semiótico que organiza la representación del negro brujo, el jugador de maní y el negro curro, también se nutre de estos dos fundamentos: lo masculino, como virtud social y moral, y lo femenino, como seducción. La representación de estos tipos populares manifiesta un interés por socializar y crear una nueva hombría, mientras que, al mismo tiempo, mantiene una atracción seductora, contradictoria y *voyeur* frente al otro. Esta visión tiene un carácter sexual y desafiante frente al "otro *voyeur*", el lector. En *Los negros brujos*, la escritura expone las llagas de las enfermedades sociales:

> Así como los erotómanos hallan en la contemplación de las figuras ilustrativas de los científicos tratados de anatomía descriptiva, un incentivo para sus aberraciones sexuales [...] así hay individuos que buscan en los libros acerca de la mala vida, una fuente de nuevos excitantes para sus vicios, y otros que no resisten su lectura sin sentirse asqueados de la gangrena puesta en ellos al descubierto. (4)

Esta noción orgánica y positivista de la sociedad también educa la psicología perversa del lector, haciendo, tanto de la lectura, como de la escritura, una actividad de conocimiento, solitaria y masturbatoria (Barthes, *El placer del texto*). Metafóricamente, el autor se aprovecha de las debilidades del lector para hacerle ver su propio mal en el espejo de la letra y curarlo (Derrida, "La farmacia de Platón"). Aquí, el sujeto *voyeur*, como en la novela de Freyre, también se amplía, sugiriendo una doble mirada, o una doble lectura, llena de sugerencias y posibilidades. El lector se marca desde su vicio y entra al juego de miradas cruzadas del sujeto masculino negro que se está representando. En *Los negros brujos*, la curiosidad ante este sujeto masculino se formará a partir de varios paradigmas contradictorios y ambivalentes: atavismo-intelectualismo, jerga-lengua nacional, mímica-cultura, sexualidad- erotismo, agresividad-simpatía y carnaval-ley, entre otros. Este orden semiótico puede verse como un contrapunteo en el que el tratamiento de cada concepto se desplaza hacia el otro y viceversa. Junto con dicho desplazamiento, cada uno de estos paradigmas asegurará una serie de significantes distintos. La escritura se irá abriendo a lo que será la formulación del enigma en la atmósfera del carnaval y su concepción del mundo al revés. En la fase criminológica, a la que pertenecen de un modo ambivalente estos tres personajes, se comienza a reformular este sistema de significantes, cuyo fin será organizar un lenguaje para escribir la cultura cubana.

Dentro del lenguaje de la cubanía hay muchas "jergas" que hay que socializar. Entre ellas se destaca lo que Ortiz llama la "jerga bruja", uno de los aspectos más importantes de la representación del negro brujo.[85] Según Ortiz, si la "jerga bruja" hubiera sido accesible se hubiera evitado el asesinato de la niña Zoila. Será, entonces, desde la relación jerga-escritura y crimen que Ortiz narra su caso. He aquí los pormenores de este hecho histórico y de la elaboración "amarillista" que hace Ortiz: a un hombre negro, llamado Domingo Bocourt, a quien Ortiz llama Bocú, se le acusa de un crimen famoso en La Habana, el asesinato de la niña Zoila. Sobre el motivo, Ortiz parafrasea las notas periodísticas y judiciales del caso: "porque necesitaba para un brujo, el corazón de una niña blanca" (120). Ortiz reconstruye este asesinato como parte del perfil del criminal amoral, una de las elaboraciones sociológicas más significativas de su ensayo. Con este fin, arma su argumento con los reportajes que se escribieron del caso en la prensa amarillista de la época.[86] La subjetividad con que Ortiz reconstruye la muerte de la niña Zoila se debate, sin embargo, entre el cientificismo positivista y la fascinación literaria que le despierta el caso:

> Unos brujos, para curar cierta dolencia, convinieron que era necesario el corazón de una niña blanca. La niña fue buscada y asesinada. Poco importaba al brujo que el corazón salvador fuese de tal o cual niña, bastaba que fuese blanca. Su

---

[85] Utilizo la palabra "brujo" porque es la que usaba Ortiz alrededor de 1900, cuando comienza a investigar las culturas afrocubanas. El término "brujo" no solo corresponde a la fase positivista de su obra, sino que también, y a pesar de todas las connotaciones raciales negativas, era el que se utilizaba para describir a personas que pertenecieran a cualquiera de las religiones afrocubanas, santería, palo monte o abakuá. Más adelante, en la *Revista de Estudios Afrocubanos,* Ortiz se retracta del uso de la palabra, y entra en un debate con etnógrafos de la generación más joven, que usan la palabra "santero". Ver el ensayo de Fernando Ortiz "Brujos o santeros".

[86] Recordemos que Ortiz conoce y maneja cómodamente los discursos legales, ya que estudia Derecho en la Universidad de La Habana de 1895 a 1898 y finaliza sus estudios en la Universidad de Barcelona en 1900. También redacta el Proyecto del código Criminal Cubano en 1926. Ver la excelente bio-bibliografía de Fernando Ortiz de Araceli García Carranza.

orden de asesinato fue dictada con la misma facilidad que si se tratara de la muerte de una paloma. (120)

El juego de paradigmas aparece aquí nuevamente: negro-blanca, criminalidad-inocencia, negro-criminal, inocencia-blanca, brujo-niña, y se construye a partir de la misma curiosidad *voyeur* descrita anteriormente.

Aquí no se menciona el nombre específico del autor del crimen; se trata de "unos brujos". Mediante esta estrategia, que mantiene el suspenso, se destaca la inocencia impotente de la niña para, finalmente, aludir indirectamente a otros tipos de abuso como la violación sexual, etc. Lo horrendo del asesinato, el acto final de extirpar el corazón, cierra la escena del crimen, dándole la fuerza necesaria para probar la amoralidad del brujo y su mentalidad primitiva (26). Sin embargo, y paradójicamente, Ortiz destaca que los fines del brujo, a pesar de tener una base amoral, terminan siendo "altruistas", ya que no los mueven "ni la codicia, ni la venganza, ni la lujuria" (120). La maldad no está en el crimen, sino en el uso de la jerga y de la escritura como móviles del crimen, ya que a Domingo Bocourt se le arresta no solo por su horrendo asalto, sino por causa de un papel escrito que: "contiene palabras accidentalmente jergales" y que terminan incriminándolo (121).[87]

De esa "escritura bruja", Ortiz señala que está llena de errores porque es muy oral, lo que representa no solo el atraso en la educación del brujo, sino su atavismo. La "oralidad" constituye el enigma fundamental en la figura del brujo, ya que hace que su jerga sea ininteligible y "secreta". La "astucia" del brujo está en su jerga y el crimen del brujo está en la secretividad de esta jerga. Haciendo eco de una frase de Frazier, Ortiz define la jerga como "lenguaje que difiere del nacional cuyo carácter es defensivo" (123). El brujo tiene, por consiguiente, un habla propia que se hace a través de signos cuya inaccesibilidad e incomprensión interfieren en la creación de una lengua nacional homogénea. Esta jerga contiene, como todo lenguaje, un carácter mimético, asociativo y referencial, pero para Ortiz, su importancia radica en el hecho de que es una "jerga sagrada":

> Al estudiar un culto cualquiera se descubre pronto la jerga sagrada, jerga que, al igual que otras igualmente primitivas por supervivencia o atavismo, como la de los criminales y los infantiles, no solo es hablada sino que aún conserva la más primitiva forma de comunicación del pensamiento, como es el gesto, la mímica. (26)

---

[87] En este papel, Bocourt hace una descripción clara de los materiales que se tienen que usar para hacer el "trabajo" de brujería. Aunque solo se refiere a algunos animales y plantas, este papel se utilizó para acusar a Bocourt del asesinato de Zoila. En su edición de *Los negros brujos*, Ortiz pone una copia de este escrito bajo la fotografía de Domingo Bocourt.

La heterogeneidad y diversidad de esta jerga "que se improvisa", ya que "los fieles la inventan y la hablan también como medio defensivo", se relaciona con la mímica y con el gesto que describe Ortiz. Es así cómo esta jerga pasa a ser un lenguaje que parodia al nacional, que no es "cubano", pero va interpenetrándose con él y, al mismo tiempo, diferenciándose de él. Como afirma Bhabha esta ambigüedad de "lo que se parece pero no es igual" revela un lugar híbrido en el discurso, que parodia y copia el lenguaje oficial ("Of Mimicry and Man...").

¿Cúal sería el lenguaje nacional "oficial" en el caso de Ortiz? Si este lenguaje nacional se encuentra en formación y en búsqueda de su origen y su homogeneidad, ¿no será la "jerga bruja", ya socializada, lo que Ortiz necesita para "crear" la lengua nacional? Como se verá más adelante, el narrador logra hacerse dueño de este lenguaje "secreto", incorporándolo en su escritura. A fin de acceder a este "lenguaje secreto", Ortiz admite su fascinación por las "sociedades secretas" en Cuba. Asimismo, aspira a ser un "iniciado" para conocer e incorporar este lenguaje secreto: "aun conocidos todos los lenguajes usuales de los negros en Cuba, impediría el conocimiento de las voces, cuyo significado oculto no puede alcanzarse sin la condescendencia de un iniciado" (126). La iniciación no sólo requiere la voluntad de interpretación de la mímica, sino también de lo "físico" de ese cuerpo que lo constituye y lo marca. Así, el travestismo cultural se construye, tanto en Ortiz como en Freyre, desde la relación directa entre cuerpo y voz. Al interpretar el cuerpo del criminal o de aquel que se encuentra "fuera" de los límites de la nación, y querer disciplinarlo, como ha visto en detalle Josefina Ludmer, se domestica esa voz (y ese cuerpo), para la nación ("El cuerpo...").[88] De ahí que el perfil criminal del brujo se articule también de forma indirecta a través de sus necesidades sexuales y eróticas, convirtiéndolas en un factor importante de este lenguaje. Así, el negro es "polígamo" y tiene un dominio sobre el baile, ya que todo baile es erótico (42-3). Sin embargo, este erotismo se representa en forma masculina, ya que el brujo ejerce un control directo sobre la bruja conteniéndola y controlándola socialmente. De ese modo, y aunque el texto le da mucha más importancia a los "negros brujos" o sacerdotes de las religiones afrocubanas, Ortiz menciona a las mujeres cuyo papel en los rituales es secundario. Alegóricamente, ese control le da validez al elemento masculino en la representación de Ortiz y, a su vez, desde el punto de vista del narrador, "erotiza" al brujo, quien es, "en relación a sus fieles, un verdadero intelectual":

---

[88] Ver mi análisis sobre la figura del criminal y la relación entre cuerpo y voz "La figura del criminal y la legalidad en dos novelas del siglo XIX puertorriqueño: *La charca* y *El negocio* de Manuel Zeno Gandía".

De su intelectualidad aunque escasa, se destacan cierta astucia y cierta habilidad de sugestión, cuya relativa hipertrofia, se debe, sin duda, al mayor ejercicio que de ella ha de hacer, por el prestigio de su persona y de sus funciones. De ahí que el brujo ponga de su parte los más eficaces *procesos de sugestión para impresionar* las rústicas inteligencias de los que le rodean: cantos, música, mímica, jerga, misterio, etcétera. (118, énfasis mío)

Esta relación entre el brujo y el intelectual, que convierte al brujo en intelectual y viceversa, es, como la escritura misma, una forma de "sugestión", "seducción" y "astucia". Y, aunque se les llama "prácticas aniñadas", los cantos, la música, y la mímica revelan esa "jerga del misterio" al que el intelectual-brujo quiere acceder. El brujo Bocú es un intelectual rústico y físico, un cuerpo "sabio" pero que está fuera de la ley. El llamado a la ley en la escritura orticiana es un tipo de seducción cuya finalidad es el control y la disciplina. Esta seducción solo se llevará a cabo a nivel de la escritura que, como se ha visto, es el lugar de la socialización del "hombre antisocial" y el espacio donde se logrará una nueva hombría. Mientras tanto, el negro brujo será, desde su mímica, el proveedor de un lenguaje otro de ese cuerpo marcado y con límites, que se irá transformando en la representación del jugador de maní y el negro curro.

Con el jugador de maní se entra de lleno a la representación de lo nacional desde lo homosocial y, en cierta medida, a lo erótico, gracias al contacto físico que propicia el juego. Ortiz lo define como un juego "sólo de hombres", que pueden jugar, a veces, "mujeres marimachos" (*El teatro...*428-9). En el juego, cuyo origen es el "gangá mani" africano, participan de diez a veinte hombres, que se golpean, se tiran puyas y fanfarronean: es un espacio de consolidación de la masculinidad a través del contacto corporal. El más fuerte es el que aguantará la arremetida de los golpes, mostrando, así, su hombría. La violencia marcada del contacto entre hombres, como ha señalado Arnaldo Cruz Malavé, revela propia la crisis de esa masculinidad y la necesidad de alardear sobre quién "lo tiene más grande" o quien "es más macho" (11).[89] Por consiguiente, el juego de maní se convierte en una forma de leer la constitución misma de la leyes del contacto homosocial nacional y el modo en que éstas se mezclan con lo racial. El maní no es un juego sólo de

---

[89] Ya en *Biografía de un cimarrón* (1968), Esteban Montejo no solo describe el juego del maní, sino otros juegos, como el de la galleta o el de la botija, en los que el tamaño del pene equivalía a demostrar no solo la hombría sino el acceso a un lugar prominente en el grupo de hombres, respeto, admiración y, finalmente, al dinero de las apuestas (26-7). Para Ortiz, el juego del maní contiene indirectamente todas estas referencias al lugar del pene como centro de la socialización masculina.

negros y mulatos, también lo juegan los blancos, pero sí es un juego de "hombres solos" y para "hombres solos":

> Los maniseros iban descalzos y desnudos de la cintura para arriba y con calzones cortos o subidos a la rodilla; sin armas, insignias ni otro adorno que algún pañuelo de colores colgando de un ancho cinturón de cuero que les protegía el vientre. El maní se jugaba siempre de día y sobre "tierra muerta" [...] Además el maní se jugaba por los maniseros "a puño y muñeca limpia" o bien "con muñequeras" cuando llevaban forradas las muñecas y parte de los antebrazos con sendos brazaletes de pellejo de buey, reforzados "con adornos" consistentes en duras cabezas de clavos y púas de acero, remachadas en el cuero, o en piedras ocultas en su interior. (398-9)

Uno de los refranes que se repite en la rueda, "E que no aguanta no rima ponte lejo pa mirá" (Quien no aguante los golpes que no se arrime y se quede lejos sólo para mirar), alude también al riesgo y al desafío que representa el juego. El coro, como afirma Ortiz, se hace en "habla criolla", para que todos los componentes de la rueda, casi siempre de diversas naciones africanas y blancos, entiendan lo que se dice (411, 416). El fanfarroneo y el "tirarse puyas" es parte central del juego. La frase, ya en jerga "nacional", sale con el mismo ímpetu que el golpe, atacando o minando la fuerza del que está en el centro. Éste, a su vez, no sabe quien va a atacarlo, ya que cualquier miembro de la rueda puede ser su contrincante y agarrarlo desprevenido:

> Nadie sabía con seguridad ni quién, ni cuándo, ni cómo iba a ser el objeto de la acometida. Un brazo del bailador se alzaba o contraía como para pegar; pero ¿contra quién? ¿Contra el manisero enfrentado por él o contra uno de sus vecinos inmediatos? ¿O contra otro más distante, distraído y confiado que era alcanzado con un violento y repentino saldo? [...] El arte y el azar para ambos son los mismos; uno en su baile trata de abatir inesperadamente al otro con un golpe contundente y el amenazado procura aguantarlo en firme, pararlo o evadirlo. Quien de la pareja vence en este último lance gana el juego y suyo es el montón de las apuestas. (424)

El maní se convierte no solo en alegoría de la violencia física y la hombría, sino de la ley y la supervivencia del más fuerte. La ley castiga al que, dentro de la rueda del organismo social, se halle fuera de lugar o no ejecute un movimiento ágil en su propia defensa. Según Ortiz, el juego del maní ha perdido el sentido mágico religioso que tuvo en África y en Cuba ha pasado a ser "otra cosa" (427). Aunque no explica claramente en qué se ha convertido el maní, se puede inferir, de su detallada decripción, que éste es una alegoría extendida de las relaciones de dominio, violencia y poder que prevalecían durante los años de la esclavitud y de la colonia. Así, el subtexto que media el contacto masculino, es un discurso sobre la necesidad de hacer un *performance* de la supervivencia del más fuerte y del más apto. La masculinidad se funda, entonces, a partir de la articulación de la ansiedad de subvertir espacios sociales y negociar las divisiones raciales y de género, y de obtener la libertad. El "manisero" que se destacaba en el juego no solo probaba su masculinidad y hombría en relación al resto del grupo, sino que podía ganar dinero suficiente para enmanciparse y para obtener el favor de su amo (429). Del mismo modo, la "mujer marimacho" que ganara al maní ocupaba una posición destacada frente al grupo de los hombres: un lugar masculino en el espacio social. Así, lo nacional, a la luz de lo homosocial, le da un lugar específico a la hombría y localiza esa jerga de habla criolla en el espacio del *performance* de la masculinidad, ya que tanto el cuerpo como su jerga se articulan desde el contacto con el otro y ambos tienen que "hacerse" y "probarse" continuamente.

Frente a esta articulación performativa y violenta de la masculinidad que representa el maní, la figura criminalizada y carnavalizada del curro presenta otros problemas interesantes. En primer lugar, aunque comparte el carácter popular de los maniseros, el curro es un personaje de los barrios periféricos de la ciudad: es un individuo "transculturado." El curro, al contrario del hombre "salvaje" de África, ha tenido contacto con la civilización: "En la carne de los curros, aunque en todo caso criollos y jamás africanos, está siempre la sombra de África, pero en su alma está la luz de España. En los ñáñigos su espíritu está totalmente en las negruras de África" (*Los negros curros* 7). Aquí, la raza se ve como sombra que marca, mientras que la civilización "ilumina" el alma. El negro curro del Manglar es una figura que de delincuente pasa a representar lo carnavalesco y lo popular. No obstante, a pesar del cambio, siempre se describe como un "tipo urbano"(13). Su delincuencia se debe, según Ortiz, a su origen "del hampa andaluza" pero también al propio ambiente de la ciudad y la sociedad habanera:

> calles estrechas sin urbanización; barrios extramuros, es decir fuera del recinto de las murallas y por lo tanto abiertos al monte y primitivos, como su propio nombre del Manglar hace suponer; vías oscuras, ya que el alumbrado público no empezó aunque muy defectuosamente [sino] en 1839; justicia lenta y alambicada, cuando no había interés superior en precipitarla. (191)

La situación de la sociedad colonial habanera, puerto de las Américas, ofrecía, según Ortiz, "la corrupción necesaria de parte de la sociedad de los amos que hacía crecer a su vez, las flores del Manglar" (208). El curro representa, no solo en su físico, sino también en sus características sicológicas, un caso de "hipertrofia del yo" (63), que describiría un sujeto marginal que se comporta como medio hombre, demostrando un machismo exagerado y exhibicionista y un comportamiento casi infantil. Ortiz completa su análisis con la descripción de la negra curra, para organizar un cuadro sicológico y biológico-sexual donde lo masculino y lo femenino se unen "amachihembrando a los seres humanos" (35). En la descripción detallada del curro, a veces se lo representa "afeminado" en su tocado de cabello, pero, al mismo tiempo, exhibicionista y vanidoso en su machismo (52-3). Este alarde y desafío del negro curro parte de las relaciones de "reciprocidad", que busca mantener con el blanco en el vínculo homosocial y del deseo de "parecerse a él"; lo que marca de un modo interesante el "gesto social" de este sujeto. Para Ortiz, "la currería" pasa de la delincuencia hampona a la "gestualidad" carnavalesca, que se define partiendo de jergas y hablas populares; pero, en esta segunda fase el curro sigue teniendo el mismo poder "amenazante" contra el blanco. En la primera parte aparecen varias citas en las que se alude al "exhibicionismo", el "afeminamiento" y la "vanidad" del curro. Citando a José Victoriano Betancourt, escribe:[90]

> Los curros tenían una fisonomía peculiar [...] sus largos mechones de pasas trenzadas, cayéndoles sobre el rostro y cuello a manera de grandes *mancaperros*, sus dientes cortados a la usanza carabalí, la camisa de estopilla bordada con candeleros, sus calzones blancos, casi siempre, o de listados de colores, anchísimos de piernas, el zapato de cañamazo, de corte bajo con hebilla de plata, la chupa de olancito de cortos y puntiagudos faldones, el sombrero de *paja afarolado* [...] y las gruesas argollas de oro que llevan en las orejas[...] conóceseles además por el modo de andar contoneándose como si fueran de gonces, y meneando sus brazos adelante y atrás, por la inflexión singular que dan a su *voz* por su locución viciosa, y en fin por el idioma particular que hablan, tan *físico* y disparatado, que a veces no se les entiende[...] la ostentación de los negros curros tenía su sentido aun mayor, porque no sólo se traducía su exhibicionismo en lo vistoso y llamativo de su aderezamiento, sino que su vestuario acicalado quería significar una condición

---

[90] José Victoriano Betancourt (1813-1875) fue un escritor costumbrista de mediados del siglo XIX. Publicó varios ensayos periodísticos y sus artículos de costumbres se recogen muchos años más tarde en el volumen titulado *Artículos de costumbres*, que fue el que, probablemente, utilizó Ortiz para sus descripciones de los curros y el desfile del Día de Reyes. El costumbrismo en Cuba, según Henríquez Ureña, al representar los tipos nacionales y populares, es un movimiento literario clave para el nacimiento de la novela. También fueron costumbristas grandes novelistas de la novela realista y romántica como Cirilo Villaverde, Anselmo Suárez y Romero y Gertrudis Gómez de Avellaneda. Ver el capítulo III de este trabajo y Max Henríquez Ureña.

social distinta y superior al común medio en que aquéllos vivían. ¿Cúal era esta? [...] El traje curro quería representar mayor aproximación al blanco, a la condición social de gente dominante. [...] Esas trenzas son propias de los figurines del tocado de África, y no es difícil apenas se hojean los libros de etnografía, encontrar estos trenzados en los elegantes del continente negro. También ocurrió a este presuntuoso cuidado del cabello la moda hispana de aquellos tiempos, pues fue costumbre de lindos y petimetres del siglo XVII y del siguiente hacerse trenzas en los cabellos. (36, 49, 53, énfasis en el original)

En estos pasajes, se recoge lo que Ortiz ve como el fondo "síquicamente infantil" que la raza negra le da al curro (52). Éste, como hombre a medias, intenta aproximarse al blanco al usar un traje que imita "la condición social de gente dominante". La gestualidad del curro "bordea" los márgenes mismos de la ley; su "oralidad exhibicionista" lo hace un deformador del lenguaje (81). Ortiz define este "lenguaje físico" como un "modo de hablar con afectación y palabras rebuscadas pronunciadas afectadamente" (82). El negro curro "copia" al blanco; y, no solo lo copia, sino que se convierte en una copia deformada, a medias (Bhabha 86). Sin embargo, la gestualidad del curro, su machismo exagerado y la porosidad de su oralidad fanfarrona, desafiante y exhibicionista inician al blanco en su vida social. El contacto entre las razas, que ha propiciado la esclavitud, hace que el blanco "necesite" del negro para educarse socialmente: "Al romper el joven rico el cascarón del hogar para lanzarse a las primeras aventuras de la vida, el joven negro solía ser su lazarillo, el maestro de esa gramática parda (por lo general doblemente parda), el iniciador del compañero de los juegos infantiles en los misterios de la juventud" (189).[91] El vínculo homosocial parte de un proceso de educación e iniciación mutua de la masculinidad, en el que el negro tiene un papel preponderante como maestro. La figura excesiva del curro formará parte de una gestualidad no asimilada en ese proceso de adquirir cultura social, ya que el curro quiere "ser blanco" y tomar un lugar que no le pertenece. Como el mulato Pimienta en *Cecilia Valdés*, el curro quiere ponerse el "traje del otro" con la intención de poder "pasar" y consolidar su posición social. No obstante, hay una gestualidad física, un espacio poroso que el traje no puede cubrir y que deja "un exceso", que desplaza y problematiza la "esencia" de lo cubano. El gesto de un lenguaje propio, asociado al cuerpo y descrito como agresividad física, que está presente tanto en el brujo como en el manisero, se destaca como un suplemento del cual quiere apropiarse la

---

[91] Como señalé en los capítulos II y III, esta "gramática parda" también es parte de la visión del lenguaje nacional brasileño en Freyre, quien localiza el "abrasileramiento del lenguaje" en la figura de la nana negra.

narrativa y, como señala Derrida, se asocia con la naturaleza. Aunque amenace la destrucción de la comunidad: "hay que añadirlo urgentemente al discurso para constituirlo como presencia" (*Of Grammatology* 144).

La presencia de este cuerpo gestual como suplemento y su socialización como proceso que forma parte de la escritura y de su propia ley, se articula en la representación del negro brujo, el manisero y el negro curro. En los tres, el gesto visto como "jerga sagrada", "agresividad sexual", "la rima en criollo", o "lenguaje físico" en el caso del curro, presenta un discurso lleno de contradicciones. Por un lado, el negro, a través de sus costumbres populares, quiere diferenciarse y aislarse del blanco; por otro, busca acercarse a él tratando de imitarlo. La importancia que adquiere este vínculo homosocial en el proceso de socialización hace que lo que se califica como "femenino" –el traje, el tocado de cabeza, lo amanerado del gesto– solo se use en función de esa misma masculinidad. Como se ve en la caracterización de la currería, la masculinidad se refuncionaliza de otro modo cuando se incorpora la visión del carnaval, ya que en este espacio la escritura de Ortiz socializa e incorpora las identidades raciales, sexuales y de género en un juego de inversiones y desplazamientos. En el espacio del carnaval, el "gesto físico" que tanto amenaza la representación será un gesto único, alegórico y transformador, desde donde se escribe el enigma de la identidad.

3. IDENTIDADES NACIONALES Y EL CARNAVAL: INVERSIÓN Y ESCRITURA

> Voz de mujer, tentación,
> el clarinete levanta
> los salmos estupefactos
> de una leyenda olvidada
> y responden los tambores
> en masculina sonata,
> arrancando un canto al coro
> que va siguiendo las pautas
> ayes de angustia y lujuria
> martirizando gargantas.
> –Julio Ayllón, "Romance de la comparsa"

> Hoy en día [...] un acólito, vestido de mujer ocupa en aquella su puesto llevando en la cabeza una tinaja llena de agua en evocación de la mítica donde la *Sikanekua* tenía el pez *tance* del Gran Misterio Original.
> –Fernando Ortiz, "La tragedia de los ñáñigos"

¿Cúal es la especificidad que le da el carnaval a la escritura orticiana? ¿Por qué es necesario para la construcción de su imaginario de la cultura y de la identidad cubana? La respuesta a estas dos preguntas está en la definición de la cultura de Ortiz. Si, por un lado, la cultura cubana es una lucha de elementos contrarios, de sujetos y de estructuras de poder (sociales y discursivas), también es un discurso celebratorio, que se origina en el cuerpo. Esto parecería una contradicción si se piensa en la amenaza que representa el cuerpo en los primeros ensayos de Ortiz, específicamente en los que se relacionan con su etapa criminológica. Sin embargo, frente a ese miedo del cuerpo del otro –de los hombres negros y mulatos y de lo femenino– el carnaval se convierte en un espacio idóneo para negociar este vínculo ambiguo entre el cuerpo y la escritura. Si en el carnaval cubano de Ortiz, como en todo carnaval, hay una mezcla de sujetos, cuerpos e identidades sociales, queda claro que éstas pertenecen a un lugar sagrado y profano al mismo tiempo: el lugar de la representación. En otras palabras, al convertirse en la alegoría principal de la escritura, el carnaval se convierte en el espacio desde donde se escribe la cubanidad.

Varios ensayos de Fernando Ortiz se escriben desde esta alegoría del carnaval, principalmente el *Contrapunteo cubano del tabaco y el azúcar* y *Los bailes y el teatro de los negros en el folklore de Cuba*. A partir de su visión del carnaval y de su representación de algunas "entidades carnavalescas", como los diablitos ñáñigos, Ortiz forma un imaginario sincrético de la escritura que desemboca en el enigma de la identidad cubana y del sujeto de la escritura, el "cocorícamo." En esta figura alegórica, que pertenece a un orden discursivo y metafísico, se entremezclan discursos raciales, de género y sexuales para producir el travestismo cultural. El travestismo cultural se da, nuevamente, como una estrategia de escritura, que manipula estos referentes, recreando un eje metonímico en el que la identidad (el cocorícamo) es, a la vez, un ente de atracción y repulsión. Aunque Ortiz no abandona su propuesta principal de consolidar un orden masculino a través de la escritura, sólo lo logra a través de la recreación de un sujeto "mágico", "en trance", o transitorio, que se apropia de la intuición sobrenatural de estos diablitos. Por consiguiente, lo femenino, o la causa de la abyección en la escritura de Ortiz, es lo que provoca, como en la figura del curro, esta transición. Asimismo, las referencias al espíritu, o al alma intuitiva de las poblaciones negras, se categorizan de antemano como "lo femenino", mientras que las religiones masculinas, como el abakuá, se constituyen, paradójicamente, desde una ley masculina, que parte de un origen femenino. Se da, por lo tanto, una relación directa entre lo femenino y las culturas populares, ya que ambas se feminizan. Si esto sugiere un miedo a lo popular, análogo al miedo a lo femenino, Ortiz soluciona este problema regresando de nuevo a lo mágico y desplazando las referencias claras al cuerpo femenino.

Su narrativa también intentará socializar la masculinidad del culto abakuá, como lo hace con los personajes populares. Las comparsas y los carnavales articulan otro discurso sobre el género. En ese sentido, y de acuerdo con su visión sociológica, el travestismo sagrado de estos diablitos es un elemento natural de las religiones africanas y de su *transculturación* en Cuba. Aunque la sexualidad y el erotismo se retoman como elementos esenciales de la escritura, el narrador termina por negar la misma fuerza erótica que lo atrae. Esta contradicción corresponde a la feminización problemática que hace del folclore y, en particular, de la relación de las comparsas o el baile con el erotismo y la sexualidad.

Como señala Víctor Fowler, esta complementariedad entre el baile y la sexualidad exacerbada del negro es un tópico tradicional, que subyace no solo en la moral de los cubanos blancos y su visión racista del negro, sino en varios clásicos de la literatura y la sociología cubana, como *La prostitución en La Habana* (1888) de Benjamín de Céspedes. Fowler cita un pasaje ejemplar de este texto:

> Por todos los ámbitos de la ciudad resuena el penetrante alarido del cornetín; reclamando al macho y a la hembra para la fiesta hipócritamente lúbrica. Desde el modesto estrado hasta el amplio salón de la más encopetada sociedad pública, acuden todos confundidos y delirantes a remedar sin pudor ni decoro escenas sáficas de alcoba, bautizadas con los nombres de danza, danzón y yambú. Músicos y compositores, por lo general de la raza de color, rotulan con el dicharacho (citado en Fowler 1-2)

El hombre y la mujer, degradados a la categoría de animales ("tanto el macho como la hembra"), disfrutan del baile. Su desborde de movimientos está acompañado por "la orquesta de color", cuyas "pasiones rotulan" aún más el delirio. Aquí el cruce de clases sociales se presenta como "algo contaminante que borra las jerarquías de la civilización" (Fowler 2). El baile se convierte en un texto representativo de la dinámica tradición-modernidad, constituyéndose como metáfora que explica el conflicto creado por la relación baile, erotismo y sexualidad en la literatura cubana (Fowler 1-21). En 1916, Israel Castellanos, en *La brujería y el ñañiguismo en Cuba desde el punto de vista médico legal*, define la rumba abakuá como "baile de los hampones" calificándola de dos formas: rumba erótica, o rumba negrera, y baile bárbaro. De la rumba como baile puramente masculino señala: "las dos danzas corresponden respectivamente a tres tiempos de un mismo acto: la primera escena al escalofrío del placer, la segunda a la función erótica y la tercera, al desenlace del espasmo cínico"; es decir, que simulan el acto sexual del hombre (66-7). En 1937, y en relación a la polémica en torno a la decisión del alcalde de La Habana, Antonio Beruff Mendieta, de restaurar las comparsas de carnaval por el interés turístico que suscitaban, Juan L. Martín publicó en la revista *Grafos* un artículo titulado "La rumba danza de los sexos", donde señalaba:

> Por sus movimientos la rumba es lo que se llama por los exploradores ingleses *sex dance*, una danza sexual, que se bailaba en las fiestas orgiásticas de la fertilidad, verdaderas bacanales, en las que las parejas se entregaban a los placeres más bestiales[...] No, el negro de Cuba no pretende que se perpetúen estas formas; el negro de Cuba ha penetrado a otra civilización; es cubano, pertenece a la misma nacionalidad que el blanco de Cuba. ¿Por qué pues, empeñarse en mantener la danza sexual que es la rumba tocada en baile nacional? ¿Es acaso el pretexto hipócrita ensayar movimientos lúbricos en presencia de gente decente a título de que se trata de un baile "afrocubano"? ¿O que ciertas indecencias han de tomar la máscara africanista de siempre? (s pág)

En esta cita se rescata, nuevamente, la dicotomía tradición-modernidad en relación con la cubanidad y la armonía entre negros y blancos. El negro cubano habla, simbólicamente, a través de la voz del autor, contra la "hipocresía" de las autoridades gubernamentales y culturales, que quieren presentar lo nacional como lo "afrocubano" y con la "máscara africanista de siempre".[92] La *Revista de Estudios Afrocubanos*, dirigida por Ortiz, se involucra directamente en este debate y termina apoyando la vuelta de las comparsas carnavalescas a La Habana. A petición de Rodríguez Beruff, Ortiz escribe una carta en la que destaca el valor estético y cultural de las comparsas, ya que éstas "no son de negros ni de blancos, ni de mestizos. En ellas entran todos los colores y tradiciones acumulados en nuestra masa popular"(138). Ante al temor de que éstas provoquen disturbios raciales, Ortiz señala: "no podemos comprender por dónde ello podría sobrevenir, pues en Cuba no existen, por fortuna, las pasiones etnomaníacas que [...] suelen rebrotar en países que tienen más adelanto en otros campos de civilización, pero que aún

---

[92] A pesar de su visión racista, que asocia la rumba directamente con la sexualidad, Martín retoma indirectamente un debate que preocupaba no solo a las élites blancas, sino también a los intelectuales negros de la época, como Gustavo Urrutia, Nicolás Guillén, Juan Gualberto Gómez y Ángel C. Pinto. Aunque todos ellos reconocían la importancia de la igualdad social, racial y económica para las poblaciones negras, se sentían ambivalentes frente a lo que llamaban "manifestaciones populares", entre las que se encontraba el baile. Según manifiesta Gustavo E. Urrutia, las clases populares necesitan mucho más que baile, necesitan instrucción, ya que: "lo que se les ha dado es poca instrucción sin contenido humano ("Pachequismo negro"). Otro debate significativo en la época fue el de Ángel C. Pinto con Jorge Mañach, en el que Pinto señala la importancia de la educación para las poblaciones negras. Ver Mañach, "Glosas"; y la respuesta de Pinto.

mantienen esas odiosas supervivencias de la barbarie" (Ortiz y Vasconcelos, "Las comparsas populares..." 138). La solución final será admitir las comparsas y reponer el carnaval habanero como una forma de "administrar la alegría oficialmente y llenar de luz el ámbito de la ciudad" ("Las comparsas populares..." 143).

La visión del carnaval de Ortiz está formada por la búsqueda de un pasado nacional, visto como un origen cósmico pero dentro de la ley y las propias jerarquías del carnaval. Esta ley textual "administra" simbólicamente el desenfreno corporal, produciendo y conteniendo este texto de inversión. Por consiguiente, ver la sociedad desde el carnaval no significa que se excluyan los discursos y las jerarquías de poder que se cruzan en el mismo. El carnaval, como ha señalado Roberto Da Matta, es un ritual de "inversión", pero solo de "inversión" breve, de esa entrega cósmica al lugar del origen, que promete una vuelta al orden (61-2). Por consiguiente, el ojo etnográfico percibe el diálogo social en el espacio del carnaval como extensión de las relaciones de poder de una cultura determinada (Bakhtin). En ese sentido, y como ya señalé en el Capítulo I, el cuerpo como lugar desde donde se producen y se entrecruzan estrategias de poder, aparece como un factor necesario para reescribir las posiciones del sujeto que escribe contra los discursos del racismo europeo. Estas narrativas de inversión reformulan una visión mítica del cuerpo, que termina saliéndose simbólicamente de la propia narrativa (su trascendencia) y, a la vez, sexualizan el cuerpo, acercándolo a un juego constante con la muerte (su temporalidad). En ese sentido, el carnaval, como texto de búsqueda de apertura del cuerpo y de sus categorías, puede ser un lugar de subversión. Sin embargo, y aunque Ortiz incorpora este texto de "inversión" al relacionar lo mágico con lo negro y lo femenino, su lectura del carnaval perpetúa ese horror a lo mismo que forma la representación, en particular, a la sexualidad de estos personajes. Por otro lado, quiere establecer claramente la pureza y la fuerza mágica de las prácticas populares negras.

Para Ortiz la "magia" proviene de la "pureza" intuitiva del baile, la poesía, el teatro y la música negra, así como de su contenido mítico de valores universales.[93]

---

[93] La visión comparatista de Ortiz, que como bien ha visto Amy E. Fass, está muy influenciada por Frazier, se enfoca en la universalidad de los cultos afrocubanos, viéndolos siempre desde la civilización grecolatina. Esto se advierte, no solo en sus análisis etnográficos, sino en los símbolos que escoge para interpretar las culturas africanas. Un ejemplo significativo se encuentra en el prólogo al primer volumen de la *Revista de Estudios Afrocubanos*, (1.1 (1937): 12); donde explica el emblema de la revista, diciendo que es una copia de un vaso de Charinus (Grecia) del siglo IV a.C. El vaso tiene dos caras de mujer, una griega y otra africana; el pelo de la mujer africana se ha dejado del color del barro mientras que al de la mujer griega lo ciñe una corona. Ortiz dice que esta cerámica ateniense tiene un posible origen africano, así que África es el origen y Grecia es la civilización.

El arte negro, para Ortiz, "está transido de sociabilidad", es "dialogal" y posee un espíritu colectivo que se opone a la "visión individualista" de las culturas europeas (*Los bailes...* 37-8). El teatro es "pura mímica", mientras que la música, como el habla, reproduce una "sonoridad social" y traduce lo emotivo y expresivo de las almas": esa "felicidad sociológica del africano" (41-3, 54). Aquí estamos muy lejos de la caracterización negativa o del gesto "antisocial" y "agresivo" que vimos anteriormente, ya que lo negro, adquiere una pureza en el gesto y en la propia "mímica" o teatralización del mundo.

El negro africano es como un niño alegre y lleno de intuición erótica que necesita educarse, y la narrativa quiere completar este proceso de educación: "El negro es quizás el más gregario de los seres humanos; su mayor goce está en divertirse con sus compañeros en bailes, comparsas, etc." (*Los bailes* 37). Sin embargo, la *transculturación* le quita mucho de esa "pureza" al cubano negro, que únicamente puede rescatar sus raíces ancestrales o cósmicas por medio del sincretismo y de su parte "africana". El narrador, como "ser sobrenatural", le devuelve su "lenguaje", ya amulatado o cubanizado, a la cultura negra (Piedra "On Monkey Songs" 122-50). El espíritu nacional de la cubanía se relaciona, entonces, con el rescate de estos valores universales alegóricos, su representación en el espacio híbrido del carnaval y, finalmente, su recreación en la escritura.

En las narrativas culturales de Ortiz, el carnaval y el espacio de la ciudad proveen el teatro social para representar una serie de acciones heterogéneas y cambiantes. El carnaval es, según Mikhail Bakhtin, el espacio social dialógico por excelencia, desde donde se cruzan hablas, jergas y lenguajes económicos, políticos y socio-culturales. También es el lugar de lo grotesco, la risa, el contacto y los orificios creadores del cuerpo popular, con sus características propias, un cuerpo de naturaleza incompleta y abierta, que interactúa con el mundo y se opone el cuerpo oficial (281). Para Mary Russo, esta fuerza del cuerpo grotesco se relaciona en muchas representaciones del carnaval con el cuerpo femenino (213-29). Ortiz junta lo femenino con el referente racial, a fin de describir el carnaval como un espacio de lo nacional. Aunque parte de este cuerpo grotesco, o femenino, en la escritura de Ortiz se puede ver una ansiedad por consolidar esa misma masculinidad u hombría con el propósito de producir una narrativa "fálica" y viril. Como han visto Judith Butler y Arnaldo Cruz, entre otros, escribir es una actividad fálica en la que el sujeto que escribe "penetra" la página en blanco para llenarla con el logos o la palabra. Lo femenino, o lo que se feminiza frente a la consolidación de la masculinidad, es lo que se sujeta a la voluntad del falo. Sin embargo, también lo femenino es lo que necesita incorporarse en estas narrativas para escribir el origen, lo que provoca un "horror" y una abyección en la representación.

Así, un texto puramente carnavalesco como el *Contrapunteo cubano* parte de lo masculino y lo femenino para describir el tabaco y el azúcar. Contrastando los regímenes económicos, el tabaco, como ha visto Benítez Rojo, es planta madre, y el azúcar es parte de un régimen imperialista y capitalista, que describe un poder excesivo. Ortiz sitúa el tabaco como parte de un ritual social asociado a lo masculino (20) y como planta madre y poder fálico contra el régimen azucarero imperialista. El tabaco es un rito social de iniciación a la virilidad; es significado y, a la vez, significante social. El fumar, se convierte en el rito urbano por excelencia, la inauguración de una cultura del placer masculino:

> Fumar el primer tabaco, aun cuando sea a hurtadillas de los padres, es como un rito de *passage* el rito tribal de iniciación a la plenitud cívica de la varonía, como una prueba viril de fortaleza y dominio ante las amarguras de la vida, sus candentes tentaciones y el humo de sus ensueños. [...]el tabaco no solo se saborea con agrado: también se huele, se palpa y se mira. Salvo para el oído, el tabaco provoca estímulos y placeres por todas las vías sensoriales. (11, 17)

Esa "cosa hombruna" (19) que es el tabaco alude no solo a la construcción de una identidad de género que, como señala Judith Butler, es social, sino que inaugura la sociabilidad que implica el fumar. También la mujer de antaño que fumaba tabaco adquiere en Ortiz características masculinas. Mientras que para la mujer el cigarro se ve como un "acto de política", Ortiz destaca la fuerza del tabaco como un espacio masculino (12). Hay una "pipa" comunitaria masculina, una afinidad social en los que fuman y un gesto fanfarrón, desafiante y majadero: "El cigarro, torcido −dice Ortiz− y envuelto en su capa o picado y humeando en la pipa, es siempre fanfarrón y majadero, como un ¡ajo! de insulto y desafío que surge erecto de la boca"(19). Aquí lo social se une con la palabra, que mantiene la virtud porosa de una oralidad directa y el rasgo varonil de la expresión. Este careo social masculino, al igual que "el choteo", que describe Mañach en su ensayo, *Indagación del choteo* (1928), es, como el tabaco, placer originario y corruptor a su vez; exceso y remedio, llamado a la ley y desorden anarquizante. Mientras que lo masculino es un orden de moral social, lo femenino describe el poder de atracción erótica, que la civilización parece reprimir, y donde subyace el germen del origen (Freud, "Civilization and its Discontents" 722-71). Por consiguiente, en esta narrativa cultural hay un modo de entender lo cubano, que reprime y, a la vez, trata de incorporar ese Eros original para construir el amor social entre blancos y negros.

¿Cuál es la especificidad de estos tipos populares? ¿Cómo trabaja Ortiz su heterogeneidad y diversidad? A pesar de las diferencias de tiempo histórico-social entre el negro brujo, el jugador de maní y el negro curro, estos sujetos son urbanos, populares y, en algunos casos, pueden destacarse por su marginalidad. Viven en los barrios urbanos de las afueras de la ciudad, trabajan en pequeños oficios o vagan sin profesión definida. Son descendientes de esa población negra, criolla y liberta que, según Saco, amenazaba ya desde los años 1830, a la minoría blanca con su dominio de los pequeños oficios, y también a la población negra, ligada de algún modo a África, a través del arte, la religión, la música, los cabildos y el ñañiguismo: los José Pimienta de la novela de Cirilo Villaverde o los ñáñigos que exorciza Carpentier en *¡Ecue-Yamba-Ó!* Ante la diversidad de la población negra y la heterogeneidad de significantes de cada una de sus "personas" sociales, Ortiz los representa en un doble juego narrativo (adentro-afuera) y a través de una serie de referentes yuxtapuestos. Lo "cubano", como el cocorícamo, actúa como un doble movimiento que lleva a la síntesis a partir de la referencia a su contrario; es decir, al "contrapunteo". Sin embargo, la socialización es un proceso de aprendizaje y, para el narrador cultural, estos sujetos inauguran, a partir de la "magia" sincrética de la escritura, un camino de acceso posible a la utopía del amor nacional.

En *Los bailes y el teatro de los negros en el folklore de Cuba*, Fernando Ortiz describe varios tipos de diablitos ñáñigos: los íremes o írimes, el travesti Kulona y el cocorícamo que también llama cocorioco. Otros personajes de las comparsas, como los "pelúos", tienen sus raíces en la concepción del hombre salvaje del carnaval europeo, junto con la visión de los "genios de la selva" del carnaval africano, como el Egungún de los yorubas.[94] Los diablitos ñáñigos, como los "pelúos", presentan características de animales y seres totémicos, que alegorizan la muerte o estados de espiritualidad superior. Sin embargo, muchos de estos diablitos, que formaban parte del carnaval habanero del Día de Reyes, pertenecían a la religión abakuá o ñáñiga.[95]

---

[94] Egungún es el espíritu de la muerte para los yorubas, que, con su máscara de palmas, simboliza un animal totémico o un ser del otro mundo. Respecto a la influencia del hombre salvaje europeo en estos carnavales, Ortiz señala que "personifican a los espíritus silvanos, dríades o faunos que reinan en los bosques y gobiernan la producción agraria" (Ortiz, "Los viejos carnavales..." 218).

[95] La fiesta del Día de Reyes era un carnaval muy popular en La Habana del siglo XIX, en el que esclavos y libertos salían a desfilar con sus comparsas o como líderes de sus cabildos. También era costumbre que los esclavos o libertos se le acercaran al gobernador de la provincia para recibir un regalo que, muchas veces, era algún dinero. La fiesta del Día de Reyes desaparece con el nuevo siglo por el miedo que causaban los negros en la población y porque eran "salvajes" y "no civilizados". Ver los ensayos de Ortiz, *Los cabildos y la fiesta afrocubana del Día de Reyes* y *Los bailes y el teatro de los negros en el folklore de Cuba*.

Los ñáñigos o abakuás son una secta religiosa de origen Calabar, del sur de Nigeria, que se traslada a Cuba con la esclavitud a mediados del siglo XVII. Los primeros grupos abakuás surgen en 1830 en las ciudades de La Habana, Regla y Guanabacoa, así como en los puertos marítimos de Matanzas y Cárdenas (Ortiz *La tragedia* 7). Sus creencias provienen, según señala Enrique Sosa y Rodríguez, de un antiguo pacto de tierras y de hermandad entre cuatro jefes de las tribus Efor y Efik. Este pacto se funda en la adoración al tambor sagrado, que traduce milagrosamente la voz del espíritu del pez tance. La voz de este pez, según el mito original, fue escuchada por primera vez por Sikán, la hija de Iyamba-efor, uno de los jefes principales. Sikán le revela el secreto a su amado, Mokongo, hijo del jefe de la tribu Efik y su traición es castigada con la muerte. La muerte de Sikán simboliza la alianza tribal entre esos cuatro jefes, que, desde ese momento, no permitirán la presencia de una mujer en la hermandad sagrada. Para Sosa y Lydia Cabrera, la muerte de Sikán alude a un pasado matriarcal de estas tribus.

Sobre esa presencia femenina en el mito, que en el ritual sagrado se representa con un hombre vestido de mujer haciendo las veces de Sikán, Ortiz señala: "el argumento trágico comienza por la mitológica traición de una mujer, así como la edénica Eva inició el drama humano; y sus hijas y las hijas de sus hijas forman un coro perenne pero visible y silencioso que no puede penetrar en el sagrado recinto de los misterios" (23). La traición femenina es, por consiguiente, el tabú principal que se recrea continuamente en el ritual. Durante la iniciación de un hermano o "ecobio", la muerte del cabro –que alegoriza ese primer sacrificio, o sea la muerte de Sikán– es la parte más importante del ritual y la que logra la purificación para que pueda escucharse el tambor sagrado.[96] Luego de la muerte del cabro, que simboliza un "hermano", el animal es castrado y sus testículos se llevan a la cámara secreta del Ékue o el tambor sagrado. Este rito de "cargar" o purificar el tambor tiene, según Ortiz, un parecido significativo con una de las iniciaciones de los misterios eleusinos, donde también se le ofrecen los testículos del animal sacrificado a la llamada Diosa Madre. Para Ortiz, el tambor sagrado abakuá también tiene el poder de la Madre original.

Luego se realiza la ceremonia de la limpieza, que es oficiada por los diablitos y que se hace con un gallo negro, símbolo de la virilidad. Después de su iniciación, el iniciado tendrá que defender a sus hermanos de la potencia siguiendo un código de moral y de sociabilidad masculina. Como se ve en *¡Ecue-Yamba-Ó!*, este código cultiva la devoción a los hermanos, quienes defienden hasta la muerte su lealtad a

---

[96] Ver la representación literaria de una iniciación ñáñiga en mi análisis de *¡Ecue-Yamba-Ó!* de Alejo Carpentier en el capítulo III de este trabajo.

una potencia. Esto, según Ortiz, asoció el ñañiguismo en el pasado con la criminalidad y el vicio.[97] La agresividad se asocia con dicho código de moral masculina. Por lo tanto, cualquier asomo de feminidad u homosexualidad en sus miembros es tabú: "en ella no se admiten sino varones y se rechazan los amujerados, llamados *eronkibá, aboró* o *ankuni*".[98] Por consiguiente, los oficiantes del ritual, especialmente los íremes, se relacionan directamente con la sexualidad varonil:

> No es de excluirse la posibilidad de que la figura del diablito ñáñigo tuviera originalmente algún simbolismo sexual. Sus extraños pasos y sacudimientos han inspirado a alguien una interpretación realista de tipo mimético, pensando que el íreme trata en ocasiones de simular "muy estilizados pero inmediatamente reconocibles, los gestos de un gallo en el acto del ayuntamiento sexual" [...] De todas maneras, es muy verosímil que el íreme tuviere algún símbolo fálico; llevando una especie de cetro hoy convertido en un vulgar itón, o palo de potencia mágica, que el íreme mueve en su diestra [...] En algunas danzas del Congo, de carácter funeral relacionadas con ritos agrarios de fecundación, ciertos danzantes llevaban enormes falos de madera. (*La tragedia...*14)

La potencia masculina que se le atribuye al diablito es central para entender su rol como "oficiante" o "facilitador" del ritual. En Cuba, el diablito mantiene su carácter masculino, aún cuando ya ha perdido toda la asociación directa con el símbolo fálico original. El "itón", o vara mágica, se convierte en el centro alegórico de su virilidad, lo que le da a este mago sobrenatural una caracterización masculina. Como señala Bárbara Balbuena Gutiérrez: "La función principal de los íremes es la de purificar o castigar a los miembros de la hermandad y supervisar el funcionamiento de las ceremonias.[...] Purifica y despoja a todos los que le rodean: los obonekues, los invitados, los dignatarios, los instrumentos musicales, la tierra, la palma, la ceiba, a sí mismo" (14). Dicho conjuro o despojo incluye no solo a los presentes, sino también a los sujetos que se consideran tabú, como los muertos y

---

[97] El propio Ortiz admite que sus estudios de criminología comenzaron por "una curiosidad extrema por las sociedades secretas", lo que lo lleva a interesarse por los juegos o potencias ñáñigas en La Habana. También las lecturas de algunos textos, como *La mala vida en Madrid* de Constancio Bernardo de Quirós y *Los criminales de Cuba* de Trujillo Monagas tuvieron una influencia clave en su obra. Sobre este particular señala: "Pero en realidad yo nada sabía de cierto de los ñáñigos, y desde entonces me propuse a estudiarlos y a escribir un libro que se titulara *La mala vida en La Habana*, e incluir al ñañiguismo como uno de sus capítulos más llamativos". ("Brujos y santeros", 98).

[98] Resulta interesante que, como señalan Lydia Cabrera y Sosa y Rodríguez, estas palabras no son de origen Efik, como muchos de los vocablos ñáñigos, sino originarias de Cuba.

las mujeres (14). Esto llama la atención, ya que la muerte simbólica del cabro y la recreación del mito de la "traición" femenina son el eje central de la ceremonia.[99]

Los íremes tienen el poder de conjurar la muerte y "limpiar" la atmósfera de lo malo o tabú, propio del ritual mágico, a su representación carnavalesca. En su pose carnavalesca, los íremes adquieren un carácter de "muertos aparecidos", que hacen movimientos de pantomima "adrede para dar la impresión de cierta extraña sobrehumanidad que impresiona y atemoriza a los espectadores"; también "realizan la función religiosa y social de mantener el temor al misterio" (*Los bailes* 469-71, 483). En este sentido, el narrador retoma el dicho ñáñigo: "la boca del diablito está en sus manos y en sus pies", para destacar el poder sobrenatural de la "función teatral" del lenguaje corporal y su incorporación a la escritura (471). El íreme provee una entrada al ritual mágico de la escritura como lenguaje físico. Resulta significativo que el diablito no pueda hablar y traduzca sus estados de ánimo a través de sus gestos. Aquí, el gesto acompañado de voz, propio de la moral social masculina del brujo, el jugador de maní y el curro desaparece. El silencio del íreme conjura otro gesto "mágico", distinto de los conjuros jergales de Bocú, el brujo antisocial. Es una figura del "otro mundo", que "limpia" la escritura, proveyéndole un cuerpo mimético, que actúa como un texto transformador. Con el íreme se inaugura una escritura que reclama el cuerpo y lo purifica, conjurando sus abyecciones: la muerte y lo femenino.

Es, sin embargo, en la figura de otro diablito, el travesti de las comparsas del carnaval, que se representa el sincretismo celebratorio de la escritura. La cubanía logra aquí su síntesis más representativa, ya que el danzante Kulona es una figura alegórica de la *transculturación* narrativa, no como contrapunteo, sino como posible síntesis. El diablito Kulona es una figura atractiva para la narrativa cultural porque lleva en sí lo masculino y lo femenino. En su *Glosario de afronegrismos*, Ortiz asocia su nombre a la voz "kulona" que en mandinga significa "sabio" (151-2). Sin embargo, el uso de la voz "culona" como también se le llama al diablito, alude también al "ancho aro en la cintura con el que bailaba sosteniendo una falda" y a la pintura con la que se "transfiguraban los rasgos faciales del danzante" (446).

---

[99] Este tabú de lo femenino llega, según Bárbara Balbuena, a extremos machistas: "'El concepto de hombre a toda prueba' incluye en su juramento la siguiente máxima: 'No se dejará pegar por nadie, y mucho menos por mujer' o 'Ekue odia a las hembras'. Otros tabús contra lo femenino incluyen: 'No estará permitido tomar bebida en el mismo vaso con mujeres'. Para brindar se le entregará un vaso que utilizará ella solamente o junto a varias mujeres. El hombre no le servirá a las mujeres ningún tipo de bebida; esto representa una bajeza o flojedad. Las mujeres pueden tomar todo lo que deseen pero se servirán ellas mismas" (10).

Aquí se juntan, por consiguiente, dos visiones sobre el carnaval. Por un lado, el travestismo sagrado de los rituales africanos que, como señala Margaret Drewal en relación con la cultura yoruba, reproduce y problematiza las construcciones de lo masculino y lo femenino (172-90); y, por otro, lo celebratorio y jocoso, o lo que Bakhtin ha identificado como *the lower stratum* u orificios del cuerpo humano propios del grotesco. Según Bakhtin, el cuerpo físico se abre desde estos espacios, se fragmenta en funciones de absorción y expulsión e intenta su fusión creativa con el mundo que lo rodea (317). La falda que lleva el Kulona en la cintura guarda el secreto de la identidad sexual del diablito: "el tenue susurro de esas fibras misteriosas es misterioso como algo que quiere ocultarse escurriéndose entre la maleza [...] selvático frufrú, aunque débil es bastante para denunciar el movimiento de algo invisible que se desliza en la sombría espesura del bosque, un reptil, una fiera, un espíritu, un misterio" (450). El "hueco" o aquello que no conoce, en el lugar del sexo biológico conforma la identidad "mágica" del diablito haciendo posible su concepción andrógina. Nótese que Ortiz lo define como "reptil", "fiera" o "espíritu" una definición que va desde lo que representa la serpiente, como animal fálico pero al mismo tiempo asociado al pecado femenino, hasta el espíritu transcendente. Así, el travesti sagrado, en su integración de lo masculino y lo femenino se convierte en una entidad sobrenatural, que lleva y enmascara el enigma de su identidad.

Sin embargo, la misma condición del "más allá" lo sitúa como una figura menos amenazante dentro de la narrativa. El danzante travestido es una alegoría del retorno transformativo a un espacio cósmico y a la misma vez "pasa" y desfila de un modo celebratorio en la comparsa carnavalesca del Día de Reyes. En ese sentido, el Kulona, como el íreme, es un tipo de representación que se sale del cuerpo físico y orgánico y se sitúa en el discurso. Por consiguiente, nunca será llamado "eronkibá" (homosexual) pudiendo cumplir así con el dicho ñáñigo: "para ser hombre no hay que ser abakuá, pero para ser abakuá hay que ser hombre" (Sosa 307). El concepto de la masculinidad en la sociedad cubana, asociado aquí con "ser hombre", es del que parece sin embargo, derivar la denominación festiva "culona" ya que estamos hablando de un hombre disfrazado con una falda ancha en su cintura.

Para Ortiz, el diablito es un metatexto creador y transformador. El gesto travesti y su sacralidad reproducen los límites de la narrativa. Lo masculino y lo femenino se sitúan en la representación misma, reproduciendo la cultura cubana como un "rostro de variados colores." Sin embargo, esta visión creadora y mágica del espacio cósmico no anula la pugna de referentes de género que coexisten en la figura del travesti. Por consiguiente, el imaginario de la cultura cubana se funda desde la tensión y la repulsión que subyace dentro de lo masculino y lo femenino (Sarduy *Escrito sobre un cuerpo* 48).

Sin embargo, lo que Ortiz define como la "magia de los seres de otro mundo" que hará del carnaval su alegoría de la nacionalidad cubana, no se cierra con esta síntesis entre lo masculino y lo femenino que representa el Kulona, sino con el enigma que personifica otro diablito, el llamado cocorícamo. Ortiz crea su definición del cocorícamo, a partir de la figura de otro diablito de comparsa llamado cocorioco. En un primer ensayo Ortiz define a los dos grupos de comparsa como:

> [Los *cocoriocos* eran] numerosas máscaras, grupos de hasta 80 a 100 con cabezas de buey muy cornudo, de caimán, de perro, de chivo y trajeadas con ropa "ripiá"[....] Jefe de las comparsas era el Jíbaro, un negrazo, desnudo de torso, brazos y piernas, rayado en la cara como un lucumí [...] que representaba un ser misterioso, un espíritu de la selva como genio de vegetación, y los *cocorícamos* eran las bestias del monte, aparecidos en todos los ritos agrosexuales [...] cada *cocorícamo* trepaba como mono por las casas, donde decían pesadeces y extravagancias y con frecuencia se apoderaban de las cosas a mano, como hacían en su tierra en ocasión de las fiestas rituales de laxa conducta. ("Los viejos carnavales...", 217-8, énfasis en el original)

En esta cita aparecen las cualidades de animal fabuloso, que se le atribuyen a los cocoriocos, y la relación indirecta que se establece con sus cualidades bestiales y la virtud agrosexual del jefe de la comparsa: un negrazo desnudo con la cara rayada como un lucumí. Mientras que el cocorioco representa la sexualidad en relación directa con la raza y la religión del jefe, los cocorícamos, "como seres bestiales", se dedican a "trepar como mono" por las casas y a "simular" que roban o a robar directamente. Aquí, los cocorícamos se criminalizan y ya no encarnan la ingenuidad del diablito:

> Estos comparseros de los cocorícamos solían ser ñáñigos, así negros como mulatos y blancos, que trataban de revivir con disfraces distintos a los de sus diablitos o írime, los cuales eran perseguidos por la policía, sus viejos episodios callejeros. En ellos, con frecuencia, se enfrentaban los de un barrio con otro, entre dos *potencias* o juegos, y originaban fajazones a puñaladas para así dar desahogo a sus enconadas rivalidades históricas [...] Los *cocorícamos*, como todas las comparsas, antes de salir pedían permiso al celador del barrio, quien los hacía acompañar por algún vigilante, pero a veces las pasiones impulsivas y desbridadas predominaban sobre la sensatez y la vigilancia, y corría la sangre, sobre todo cuando unos cocorícamos salían de su barrio y entraban en el perímetro de otro en donde callejeaban sus cocorícamos respectivos. ("Los viejos carnavales...", 218, énfasis en el original)

Aunque muchas de las fuentes que usa para hablar de los viejos carnavales habaneros, provienen de la literatura costumbrista, Ortiz no trata de dialogar o corregir estas representaciones con sus teorías recientes sobre las contribuciones de las culturas africanas.[100] En este artículo, publicado en 1954, se asocia al cocorícamo con el ñáñigo, resaltándose una visión animalesca y criminal en la que se representa, como en el jugador de maní, una masculinidad agresiva. Por otro lado, el cocorioco adquiere una sexualidad exacerbada, encarnada en la figura del jefe de la comparsa, quien termina siendo el culpable de las pasiones "desbridadas" de su grupo. La figura del celador se antepone como sujeto de la "sensatez y la vigilancia", haciéndole frente a ese jefe del desorden.

Las definiciones de cocorícamo y de cocorioco que propone Ortiz en su *Glosario de afronegrismos* (1924) se distancian de ese origen criminal pero se asocian indirectamente con la raza, el género y la sexualidad. Ya la palabra cocorícamo forma parte del grupo de voces afrocubanas que se ha integrado al habla nacional. Es así como cocorícamo, pasa a ser "lo mismo que brujería". Algunos emplean esta voz afrocubana para ponderar una cosa: "tiene *cocorícamo* la solución de ese asunto"(115, énfasis en el original). Por otro lado, la palabra cocorioco toma un giro interesante:

> Denota extravagancia, fealdad, particularmente aplicado a la mujer: "Juana es un *cocorioco*". [...] Usó el vocablo Francisco de P. Gelabert en sus cuadritos de costumbres habaneras.[...] Quizás se aplicaría a las personas jorobadas y contrahechas, como les decimos "maleta" y luego por extensión a la fealdad corporal. (116, énfasis en el original)

En 1929, Ortiz unirá las dos palabras en su conferencia titulada "El cocorícamo y otros conceptos teoplásmicos en el folklore cubano", transformando nuevamente el significado y metaforizándolo como el enigma de la identidad cubana:

> El cocorícamo es el misterio mismo, que a la vez nos atrae y nos sobrecoge, nos humilla y nos exalta. Es lo que nadie sabe qué es, el eterno chismecito de la vida. Aquello de lo que todos hablan pero nadie dice su verdad y su sustancia por que no hay quien la sepa en realidad. Es también lo que tiene la mujer, lo femenil, lo que a ella nos atrae; en ocasiones ciegamente; otras con emoción transida de terror. Cuando el pueblo cubano quiere encarecer los atractivos de una mujer hermosa, dice de ella que"tiene cocorícamo." Lo mismo dice, valgan los ejemplos,

---

[100] En "Los viejos carnavales habaneros" –publicado originalmente en el *Programa oficial del carnaval habanero* de 1954, y en *La Revista bimestre Cubana* (1955)– Ortiz cita mayormente a Betancourt Cisneros (1950); Mesa Suárez Inclán (1887); Lorcas (1859) y Castellanos (1905).

del gran valor de un héroe: "tiene cocorícamo"; de la suma gravedad de un
enfermo: "tiene cocorícamo"; de la forzada y bochornosa pasividad ante un
vejamen atroz:"tiene cocorícamo"; de la intensidad del frío: "tiene cocorícamo";
de la velocidad insólita de un automóvil: "tiene cocorícamo"; del furor del
huracán:"tiene cocorícamo." En fin, se dice que "tiene cocorícamo" todo lo que
es extraordinario y sobrehumano. Y toda esta sobrehumanidad se extiende
plenamente a todo lo misterioso, hasta en su acepción más sacra. (290-1)

Esta combinatoria de significantes que, como dice Ortiz, son "acepciones
conexas y que se entrelazan alrededor de los dos elementos fundamentales que
son los de la extraordinariedad y los de la animalidad", se deriva de "los gestos de
cierto animal de mímica casi humana y de lo sorprendente de su configuración"
(297). La conexión directa que se hace entre cocorícamo y brujería traza un mapa
metonímico que nos devuelve a la jerga sagrada del brujo pero, no en su acepción
socializada, sino en su originalidad inexplicable. También nos trae de nuevo al
cuerpo sexual y erótico, "transido de animalidad", del jugador de maní o del jefe
de la comparsa y, de un modo ambivalente, a "lo que tiene la mujer", la pregunta
sobre el origen y sobre la muerte.

A partir de las referencias indirectas a la raza, el género y la sexualidad se
entremezclan significantes relativos a la admiración, al horror y al miedo.[101] El
enigma de la identidad se reconfigura, por consiguiente, a partir de un eros femenino
y creativo, que se va haciendo desde la monstruosidad de lo sexual y que forma
una fuerza de atracción y repulsión. La sexualidad femenina es "la emoción
transida de terror" y sobrecoge la bestialidad masculina, que huye del enigma del
origen. Aunque ambos elementos forman la escritura, y esta quiere constituirse
como fuerza fálica, se puede afirmar que el deseo de purificar los tabúes de la
muerte y de lo femenino, propio del íreme, se rescatan en la figura del cocorícamo.
La escritura como modo de abolir la muerte da paso al rumor, que recrea el enigma
del cocorícamo como un misterio subversivo, cambiante y transformativo, ya que
cada quien lo interpreta a su manera, y le atribuye otro significante, dándole una
cualidad ilegítima que, paradójicamente, provoca camaradería entre los hablantes:
"El rumor no es error, sino primordialmente (originalmente) errante; siempre está
circulando sin que se le pueda asignar un origen" (Spivak 23). En ese sentido, el

---

[101] Otros conceptos de la cultura cubana, como el "choteo" de Mañach y el propio "tabaco"
en Ortiz, juegan con esta serie de significantes alternos. También otros vocablos que
analiza Ortiz, como el "merequetén", el "bilongo", la "timba", la "rabia" y "zumba", se
caracterizan por ser lo que él llama "conceptos teoplásmicos", que expresan "lo inefable";
esa "caverna profunda del misterio" del significado.

cocorícamo, a diferenica de la figura del travesti sagrado, abre la narrativa a los límites del lenguaje y la representación. Este acto reproduce un "hueco" del significado y un vacío: el de la identidad y el origen. Esta ambivalencia ante el poder del lenguaje, que no resuelve el enigma de la identidad, sino que lo abre a más interrogantes, antepone la figura sincrética del travesti sagrado como clave de la identidad. Sin embargo, la identidad cubana sigue siendo un enigma sin resolver, en el que sólo se mantiene la "magia" performativa del lenguaje.

Ambas representaciones, como las de los otros diablitos o íremes, buscan recuperar y conjurar lo mágico-textual, entremezclando la raza, el género y la sexualidad. Sin embargo, como revela la multiplicidad de significados del cocorícamo, el enigma del sujeto de la escritura sigue siendo un misterio que sólo se deja ver a través de las diversas máscaras que lo van constituyendo y de su horror-atracción hacia ese "itón", o vara mágica que lo constituye, y a la fuerza originaria de lo femenino. La escritura como lugar de alianzas, pero también de pérdidas, crea una posición de sujeto indeterminada, cuya única opción es la de posicionarse en los límites de la representación. Este sujeto se enmascara y, mediante el travestismo cultural, manipula los referentes de raza, género y sexualidad para escribirse a sí mismo en el hueco de su propio origen:

> Nadie reconocerá al individuo que baile con la máscara. Decirlo era un delito punible con la muerte. Hoy es todavía violación de un secreto de los dioses, que ellos castigarían [...] Y las máscaras jamás serán vistas por nadie que no sea su sacerdote guardián, para lo cual se esconderán cuidadosamente en cajas cerradas y enterradas en un monte o metidas en un pozo. Y su posesión será celosamente disputada y mantenida, porque poseer las caretas es tener algo de la potestad de traer a su presencia ciertos seres del otro mundo. (438)

La máscara es alegoría y disfraz de una subjetividad incompleta y, como señala Jacques Derrida en *Of Grammatology*, al hablar de la representación, también produce una relación narcisista y promiscua entre lo que se representa y lo representado: entre ese yo que narra y sus propios límites (36). El travestismo, como significante, concatena una serie de referentes que se definen a través de la máscara, ya que la máscara encubre lo que el texto no quiere dejar ver y, al mismo tiempo, alude al texto como engaño. Para Severo Sarduy, esta es la contradicción que articula la máscara como eje creador del texto:

> La aparente exterioridad del texto, la superficie, esa máscara nos engaña: ya que si hay una máscara, no hay nada detrás; superficie que no esconde más que a sí misma; superficie que, porque nos hace suponer que hay algo detrás, impide que

la consideremos como una superficie. La máscara nos hace creer que hay una profundidad, pero lo que ésta enmascara es ella misma. (48)

Detrás de la máscara, que no es más que la superficie del texto y la escritura –o lo que éste deja ver y, al mismo tiempo, encubre– se accede al vacío mismo de la no identificación. Si, como señala Mary Russo parafraseando a Jacques Lacan, la sexualidad femenina se entiende siempre como una máscara, entonces, la máscara del travesti adquiere el matiz de lo femenino, ya que "Aquí la máscara se ve como lo femenino (para hombres y mujeres), y no como algo que esconde una identidad femenina estable. Lo femenino es una máscara que enmascara la no-identidad" (224). El texto se origina y se pierde en ese hueco de la no-identidad y del origen: el de la sexualidad femenina. Por consiguiente, el "secreto" o enigma mágico, que descifra el narrador, es el de su propia subjetividad, tan feminizada, sexualizada o mediada como la de esos otros que desea contener en la representación.

Este problema, que es también el "síntoma" contradictorio de la escritura freyriana, será, en Ortiz, la forma más abierta de traducir el "gesto" o la mímica de la cultura. En ese sentido, su visión sobre la cultura nacional y los discursos que la cruzan será, no solo por su temática, sino también por la relación problemática que establece entre sociedad, cultura e identidades, un buen punto de partida para la lectura crítica de la producción etnográfica de algunos autores contemporáneos tanto en Cuba como en el Brasil.[102]

---

[102] Según Kevin A. Yelvington, y como he señalado a lo largo de este trabajo, la tradición sociológica y etnográfica brasileña se encuentra muy ligada a la cubana y ambas se mantuvieron en diálogo con las escuelas sociológicas y antropológicas en Estados Unidos. Es así como Ortiz influenció directa e indirectamente las ciencias sociales en el Caribe y el resto de América Latina. Como ya señalé en el capítulo II, Gilberto Freyre fue discípulo de Franz Boas, y Fernando Ortiz se mantuvo en diálogo con los trabajos de Brolisnaw Malinowski (1884-1942); Melville Herkskovits (1895-1963) y Franklin E. Frazier (1894-1962). En el Brasil, Fernando Ortiz mantuvo comunicación escrita e intercambió trabajos con muchos etnógrafos de su generación, como Arthur Ramos (1903-1949) que, influenciados por los trabajos de Raymundo Nina Rodrigues (1862-1906), fueron precursores de los estudios afro-latinoamericanos (227-60).

Capítulo VI

Otras etnografías:
sobre héroes, santeros y travestis

> Para que todo signifique hay que aceptar que
> me habita no la dualidad, sino una intensidad
> de simulación que constituye su propio fin, fuera
> de lo que imita: ¿qué se simula? La simulación.
> —Severo Sarduy, *La simulación*

> Como criatura del lenguaje, el escritor está
> siempre atrapado en la guerra de las ficciones
> (de las hablas) en la que solamente es un juguete
> puesto que el lenguaje que lo constituye (la
> escritura) está siempre fuera de lugar (es
> atópico).
> —Roland Barthes, *El placer del texto*

1. DIÁLOGOS INTERTEXTUALES Y SIMULACIÓN

¿Qué vigencia tienen la obra de Gilberto Freyre y Fernando Ortiz en la etnografía y la literatura contemporáneas? ¿Por qué recuperar sus definiciones sobre la cultura en este fin de siglo? Parte de esta recuperación corresponde a la integración de saberes científicos y literarios que buscan responder a la pregunta respecto a la identidad "brasileña" y "cubana". Si las narrativas freyrianas y orticianas se organizan dentro de las "modernidades desiguales" de sus respectivas naciones para reproducir un modelo en el que las nociones de centro y periferia se cuestionan constantemente, mantienen, gracias a esta noción de modernidad, una pertinencia clave (Benítez Rojo, García Canclini).

El travestismo cultural, como modelo estratégico, construye esta complejidad a partir de la representación de los otros —negros y mulatos— creando así una escritura llena de diálogos sociales y referencias subjetivas. En el diálogo entre lo social-cultural y lo individual-subjetivo, estas narrativas producen un discurso necesario para entender la realidad latinoamericana contemporánea. La tensión inherente a estos modelos de lo "cubano" y lo "brasileño" produce, desde el travestismo cultural, un discurso en el que las "identidades" se van haciendo en la hibridez de la propia escritura y de los modelos culturales que se quieren representar. El diálogo es, por un lado, una alianza intertextual de saberes en ese campo tan contaminado de la literatura y la etnografía, está lleno de "sociabilidad" como diría Ortiz; por otro, se va formando desde el cruce de poderes y la ambivalencia frente a sus "otros." En ese sentido, las etnografías contemporáneas siguen el travestismo cultural como estrategia central de la escritura, regresando nuevamente a la pregunta respecto a las identidades nacionales e individuales –raciales, sexuales y de género– y a la problematización de la subjetividad que esto conlleva.

Biografía de un cimarrón (1968) de Miguel Barnet, *Carnavais, Malandros e Hérois* (1979) (*Carnivals, Rogues and Heroes,* 1991) de Roberto Da Matta, *Hablen paleros y santeros* (1994) de Tomás Fernández Robaina y *Travesti: A Invenção do Feminino* (1993) de Helio Silva han sido vistas por la crítica y por sus propios autores como textos "posmodernos", especialmente por la presentación ex-céntrica de la figura del narrador, la reflexión subjetiva y la hibridez de su composición. No obstante, estos textos se abren mucho más a la complejidad que le da la definición de "narrativas posmodernas", ya que reflejan una forma de escritura que continúa con las mismas reflexiones y las mismas problemáticas de esa modernidad desigual y en cambio constante, que está presente en la obra de Gilberto Freyre y Fernando Ortiz.

En el caso específico de dos textos etnográficos, que ya forman parte del canon literario latinoamericano, como *Biografía de un cimarrón* de Barnet o *Carnavais, Malandros e Heróis* de Da Matta, esta continuidad es innegable, pues, a pesar de que incorporan el factor de la lucha de clases, mantienen un diálogo con Freyre, Ortiz y la tradición ensayística de sus países. *Travesti* de Helio Silva y *Hablen paleros y santeros* de Fernández Robaina tratan temas como el travestismo y las religiones afrocubanas, respectivamente. Sin embargo, no solo aluden a muchos de los temas que ya he presentado a lo largo de este trabajo, en particular la cultura nacional vista como un conjunto de referentes semióticos en donde la raza, la sexualidad y el género intentaban fundar un nuevo lenguaje travestido de representación, sino que analizan directamente a negros y mulatos populares, pasando, como en el caso de Silva, desde el malandro hasta el travesti. Por consiguiente, estos textos se abren a otras polémicas contemporáneas, ofreciendo, al mismo tiempo, un espacio de diálogo, subversión y continuidad respecto al ensayo freyriano y orticiano.

Uno de los puntos de contacto entre ensayos tan diversos, y la cualidad intertextual e híbrida de sus discursos, forma parte de ese "fin de siglo" latinoamericano que, como ha señalado Francine Masiello, inagura un discurso moderno que crea a su vez una síntesis compleja y desigual de temáticas, géneros y escrituras.[103] Estas cuatro etnografías se inscriben en una trayectoria que va entrelazando los discursos de raza, género y sexualidad, a partir de tres temas

---

[103] Según Francine Masiello, en su ensayo *Between Civilization and Barbarism. Women, Nation and Literary Culture in Modern Argentina* (1992), esta visión de las culturas de fin de siglo

principales, que ya están presentes en los trabajos de Freyre y Ortiz: 1) el cuerpo del otro como marca racial, sexual y de género, que articula una sociabilidad propia y una identidad nacional; 2) el carnaval, como ritual de inversión, y sus lenguajes, que forman un cuerpo trascendente; y finalmente, 3) el travestismo, como categoría del lenguaje y de una subjetividad ambigua en la escritura.

En todas estas etnografías se describe una serie de personajes que representan el cuerpo de la nacionalidad (cubana o brasileña) y la propia trascendencia de ese cuerpo. Es así cómo la clasificación de Da Matta de "malandros" o "héroes", influida por la sociología de la literatura, y el modo en que se aplica al caso de Brasil, será el punto de partida para analizar los "perfiles" de personajes que cumplen el papel literario de "cuerpos relacionales" en el drama de sus sociedades (198-266).[104] Estos etnógrafos clasifican ambiguamente a sus "informantes" como "héroes", "santeros" (donde caerían, no solo los practicantes de la religión yoruba, sino también los paleros y los abakuás) y, finalmente, "travestis", una categoría compleja entre subjetividad y apariencia, que se va construyendo, como señala Silva, "desde su propia ficción" (146).

El "héroe" en Da Matta es un personaje muchas veces sacado del folclore popular, que logra sobreponerse al carácter anónimo de la masa o *povo* brasileño de diversas formas, ya sea como renunciador, pícaro (malandro) o bandido, trascendiendo las jerarquías que la sociedad le impone. En Barnet, Esteban Montejo cumple, por medio de su experiencia de vida y su lenguaje, la función de ser "testimonio" o "memoria viva" de la historia revolucionaria de Cuba. En ambos coexiste, desde el ritual relacional en el caso de Da Matta y de la creación del binomio ideal Barnet-Montejo, la voluntad de acercarse a los otros y entender su lenguaje. El cuerpo, como constante del lenguaje social y de sus articulaciones, se desplaza en las dicotomías que impone la cultura y construye un tipo de moral social que se asocia con la masculinidad y el "hombre nuevo" revolucionario. Al igual que en los trabajos de Freyre y Ortiz, esta trayectoria del cuerpo marca al sujeto y organiza el tiempo subjetivo de lo social y de la historia. Los dioses del otro, que Da Matta llama *cavalos* o caballos espirituales, ayudan, en ambas etnografías,

---

latinoamericano, como una serie compleja de discursos que entrelazan no solo movimientos artísticos, sino también las políticas de identidad frente al Estado, es crucial para entender tanto los discursos del fin de siglo contemporáneo como la complejidad del fin del siglo XIX.
[104] La crítica brasileña, desde los trabajos de Sílvio Romero hasta los de Antonio Candido, se ha caracterizado siempre por tratar de entender la relación entre literatura y sociedad. Ver los ensayos de Candido, y Eva Paulino Bueno.

a organizar el cuerpo social, compenetrándose para crear un tercer espacio a través de las relaciones personales y los rituales.

En el caso de *Hablen paleros y santeros* de Fernández Robaina, el tiempo histórico de la Revolución Cubana –desde 1959 hasta los años noventa– es una categoría que, a diferencia del caso de Barnet, se sitúa en el presente y se entrelaza con la dura realidad del diario vivir. Si en Barnet se busca una relación directa entre sujeto y revolución, en *Hablen paleros y santeros* se debate la formación de nuevas identidades en el presente de la Revolución Cubana. Los hombres y las mujeres que practican las religiones afrocubanas –santeros, paleros y abakuás– revelan los cambios que han sufrido sus religiones y los ajustes que tienen que hacer para sobrevivir. A pesar de que se representa la escasez económica, hay un discurso de la abundancia por parte de los hablantes, en el que se entremezclan la fe de los practicantes y la fuerza del ritual. La figura del autor, como practicante de la religión y organizador de los testimonios, se revela de formas muy interesantes. En Lepe-Lepe, un informante que conforma el *álter ego* del autor, se consolidan muchas de las posiciones subjetivas de los relatos. Estas posiciones junto a la incorporación que hace Fernández de algunos "patakíes", o mitologías sobre los orishas, así como sus meditaciones sobre la sexualidad y la raza, son claves para entender las posiciones complejas y subjetivas de la escritura de este texto.

El texto de Helio Silva *Travesti: A Invenção do Feminino* se centra en la ambigüedad social, corporal y literaria que representa la figura del travesti, y el modo en que ésta traduce la formación del autor en sujeto de la escritura. El investigador, como el travesti, "finge" y "miente" para ganarse la confianza de sus informantes, al hacerse pasar por homosexual. Es así como las meditaciones de lo que se considera "masculino" o "femenino", tanto en la vida diaria de los travestis como en su propia subjetividad, son una parte muy importante del texto, pues articulan la autorrepresentación del "investigador" como un personaje más que frecuenta los bares y las *boates* travestis del Largo da Lapa en Rio de Janeiro. A pesar de que Silva quiere distanciarse de la categoría tradicional del travesti como "animal mitológico", tan presente en otras etnografías, y como se ha visto, un símbolo fundamental en la obra de Ortiz, su meditación sobre lo femenino como una construcción social vuelve a articular el enigma de la identidad y la dificultad de su definición, articulando lo femenino como lo abyecto e innombrable.

Si la identidad, como lo femenino, no se puede definir, la escritura como ese intento fallido de definir-se por medio del otro, solo puede entenderse desde esa misma contradicción. Es así como ésta se va haciendo desde sus propias contradicciones y a través de la búsqueda de ese cuerpo "ficticio", que termina reformulando, ya de forma inevitable, la pregunta respecto al carácter mismo de su funcionalidad: el fingir de la ficción, esa característica necesaria que va forjando la escritura y recreándola desde su simulación.

2. EL HÉROE NACIONAL: MEMORIA Y COLECTIVIDAD

> Yo creo que políticamente yo soy un negro también, en la medida en que tengo que tomar conciencia de la cultura nacional [...] Identificarme con los problemas de los negros, no por exotismo de identificarme con alguien que no tiene nada que ver conmigo, sino por asumir la cultura negra en relación a la cultura cubana.
> –Miguel Barnet. "Entrevista con Emilio Bejel"

> Temos aqui saudade como uma pessoa viva e falante. Pessoa que demanda e persegue.
> –Roberto Da Matta. "Para uma antropologia da saudade"

No cabe duda de que uno de los héroes más populares de la literatura contemporánea latinoamericana es el negro cimarrón-revolucionario Esteban Montejo, protagonista de la canónica novela-testimonio *Biografía de un cimarrón* de Miguel Barnet. En efecto, la "pequeña historia" de Esteban Montejo, un esclavo criollo que trabajó en varios ingenios de las provincias del norte de Cuba, se convirtió en cimarrón y participó en la Guerra de Independencia contra España, se "arma", en el sentido en que lo entiende Manuel Moreno Fraginals, para crear un nuevo sujeto: el héroe revolucionario (1-23). El héroe, como en muchos relatos de la historia oficial, es una representación creada por el historiador, por el que escribe. Pero el llamado al habla de Esteban Montejo, lo que Antonio Vera-León entiende como un discurso "friccionador", no sólo sitúa al esclavo en "situaciones enunciativas inaccesibles a su oralidad", sino que, paradójicamente, lo desplaza a un espacio de conflicto, de represiones y de silencios (3-5). Las preguntas de Vera-León resumen dicho conflicto: si Montejo es quien habla en el texto, ¿desde dónde se narra?, ¿qué lenguaje-otro es el que sostiene y arma el relato? (6). Existe, pues, una relación directa entre este conflicto del habla y la escritura, que ya ha sido discutida por muchos críticos, y que se centra, principalmente, en la "creación" del nuevo héroe revolucionario Esteban Montejo, como primera persona narrativa y voz del relato, y a su vez como "conciencia del heroísmo" (Cuervo Hewitt, González Echevarría, Luis).

Si esta conciencia se construye a través del habla de Montejo, hace falta también el "espíritu apasionado" del nuevo historiador-literato para crear una fusión, un binomio trascendente, el del hablante-escritor (Moreno Fraginals 15, Sklodowska 145). ¿Existe, entonces, una conciencia heroica en los dos o aparece ésta como una contradicción y un juego del texto? Como ha visto William Luis, Montejo, más que héroe revolucionario, se convierte, por las contradicciones y los silencios de su discurso, en un "antihéroe", cuyo "machete" adquiere un significado ambiguo, dada la realidad político-social y racista de los períodos de la historia cubana, que el ex-cimarrón vive como "testigo". Sus ataques directos a las políticas racistas, posteriores a la abolición, en las Guerras de Independencia, y durante la llegada de los estadounidenses son solo algunos ejemplos de que el discurso de Montejo no habla únicamente de unidad nacional, sino también de las políticas raciales como espacios de conflicto y desunión (Luis "The Politics of Memory" 486-91). Ese "héroe revolucionario" simbólico que Barnet quiere construir se hace desde la articulación relacional y conflictiva del lenguaje en el binomio Barnet-Montejo. Dicho carácter relacional, así como la tensión entre lenguajes y cuerpos, hace que la *Biografía* pueda verse como un "texto travesti", ya que, la búsqueda de la integración de un nuevo lenguaje se figura a través de un juego dentro-fuera del cuerpo del otro (Montejo) y del yo subjetivo del que narra (Barnet) (Cuervo Hewitt 53-66).

En la *Biografía*, el deseo de Barnet de ver a ese otro negro como "parte de sí mismo" y como parte de su subjetividad, proviene directamente de la tradición etnográfica de Ortiz. Aunque esta tradición se complementa con la ideología histórica marxista y los preceptos de la educación de la moral socialista y del "hombre nuevo" de Ernesto Che Guevara, se advierte una necesidad de presentar la masculinidad y la sexualidad de Esteban como factores claves de la construcción de la ficción literaria. La construcción del cimarrón como el "hombre nuevo" revolucionario mueve una serie de discursos sobre la hombría, la sexualidad y la moral ciudadana, que a su vez se socializan, ya que, Barnet los organiza de modo que coexisten con su caracterización de Montejo.

Existe, pues, una visión androcéntrica y masculina de la Cuba socialista, que Barnet toma de los preceptos de Ernesto Che Guevara, en especial de su ensayo "El socialismo y el hombre en Cuba": "el hombre es un producto en proceso" dice Guevara, "ya que carga en su conciencia los prejuicios que lo formaron en un pasado" (158). También se propone una relación dialéctica entre hombre e historia, en la cual el comunismo se percibe como el plan del futuro "formador del hombre nuevo". Aunque el hombre nuevo ya se está formando, se necesitan intérpretes de esa nueva realidad, que actúen como canales de comunicación entre el individuo y el pueblo. El más importante de estos canales es la educación y su intérprete es el artista, que, como todo revolucionario, se encuentra "guiado por una fuerte pasión amorosa" lo que lo convierte no solo en un intérprete, sino en un líder que conoce, entiende y se comunica con el pueblo (163-4). Tanto el artista como el ciudadano revolucionario viven de acuerdo con la justicia y el sacrificio que la moral revolucionaria les enseña. Así, la historia se ve como la evolución personal del hombre, ya que, como señala Barnet: "La historia aparece porque es la vida de un hombre que pasa por ella", lo que convierte a Montejo en "un legítimo actor del proceso histórico cubano" (10, 12). Sin embargo, y aunque participe en las hazañas colectivas, Montejo es un individuo "desconfiado" y "huraño", "lo que lo hace vivir aislado o, más bien, despegado de sus semejantes" (11).

De ese modo, parecería contradictorio que la desconfianza y la soledad sean las metáforas con las que se organizan los símbolos de hermandad y fraternidad nacional. Durante toda la novela-testimonio se destaca la desconfianza del cimarrón y se resalta el período de la vida en el monte como uno de abundancia y plenitud subjetiva, aunque Esteban no hablara con nadie, no tuviera relaciones sexuales y viviera "en la ignorancia de todo" (47). Ese período de iniciación, como ha señalado Juan Duchesne, alude a la representación de la subjetividad de Esteban Montejo como el "monte" lleno de misterios, intuiciones y conectado a la tierra (70-9). Si, como señala Duchesne, los orichas del monte –Osaín el yerbero y Ogún Aguanillé el guerrero– marcan su carácter como espíritu salvaje, su carácter huraño, del mismo modo Esteban se encuentra influenciado por el maltrato de la vida en la esclavitud y la marca de la orfandad: "por cimarrón no conocí a mis padres. Ni los vide siquiera" (15). La orfandad de Esteban hace que Barnet vea su participación en las guerras como la necesidad de crear un sentimiento de familia, en este caso, de una familia nacional; y aunque el cimarrón no se identifica claramente con muchos de los héroes de la Guerra de Independencia, a los que llama "criminales", hace eco de una serie de frases que lo involucran en esa familia nacional, como por ejemplo: "Lo más lindo que hay es ver a los hombres hermanados", un comentario que hace con respecto a la vida del campo, pero que alude indirectamente a un discurso de hermandad nacional futura que, según Barnet, ya se ha cumplido con la Revolución (142).

Este discurso aparece también en su visión sobre Martí, a quien localiza, curiosamente, como figura intermedia en las fronteras geográficas cubanas y lo llama "el patriota de Tampa" y "el hombre más puro de Cuba" (105).[105] Su comentario final sobre Antonio Maceo, cuya estatua "mira para el pueblo", termina

---

[105] Aquí Montejo localiza a Martí fuera de Cuba, en Tampa, Estados Unidos, viéndolo como una figura de pureza pero que se encuentra fuera del espacio de la guerra. Un dato interesante, que responde a los modos en que se entendía la figura de Martí hasta mediados de la década del veinte. La "invención" de Martí, para usar la frase de Rojas, como parte del

creando un perfil de hermandad revolucionaria e igualdad futura entre los hombres, frente a la figura del "líder." Si Montejo tiene un discurso o un habla "cimarrona", Barnet enfrenta el reto de representar y organizar ese habla.

En relación a la sexualidad del cimarrón, vista a través de los juegos "solo de hombres", como las peleas de gallos, la galleta, la botija o el maní, no son sólo muestras de la vida social de los ingenios, sino que representan un cuadro subjetivo de ese binomio Montejo-Barnet, en el que la masculinidad tiene una importancia primordial. Mucha de la crítica que se ha referido a la vida sexual del esclavo-cimarrón se ha enfocado mayormente en su condición cuasi célibe. Sin embargo, la *Biografía* está llena de encuentros sexuales furtivos e, incluso, la potencia sexual del protagonista es una de las características más importantes de su subjetividad, ya que, como dice el propio Montejo: "el monte y las mujeres eran mi vicio" (27) y las mujeres "son una cosa muy grande" (66). En la primera cita, alude al monte, un juego de cartas muy popular en aquella época. Pero también el "monte" hace referencia a la naturaleza o, más bien, a la unión de naturaleza y sexualidad, que remite a un origen. Como ha visto González Echevarría, la asociación del "monte" de Esteban, como el que origina y hace posible la voz, feminiza de un modo ambiguo la figura del cimarrón. Para González Echevarría, esto corresponde a un gesto más bien literario, ya que en la segunda ola del género de la novela testimonial en Cuba predomina la mujer protagonista a la que se le adjudica "una vuelta a los orígenes y sugiere un regerso al útero, una suerte de estado de estancamiento, anterior al nacimiento y la violencia" (117).

Sin dejar de reconocer que hay una serie de influencias generacionales que une la visión de estos escritores, la feminización del negro cimarrón, como la de casi todos los personajes negros y mulatos de estas narrativas, se puede ver como un tipo de sujetividad en la que se integra "lo femenino" con el fin de crear una alianza posible entre los dos sujetos masculinos. Es así como el monte, al igual que el cocorícamo de Ortiz, adquiere una serie de significantes en los que se entremezclan lo físico y lo sobrenatural. Como señala Lydia Cabrera:

> El negro que se adentra en la manigua, que penetra de lleno en un "corazón de monte," no duda en el contacto directo que establece con fuerzas sobrenaturales que allí, en sus propios dominios le rodean: cualquier espacio de monte por la

---

territorio isleño corresponde a la elite intelectual de los años de la república. Aquí sigo las reflexiones sobre Martí de los ensayos de Arcadio Díaz Quiñones, Ottmar Ette, Julio Ramos, Iván Schulman y más recientemente, Agnes Lugo-Ortiz y Rafael Rojas quienes señalan la importancia de entender estas fronteras geográficas y subjetivas en la obra martiana, para poder analizar críticamente su visión del cuerpo, el sacrificio, la guerra y la escritura.

presencia invisible o a veces visible de dioses y espíritus se considera sagrado [...] Toda cosa aparentemente natural, excede los límites engañosos de la naturaleza: todo es sobrenatural. (*El monte* 13-4)

Tanto el monte como las mujeres se forman desde un halo de misterio, el de lo femenino, en donde la sexualidad controlada por las fuerzas opresivas y económicas de la esclavitud simboliza un tipo de liberación, asociada con la naturaleza, ya que es en la manigua, el cañaveral o el río donde se tienen las relaciones sexuales: "Cerca de todos los ingenios había un arroyito. Se daba el caso en que iba una hembra detrás y se encontraba con el hombre en el agua. Entonces se metían juntos y se ponían a hacer el negocio" (29). Para Montejo, la mujer es tan agresiva como el hombre, tiene derechos sexuales, trabaja igual que el hombre y participa en la guerra: "Antonia Romero fue una mujer entera [...] Fue teniente coronel de la independencia" (107).[106]

Esta masculinización de lo femenino corresponde a la realidad histórica de la esclavitud en Cuba. Como ha señalado Manuel Moreno Fraginals en *El ingenio*, el mundo social del esclavo era mayormente masculino, ya que las mujeres esclavas escaseaban y existía "un profundo desequilibrio entre ambos sexos" (159).[107] La atmósfera social del relato de Montejo representa un universo, marcado por relaciones masculinas, que van desde el contacto homosocial en el trabajo hasta las diversiones, la guerra y la homosexualidad. Como señala Esteban:

> Otros hacían el sexo entre ellos y no querían saber nada de las mujeres. Esa era su vida: la sodomía. Lavaban la ropa y si tenían algún marido le cocinaban [...] Después de la esclavitud fue que vino esa palabra de afeminado, porque ese asunto siguió. Para mí que no vino de África; a los viejos no les gustaba nada [...] A mí, para ser sincero no me importó nunca. Yo tengo la consideración de que cada uno hace de su barriga un tambor. (39)

Parecería que Montejo atribuye el sexo entre hombres a la forzosa convivencia masculina de la esclavitud y añade que, aunque "ese asunto siguió" mucho después de la esclavitud, no existía un término como "afeminado" para referirse a estos hombres. Ya en su relato de la Guerra de Independencia, Montejo define los usos

---

[106] Esta aseveración de Montejo es una función narrativa de Barnet, en la que se alude a los cambios que la Revolución logra en el discurso feminista. Sobre la importancia del discurso feminista para la Revolución Cubana, ver Leiner.
[107] También en Brasil el sistema esclavista sostenía este mismo desequilibrio de sexos, lo que hacía que la sodomía fuera una práctica común en los barracones. Ver Mott.

de la palabra "maricón", entendida como "cobarde", un aspecto que lo diferencia
a su vez, de los "cobardes" y de los "afeminados" convirtiéndolo en lo que el
mismo llama "un hombre entero" (160). Los juegos populares que describe Esteban
aluden a esa sociabilidad masculina o "performativa" que se ve en las narrativas de
Freyre y Ortiz. En varios de estos juegos, calificados por Esteban como "de relajo",
el pene se convierte en el instrumento principal del juego, que, como el maní que
describe Ortiz, también juegan los negros y los blancos:

> Yo me acuerdo de uno que se llamaba "la galleta". La operación para ese juego
> era la de poner en un mostrador de madera o en un tablón cualquiera, cuatro o
> cinco galletas duras de sal y con el miembro masculino golpear fuerte sobre las
> galletas para ver quien las partía. El que las partía ganaba. Eso traía apuestas de
> dinero y trago [...] Otro juego de relajo era el de la botija. Cogían una botija
> grande con un agujero y metían el miembro por él. El que llegara al fondo era
> el ganador. El fondo estaba cubierto de una capita de ceniza para que cuando el
> hombre sacara el miembro se viera bien si había llegado o no. (27)

Nótese, que aunque Montejo describe en detalle estos juegos, nunca admite
haber participado en ellos, ya que se ve a sí mismo como un hombre "serio" al que
no le gusta el "relajo." Montejo, más que partícipe, se califica a sí mismo como
"obsevador a distancia", lo que le da muchas ventajas a la narrativa, ya que, en la
caracterización del "héroe", los juegos de "relajo", particularmente, los relacionados
con la sexualidad, no serían apropiados. Por eso da la impresión de que el cimarrón
es cuasi célibe, aunque se presente la variedad de encuentros sexuales que tiene
con las mujeres o "gallinas." La sexualidad se ve como un poder trascendente, que
se relaciona directamente con las fuerzas anímicas de la naturaleza.

El universo subjetivo de Montejo se caracteriza por la magia de la naturaleza:
"Hay cosas que yo no me explico de la vida. Todo eso que tiene que ver con la
naturaleza para mí que está muy oscuro, y lo de los dioses más [...] La Naturaleza
es todo" (13). Dentro de esa totalidad, África aparece como el lugar de referentes
desde donde se busca el dominio de la naturaleza a través de la magia. El africano
viejo, y en el caso de la *Biografía*, los congos, son los que lo educan en la magia,
enseñándole el amor a la tierra y creándole una genealogía familiar: "Para los
congos el árbol es una cosa muy grande. De él nace todo y en él se da todo. Es
como un dios" (127); "El africano era un sabio en todas las materias. Las costumbres
son más importantes que los conocimientos" (149); "Ese viejo congo era como
un padre para mí" (120). África, como el lugar del conocimiento y fuente de ese
"otro" saber, desempeña un papel muy importante en la formación del binomio
Montejo-Barnet, ya que, al igual que en el caso de Carpentier y de Ortiz, la narrativa

se nutre de ese discurso "mágico" para crear un dominio simbólico y lingüístico que aspira a la totalidad; una totalidad que, más que "hacer hablar" al otro, "habla" con el otro porque sin el otro no puede formarse como "diálogo vivo" (7).

Si, como señala Barnet en la introducción a su novela-testimonio, hacer hablar es hacer literatura, la memoria subjetiva en la *Biografía* se construye a partir de esa fusión con el otro, que busca crear una trayectoria de la memoria. Esta trayectoria de la memoria forma, en el binomio Montejo-Barnet, una visión progresiva de la historia. También construye un monólogo, que se funda en la contradicción que representa el habla misma. El "hablar de memoria" es, pues, una forma porosa de contar plagada de gestos y de oralidad y un factor clave en el vínculo entre el cuerpo-voz y el compilador-razón. El cuerpo del cimarrón, construido a trazos a partir de la subjetividad de Barnet, es un trazo que escapa, de un modo paradójico mientras más se le provee esa ilusión de totalidad. El "yo no entiendo" de Montejo al final del texto, se une a muchos silencios e interrogantes de la formación de este "héroe-antihéroe" en los intersticios mismos de la narrativa, lo que hace que el sujeto se sitúe en el vacío de su ilusión totalizadora.

En las etnografías de Roberto Da Matta, los héroes remiten, a diferencia del héroe revolucionario en Barnet –ya sea por sus rituales sociales o por su carácter ficcional–, a una serie de oposiciones diversas. El héroe puede ser un malandro que llega a hacerse rico; un bandido a caballo en el sertón brasileño que roba a los ricos y les entrega dinero a los pobres, o un beato como Antonio Conselheiro, que provoca una invasión militar. Incluso, puede mantener todas estas contradicciones en lo que Da Matta, siguiendo a Freyre, califica como "totalidad contradictoria." Los héroes de Da Matta adquieren una virtud trascendente que radica principalmente en la forma única en la que actúan frente a los sistemas político-sociales que los oprimen. Estos héroes no se fijan en la historia del modo en que Barnet lo hace en su novela testimonio, sino que llevan, en su propia corporeidad, el cuerpo físico de la nación brasileña y lo van "democratizando" y escribiendo en un "tiempo único", que Da Matta identifica como el "tiempo brasileño". Aunque, en algunos momentos, como en el carnaval, estos héroes, que permanecen anónimos hasta que llega "ese" instante o situación que los mueve a "otro espacio", pueden verse como parte de un tiempo cósmico, su mayor logro, lo que los hace "seres de otro mundo", es la forma en que subvierten esas mismas leyes universales que les son negadas.[108]

---

[108] Un ejemplo de este tipo de héroe se puede ver claramente en la figura del beato Antonio Conselheiro, que se alza contra las leyes de la primera República brasileña de un modo muy particular, ya que al mismo tiempo que critica "la abolición del matrimonio por la iglesia y

El ritual es, en la fuerza de su repetición, lo que le da cierta unidad al "ethos" brasileño. Por consiguiente, en su interpretación semiótica de la cultura –muy influenciada por los trabajos de Gilberto Freyre, Clifford Geertz, Marcel Mauss, y la teoría del ritual de Victor Turner– Da Matta retoma el concepto freyriano de *pessoa* para interpretar los movimientos de ese cuerpo. Al igual que Freyre, Da Matta lee ese cuerpo como un significante racializado y sexuado, pero añade el factor de clase para entender la sociedad brasileña, no como una hermandad nacional, sino como una sociedad jerárquica en la que los prejuicios raciales y de clase crean un abismo económico entre los ciudadanos. Para Da Matta, la sociedad brasileña es una mezcla de dos formas contradictorias: por un lado, la del modelo liberal y universalista, que crea la noción de "individuo" con sus instituciones democráticas; por otro, una sociedad jerárquica y clasista, en la que el "favor", los "mediadores" y el "servicio" son las estrategias vitales que usa el ciudadano para ignorar las leyes.[109]

Da Matta continúa la tradición del método freyriano al utilizar la literatura como punto de partida para entender la sociedad brasileña. Junto con su esquema del ritual, esta dialéctica conceptual produce un tercer espacio-tiempo: el brasileño. Al igual que en Freyre, el tiempo brasileño, es un tiempo social en el que la literatura provee no solo las fuentes, sino la noción misma de escritura: el acceso a un tiempo cósmico. En ese tiempo cósmico, el cuerpo racializado y sexuado vuelve a ser la vía principal. Sin embargo, aunque el narrador retoma este aspecto freyriano, sus tipos intermedios no suelen aludir a homosexuales, ni siquiera a hombres afeminados y, si lo hacen, es siempre en el contexto del carnaval. Por otro lado, sus héroes, que están tomados de la literatura, son personajes masculinos del folclore del pueblo brasileño, muy influenciado por el Romanticismo.[110] Este factor no los "afemina"; más bien contribuye a su interpretación de la figura del héroe como un rebelde contra el sistema.

Por consiguiente, se crea una serie discursiva de elementos, donde se formula una tríada conceptual formada por el ritual, su temporalidad y los personajes

---

de las instituciones eclesiásticas" cumple a cabalidad las mismas leyes de la nueva República que son la libertad de culto, asociación y expresión. La quema de los papeles de la República es lo que, según Euclides Da Cunha, provoca la invasión de Canudos. Ver Euclides Da Cunha.

[109] Esta descripción de la sociedad brasileña, como la sociedad del "favor", también ha sido discutida por Roberto Schwarz en su ensayo "As Ideas Fora do Lugar".

[110] Aunque también ha dedicado algunos ensayos a personajes o heroínas femeninas como Dona Flor, la protagonista de la novela de Jorge Amado *Dona Flor e seus Dois Maridos* (19-46).

participantes del ritual. Todos los actores del ritual personifican el ritual en sí y viceversa, localizándose como cuerpos fuera o dentro de la ley, según sea el caso. Este aspecto, muy similar a la interpretación de los carnavales y las religiones afrocubanas en Ortiz, alude al tiempo de la nación. La temporalidad brasileña es fundamental para esta escritura, ya que traduce el tiempo de la literatura misma; una cualidad subjetiva y muy brasileña, que, según Da Matta, se identifica, de un modo muy freyriano, con la *saudade* o nostalgia. Es así cómo Da Matta define su antropología como una "antropologia da saudade":

> Fazer uma antropologia da saudade é tentar compreender as categorias que comandam o intelecto e a ação, a teoria e a práctica, o evento e a estrutura, num estilo de sociologia que deixa saudade. No fundo desejo realizar uma antropologia que mostre a sociedade não apenas como sistema econômico o político, mas como uma totalidade complexa que ás vezes se revela por inteiro: iluminada e reflexivamente [...] Conforme ensina o poeta, é a noção de saudade que nos faz refletir e, sobretudo, sentir com mais vigor, presença e intensidade o nosso amor e a ausência dos entes e das coisas que queremos bem. Ou seja: sei que amo porque tenho saudade. Sei que sinto a falta de um lugar porque dele sinto saudade [...] a saudade fala do tempo por dentro. Da temporalidade como experiência vivida e reversível que cristaliza uma dada qualidade. ("Para uma antropologia" 17-22)

El compromiso del etnógrafo, tanto con su objeto de investigación, como con sus informantes, es tan subjetivo y amoroso como el vínculo que se crea con una persona querida. En ese sentido, la escritura es una forma de memoria del pasado, pero también aparece como una forma de auto-interpretación por medio del objeto, lo que él mismo ha llamado, retomando el título de Gunnar Myrdal, "el dilema brasileño", y de la interacción contradictoria de los cuerpos ritualizados que la forman.

En *Carnavais, Malandros e Heróis* (1979) hay varios ejemplos del modo en que se forma la tríada ritual-cuerpo-temporalidad. Da Matta divide el drama social de la sociedad brasileña en tres tipos principales de rituales: los desfiles militares, el carnaval y las procesiones religiosas. Estos rituales se insertan dentro de dos dominios fundamentales, que son la casa y la calle. Estos rituales parecen diferenciarse profusamente entre sí; cada cual tiene sus personajes principales, lo que resulta demasiado rígido para entender la complejidad diaria de la sociedad brasileña. Aunque en algunos, como el carnaval o las fiestas patrias, participan todo el pueblo, se mantienen las diferencias. Por ejemplo, los desfiles militares que se realizan en días patrios, como el Día de la Independencia, se definen como rituales del orden. En estos rituales se crea un tiempo homogéneo:

O desfile militar cria um sentido de unidade, sendo seu ponto crítico a dramatização da idéia de corporação nos gestos, vestes e verbalizações que são sempre idênticos[...] ficam separados autoridades e o povo e, dentre as autoridades, aquelas que detêm e controlam maior ou menor parcela de poder. (45)

En esta organización jerárquica, el personaje principal o el ciudadano que simboliza este ritual es el *caxias*, un sustantivo derivado del Duque de Caxias, personaje histórico del Brasil del Imperio, que se usa para referirse a las personas que siempre siguen la ley, que son "cuadradas", rígidas y muy organizadas. Al contrario del desfile militar, el carnaval alude al desorden, a la integración de las clases sociales y a un tiempo cósmico fuera de la homogeneidad de los días patrios. En esta dialéctica del orden y el desorden, como la califica Da Matta, las procesiones son un ritual neutro, ya que contienen la apertura cósmica del espacio del carnaval y la jerarquía del desfile religioso que traduce el poder de los santos o su comunicación directa con ellos. El renunciador es el personaje principal de este ritual, personificado, en el texto, mediante la figura de Antonio Conselheiro, un beato que se aleja de la sociedad por motivos religiosos pero cuya renuncia se entiende de forma política y logra rebelarse ante el sistema, creando sus propias reglas y su universo (236-50).

El personaje que articula el desorden del carnaval es el "malandro" de la calle, una figura parecida al pícaro pero que, como el "chévere" o el "curro" cubano, busca acercarse a las clases altas y vive siempre al margen de la ley. Por consiguiente, se asocia directamente a lo marginal y, como señala Da Matta: "é um ser deslocado das regras formais da estrutura social, fatalmente excluído do mercado de trabalho, aliás definido por nós como totalmente avesso ao trabalho e altamente individualizado, seja pelo modo de andar, falar ou vestir-se" (204). En esta descripción vuelven a surgir las características del cuerpo como significante necesario –racial y sexual– que hay que socializar. El malandro es un "individuo" dentro de su sociedad, un epíteto negativo, que rompe el esquema relacional de la "persona" en Brasil (133-5). Sin embargo, aunque Da Matta no racializa al "malandro", hay un subtexto que llega de forma indirecta por su caracterización cuando dice que: "Pedro Malasartes é o paradigma do chamado malandro, freqüentemente vestido com sua camisa listada, anel com efígie de São Jorge e sapatos de duas cores, em sua caracterização urbana" (204). Esta imagen es similar a la del marginal urbano de Ortiz cuyo dominio principal es el espacio "peligroso" de la calle.

La calle es por donde se pasea la ambigüedad del malandro, pero también donde se lleva a cabo el ritual del carnaval. El carnaval para Da Matta es un ritual de inversión de las jerarquías, donde los dominios de la casa –como espacio íntimo, femenino y privado– y la calle –como lo público, masculino y abierto– se entrelazan y parecen borrarse (71). Esta dialéctica entre la calle y la casa, tomada de Freyre, adquiere en la descripción de Da Matta un matiz muy interesante. A diferencia de Freyre, Da Matta no integra estos dos dominios fácilmente, quizás por la necesidad que tiene de no "erotizar" los espacios de la casa y de la calle, como hace Freyre (Capítulo III). Hay que recordar que para Freyre ese erotismo traduce, a su vez, el amor entre las clases sociales y es de clara influencia freudiana, un factor que no se encuentra en Da Matta.[111] Sin embargo, aunque se alude a un tiempo cósmico, el centro del carnaval lo forma el cuerpo sexualizado:

> O Carnaval[…] o corpo não só se desnuda, mas se movimenta, revelando todas
> as suas potencialidades reprodutivas. O corpo exibido no Carnaval, então, mesmo
> quando visto sozinho, exige seu complemento masculino ou feminino. É um
> corpo que "chama" o outro, tornando-se sempre alusivo do ato sexual, da foma
> mais essencial de confusão e ambigüidade do grotesco, quando –como nos
> indica Bajtin– dois corpos se transformam num. (109)

Como en las descripciones del carnaval de Ortiz, el cuerpo se abre a todas sus posiblides como instrumento erótico y de placer. Dentro de esta serie de cuerpos, el de la mujer como prostituta es el centro del carnaval, ya que: "é colocada como o prêmio, o objeto final, desejado, central" (111). La visión de la mujer "controladora y en control de su deseo" organiza el deseo masculino, y, como señala Da Matta: "pois quem é a puta senão aquela mulher que coloca todos os homens em relação?" (110). Junto a ese cuerpo femenino –que mueve el discurso del deseo– se desplaza un orden compuesto por los *blocos* y los *sambeiros* o danzantes, que pone al frente a una mujer o a un homosexual disfrazado como *destaque*, que son los que llevan la coreografía (Da Matta 101, Russo 213-29). Aquí llama la atención la teatralización del universo del carnaval, donde los travestis representan el papel principal:

> Vêem-se, lado a lado, personificações carnavalescas da figura materna, da dona-
> de-casa exemplar (que cuida do marido e dos filhos e à noite assiste à sua novela
> de televisão), da própria mulher vista como uma categoria genérica e, na cultura

---

[111] La influencia tan clara de Sigmund Freud en la obra de Freyre hace que el niño y la mujer –en los casos de las mujeres fuertes como Dona Sinhá– se eroticen, de modo que se convierten en precoces, histéricos y neuróticos. Por esto, la problemática entre la neurosis y el deseo es tan importante en Freyre. Sobre la descripción de la casa y la calle como espacios erotizados, ver los capítulos titulados "O Engenho e a Praça", "A Casa e a Rua", "O Pai e o Filho" y "A Mulher e o Homem" en su ensayo de 1936, *Sobrados e Mucambos: Decadencia do Patriarcado Rural e Desenvolvimento do Urbano.* Tomo 1.

brasileira, poderosamente associada (paradoxal e simultaneamente) ao mundo do pecado (por meio da prostituta) e da pureza (por meio da Virgem Maria). Todas essas personagens são colocadas em cena por homens (homossexuais o não) vestidos como mulheres. Assim travestidos, eles despertam inveja e condescendência. (90)

Nuevamente, lo femenino pasa a ser, como en Ortiz, la fuerza creativa y el enigma de la teatralización de lo cósmico. Sin embargo, como gesto de fabricación y ambigüedad: "O espaço do Carnaval é assim, o espaço espremido entre a fantasia e roupa de trabalho, a mulher e a amante, o machão e o homossexual, a riqueza e a pobreza, o dominador e o dominado" (117). Para Da Matta ese espacio intermedio es un cuerpo "masa" que pierde toda noción de orden, como el "ni uno ni lo otro" de Ortiz. El carnaval se localiza en un espacio "fuera" del discurso indefinido o "malandro", donde la escritura se acoge a una dialéctica de orden y desorden (234).[112]

Parecería que mientras el malandro crea una "dialéctica del orden y el desorden" de lo brasileño, la mujer y el travesti crean un espacio desde donde se representa el deseo y la ambigüedad de lo femenino. En otras palabras, son una serie de cuerpos representativos de la fuerza cósmica del desorden, lo que deja ver claramente que también en Da Matta, como en Ortiz, existe una visión muy masculina del carnaval, en la que el horror frente al otro es lo que crea la ambivalencia. En palabras de Richard Parker, esta es la ironía principal de la organización del carnaval, ya que a pesar de su carácter liberador define "fantasías masculinas y deseos que continuan definiendo la sexualidad femenina; y, en este sentido, la moral burguesa sigue organizando la expresión de lo que debe ser una sensualidad más 'salvaje' o primitiva" (163).[113]

En esta escritura, la ambivalencia frente al carnaval forma esa serie de cuerpos (el malandro, la prostituta, el travesti), que amenazan el control del texto a medida que lo van creando. La jerarquía que une los dos dominios principales en Brasil, la casa y la calle, es la que sigue articulando ese llamado al orden en la escritura de Da Matta, quien admite que en Brasil el cuerpo que amenaza es puesto en su lugar con

---

[112] Roberto Da Matta se refiere al malandro como "el héroe sin ningún carácter." El hecho de que se hable de este héroe sin carácter alude, en el caso del malandro, a todo lo contrario, a "la fuerza necesaria para subvertir el orden", lo que termina sugiriendo un orden previo, que se subvierte constantemente. Da Matta toma su frase del título de la novela de Mario de Andrade, *Macunaíma: el héroe sin ningún carácter*. Sobre la dialéctica del orden y desorden en la literatura brasileña, ver el ensayo de Antonio Candido, "A dialéctica da malandragem".
[113] Ver una lectura crítica de esta visión masculina del carnaval, muy similar a la de Richard Parker, en Green.

una frase como "Você sabe com quem está falando?", que "ajusta" las leyes de relación social (155). A este héroe trascendente, ya sea el malandro o el travesti, que mueve la narrativa, se le da la oportunidad de subvertir el sistema en el rito de inversión del carnaval. A partir de esta reflexión, parecería que la concepción de dichos cuerpos en Da Matta, como figuras representativas de la subjetividad y la escritura, busca, como en la escritura de Ortiz, una trascendencia en el espacio del carnaval. Esta trascendencia pretende evitar el mismo cuerpo que lo seduce, ya que con esos cuerpos existe el deseo, y dentro del deseo, como en Freyre, se instituye nuevamente la *saudade* o nostalgia: "Temos aqui a saudade como uma pessoa viva e falante. Pessoa que demanda e persegue. E também como modalidade de tempo que acentuando o passado, apresenta uma memória alternativa daquela visão de tempo e de história[...] uma memória embebida" ("Para uma antropologia" 31).

La memoria se forma desde esa mirada y esa identificación con el otro, admitiendo que: "No final, quando olho detidamente para tudo isso, tenho um sentimento de derrota. É como se o círculo do ritual fosse por demais fechado para que se possa sair dele. Minha análise sucumbe às armadilhas dos seus múltiplos níveis"(117). La sensación de derrota sugiere la imposiblidad de salirse de la trampa del cuerpo del otro, del dominio de ese héroe-cuerpo sobre la representación del ethos brasileño. Aquí los distintos niveles hacen que el sujeto etnográfico se pierda, la diversidad de sujetos y temporalidades de la modernidad brasileña. En las etnografías de Fernández Robaina y Helio Silva, la multiplicidad de cuerpos y voces crea una serie de perspectivas entrelazadas, donde el texto-collage es el punto de partida principal para entender el yo que representa y lo representado. Desde este yo que se fabrica y busca perderse en esas nuevas voces es que se van creando otros espacios legítimos tanto política como culturalmente.

3. Nuevas voces: santeros y travestis

> Oye Elegguá, oye mi canto mi ruego, mi llamada. [...] Deja que la música llegue a Changó, Yemayá, Ochún, Oyá, Obatalá, Aggayú, y a Babalú Ayé [...] Ayúdame Elegguá, para que este bembé sea el más grande y sonado que le dé al dueño de mi cabeza.
> –Tomás Fernández Robaina, *Hablen paleros y santeros*

> É apenas um outro feminino, uma outra possibilidade do feminino. Em um país pobre

> e sem reais oportunidades de mobilidade social, salva-se quem for suficientemente ambíguo. O máximo de ambigüidade é a garantia da sobrevivência.
>
> –Helio Silva, *Travesti: A Invenção do Feminino*

Si las etnografías anteriores problematizaban la representación y su construcción de un lenguaje de lo sublime y de lo estético, que fija la figura del héroe como cuerpo y voz que articula la temporalidad de la nación, los siguientes textos se ubican en un lugar distinto, en el que se cuestiona abiertamente la "transparencia" de ese sujeto y esas voces que se interpretan. *Hablen paleros y santeros* de Tomás Fernández Robaina (1994) y *Travesti: A Invenção do Feminino* (1995) de Helio Silva traducen, más que una preocupación por el vínculo existente entre el yo y lo representado, un interés por desaparecer detrás de esa multiplicidad de voces, en un afán de situarse como marcos de lo que George Yúdice ha llamado "posmodernidades alternativas" en Latinoamérica (31). Estas posmodernidades alternativas se relacionan directamente con las nuevas exigencias del mercado económico y la globalización. Si en Brasil el nuevo mercado económico de la globalización ha privatizado muchas de las empresas y ha puesto gran parte de las iniciativas culturales bajo el control estatal, en el caso específico de Cuba la intervención de las políticas del mercado en la economía socialista ha creado nuevas iniciativas a nivel social-cultural, que no están totalmente controladas por el Estado y la burocracia partidista.

Estos textos dejan ver claramente la heterogeneidad cambiante de varios grupos socio-culturales, los de los santeros, paleros y abakuás en la Cuba contemporánea, y los de los travestis que viven de la prostitución en Rio de Janeiro y cuyas prácticas diarias de "intercambio" van creando nuevas formas de socialización política y cultural (Perlongher, *La prostitución*). Esta "creatividad social" centrada en la praxis de los grupos o comunidades, que surgen como espacios alternativos frente al Estado, transforma el producto híbrido del texto literario-etnográfico, que parece preocuparse menos por solucionar el enigma del sujeto de la escritura, y más por entender el lenguaje como un proceso que vaya a la par con este cambio. Aunque en ambos textos hay alusiones claras a la necesidad de un cambio social, este cambio no se traduce a través de la voz del autor, sino por medio de actores o informantes que son dueños de ese saber. Parafraseando a Yúdice, parecería que el enigma o el "secreto" de las prácticas de la comunidad queda controlado por el grupo, que solo le deja saber al etnógrafo una "verdad parcial" de lo que está sucediendo (19).

Desde esas verdades parciales se crean otras "verdades" para entender al otro; y, si la "verdad parcial" también forma parte de los textos analizados anteriormente, esto corresponde a que sea cual sea la postura –mantener la integridad del otro o la de hablar por él–, siempre se asume que existe una virtud trascendental en ese otro. Junto a esa "verdad parcial" inventada por el narrador cultural, está la praxis –en el sentido de cambio y transformación– de la que habla Yúdice, como el paradigma central de estas nuevas narrativas. Este cambio, contextualiza una narrativa que aunque repite esa forma progresiva del "no ser todavía" latinoamericano, no mira al pasado con nostalgia sino que se centra en lo que Néstor Perlongher describe como las "poéticas del éxtasis" y del presente, lo que hace que el lenguaje mantenga "algo de oracular en su esencia de palabra revelada" (*Prosa plebeya* 150). Dicha progresión, hace que estas etnografías remitan más al género del testimonio y al desorden de la libreta de notas etnográfica, que al desarrollo de una trama con personajes principales. Esta escritura es, pues, una praxis que se completa con la interpretación del lector y en la que las historias se contradicen constantemente. Según Helio Silva:

> Conto aqui sobretudo histórias. Algumas delas me soam como parábolas. Mas são parábolas paradoxais: quem as emite não as domina inteiramente. Parece que não as escrevi. Como um médium, recebo-as dessas entidades da rua que me ultrapasam. As vezes não as compreendo, ou as entendo parcialmente, como se contivessem camadas e camadas de significado. Que outros as interpretem. Que se faça a exegese daquilo que me ultrapassa. Dou testemunho. E lego folhas em branco para o leitor prosseguir. (18)

La parábola pierde aquí el sentido originario de su forma como conjunto de frases que expresa el sentido "verdadero" en una sola interpretación y se va abriendo al lector en una serie contradictoria de interpretaciones. Si el sujeto emisor y cognoscente –el dador de sentido a la parábola– no reconoce la autenticidad de su historia, la página en blanco, en desorden, queda como el único testimonio real del lector. En ese sentido, las palabras como un conjunto desplazado no describen la "verdad del texto" ni desean asumir una fórmula hermenéutica para interpretar lo representado. Por lo tanto, no resulta paradójico que ambos textos se organicen desde la perspectiva del lenguaje, no necesariamente desde el conflicto de la escritura y el "lenguaje hablado", sino desde las "hablas" múltiples que constituyen ambos discursos. Lo que domina en estos textos es un discurso de la fragmentación de esas hablas, ya que no hay una forma discursiva que parezca tener dominio sobre otra. Tanto para los santeros y las santeras del texto de Robaina, como para los travestis del Largo da Lapa, la contradicción es una parte fundamental de su habla.

De ahí que el cuerpo aparezca como fabricación del lenguaje y un instrumento por el que se cruzan discursos, ideologías y saberes.

En el hacer de estos textos como voces-cuerpos es importante la transitoriedad de perspectivas y poéticas que se combinan. Este aspecto parecería que desplaza al travestismo cultural, ya que deja de lado el intento de contener y subordinar al otro y aparece como un juego contradictorio de voces, en el que el narrador compite con el conjunto de voces en su propia escritura.[114] Al dejar de lado la necesidad de disciplinar la voz, ya no existe la necesidad de controlar el cuerpo. Pero como se verá más adelante en el análisis de la figura del travesti, el cuerpo, aunque ya transformado en una "fabricación" del lenguaje, sigue siendo un referente importante que hay que incluir para formular esas poéticas del presente en estos textos. En ese sentido, y parafraseando a Foucault, el cuerpo sigue siendo como en los discursos de la modernidad, una parte fundamental de la circularidad misma del lenguaje de la cultura, de lo social y del Estado (*Discipline and Punish*). Por lo tanto, la fragmentación de ese discurso, se va creando en la relación continua de los sujetos con la santería y el travestismo. Ambas prácticas organizadas en las articulaciones performativas del cuerpo social inscriben economías propias de saber contraponiéndolas a visiones fijas del Estado y la sexualidad.

4. Economías del cuerpo y la memoria en *Hablen paleros y santeros*

Atikaresete, el adivino del ciclo, consultó en el tablero de Ifá a Olódùmare y al mundo, cuando las personas iban donde él a pedir consejos para sus problemas, gritando: "Padre, Padre, he venido. Sálvame, por favor, sálvame". El contestó: "¿Cúal es el problema?" "Aquellos a quien les di poder, no usaron su poder. Aquellos a quienes les di sabiduría, no usaron la sabiduría

---

[114] También en los ensayos de Lydia Cabrera, *La sociedad secreta abakuá narrada por sus viejos adeptos* (1958), *El monte* (1975) y *Yemayá y Ochún* (1996), se parte de las voces de los informantes y la libreta de notas como punto de referencia para los trabajos etnográficos. De modo similar, en el ensayo de Fernández Robaina, las voces de los informantes forman un conjunto heterogéneo, que expresa una cualidad de "lo cubano." Este aspecto se define en la obra de Lydia Cabrera como un discurso de amor entre las razas que refleja una "democracia racial" a la cubana. Para Fernández, la santería, el palo monte y el abakuá no crean una "cubanía" unida cultural y racialmente, sino una multiplicidad de identidades, clases sociales e individuos que se relacionan entre sí.

que les di". Se le pidió que hiciera un sacrificio:
un pedazo de tela negra, un cordero negro,
veinte mil caurís y medicina de Ifá. Él lo escuchó
y realizó el sacrificio. Desde ese día se supo que
si un niño no conocía a su padre, aprendería a
defenderse por sí mismo.
–Ìwórì Òsá (Óraculo 87), *The Sacred Ifá Oracle*

De pronto todo me es lejano, sólo oigo los
tambores y me pongo a girar; quiero detenerme
pero no puedo; y me siento como si fuera agua,
una enorme ola de mar de la cual la gente huye
dejándome un espacio donde bailo a mis anchas
–Tomás Fernández Robaina, *Hablen paleros y
santeros*

Durante los últimos veinte años y, en particular, con la influencia del exilio cubano en el Caribe, los Estados Unidos y Europa, la santería afrocubana ha adquirido una popularidad sin precedentes. Se ha dicho que esta popularidad tiene que ver con el deseo de regresar a los valores espirituales propios de fines de milenio. También se sugiere que, como religión, la santería provee alternativas prácticas, que están al alcance de todos los creyentes, sin necesidad de "obediencia a un dogma" rígido como el de otras religiones. Al margen de estos debates, la santería afrocubana se ha convertido en una de las religiones de "moda" en el mundo globalizado. Según Tomás Fernández Robaina, el hecho de que hoy existan casas de santo "hasta en Berlín y en Tokyo" revela, ciertamente, un fenómeno de la globalización de la cultura.[115] Dentro de esa globalización cultural existe, también, una añoranza por el espacio del cuerpo orgánico, físico y mediado por momentos trascendentes; en otras palabras, por el cuerpo de la modernidad.

Se ha dicho, muchas veces, que esta nostalgia, esta necesidad de volver hacia atrás para deconstruir o desmitificar traduce mucho del "síntoma" de la posmodernidad. No obstante, mientras "se rompen los mitos de origen" el cuerpo sigue "encarnando" muchas de las prácticas socio-culturales y políticas en nuestro diario vivir. Se da, por lo tanto, una fusión entre el cuerpo y la memoria histórica, en la que las economías globalizadas se abren al intercambio y a la transacción. En estas nuevas historias, no se reclama una visión de totalidad frente a lo otro, sino que la memoria pasa a ser una economía más, en la que la experiencia se fragmenta

---

[115] Esta cita está tomada de su conferencia, "Blacks in Cuba: Past and Present", presentada en la Universidad de Michigan, Ann Arbor (abril, 1999).

en ejes diversos. Entender esta fragmentación subjetiva y transformarla en un discurso de apertura hacia lo otro es, como señalé en mis análisis de Gilberto Freyre y Fernando Ortiz, uno de los fines estéticos de la experiencia moderna. De esa manera, el artista moderno hace que la memoria traduzca la fragmentación del yo. El cuerpo es, por consiguiente, un canal, una vía por la que el tiempo metafísico se escribe en formas trascendentes. Un ejemplo claro de esto es la "anti-filosofía" moderna de Henri Bergson, en la que se describe una relación estrecha entre cuerpo y memoria, donde esos instantes de duración de la memoria —subjetiva, psicológica, trascendente— forman parte de una intuición creativa y performativa del yo-múltiple: una supra-conciencia. En ese sentido, los lapsus de la memoria —olvidar, recordar o reprimir— escriben la temporalidad del sujeto y hacen de la "evocación" un momento dinámico y creador:

> el movimiento mecánico del cuerpo, asegura la utilización adecuada de la totalidad y su performatividad en el presente. La memoria tiene que encarnarse, no en términos de su propio "presente" (respecto al cual es contemporánea) sino en términos de un nuevo presente, en relación con aquello que está en el pasado.
> (Gilles Deleuze, *Bergsonism* 71)

En nuestros días, la nostalgia por el cuerpo moderno, se ve en la búsqueda del poder trascendente de una memoria totalizadora, que inscriba las contradicciones del mundo contemporáneo (Díaz Quiñones *La memoria rota*). Es así como ese cuerpo encarnado (*embodied*) actualiza los procesos de una memoria histórica pasada para inscribirse en el presente. En la posmodernidad, no se concibe un cuerpo "original", sino que se habla, más bien, de las múltiples representaciones del cuerpo y de sus ejes performativos. Si el centro de esta performatividad, según Judith Butler en *Bodies that Matter*, está en la pulsión repetitiva del acto performativo, lo que lo convierte en una enunciación —o acto de habla— frente al otro, la santería escribe esta pulsión performativa, desde la negación de un tiempo causal. Existe pues, una relación directa entre el lenguaje, el *performance* y los usos del cuerpo en la economía de esta religión. Frente a estas economías habría que preguntarse cómo una religión moderna (y con antecedentes pre-modernos) puede articular estas contradicciones performativas en el mundo contemporáneo.

Para responder a estas preguntas es necesario entender las jerarquías que organizan las "economías" del saber en la santería, que, como religión, refleja las contradicciones culturales de su sociedad pero, al mismo tiempo, provee alternativas creativas y pragmáticas a sus seguidores. Según Roger Bastide, este factor es lo que hace que la santería y otras religiones populares sean propuestas "vivas" y "materiales" en la vida de los creyentes. Es aquí, en el cruce entre economía y praxis, que la santería traduce sus saberes para caer dentro de lo que Georges Yúdice define como "posmodernidades alternativas" en Latinoámerica (31). Mientras que estas "posmodernidades alternativas" se relacionan directamente con las nuevas exigencias del mercado económico y la globalización, la santería se abre como otra economía, donde el cuerpo, a pesar de estar cruzado por el mercado, sostiene su poder creativo y articula su poder político. Si la santería es, en ese sentido, un lugar del mercado económico cruzado de saberes modernos, ¿cómo entender estas economías del cuerpo de la religión en la Cuba contemporánea? ¿Desde dónde se lee el cuerpo como espacio de agencia en estas "nuevas economías"? En la narrativa-testimonio *Hablen paleros y santeros* de Tomás Fernández Robaina se pueden ver estas alternativas o "economías del cuerpo".

Los relatos y las acciones que organizan la santería revelan su funcionamiento como economía. Una de las más importantes se da en el diálogo con sus propias leyes y con las políticas estatales. En la santería siempre se mantiene un espacio de negociación y de transacción, donde el diálogo con las divinidades a veces se hace con respeto y otras veces en un "tú a tú". En este lugar mediado se accede a un doble discurso en el que se combinan la ley –oral y escrita– de la voz divina, y el hacer personal del creyente. Un ejemplo claro se ve en la umbanda brasileña en la que cualquier tipo de pedido para alcanzar un fin determinado se le llama *despacho* la misma palabra que se utiliza diariamente para cualquier transacción burocrática (Fry 196).[116] Otro ejemplo significativo llega a través de la voz de uno de los informantes de Lydia Cabrera en *El monte*, que cuenta la historia de Papá Colás, un hijo de Obatalá que se sentía tan cerca de su dios que lo insultaba abiertamente y por esta razón fue castigado. Papá Colás era también "un famoso invertido que sorprendiendo la candidez de un cura se casó disfrazado de mujer con otro invertido motivando el escándalo que puede presumirse" (56).

En las religiones populares, como la santería, hay que darles a los dioses para recibir de ellos y, así, lograr un balance en la vida del creyente. También, según cada orisha, el creyente debe profesar su devoción controlando algunas comidas o prácticas sexuales que puedan verse como "excesos" dentro de la religión. El sacrificio ritual es el pago a un dios, que en muchas ocasiones puede estar tan cercano como el Elegguá en la puerta de la casa, o tan lejano y ausente como Olofi, el dios que creó al ser humano y luego se olvidó de él. Estas transacciones se encuentran marcadas por la historia económica, política y social de los creyentes

---

[116] La umbanda es una religión sincrética del sur de Brasil (Río de Janeiro, São Paulo). Según Peter Fry, al igual que otros cultos sincréticos, como el de María Lionza en Venezuela, surge alrededor de 1920 con el desarrollo industrial de las ciudades y es una síntesis de los orichas del panteón Yoruba y el espiritismo Kardecista. Ver Fry.

pero, al mismo tiempo, remiten a su propio origen transformativo: el del "patakí" o historia de santo, la voz de la ley de Orula dueño del tablero de Ifá.[117]

Entre esta relación mediadora de la historia y la voz es que se origina la "ley de la divinidad", lo que hace que la santería afrocubana sea una religión cruzada de "historias". Desde los "patakíes" o mitos originarios de cada orisha, hasta el saber de los oráculos de la adivinación, se entrelazan un sinfín de historias orales, cuyo objetivo principal es transmitir las voces de lo sagrado. A través del *obi* (coco), el *diloggún* (caracoles) y el oráculo de Ifá (tablero o collar), se escucha la voz de los santos y se accede a sus consejos. Aunque la única voz de la adivinación en Ifá es la de Orula, que habla por el tablero de Ifá, los santos hablan simbólicamente a través de las distintas combinaciones. Por ejemplo, en el *diloggún* lo hacen a través de Elegguá, el dueño del caracol. Estos oráculos son de gran importancia ya que "marcan y señalan, desde el comportamiento del creyente hasta sus formas de expresión, sus comidas, sus ropas, el camino a seguir durante toda su vida, y poseen gran significación en nuestra sociedad" (Bolívar 7). Cada registro o lectura marca un comportamiento a seguir, que tiene que ver con la ley social y el desarrollo espiritual. Este desarrollo se escribe a través de los orishas, que describen los caminos del cuerpo y el espíritu. Desde su fuerza, estos orishas presentan visiones arquetípicas de seres poderosos con cualidades humanas, manteniendo una conexión profunda con el cuerpo y su representación. Para Carl Jung, esta posibilidad es la que hace posible la conexión síquica, social y cultural con el arquetipo, ya que "el arquetipo es, en sí mismo, vacío y puramente formal, meramente una *facultas praeformandi*, una posibilidad de representación, dada *a priori*" (13, énfasis en el original). Existe, por lo tanto, un vínculo estrecho entre la función síquica y transformativa de la religión –mayormente, en el instante de la posesión– en el que el arquetipo desempeña un rol fundamental. Ante la ley del "patakí" el arquetipo del orisha del fuego, del mar, de la guerra o el juego, revela una conexión síquica, material y corporal con un poder interior.

Desde estas relaciones contradictorias se construye una poética del cuerpo y de su trascendencia, que traduce el instante de posesión por la deidad y por el lenguaje. El trance o la posesión se inscribe como instante performativo, con sus peculiaridades y un 'tiempo' propio. La posesión es un acto ritual y disciplinado en el que el cuerpo "se condiciona" de ciertas formas para lograr ser "poseído" por un dios (Verger 85-9). La posesión se da en el instante en el que la música, el

---

[117] La palabra "patakí", "appatakí" o "patakín" se usa para referirse a cualquier relato o narrativa mítica que cuenta las historias de los dioses sagrados del panteón Yoruba y de sus vidas en la ciudad sagrada de Ilé Ifé, cuna de la civilización para las numerosas tribus Yoruba.

baile y la atmósfera condicionan sicológicamente al sujeto. El imaginario por el cual se entiende la "posesión", como la misma palabra lo sugiere, es sumamente sexual y alude a un tipo de control o dominio. Esto se ve claramente en expresiones como *cavalo*, *chèval* o "caballo" del dios en el candomblé brasileño y el vudú haitiano, o el santo que se "monta", "se sube" o te "marulla" en la santería cubana. Toda persona "montada" entra, simbólicamente, en una relación sexual con la deidad.[118] Sin embargo, la entrega no presupone, a pesar de que se describe a través de las construcciones sociales de género, una pérdida de poder, sino todo lo contrario. Aquel que se posesiona, danza con el dios, dice Pierre Fátúmbí Verger, de una forma poderosa, transformativa y liberadora. La performatividad de este acto provoca un estado de pérdida de la conciencia temporal, en la que el tiempo desaparece para el poseso: para éste no existe un "recuerdo" de ese instante de poder. Solo los que se encuentran "fuera" perciben el acto corporal, escuchan la voz del orisha personificado y reconocen el poder del poseso. Desde ahí, se marca la *performance* como unidad referencial para los que observan. Durante ese tiempo que se anula, el poseso exhibe la fuerza del dios que "encarna", como "medium" o canal de su lenguaje. Para Fernando Ortiz, la posesión es una unidad de ese canal —el cuerpo— con la danza y la música de los tambores. Esta mezcla inicia un diálogo "misterioso porque a su conjuro bajan los dioses y penetran en los cuerpos humanos y hablan en ellos, y los posesos sienten una inefable naturalidad en su trance místico" ("Los tambores ..." 282).

En el caso de las narrativas culturales latinoamericanas (literatura y etnografía), especialmente con sus distintas apropiaciones vanguardistas de las culturas "premodernas" o "primitivas", entender este lenguaje inefable fue un modo de dominar ese poder y concederle "magia" a su narrativa (González Echevarría, Fass, Matibag). Como he visto a lo largo de este ensayo, y en particular en la obra de Ortiz, el trance como metáfora, inagura el lugar del mito en su discurso literario-científico. Este discurso cruzado por este "trance metafórico", y de transculturación produce una ruptura con el lugar de origen que hace que el cuerpo pierda su raíz. (*Contrapunteo cubano* 89-90). Desde esta fusión entre el cuerpo y el espíritu, la ley del tótem, o del Padre, se abre a nuevos significados, al lugar de la anti-ley, de lo prohibido. La posesión implica también, un poder ambiguo. A medida que el dios toma posesión, "hace que el cuerpo de un sujeto actúe y se comporte como su dueño verdadero". Sin embargo, es, en esa "lucha" donde se da la transformación individual (Cabrera, *El monte* 28).

---

[118] Por esta razón, en el candomblé brasileño, solo las mujeres y los homosexuales tienen el poder de recibir a los dioses. Esta energía del dios les da, según Landes, un poder del que los hombres que se consideran heterosexuales y "viriles" no pueden disfrutar.

Escribir contra la ley del Padre es, por consiguiente, una de las formas de llevar el cuerpo hacia otras leyes simbólicas e inscribirlo en otros órdenes. Algunos de esos órdenes se dramatizan, según Sigmund Freud, en escenas de culpa, represión y desprendimiento, en las que el Padre es devorado y desplazado por la nueva ley de los hijos (*Totem y tabú*). En estos dramas –y se puede afirmar que la transculturación contiene esta formulación dramática– la posesión aparece como un modo subjetivo de desplazar el cuerpo del Padre y construirse como saber creador. En su análisis de la creatividad en el cuerpo posmoderno, Néstor Perlongher entiende el cuerpo "posesionado" como parte de una proyección similar del cuerpo en "trance" de Ortiz: "Abandonamos el cuerpo personal. Se trata ahora de salir de sí"(90). Lo que Perlongher define como "poética del éxtasis", describe, por consiguiente, el imaginario trascendente y creativo de la "praxis" y sus modos de sostener "algo de oracular en su esencia de palabra revelada" (*Prosa plebeya* 150).

En *Hablen paleros y santeros*, la "creatividad social", centrada en la praxis de los grupos o comunidades que surgen como espacios alternativos frente al Estado, transforma el producto híbrido del texto literario-etnográfico. Aunque en el texto hay alusiones claras a la necesidad de un cambio social, este cambio no se traduce a través de la voz del autor sino de estos actores o informantes que son dueños de ese saber. Por medio del saber del otro se accede a "otras temporalidades" subjetivas que representan los procesos contradictorios de la historia cubana. De ese modo, la política y la historia cubana se convierten en el punto de partida para acceder a las historias de esos "otros". Valdría la pena retomar la definición que hace Eugenio Matibag sobre la "magia" de los textos afrosincréticos para definir estas economías en el travestismo cultural. Para Matibag,

> la magia opera en formas análogas a los significantes literarios, que están organizados a su vez por tropos como la metáfora, la metonimia, junto con otras subclases de metonimia como la sinécdoque[...] la metáfora obedece las leyes de la similitud, es el tropo de la selección, la combinación y la condensación; la metonimia que trabaja por medio de la contigüidad y el contagio, es el tropo del desplazamiento o la combinación. (*Afro-Cuban Religious* 14-5)

En *Hablen paleros y santeros*, la metáfora y la metonimia, como figuras de sustitución y de contagio, traducen estas alegorías del lenguaje corporal, de modo que, en sus ejes combinatorios, se van creando los desplazamientos necesarios para crear la "magia" del lenguaje socio-textual. El sino oracular se entremezcla con otra ley, en este caso la del Estado revolucionario. En otras palabras, tanto la ley divina, como la ley del dogma político se internalizan, pero no para disciplinar al sujeto, como diría Foucault, sino para transformarlo, para abrirlo a nuevas economías. Este proceso, según Judith Butler, no implica un discurso de dominación o negación de la subjetividad, sino que, por el contrario, marca los límites síquicos y sociales de un hacer de conciencia (*The Psychic Life of Power*).

Este hacer es, más bien, un vuelco del "sujeto contra sí mismo" que puede verse como un "fracaso" de la formación del ego, pero es también la fuerza que le provee la agencia emotiva, subjetiva y social al sujeto. De forma similar, los "patakíes" cuentan cómo los orishas logran convertirse en divinidades cuando se "vuelcan" contra sí mismos, contra otros dioses o la comunidad.[119] En momentos de ira, exceso o traición, acceden a un tipo de pérdida de esos objetos que forman el ego. Sin embargo, la pérdida no pertenece solamente al ego sino, también, a esos instantes en que las leyes sociales, jurídicas y divinas —como refracciones del poder síquico— provocan un reajuste de la subjetividad social, cultural y política de los ciudadanos.

En la diversidad de testimonios del texto-testimonio *Hablen paleros y santeros* (1994) de Tomás Fernández Robaina, se exploran estas políticas socio-culturales del presente —de la presencia del cuerpo— y cómo éstas se enfrentan a un proceso histórico, también en transformación, que es el de la Revolución Cubana. A diferencia de la *Biografía*, en *Hablen paleros y santeros* no se busca esa totalidad trascendente entre hombre y revolución. Este aspecto le quita a sus testimonios la necesidad de ficcionalizar que hay en el texto de Barnet. Sin pretensiones de "totalidad" histórica, el texto se forma a través de una serie de temas que le dan continuidad al texto, entre los que se incluyen: el culto a los santos en el pasado y en la actualidad, la cuestión económica en la santería y la importancia de que la santería pueda manejar divisas y constituirse como un sindicato independiente de la centralización del partido. El tratamiento de otros temas, como la relación del arte afrocubano con la cultura revolucionaria, la permanencia de lo sagrado, el cuestionamiento del papel del Estado socialista durante la crisis económica y el exilio del Mariel de los años ochenta —por el que salieron varios artistas, incluyendo al pintor de iconografía afrocubana Juan Boza— le dan un sentido de actualidad a las problemáticas que enfrenta la Cuba contemporánea.

---

[119] Una de las historias que ejemplifica ese "vuelco contra sí mismo" es la de Oggún, que en un ataque de ira descontrolada asesina a todos los habitantes de su propio pueblo. Al recobrar la conciencia, se da cuenta de la masacre y se interna en el bosque a trabajar el hierro. En este instante se aleja de la comunidad y trabaja por el bien de ella, lo que hace que su error pasado sea perdonado y se transforme en orisha. Otra variación del relato señala que es el deseo por su madre Yemayá lo que lo hace maldecirse e internarse en el monte. Es interesante que, a medida que se lleva a cabo su desarrollo espiritual, se acentúan las cualidades humanas del orisha. Parecería que en este gesto "humano" radica el poder de lo divino (Bolívar, 54-9).

Las entrevistas, hechas alrededor de 1992, corresponden a los primeros años del llamado período especial en el cual vivió la nación cubana por varios años a causa del derrumbe de los países del bloque socialista. Durante estos años de grave crisis económica, la sociedad cubana sufrió una serie de transformaciones que dieron voz a varias organizaciones que no habían tenido, hasta entonces, la oportunidad de manifestarse política y culturalmente.[120] La frescura de todos los testimonios y, particularmente, su franqueza y honestidad son una muestra del diario vivir en la Cuba contemporánea. Al contrario de Barnet, que organiza y censura el habla de Montejo, estos informantes expresan claramente su descontento con los problemas cotidianos. Frases como "no es fácil venir de La Habana en guagua, y cada día el transporte se pone peor" o "pero a esa hora es que abren las plazas y hay que hacer cola para entrar, pues la gente marca desde muy temprano", son reflejo de la ruina económica y social de un sistema que no responde a las necesidades de su pueblo y que, afectado por presiones internacionales y locales, va formando el día a día de un grupo de creyentes (20, 49). En *Hablen paleros*, los creyentes se expresan abiertamente sobre la fragmentación del Estado revolucionario, forjándose a través de un discurso contradictorio pero con visiones futuras llenas de fe y de abundancia. La figura del narrador como recopilador de testimonios parte de la intención de presentar esta diversidad de voces y de dar testimonio de sus reclamos, pero también revela un intento de reescribir los textos que se han escrito sobre las culturas afrocubanas, cuyos enfoques son "muy limitados en el enjuiciamiento de los fenómenos históricos, sociales, culturales y religiosos"

---

[120] Entre estos grupos se pueden mencionar algunos ejemplos. En primer lugar la "Sociedad Cultural Yoruba", que se forma en 1992, alrededor de la "Casa de África" en La Habana y que todavía está buscando colegiarse con el fin de organizar un congreso yoruba en Cuba; la "Asociación Gay y Lésbica Cubana", que se inauguró el 28 de julio de 1994; y varios grupos de jóvenes que se juntaron para organizar el primer congreso de música rap en septiembre de 1996. A pesar de que las asociaciones feministas, que se organizaron después de la Revolución Cubana, abogaron por la libertad sexual, los campos de trabajo forzado o capacitación de la UMAP demostraron que la política del Estado contra la homosexualidad era la de presentarla como una conducta antisocial, que subvertía los principios masculinos de la revolución. Se asociaba al homosexual con un discurso de decadencia burguesa. La política de aparente "tolerancia", que se vio en filmes como *Fresa y chocolate* de Tomás Gutiérrez Alea, contrasta con la realidad diaria de los homosexuales en Cuba pero representa, al mismo tiempo, la presencia de un discurso sobre el arte y la revolución que construye un nuevo sujeto revolucionario. Nuevamente, el personaje del homosexual sirve para describir la realidad socio-política de la nación. Los ensayos de Emilio Bejel, de Marvin Leiner, y de Ian Lumsden así como la lectura de José Quiroga exploran estos aspectos críticos, culturales y políticos de la homosexualidad.

y donde "se nota además la ausencia de obras testimoniales y reflexivas en donde los babalochas e iyalochas se manifiesten" (1).

Siguiendo las huellas de Fernando Ortiz y la riqueza oral de los trabajos de Lydia Cabrera, en especial de *El monte*, Fernández Robaina quiere resaltar la manera de pensar y actuar de algunos practicantes, destacando la belleza, la riqueza y los valores éticos de sus creencias (2). Es por esta razón que el texto combina los testimonios de los santeros con varios "patakíes" o historias de santo que completan la visión de los seguidores de estas religiones. El lenguaje de lo sagrado que se revela en los patakíes es un tipo de ley fundamental en el texto, que como ley, traduce las posturas individuales frente a las leyes del Estado revolucionario. Existe, pues, un paralelismo entre las religiones afrocubanas y el discurso político, ya que cada uno se sostiene a partir de sus leyes, jerarquías y del consenso del grupo, aunque cada uno de los informantes habla de la santería o de la revolución desde una visión muy personal. Un ejemplo es Fico, quien cree que la fuerza de este consenso radica en la superioridad incuestionable del dogma y en "no pensar demasiado" en muchas de las premisas que fundan esas leyes:

> hay muchas cosas en nuestras religiones que uno debe aceptar sin analizar, como se dice ¡ah!, sí como un dogma. Y creo que eso es igual en casi todas las religiones y hasta en algunos partidos políticos. A veces no es bueno analizar, plantearse dudas, porque entonces te entran ciertas ideas, preguntas, buscas explicaciones que a veces no son posibles de hallar, incluso con pruebas contundentes; por eso, recuerdo ahora una grabación que me pasaste de una santera que aseveraba que en la santería lo mejor era no analizar ciertas cosas. Esa es la pura verdad, pero no solo en la santería. (37)

Para Fico, como para el resto de los informantes, su experiencia dentro de las religiones afrocubanas, su lugar en la jerarquía religiosa, si fue importante o llegó por azar, si hay ganancia económica o no, se equipara directamente con las transformaciones que trajo la revolución a sus vidas. En ese sentido, y aunque se parte de un discurso de la fragmentación, hay una trama lineal que une a todos estos sujetos: la añoranza por la figura de un líder que guíe a sus hijos por el buen camino. En el texto, la figura de Arcadio, un "padre de santo", representa ese ideal.

Es así como casi todas las historias de Fico, Lepe-Lepe, Tato, Hilda, María, Santerito, Enrique, Robert un estadounidense, Mercedes, Lidia, Ramoncito y Juan Jesús se centran, en su mayoría, alrededor de la figura de Arcadio, uno de los santeros más importantes de Guanabacoa y cuya casa de santo, "Sociedad San Antonio", era la casa donde se reunía todo el pueblo. Casi todos los hijos o hijas de santo de Arcadio recuerdan su figura como la de un "padre bueno" y "benefactor", cuya casa estaba siempre llena de hijos y de abundancia. Como la "ley buena" que funciona, Arcadio se presenta como un tipo de Estado alterno que balancea la caridad con la justicia. En ese sentido, se asocia con Orula, el oricha adivinador y dueño del tablero, y con Obatalá, el creador de los hombres y padre de los dioses. En palabras de Lidia:

> Cuanta madre y mujer vino a pedir ayuda para el hijo, o el marido preso, o con cualquier otro contratiempo, encontró siempre el consejo, el dinero para la fianza o para la multa, o jaba con comida cuando alguna de ellas no tenía recursos para hacerle frente a tal situación. Por eso lo envidiaban. Pero él como si nada, solo haciendo el bien. (22)

La bondad de Arcadio y su conexión tanto con la santería como con el palo monte, "ya que también pasaba los espíritus de cuatro muertos que eran muy poderosos", le dan un aura trascendental a su figura, que une a todos los fieles que van a su casa. Esta unión se convierte en desorden con la muerte de Arcadio y el saqueo de su casa de santo. Como dice Juan Jesús: "su casa, que se hizo famosa por los bembés, por las fiestas, asentamientos y consultas, sería saqueada, porque quitar las losas del piso, llevarse los lavamanos, además de los objetos que había en los clóset y en la despensa, no puede calificarse de otra cosa que de saqueo" (78). El desorden de la casa de Arcadio remite, pues, a la muerte simbólica del padre el derrumbe de la casa nacional y ubica el texto en el discurso de la fragmentación. Aunque cada creyente sale con un objeto de la casa adorada, quizás como un recuerdo del cuerpo del padre que se fue, el "saqueo" que representa este desplazamiento de objetos, es el desmantelamiento de esa "buena ley", que ya forma parte del pasado: "Tal vez con el tiempo la Casa Templo de Arcadio vuelva a sonar de nuevo, tal vez" (78).

Si el templo de Arcadio representaba la luz y la armonía, cada uno de estos informantes se acerca a estas religiones en una búsqueda alegórica de esa luz, en su presente y en su futuro. En las voces de Fico y de Lepe-Lepe el presente remite muchas veces a la oscuridad: "Orula es luz, y cuando dejas de transitar ese camino todo es oscuridad; y más aún cuando lo llevaste con lealtad y pruebas"; "Quiero memorizar, pero la oscuridad me camina por los ojos, por la piel, por los oídos y detiene lo que yo quiero pensar o decir" (52). Por otro lado, y aunque mantienen diferencias entre sí, casi todos estos informantes ven la religión como "algo tangible", que se transforma diariamente, al igual que sus cuerpos o su situación económica. Dentro de esa materialidad corporal se centra la energía de la mayoría de sus orishas que, como los seres humanos, sufren hambre y enfermedades, sienten deseo sexual y son castigados por sus malas acciones. El análisis de la visión del cuerpo y sus políticas sexuales, legales y económicas resulta clave para entender ese discurso de la fragmentación y sus contradicciones, ya que tanto el cuerpo de los informantes, visto a través de sus historias, como el cuerpo de los santos, a través de los patakíes, articulan una serie de perspectivas, por medio de las cuales se revela una voz crítica, que es la voz del autor, que busca, tal y como las religiones afrocubanas que desea representar, la "fuerza para disfrutar del presente desde todas las perspectivas materiales y espirituales posibles" (3).

La santería aparece como un discurso de las necesidades del cuerpo, entre las que se destaca la comida. Si existe fragmentación y carencia, las religiones afrocubanas se centran en un discurso de la abundancia.[121] Como dice Hilda: "Al lado de Yuya nunca pasé hambre. En las fiestas de santos se comía y aún se come muy bien. Tampoco en el cuarto nos faltaba el dinero para hacer frijoles con arroz y comprar carne de segunda para hacer sopa y ropa vieja después" (57). Los santos comen y siempre tienen comida en abundancia. Como dice un patakí: "Orula se fue al río; se bañó con agua clara y mató una chiva, gallos, gallinas y pollos con los cuales preparó ricos platos, además de guardar en las tinajas mucha bebida" (43). Paradójicamente, la carencia económica ha hecho que los extranjeros, que pueden comprar en los diplomercados, puedan hacerse el santo o iniciarse en la religión más fácilmente, ya que "traen dólares"(53).

A la par con la comida, la sexualidad se entiende como parte del balance de la vida, pero mantiene sus tabúes y sus jerarquías. Sin embargo, en relación con la sexualidad, se dan muchas contradicciones entre los informantes. Al igual que en los rituales abakuás, en la santería se privilegia una moral masculina y, a pesar de que una mujer puede ser "madre de santo" o "apetebí" –mujer que le sirve a Orula– no puede llegar a un rango más alto que el de "iyalocha" o "madre de santo" y leer los caracoles. Solo los hombres pueden ser babalaos y leer el tablero de adivinación, o el tablero de Ifá. Sin embargo, un patakí revela que Orula enseñó a Yemayá a leer el tablero "ya que ella consultaba a sus espaldas" (17). Partiendo de esta traición femenina "los babalaos huyen de vivir con las hijas de Yemayá", ya que como mujer "era menos práctica" y leía el tablero pero no cobraba, ya que "como madre es generosa, y no piensa en dinero sino en el bien" (18).

La homosexualidad es tabú en las religiones afrocubanas aunque la mayoría de los practicantes homosexuales se sienten atraídos por la aparente tolerancia que existe dentro de la religión. Esta tolerancia responde a algunos de los fundamentos y de los patakíes, o historias de los dioses, en los que se revelan varios caminos de la deidad que corresponden a deidades femeninas y masculinas. La

---

[121] La frase está tomada de Julio Ortega "El Inca Garcilaso y el discurso de la abundancia".

ambivalencia sexual se presenta en varias deidades, como Obatalá, que es hombre y mujer; Yemayá-Olokún, el mar y el océano; o Changó, que se sincretiza con Santa Bárbara y que, en una historia, se viste de Oyá, deidad guerrera femenina, que muchos creen representa al propio Changó. Las visiones contradictorias de los informantes sobre la sexualidad y el género en la santería desplazan una serie de discursos que se asocian indirectamente con las voces alternas que revelan su diferencia y sus contradicciones frente a la "oficialidad".

Para Fico, por ejemplo: "Un afeminado no puede ser babalao, ni las mujeres tampoco, por mucho aché que tengan" (12). Para Tato: "la primera condición del abakuá es ser hombre; es lo más importante pero no hombre así a secas, sino hombre de respeto, de condición" (23). Para Hilda la santería es distinta: "está abierta a todos, sea cual sea la actitud individual de cada uno y en eso del sexo es muy tolerante; lo que importa es que la persona tenga fe, crea sinceramente en los orichas" (66). Aunque proteja a todos, "hasta los afeminados", prosigue Hilda, no se le puede faltar el respeto a los santos. Hilda relata la historia de Bebé, hijo de Ochún, y María Luisa, hijo de Changó, dos homosexuales que fueron castigados por las deidades porque "se excedieron en su comportamiento" cuando estaban posesionados con sus orishas (66-7, 74). Por consiguiente, todo tipo de exceso debe ser controlado o experimentado de forma callada, sin voz. De forma contradictoria, estos excesos crean una visión del presente y del instante trascendente, donde parecería que todas las voces contradictorias se localizan alrededor de un centro. En el texto, este centro es Lepe-Lepe, una voz que bien puede contener muchas de las visiones o experiencias del autor, ya que, en el se organiza la historia a través de una perspectiva poético-ficcional. Su testimonio se abre con la imagen de regreso a un centro subjetivo, que es el cuerpo de la madre-abuela:

> Las voces y los ruidos de las cosas que caían al suelo no habían conseguido despertarme del todo, pero los toques fuertes, casi empujones que le daban a la puerta del cuarto, me hicieron buscar refugio en el cuerpo de mi abuela, que de un salto, se puso de pie con el mocho de palo de escoba con que revolvía la ropa de hervir en su mano derecha, dispuesta a descargar cuantos golpes fueran necesarios. (10)

El mundo de la abuela de Lepe-Lepe es el de la tranquilidad y el sosiego emocional. La irrupción de la vecina, montada con Changó, es un llamado de las fuerzas sobrenaturales que marca al niño y lo obliga a abandonar ese espacio de seguridad. Las experiencias de Lepe con la santería y el palo monte se ven como trayectorias circunstanciales de su destino que, a pesar del paso del tiempo, no logra entender. Su cuerpo y su memoria se encuentran marcados y desplazados por ese cambio: "No tengo claro cuándo se quitó el altar, recuerdo sólo imágenes aisladas, hasta tener presente una Santa Bárbara sin cabeza como recuerdo de aquellos tiempos" (14); "De eso hace más de veinte años, y como jamás regresé por allí, pues ya sabes... la memoria me traiciona" (25).

En Lepe-Lepe viven todos los santos, ya que le advierten que es hijo de Obatalá y que muchos orichas viven "en su cabeza". A pesar de que recibe los primeros collares, nunca se le hace la ceremonia de santo. Los collares, que simbolizan la protección alegórica de los guerreros Elegguá, el que abre el camino, y Ogún y Ochosi, los facilitadores del desarrollo espiritual, se le hacen por la intercesión de una nota de la abuela:

> No sabía cuando ella la había escrito, con su letra grande y redonda y con la ortografía de finales y principios de los siglos XIX y XX, que yo no conocía. Pensaba entonces que era un error; realmente lo era, pero era imposible que una persona acostumbrada a acentuar la preposición á, lo dejara de hacer porque la Academia de la Lengua Castellana dijera que había que dejar de hacerlo. Y fui entonces a casa de Tom, un negro santero amigo de mi abuela, a quien recordé al verlo de nuevo frente a mí. (54)

La escritura de la abuela es la mediación en la intervención de la luz divina de los orishas. Por consiguiente, evoca una memoria antigua, la del pasado, la de los ancestros, cuyos trazos se revelan como un "error" del presente. Aunque es a través de esa escritura que Lepe-Lepe logra el acceso a un saber, a un logos divino, la intervención de otra ley "la de la Academia de la Lengua" lo pone a dudar sobre la realidad de esa escritura. La abuela, como la fuerza de la memoria ancestral, es la conexión de Lepe-Lepe con su subjetividad y con su historia individual, frente a las leyes sociales y de la santería, que parecen manejarlo a capricho. En una escena paradigmática, Lepe-Lepe quiere levantarse de la mesa de la comida y le llaman la atención por que no conoce "las reglas". Un jovencito, que estaba en la mesa y que se describe como el santero de más alto rango, no se había levantado, lo que obligaba a todo el mundo a quedarse en la mesa:

> Las protestas se hacen oír: "como siempre"; "siempre hace lo mismo". En eso, llegó una santera y le dijo: "¿Oye hasta cuándo vas a estar ahí? Hacen falta los asientos, los platos y los cubiertos". El alzó la vista y dijo: "La ley es la ley." Y nos miró a todos. Dio entonces tres toques sobre la mesa, y se levantó. Todos nos levantamos también al unísono. (26)

Sin embargo, el vínculo directo con la deidad y el cuerpo, como canal de esa comunicación en el ritual de la posesión, es para Lepe-Lepe un instante de liberación, que lo lleva en un tipo de *flashback*, a la evocación de una memoria de los sentidos: "De pronto todo me es lejano, solo oigo los tambores y me pongo a girar; quiero detenerme pero no puedo; y me siento como si fuera agua, una enorme ola de mar de la cual la gente huye dejándome un espacio donde bailo a mis anchas" (69). Esta unión con la madre de las aguas, Yemayá, construye una visión arquetípica en la que el "girar" de las olas del mar alude a un tiempo subjetivo e individual, cuyo momento de liberación alude a una temporalidad que, paradójicamente, anula el tiempo, porque es un tiempo interior. Como señala Gilles Deleuze, este es el instante de la creatividad individual forjador del *èlan* vital que toca, según su lectura de Bergson, a la mente conectada con su entorno:

> ¿Y qué es esta emoción creativa, si no una Memoria cósmica, que les da permanencia a todos los niveles al mismo tiempo, que libera al hombre del plano (plan) que le es propio, y lo convierte en creador, que se adecua a todo el movimiento de la creación? Esta liberación, esta encarnación de la memoria cósmica en las emociones creativas, sin duda sucede en las almas privilegiadas [...] Pero, si cada uno de los miembros de la sociedad cerrada se abre a ella, le comunica un sentido de reminiscencia, una excitación que lo hace seguir. Y de alma en alma, traza el diseño de una sociedad abierta, una sociedad de creadores, donde pasamos de un genio a otro, por la intercesión de discípulos, espectadores y oyentes. (*Bergsonism* 111, énfasis en el original)

Si el artista moderno es el traductor de esa realidad vital, Lepe-Lepe alegoriza ese momento de creatividad artística como parte de su experiencia individual, abriendo su cuerpo a nuevas posibilidades y, más que nada, concibiéndose como parte única de una totalidad cósmica, lo que le da la sensación de poder articular su diferencia frente al control de la ley. No resulta sorprendente que esta vuelta a un tipo de memoria transformativa se haga a través del arquetipo materno del oricha Yemayá, que, como en Freyre, alegoriza la vuelta a un lenguaje pre-lógico y de los sentidos, que también se ve como el lugar "antes de la gramática" de la memoria intuitiva. La memoria intuitiva, como una visión organizadora de los sentidos, hace que Lepe-Lepe regrese a su infancia, a la escena primaria de conocimiento físico cuando tiene el primer contacto con los santos. El encuentro con lo trascendente es la constitución de un saber del cuerpo y de su temporalidad individual:

> Yo estaba en aquella cosa que parecía después supe era un corral. Logré zafar una de las varillas de una de las balanzas y salí gateando, mirando las patas de las

sillas, de la mesa; pasé entre ellas mirando las partes de la silla y de la mesa que nadie veía. De pronto me di cuenta que sentía algo frío, molesto y huyendo de esa sensación gateé muy rápido, pero choqué con una mesita de noche situada detrás de la puerta. Un olor a dulce, que sí conocía, junto con otro que se me hizo familiar después, el aguardiente, me hizo detener y abrir la puertecita en donde moraban, para mí entonces, desconocidos guerreros [...] Cogí un caramelo, y con papel y todo me lo llevé a la boca. No me gustó el sabor del papel y me lo saqué enseguida. Vi las pequeñas cacerolas de barro. Dentro de ellas había una piedra pulida con ojos y boca formados por caracoles. [...] En otra cacerola había instrumentos, en la otra había un arco con flecha de metal, pico, martillo, machete [...] Recuerdo que las saqué y me puse a jugar con ellas, a tirarlas. En eso llegó abuela y dio un grito que me asustó: "Ay dios mío, que ha hecho esta criatura". Me dio dos nalgadas, me haló por el brazo y de nuevo me metió en el corral. (92-3)

Como en la escena de Menegildo en *¡Ecue-Yamba-Ó!*, la curiosidad del niño marca el camino hacia el conocimiento y la abuela aparece otra vez como la figura mediadora, que hace que los orichas perdonen a Lepe. La ambivalencia sobre ese momento alegoriza la ficcionalización y las inseguridades de la memoria: "Seguramente no fue así, pero es como lo recuerdo. Tal vez no sea que lo recuerdo en verdad pero de tanto decírmelo mi abuela [...] para indicarme que yo había venido marcado con mi aché" (93). Si la entrada al conocimiento del cuerpo es un texto productor de una energía o "aché" propio, no sorprende que la historia que siga la entrada al conocimiento sea un relato sobre la muerte. Es así como Lepe-Lepe cierra el recuento de su historia con la muerte del pintor cubano Juan Boza y la imposibilidad de traer sus restos al cementerio de Camagüey, su ciudad natal:

Juan Boza, el artista cubano cuya iconografía religiosa afrocubana echó por tierra las definiciones eurocéntricas del arte cubano, murió. Había comenzado a sentirse mal unas semanas anteriores al 4 de marzo. Esa noche el dolor que padecía se hizo sentir con tal fuerza, que tuvo que correr al hospital de Brooklyn para que lo atendieran. Falleció en la consulta de emergencia, mientras llenaba los formularios para ser atendido. Solo unos pocos amigos sabían de la dolencia de Juan, entre ellos Pedro Monje [...] cuyo nombre Boza escribió para que le avisaran en caso de urgencia. Y así fue como sobre los hombros de Pedro Monje, la inmediata tragedia de la muerte de Boza, concluyó. (103)

La voluntad de recuperar, en una noticia necrológica, los últimos instantes del artista en el exilio es contraparte del discurso de la fragmentación que se percibe en los verbos "murió", "falleció" y "concluyó". Ante la imposibilidad de recuperar su cuerpo ya tocado por otra conciencia que es la de la muerte, el texto necrológico lo reescribe, recordándolo e imponiendo otro discurso, el del amor nacional como el imaginario del cuerpo que no está, pero que se sigue escribiendo desde una memoria más allá de las fronteras geográficas. Desde ahí, los vínculos de amistad y espiritualidad escriben el "aché" de la comunidad, ya que "su alma se ha ido junto a los orichas. Su espíritu permanece con todos nosotros" (104).

Dentro de ese "aché" poderoso el otro sigue siendo, por su palpable realidad, la fuerza constitutiva de una memoria que se hace cuerpo ante el llamado de la muerte y en la que "el cuerpo cobra forma, vida, volumen y se impone como verdad absoluta" (Díaz Quiñones, *La memoria rota* 71). Esta meditación sobre el exilio cubano cierra el texto con la intuición reveladora de un relato de continuidad y un discurso futuro, creando nuevas economías corporales, desde la presencia ausente de los que se van.

¿Cómo concebir el discurso del aché futuro? ¿Desde dónde se escriben sus economías de verdad? Hay dos historias o "patakíes" en donde la virtud de la palabra y la intervención de Orula escriben la memoria futura. La primera historia se titula "La virtud de la palabra" y está relacionada con el "pataki" Obbara-Meyi por el que habla el oricha Changó, y tiene que ver directamente con los problemas y aciertos que le puede traer a una persona "hablar siempre con la verdad". Sus refranes principales son: "De la mentira, nace la verdad, de la verdad, la mentira" y "Los que son reyes no necesitan mentir" (Bolívar 71, 129). El segundo pataki se titula "De cómo Orula fue salvado de la muerte por Elegguá", y es el que cierra el texto *Hablen paleros y santeros*. Aquí se da una lección sobre la traición y la solidaridad entre hermanos. Ambas son historias familiares, que inscriben el cuerpo como el lugar de la memoria futura.

"La virtud de la palabra" trata de la relación entre Orula y Obatalá. Orula quiere agradar a los hijos de Obatalá –los orichas– y les prepara una comida. La comida, que es el acto de comunión familiar, establece la virtud de la palabra como don o regalo de un saber corporal. En el alimento que cocina Orula, una lengua de vaca, se conjura, simbólicamente, la buena y la mala palabra como la salvación o la fragmentación de la familia y la nación:

> Orula fue a la plaza a ver qué había para la comida de los hijos de Obatalá. Vio una lengua de vaca y la compró, la sazonó y todos los demás la comieron. Para todos los convidados fue regocijo. En eso llegó Babá (Obatalá) y preguntó por su comida. Orula le presentó un trozo de lengua. Babá le dijo a Orula: "Dime sus palabras". Y Orula le dijo: "con la lengua se dice todo lo bueno y con la lengua se da aché" [...] Al poco tiempo Babá pidió otra comida, que fuera buena para sus hijos, y que para él hicieran la comida más mala del mundo. Orula se fue a la plaza y compró todo lo bueno para cocinarles a los hijos de

Babá. Pero todavía le faltaba comprarle la comida de Babá, que fuera la más mala. Entonces Orula vio una lengua de vaca y la compró. Llegó a casa y la cocinó en la misma forma que antes […] Babá vio que Orula le puso lengua cocinada de la misma forma que anteriormente, y lo amonestó: "Dices que era la comida mejor del mundo". A lo que Orula replicó que era cierto, que con una mala lengua se desgraciaba a una persona, a una nación, a todo, mientras que con una buena lengua se salvaba igual a la humanidad que a una nación. Babá quedó convencido y le dio en recompensa el régimen de Ifá. (Bolívar, 129)

La virtud de la palabra está, por consiguiente, en el poder del que la articula y el que la recibe. Aquí, Obatalá como padre de los dioses prueba la fidelidad de su hijo a través de su lengua. La palabra sabia de Orula es la que lo salva en las negociaciones con el Padre.

En la historia que cierra el ensayo de Fernández Robaina, tiulada "De cómo Orula fue salvado de la muerte por Elegguá", el padre Obatalá, celoso de sus hijos varones y por miedo a que cometieran incesto con su madre —como llegó a hacer Ogún— los aleja de su casa. Mientras Changó crece protegido en casa de Dadá la hermana de Obatalá, Orula, el hijo mayor es enterrado en un hueco al pie de una ceiba con las manos por fuera y es dejado allí para morir. Obatalá olvida el mal que le hizo a su hijo mayor pero gracias a una magia hecha por Changó y Elegguá recupera la memoria y va en la búsqueda de su hijo. Durante todos esos años Elegguá lo ha estado ayudando en secreto, así que le habla fuertemente a Obatalá diciéndole:

> Hace mucho, padre mío, pasé por una corpulenta ceiba; allí encontré un hombre enterrado hasta la cintura en la tierra. Me dio mucha pena ver su rostro, que reflejaba inocencia y limpieza de alma; aunque estaba resignado a padecer el cautiverio que padecía. Desde ese día le he llevado alimentos, he hablado con él, aunque no da razones de su situación. El tiene un aché, un don muy especial: ve el pasado, el presente y el futuro. Se ha hecho famoso por sus enseñanzas y adivinaciones. Algunos han pensado desenterrarlo, pero no lo han hecho para evitar que su padre lo mate, tal y como ocurrió con todos los hijos varones que tuviera. (106)

Frente a la crueldad de su padre, que aparece aquí como una deidad cobarde y desmemoriada, la alianza entre los hermanos, en especial entre Elegguá y Changó, logra salvar a Orula, a quien, finalmente, se le concede la facultad de adivinar con un tablero hecho de iroko, la ceiba. En ese sentido, y a la luz de estos dos patakíes, la posibilidad del "aché" futuro se presenta, en primer lugar como el don de la palabra que Orula gana con su sabiduría y también como una alianza subjetiva entre hermanos. Este nuevo vínculo borra las diferencias y restituye la luz de Orula, el hijo que supera en bondad al Padre y que a través del sufrimiento de su cuerpo (el hambre, la soledad y el rechazo) va creando, día a día, sus dones de adivinación. La vuelta a Orula-Arcadio por medio de una comunidad de hermanos, en la isla y en la diáspora, es la visión del aché futuro.

En conclusión, la praxis de la escritura, hecha a partir de esa multiplicidad de historias que revelan sus políticas individuales, se va constituyendo progresivamente a través de los cuerpos y sus necesidades materiales. Sin embargo, la intervención de Lepe-Lepe como un cuerpo creativo abre este cuerpo –individual, social y político– a una serie de posibilidades en las que se privilegia una memoria subjetiva, traductora de esas "poéticas del presente" o del instante, forjadoras de un "aché." Este aché forma parte de todos los informantes, y también se escribe como posibilidad futura. Lepe-Lepe es, por consiguiente, una extensión de la voz del autor que, a pesar de que compite con otras voces por contar su historia, representa un tipo de canal interpretativo para escribir la praxis de la memoria del cuerpo. Sin embargo, el vínculo directo con la deidad y el cuerpo como canal de la comunicación en el ritual de la posesión es para Lepe-Lepe, un instante de liberación, que lo lleva en un tipo de *flashback* a la evocación de una memoria de los sentidos. Si el artista moderno es el traductor de esa realidad vital, Lepe-Lepe alegoriza el momento de creatividad artística como parte de su experiencia individual, abriendo su cuerpo a nuevas posibilidades y, más que nada, concibiéndose como parte única de una totalidad cósmica, lo que le da la sensación de poder articular su diferencia frente al control de la ley. En ese sentido, no resulta sorprendente, que la vuelta a un tipo de memoria transformativa se haga a través del arquetipo materno del orisha Yemayá, que alegoriza la vuelta a un lenguaje de los sentidos y pre-lógico, que también se ve aquí como el lugar "agramatical" de la memoria intuitiva.

En esta representación, los cuerpos y los arquetipos femeninos –la abuela, Yemayá– construyen el canal de interpretación y crean a su vez un sujeto que se va haciendo "desde adentro" –su economía de sujeto– pero que, también, se encuentra marcado "desde afuera" por las leyes de su sociedad, de la cultura y del mercado. Es aquí donde Lepe-Lepe, con un nombre que se duplica, pasa a ser el yo y su otro en el instante de la posesión. El mar no sólo se encuentra dentro de Lepe-Lepe, sino también fuera, en la fuerza de la ola. Ante el fallo de la palabra del Padre, de su ley, el arquetipo materno se impone para evocar un espacio ancestral, abyecto y pegado al cuerpo (Kristeva). La fuerza andrógina del mar/océano, Yemayá/Olokún, representa, por consiguiente, las dos caras de este espacio ancestral. El agua es el origen de la vida y se asocia "con las aguas primordiales" del vientre materno. También, en su poder destructor, revela, la relación estrecha entre la vida y la muerte (Gutiérrez 43-109).[122] Así, los mitos de salvación y muerte se asocian con el exilio y, más aún, con el viaje en bote –o balsa– por mar. Quizás desde esta reverencia y miedo al mar, el sacrificio a Olokún, el dios andrógino del océano, disminuye, ya que "Olokún recibe su sacrificio en alta mar [...] y hay que aventurarse en barcas de vela o en remolcadores, lejos de la costa, hasta perderse de vista la tierra. Existía la creencia que siempre moría alguno de los oficiantes que intervenían en él" (Cabrera *Yemayá y Ochún* 27). Cuando Olokún pide "una vida cada día", el océano se convierte en la tumba del sacrificio final (26).[123]

Con el fin de conjurar lo terrible de ese convenio, el rezo a la madre Yemayá, la Virgen de Regla, o a su hija Ochún, la Caridad del Cobre, como deidades maternales que calman el poder de las aguas, se hace cada día más necesario: "Yemayá Awoyó que estás lejos en la mar, dueña del agua, tú que comes carnero, Madre de cabello de plata que pare la laguna, Madre nuestra protectora, mujer perfecta, única, que extiende el mar, Madre que piensa, sálvanos de la muerte, ampáranos" (28). En la temporalidad subjetiva y activa de la posesión por la madre ancestral de las aguas se inaugura ese instante de liberación, en el que el cuerpo creativo, transformado en ola, se acerca a su otro para escribir la memoria futura. De ahí que ese cuerpo-ola gire dentro de sí mismo y baile a sus anchas, haciéndose de nuevo, y sin detenerse. La duplicidad de estas economías y su maleabilidad –en la medida en que marcan al sujeto "desde adentro" y también "desde fuera"– conforme a las leyes de la sociedad, de la cultura y del mercado, refleja los espacios de agencia de un cuerpo en "trance" o "en transición" ideológica, política y discursivamente.

---

[122] Ya Mariela A. Gutiérrez, Fernando Ortiz y José Piedra, entre otros, han apuntado el poder subversivo del imaginario mítico afrocubano. En muchos de estos mitos, el agua, como flujo original, se asocia con el útero materno. De ella salen criaturas fabulosas que forman parte de la fundación mítica de muchas culturas. En la literatura y el folklore cubano, las criaturas acuáticas, especialmente las de las culturas conga, yoruba y abakuá, actúan como mediadoras del lenguaje y como agentes que subvierten el poder político. Entre estas figuras se encuentran: el jigüe de "La balada del jigüe" de Nicolás Guillén; el pez tance, que es la voz de los mitos abakuás; la jicotea de los cuentos de Lydia Cabrera; y el cangrejo jaiba de la novela afrocubana de Alejo Carpentier *¡Ecue-Yamba-Ó!* (1933).

[123] Lydia Cabrera describe esta dualidad del mar/océano en su ensayo *Yemayá y Ochún* que se ha visto, en general, como un análisis folclórico sin relación alguna con lo político. Esta lectura deja de lado muchas de las alusiones políticas en la obra de Cabrera, que se presentan con mucha fuerza en estos textos escritos en el exilio. El mar/océano alude al lado político que se manifiesta como una fuerza femenina. Cabrera utiliza este aspecto en su concepción del "monte" como política de subversión femenina agencial en el exilio. Sobre el poder de las divinidades femeninas, la política redentora y el exilio, ver Tweed.

5. Estado de cuerpos: *Travesti A Invenção do Feminino*

> Devenir –dice en *Mil Mesetas*– es, a partir de las
> formas que se tiene, del sujeto que se es, de los
> órganos que se poseen o de las funciones que
> ocupa, extraer partículas, entre las cuales se
> instauran relaciones de movimiento y de reposo,
> de velocidad y de lentitud, bien próximas a lo
> que se está deviniendo y por las cuales se
> deviene. En ese sentido, devenir es un proceso
> "del deseo." Devenir no es transformarse en
> otro, sino entrar en alianza (aberrante), en
> contagio, en inmistión con el (lo) diferente. El
> devenir no va de un punto al otro, sino que
> entra en el "entre" del medio, es ese "entre."
> –Néstor Perlongher, "Los devenires
> minoritarios" *Prosa plebeya*

Para Néstor Perlongher, quien utiliza la definición de Deleuze y Guattari del "devenir" como el lugar del deseo, del intersticio y el "entre", el devenir es la práctica agencial propia de todo sujeto minoritario. El exilio, punto de partida de una cartografía del deseo, hace de Perlongher, escritor exilado de la Argentina de la dictadura, un rebelde o "cartógrafo" de nuevas identidades. La sexualidad y el deseo como espacios de liberación son, al mismo tiempo, lugares de marginación, marca y violencia. Perlongher escribe contra los controles estatales e impone la figura del "desviante" o el "que se desvía" como reflejo de la "anomia" posmoderna (71). Para Perlongher, en el sujeto que se hace desde el deseo se manifiesta una práctica identitaria y minoritaria, en la que "el hacerse" es un acto trascendente y creativo.

De un modo similar, en *Travesti: A Invenção do Feminino* del brasileño Helio Silva, los cuerpos de los travestis, el hacerse del travesti, habla de la subjetividad como fabricación. A pesar de que no se construye un imaginario nacional, el travesti, como en el caso de Da Matta, es una alegoría de ese cuerpo que se transforma y que va generando las relaciones socio-culturales del Brasil contemporáneo. Aunque para Silva no existe un "ethos" nacional que apacigüe la violencia, como en Da Matta, sino que la violencia cruza todos los discursos del orden social, el texto hace del cuerpo el lugar (o cartografía) para entender la "violencia" de la transformación. Así, el travesti es una figura representativa de las transformaciones subjetivas y socio-culturales de Brasil. Al igual que en el ensayo de Fernández Robaina, se establece un interés por examinar la realidad de la sociedad brasileña, como un lugar de intercambio de identidades nacionales y transnacionales. En este intercambio, las divisiones entre centro y periferia se problematizan y se describe una interacción en donde varios significados y significantes se entrelazan dando lugar a varios centros (Hannerz citado en Banck 49). El travesti también puede verse como una alegoría de los "espacios de representación" de la sociedad y la cultura brasileña a través de los medios de comunicación. El cuerpo del travesti es el espacio en donde se escriben esos discursos, dando lugar a lo que Marjorie Garber llama "la construcción misma de la cultura" y la forma particular en que la vestimenta "construye y deconstruye el género y las diferencias de género, el travestismo, las relaciones de poder [...], el travestismo y el racismo, la moda elegante (o no elegante) y las artes" (3). Los travestis que se prostituyen son un reflejo de la sociedad brasileña y de su entrada en un circuito de oferta y demanda, como significantes en la sociedad de consumo.[124] Para Geert A. Banck, ésta es una de las contradicciones fundamentales de la cultura urbana en Brasil, que no se centra en la imitación de las clases medias sino más bien: "Es un relato que trata sobre una intrincada interdependencia social, sobre la contienda y la esperanza, sobre la aspiración y el rechazo. Trata sobre imágenes, símbolos, modos de vida y gusto, sobre distinción, en una palabra, sobre la cultura" (46).

Dentro de esta complejidad de referentes, los travestis antes rechazados como "animales mitológicos pertenecientes solo a la atmósfera del carnaval", han pasado de una atmósfera de marginalidad a ser parte de la realidad del diario vivir de muchos centros urbanos (82).[125] Sin embargo, este proceso de aparente aceptación, según señala Silva, no ha sido fácil, y ha provocado mucha violencia contra los travestis de parte de los "buenos ciudadanos" o de la policía, que se encarga de "limpiar" las calles. De un modo muy similar al ensayo etnográfico de Néstor Perlongher *La prostitución masculina* (1987), el ensayo de Silva quiere rescatar una

---

[124] Aquí Silva sigue la influencia de Néstor Perlongher y de su etnografía, *O Negócio do Michê em São Paulo. A Prostituição Viril*, publicada en Brasil en 1987. La primera edición en español es de 1993 y se titula *La prostitución masculina*.

[125] Como han visto Geert A. Banck, George Yúdice y Néstor Perlongher, entre otros, la realidad de las pandillas de las playas y el llamado *arrastão*, o la matanza en masa de *meninos da rua* es una visión clara del día a día en los grandes centros urbanos como Rio de Janeiro y São Paulo, que corresponde, más bien, a un reclamo de los espacios urbanos de esa parte del pueblo que siempre se consideró fuera de ellos, y en los que influyen varios factores como la cultura de consumo, el poder de los medios de comunicación y la aparición de varias sub-culturas como la funk-carioca en Rio y los raperos en São Paulo, lo que racializa mucho de estos choques. Sobre el poder de los medios de comunicación en Brasil ver Guillermoprieto; Herold; Rowe y Schelling.

humanidad en el travesti, que le ha sido negada, "para evitar la caricatura y lo pintoresco" y con el fin de:

> trazer a estas páginas seres humanos [...] mais ainda: enxergo nessas relações da sociedade abrangente com o travesti –nas quais o braço armado da violência alterna com a expressão aparentemente desarmada da chacota e o desdém– [...] Tal vez possamos estabelecer uma linha de comunicação entre o risinho no canto direito da boca do intelectual macho (ou do gay respeitável) com a bala que fere o scio esquerdo do travesti. O risinho cria na verdade da ambiência que neutraliza a decisão de apertar o gatilho. (16)

En este "estado de cuerpos", para retomar la frase de Perlongher, existe una violencia que se le atribuye a los sectores marginales pero que forma parte de toda la sociedad (*Prosa plebeya* 35). La hipocresía de la sociedad, que desprecia al travesti por su "marginalidad" y por comerciar con su cuerpo, es el origen de esa violencia. Según afirma Perlongher, la muerte de los travestis y los homosexuales en el mundo de la noche es una extensión de otra violencia más visceral, que forma parte del origen de la sociedad contemporánea. Hay una guerra social que parte del estado, "que se puede maquillar de política" y aplicarse a los discursos de lo cotidiano:

> El hecho de que la violencia se vista de gestos paternalistas y distancias glaciales no excluye la dimensión fundante de esas luchas directas, cuerpo a cuerpo, que pueden terminar con la muerte, pero cuyo imaginario las sitúa fuera de los pulidos reductos burgueses y las destierra (para intensificar la paranoia) hacia los márgenes de la sociedad. (*Prosa plebeya* 41, énfasis en el original)

Tanto para Perlongher como para Silva, el cuerpo deseante, en la forma en que lo leen Herbert Marcuse y Deleuze-Guattari, articula las leyes que subvierten esas políticas de la violencia, que, en otras palabras, son las políticas de la ley. Por consiguiente, la elaboración del cuerpo y de sus políticas deseantes constituye una parte fundamental de *Travesti*, erigiéndose como una estrategia fundamental para entender las alianzas personales entre el etnógrafo y sus informantes. No existe, sin embargo, una "pureza" en este deseo y sus políticas, ya que, como todo deseo, es egoísta y se funda en la "fabricación" y el "engaño". El etnógrafo se convierte, junto con sus informantes, en un gran "simulador" situándose en un marco seductor frente a los travestis, lo que lo pone en contacto directo con su deseo y, al mismo tiempo, le produce curiosidad por esa cualidad "ininteligible" que forma al otro.

Para Silva, lo femenino es el centro del enigma del travesti, como el otro simulador o creador de ilusiones. Lo femenino se asocia directamente con la fabricación, remitiendo a la relación compleja entre verdad y ficción que forma la escritura. Esta serie de significantes forma la escritura etnográfica para reinscribir esa ética de la diferencia –en la que se basa la antropología– en la ambivalencia del etnógrafo frente a su deseo y a la escritura misma.

Travesti comienza con una reflexión sobre el Largo da Lapa, barrio antiguo y bohemio, situado en el centro de la ciudad de Rio de Janeiro. La Lapa tuvo su "edad de oro" a principios de siglo veinte, cuando se convirtió en el centro de la bohemia intelectual; sus bares, cafés y casinos eran el centro de la vida artística de la ciudad. Sus casas antiguas fueron viviendas de muchos artistas, como el escritor Manuel Bandeira, el pintor Di Calvacanti y la poeta Cécilia Meireles. Durante esos años, según describe Silva, el malandro es el cuerpo marginal que controla las calles. En ese sentido, Silva ve una relación estrecha entre el malandro y el travesti como cuerpos que articulan la particularidad del barrio. Del diario *Folha da Lapa* recoge esta cita que habla del malandro y el travesti como representaciones del pasado y el presente:

> Contudo, o mundo evoluiu, a sociedade se modificou e a Lapa mudou de cara. Atualmente, o que se vê pelas ruas não são mais brigas de capoeira nem serestas. Afinal, "o malandro apresentou a navalha, tem mulher e filhos e tralha e tal" ... E até Madame Satã não teria vez, a menos que subtituísse o chapéu de feltro por vestido e salto alto, pois, do contrário, perderia na concorrência com os travestis que passeiam pelas noites do bairro –e sem causar nenhum espanto "àquelas mesmas famílias" (que viam os malandros como demônios). (25)

Para Silva, por consiguiente, el travesti es una transformación del malandro, ya que ambos articulan un cuerpo y un vestuario "agramatical", lo que los coloca en un lugar indeterminado en el circuito de la representación (30). Ambos, además, son cuerpos de la calle, que circulan como parte de unas economías libidinales del lenguaje social. La circulación del travesti reescribe, sin embargo, un texto distinto del malandro, que ha pasado a ser un personaje idealizado y carnavalizado, como se ve en Da Matta. Su circulación es, por consiguiente la de la fantasía erótica y el deseo al alcance de la vista de todos, lo que traduce una visibilidad que se facilita por la planificación urbana de Lapa como un cruce de caminos. Aquí está la clave de su agresión: "desviante de um ramo de alta visibilidade, ele atrai para si todas as atenções [...] a própria idéia de proibido quase se confunde com a idéia de escondido, secreto. Sempre se imagina que o desvio deve ser cometido em vielas escuras [...] o travesti não. Ele é alacre, se expõe tudo nele está sublinhado" (38). En esta interpretación de Lapa como lugar de pasaje, el lugar ambiguo del travesti se lee también como un lugar indeterminado del discurso, que despierta la curiosidad *voyeur* del paseante.[126] Si el imaginario social se forma desde una serie de ambigüedades, el travesti encarna esas contradicciones en su cuerpo y en el carácter performativo de su identidad.

La curiosidad por la verdad problematizada que representa el travesti es un foco que mueve la narrativa y que se centra mayormente en dos preguntas: ¿cúal es la verdad del travesti? y ¿en qué radica su mentira? Para Silva, la estrategia del travesti, su mayor verdad, es que es el maestro de la simulación, el manipulador por excelencia, pero, justamente, en esa simulación radica también su mentira. ¿Qué significa simular? Para Silva, es una combinatoria de significantes en los que pasar por otro es solo una pequeña parte. Es, más bien, asumir roles, según lo requiera el momento, para ser parte de un universo relacional, en el que la realidad del otro sea la marca de cada uno de los instantes. Por esa razón, el travesti es también "tránsfuga de todos os condicionamientos naturais, inclusive o da naturalidade e o da nacionalidade" (47). Como Lucrécia Borgia, uno de sus informantes, que tramita un viaje a Europa que no se ha de realizar, o como Poliane, el travesti que inventa una vida en Italia para hacerse de una experiencia europea, este narrador se enfrenta con la necesidad de forjar su identidad como una "transcondición" o carácter fluctuante (91). En este cruce de identidades fluctuantes, el etnógrafo también se erige como el gran simulador, ya que miente a los travestis sobre su verdadera identidad como investigador e, inclusive, "pasa por homosexual" para ganarse la confianza de sus informantes:

> Tentei mudar. Fiquei um tempo ausente do campo e voltei. Mudei de aparência (roupas que tivessem uma conotação gay) e de atitude (não mais procurando a entrevista, nem perseguindo a informação) [...] Minha identidade alí foi constroida assim. Freqüentar as boates, às vezes com amigos, mas a maior parte do tempo preponderantemente só[...] Uma leve aparência gay, não fazia michê, nunca transava com ninguém (150-1)

Silva se ve obligado a aclarar su preferencia sexual al advertir que se hizo "pasar por gay" y recalca que se mantuvo célibe durante todo el proyecto "não transava com ninguém." Este llamado al orden le da legitimidad como etnógrafo y neutraliza el discurso sobre la naturaleza del deseo y de su propia ambigüedad, que ha estado presente durante todo el ensayo. Su identidad indefinida, sin embargo, le gana la confianza de los travestis, quienes no indagan sobre su persona. A pesar del corte subjetivo que revela su posicionamiento, Silva se ubica en el lugar privilegiado del científico social, trazando una línea fina, que lo separa de sus

---

[126] Para un análisis de la homosexualidad y los espacios urbanos, ver Green.

informantes y en la que se mantiene el deseo por el otro pero en la que se define su identidad frente a la ambivalencia del otro: "paranóia e construção de identidades estão de mãos dadas" (123). En otras palabras, el discurso de la identidad se localiza en un hacer, un aprendizaje. Para la construcción de la identidad del narrador, "hacerse pasar por gay" es un lugar del discurso que construye un sitial privilegiado dentro de esas mismas identidades, para ser, al mismo tiempo, una víctima de su propio deseo: como "macho" o "travestí al revés se vuelve inquisidor, verdugo" (Sarduy *Escrito sobre un cuerpo* 45).

El deseo por el otro, la curiosidad respecto al travesti que experimenta Silva es un eje contradictorio en el texto, ya que, como el género masculino o femenino en el travesti, se fabrica día a día y también se "hace" uniendo la verdad con la ficción. Sus varios encuentros con travestis, que algunas veces producen algún tipo de voyeurismo, en el que el travesti le enseña su pene o el transexual su vagina, son un ejemplo claro de esa curiosidad. Por tanto, no hay una distancia totalmente "objetiva" respecto a sus informantes, sino una actitud deseante y voyerista. En ese punto intermedio, en que se articula el deseo por el otro, se unen la verdad y la ficción. El etnógrafo siente la misma "transcondición" que identifica en el travesti y le da un significado dentro del discurso del placer. La verdad y la ficción coexisten en tratar de entender el enigma del travesti en su voluntad de "fabricar" identidades, pero ahí también es donde se advierte la fabricación de la identidad del etnógrafo y su pacto con lo "real", que se hace a través del placer:

> Provocava-me a sensação de estar vivendo sensualmente o prazer de uma transição que, antes, já fizera em direção oposta. Não estaria aí uma das fontes do prazer do travesti? *Transvestire*, transexual. A condição não seria exatamente a não-condição? Seu lugar não seria a transgressão? [...] Nesses relatos, penso a condição, vejo o lugar como uma não condição, uma utopia, um não lugar [...] Ser em traslação, a errância é seu movimento, no contínuo de relações fugazes, na rua, em metamorfose. Há aí um prazer sensual. Tudo isso me ocorre como interpretação pessoal, projeção de minhas próprias idéias, minha imaginação sobre essas falas, aqueles gestos, tais comportamentos. (92, ênfasis en el original 92)

Hay un placer en esa imagen proyectada y su meditación sobre el no lugar utópico, que despierta la transcondición del travesti. Ya sea mediante la inyección de hormonas o la silicona, ese cuerpo es siempre un cuerpo en transformación individual; y en esa praxis radica la lectura del placer proyectado. Aunque Silva considera los efectos negativos y, muchas veces dolorosos, de estos cambios, el placer sensual se erige por sobre las otras consideraciones para entender esa praxis, ese hacerse y deshacerse continuamente como el "no lugar" de la ficción de la identidad y de la escritura. La utopía de la escritura, su no lugar, se va formando, entonces, por medio del placer y de la imagen proyectada sobre el otro. Si el travesti figura un cuerpo que se va acomodando a las exigencias de su propio placer y al placer de los otros, el narrador también localiza su placer en esa apertura simbólica de su cuerpo al placer de los otros. Las meditaciones sobre el género del travesti y su fabricación diaria de una forma de lo femenino forman, junto con el placer *voyeur* del narrador, ese no lugar de la escritura, como lugar mediado de la "intersexualidad" y la "intratextualidad" (Sarduy *Escrito sobre un cuerpo* 48).

El "entre" texto es el lugar primordial desde el cual se escribe *Travesti*, un lugar que no solo alude a un espacio intermedio, que bien puede ser el de la confesión personal y la etnografía, o el del placer y la fantasía, sino también a la ilusión de estar "entre" sus textos, en el medio del origen de esos "textos" y de su interpretación. El travesti es, por consiguiente, un texto "otro", que mantiene la cualidad de hacerse y rehacerse en su otredad continua. Como texto, no permanece, sino que se transforma y se borra; es, más que nada, una construcción ilusoria del placer, una fantasía. Esta fantasía se relaciona directamente con lo femenino y, en el caso específico de Silva, con su visión de lo femenino. La femineidad, vista como "fabricación", se centra en el "hacer social" y performativo del género, como diría Butler. A diferencia de los travestis en la obra de Fernando Ortiz y el ensayo de Roberto Da Matta, los travestis de Silva erigen esta fabricación de la identidad femenina como un texto que nunca logra fijar una visión sobre la identidad, sino que es una "ficción" más de la identidad. Hay, sin embargo, en este hacerse continuo del travesti un tipo de perspectiva utópica, que, aunque brevemente, reformula una "poética del extásis" o del presente.

Silva concluye que lo femenino del travesti es una construcción social, que no representa una "visión orgánica de la femineidad" sino que se construye como un "otro femenino". En su praxis continua, equivalente a la corrección de su propia naturaleza, ese "hacerse":

> Uma natureza "feminina" assim aflora, diferente da natureza feminina que se desenvolve naturalmente segundo ritmos, fases e ciclos naturais. A natureza do travesti ganha corpo, se consolida, se arredonda no cotidiano, minuto a minuto, no milimétrico, (pêlo a pêlo) combate a tudo o que tenta brotar do homem subjacente. Esse combate, se iniciado na adolescência, confunde-se quase com os ciclos naturais, criando uma natureza "feminina". [...] Esse "feminino" não é uma ilusão. É apenas um outro feminino, uma outra possiblidade do feminino. (134, 162)

En esta praxis surge "un otro femenino" que no tiene nada que ver con la condición de ser mujer o de "sentirse" mujer, sino con seguir un eje progresivo que forje un "hacer" de identidad: para el travesti, tanto lo masculino como lo femenino son construcciones. La preferencia de lo femenino como eje que articula un discurso de la diferencia no parte, pues, de imágenes estereotipadas de "la mujer", ya que el travesti no encarna una mujer sino un hacer de identidad. Este "hacerse continuo de la identidad" es un discurso progresivo, que construye y deconstruye los elementos que lo forman, pero es también el deseo placentero de la llegada a ese "no lugar". En el travesti se impone un espejeo narrativo en el que se transfiere, como dice Sarduy, la responsabilidad del relato, con el fin de ocultar: "ese yo al acecho, solapado, el sujeto real de la enunciación: todo él/ella un encubrimiento; yo latente lo amenaza, lo mina por dentro, lo resquebraja" (45). Este factor, que en la escritura etnográfica de Silva es el gesto que traduce los choques, contradicciones y disonancias de la cultura, nos lleva a concluir que la cultura es un imaginario de la identidad y un discurso que se centra en la fabricación del mismo cuerpo que la define. En esa fabricación, el travestismo cultural narra estratégicamente las ficciones transitorias del sujeto de la escritura.

Conclusión

Travestismos culturales:
ficciones transitorias, escritura y melancolía

> La única manera que algunos han encontrado
> de abarcar al Otro, a las otras verdades, consiste
> en desbaratar la consistencia de su mundo: pero
> se cae en el vértigo del desorden total, en el
> delirio de la ausencia de límites y fronteras, en
> el reino de la entropía. Por eso, cuando algunas
> ideas –que se han escapado del Otro– son
> transpuestas a este mundo de forma
> domesticada y mitificada, crean una sensación
> de tranquilidad, legitimidad y poder. Hacen creer
> que el Otro no es tan terrible y amenazador
> como se supone.
> –Roger Bartra, *La jaula de la melancolía*

> A fin de cuentas un texto es y será un texto *ad*
> *finitum* por lo mucho que se proponga
> disfrazarse de otra cosa.
> –Antonio Benítez Rojo, *La isla que se repite*

La ficción vista como tránsito, migración o migraciones es uno de los discursos críticos recientes que sirve para entender muchas de las transformaciones históricas, políticas y sociales en nuestro mundo contemporáneo. Muchos de estos tránsitos, atribuidos mayormente a nuestra condición de "aldea global" y que califican el discurso literario y cultural latinoamericano como "posmoderno", ignoran muchos de los conflictos sociales, causados precisamente, por estos procesos de "mundialización". El diálogo que mantienen estas narrativas con la obra de Gilberto Freyre y Fernando Ortiz, y más aún, la importancia reciente que han adquirido los análisis literarios y culturales de estos autores –como discursos de incorporación y crítica– sugiere que aún hoy la modernidad latinoamericana es un proceso histórico que no ha resuelto sus contradicciones. Muchas de estas contradicciones pueden verse a través de los conflictos raciales y étnicos que han despertado las migraciones recientes de latinoamericanos a los Estados Unidos y la lucha armada de algunos grupos sociales que se quedaron al margen de los discursos de "igualdad" y ciudadanía de los gobiernos republicanos.

La necesidad de entender cómo se forjan estas nuevas identidades a un nivel subjetivo, político y cultural, nos llama a nuevos acercamientos y definiciones en el campo de los estudios latinoamericanos. Si por un lado es urgente entender crítica y obejtivamente esta nueva realidad, sus cuerpos y sus voces, por el otro hay que ser cuidadosos con las formas en las que se explican estas transformaciones. Antonio Cornejo-Polar, en su ensayo "Mestizaje e hibridez: los riesgos de las metáforas" recalcaba la importancia de entender que América Latina parte de muchas culturas heterogéneas, en distintos tiempos históricos. Habría, señalaba Cornejo-Polar en este último ensayo, que replantearse o abolir la pregunta por la identidad latinoamericana, que defina al sujeto por su lugar de origen, raza o lengua. También, cuidarse de "los riesgos de las metáforas" que de algún modo esencializan, fijan o desplazan esta realidad heterogénea. Aquí el mestizaje como metáfora unificadora es para Cornejo-Polar la narrativa identitaria que debe deconstruirse para entender las realidades históricas en América Latina. Es así como podría asumirse uno de los riesgos mayores de la crítica latinoamericana, el de apuntar directamente al conflicto mismo, para entenderlo en su espacio discursivo, sin necesidad de fijarlo en una definición.

Si Latinoamérica, como ha señalado Néstor García Canclini, es una "heterogeneidad multitemporal" en la que se cruzan lenguajes, épocas y tradiciones culturales distintas, una mirada a las narrativas freyrianas y orticianas, que la crítica ha leído como "narrativas hegemónicas" o "totalizantes", apunta a una serie de discursividades problematizadas y alternas, en las que se rescatan muchas preguntas que la "posmodernidad" aún no ha podido contestar (304). Entre ellas: la cuestión de la identidades nacionales, el discurso de la hibridez como construcción negativa o positiva del sujeto, el lugar del cuerpo (racializado, sexualizado) y la forma en que éste refuncionaliza los discursos de interpenetración, soberanía y periferia cultural, social e intelectual.

Si estos textos en particular las narrativas de Freyre y Ortiz –como precursoras de estos temas– resisten una "lectura posmoderna" no es porque, como señala Benítez Rojo, sean "protoposmodernos", sino por la importancia que le dan al lugar del cuerpo-voz y al esquema relacional del poder como ejes interpretativos del imaginario de las culturas (*La isla que se repite* 149-86). En otras palabras, es a través del cuerpo racial, sexual, masculino o femenino, que se refuncionaliza la organicidad de estos discursos y su relación directa con lo social.

Dentro de esta serie de relaciones el travestismo cultural es una de las estrategias principales de incorporación de los otros. En el "nombre de la cultura" y de una alianza nacional futura de los sujetos masculinos de la razón, la escritura utiliza esta estrategia de representación como un "puente" entre las distintas posiciones de sujeto del yo que escribe y sus otros. Si la representación es ese puente, problemático y ambivalente, frente a los otros, la escritura propone una serie de asociaciones desplazadas en las que se ven claramente las complejidades de esa misma integración. Los otros –los negros y mulatos de estas narrativas– se asocian a lo "femenino", ya sea por medio de sus alianzas con personajes femeninos, como en *Sab*, *O Mulato* y *Cecilia Valdés*, o construyendo una masculinidad "marginal", que no es "social", como en el caso de Amaro, el negro homosexual de *Bom-Crioulo* y de Menegildo en *¡Ecue-Yamba-Ó!* Estos negros y mulatos constituyen, al igual que los personajes femeninos, el "cuerpo" a través del cual se organiza la representación. Este planteamiento se da, de forma similar, en las etnografías de Ortiz y Da Matta, en las que se despliega una serie de significantes alternos –la casa, la calle, la sociedad como carnaval– que describen y socializan la cultura nacional. Los ñáñigos, los travestis sagrados, y el malandro son figuras representativas del travestismo cultural, ya que construyen esa máscara de la escritura a través de la raza, el género y la sexualidad.

Si la escritura es una máscara, un "gesto" o un simple manoteo, como diría Ortiz, el travestismo cultural muestra que, aunque estos personajes representan modelos sincréticos de la "cultura", no representan una visión de la cultura homogénea, fija e inmóvil. Por el contrario, los cuerpos de estos personajes articulan, en la temporalidad de la nación, los cruces complejos de poder de sus respectivas sociedades. Por esta razón, su corporalidad crea un tipo de "trascendencia" o ruptura respecto al sujeto que representa. Esto sugiere otro desplazamiento en el que el sujeto que escribe busca entrar y salir del cuerpo que lo constituye. Se accede entonces, a ese estado de "éxtasis" creativo pero, al mismo tiempo, se crea un sujeto melancólico. Esta melancolía traduce un gesto intermedio de "no identificación" o el "no lugar", en el que se sitúa la propia escritura: un sujeto migratorio, como en las novelas de Freyre; la máscara como alegoría del horror en Ortiz; la unión breve con la madre arquetípica en el momento de posesión en Fernández Robaina; y el travesti como "un otro" femenino que "se hace" continuamente y que no se deja definir por ese sujeto que lo interroga.

La feminización de ese instante "creativo" de unión y trascendencia del cuerpo es muy importante para la consolidación de estos imaginarios nacionales porque, gracias a ella, se logra la alianza entre hermanos. Puede afirmarse, por consiguiente, que en esa masculinidad sobrevive el exceso femenino como un eje sublimado. La vuelta de eso que se sublima, se esconde o se desplaza, es lo que produce el hueco por donde se "pierde" simbólicamente el sujeto de la escritura. En ese sentido, cada uno de los personajes –negros y mulatos– actúan como un eje metonímico en el que se figuran alianzas donde se construye –y se deconstruye– la posible hermandad como una nueva hombría y una moral socializante. La mulatez, como categoría que sintetiza la razón y la belleza masculina, feminiza al mulato, situándolo como un personaje que "copia" al blanco y que busca su aprobación constante. Sin embargo, la aprobación no representa sumisión respecto al blanco, sino todo lo contrario, ya que lo convierte en conocedor de todos los secretos de ese otro.

Este secreto desplaza el enigma de su propio origen –el que guarda la madre– y es este "secreto" el que finalmente lo traiciona.

Raimundo y Sab son los hijos de la patria y representan los valores "criollos" de la subjetividad, pero, para consolidar su posición, precisan de la lectura del deseo femenino de Ana Rosa y Teresa. Ante los ojos de Ana Rosa, el libro de anatomía francesa, más que un texto pornográfico que aumenta su "histeria", se revela –como ha visto Cascardi en su lectura de *Madame Bovary*– como la categorización estética del deseo en estas narrativas y la subjetividad de la escritura (159-225). Por otro lado, la complicidad de Teresa y finalmente su reclusión construyen la pasión de Sab y hacen que Carlota lea y "valore" su escritura.

La escritura es, de un modo contradictorio, el lugar de entrada a lo simbólico –el lenguaje del Padre– pero también el encuentro inevitable con el cuerpo-cadáver de la madre. Cada personaje o "escritor" es un conocedor del lenguaje de su madre-patria, pero, al mismo tiempo, es un sujeto que se encuentra "fuera" por su conexión problemática con ese cuerpo-límite. Es, por esta razón, que la alianza entre los "hermanos del lenguaje", Leonardo Gamboa y José Dolores Pimienta, se hace siempre de un modo especular y se extiende hacia Cecilia el cuerpo del deseo excesivo, que se contiene, pero que al mismo tiempo lo condena. Dentro de este cuadro, la escritura se mantiene siempre en el lugar de lo femenino, y en el límite de la enfermedad o la muerte.

En el caso de Amaro, el protagonista de *Bom-Crioulo* la escritura es la llaga del cuerpo, su propia enfermedad. Si padece de una enfermedad, igual que Sab, ésta no se centra meramente en su raza, sino que se extiende a su deseo erótico. Sin embargo, a diferencia de Sab, Amaro no muere, sino que sigue vagando por la ciudad como un tipo de "exceso ficcional". En este exceso, según Vernon A. Rosario, tan propio de la representación del homosexual en la novela naturalista, se organiza un discurso del placer prohibido a través del "hueco" de la analidad (90). La economía libidinal del deseo de Amaro no puede controlarse por ningún tipo de ley, ya que solo se concentra en su propio placer. Parecería, entonces, que lo que escapa por ese hueco –ese otro logos– lleva consigo su pulsión de muerte; y es en ese lugar desplazado que se accede a la subjetividad. En Amaro no solo la raza, sino también la sexualidad, desempeñan un papel importante, ya que a partir de estos dos elementos se construyen los límites de su realidad subjetiva. Como señala agudamente Leo Bersani, el deseo homosexual masculino "anuncia el riesgo de lo sexual en sí mismo como el riesgo de la disolución sexual, de perder de vista el yo y, haciendo esto, propone y representa, peligrosamente, la *jouissance* como forma de conocimiento o *asceis* (222).

Parecería que la novela de Caminha entrelaza la raza y la sexualidad como lugares de negociación de distintas posiciones de sujeto. Si en el caso de Amaro también el "recto es una tumba", el vagar le concede una agencia particular de sujeto activo en su deseo, que en muchas de estas novelas es propia sólo de los personajes femeninos, como, por ejemplo, Ana Rosa. Esta agencia pone la mirada curiosa de Ana Rosa como el gesto primario, que inaugura la relación entre el cuerpo, el deseo y la escritura. También es, de un modo alegórico, la que deja ver que para estos escritores el libro extranjero es el lugar donde se forja el lenguaje de lo nacional. Ana Rosa ve un cuerpo femenino "en el acto de dar a luz", "su propio cuerpo" desplazado en "otra" en el acto de reproducción, de creación. También, como los niños de la pandilla de Cayuco en *¡Ecue-Yamba-Ó!*, se rinde ante una escena erótico-pornográfica en la que se funda su propio deseo. Parecería, entonces, que la mirada alude a una relación activa-pasiva con la imagen y con los referentes culturales del libro europeo. Por consiguiente, el discurso europeo, visto en estas narrativas mayormente como "el libro francés", alude a las diversas posicionalidades que "Francia" como texto pornográfico o erótico despierta en la escritura. Si, como se vio en las novelas de Freyre, la dicotomía Francia-Brasil forja la mirada del exilio en Paulo Tavares, como un texto donde el deseo y el *dèja-vu* crean el imaginario nacional como un "otro" desplazado, la escritura, tanto novelística como etnográfica, parte de este discurso cultural interpenetrado. Será, entonces, desde la construcción de subjetividades de este autor viajero-migrante que se accede a la visión mediadora. La homosexualidad como discurso patológico-nacional en Caminha se sublima, en el caso de Freyre con el fin de escribir el "libro nacional". Aquí, el exilado es un cuerpo migrante, que escribe su "casa" desde otro lugar.

La escritura se convierte, entonces, no sólo en el modo de trascender y contar su experiencia, sino también en el lugar donde se escriben su memoria corporal y su deseo. Es así como el deseo homosexual –ese deseo por aquel que soy yo mismo y que me enseña a amarme en mi deseo– confluye con la escritura y la subjetividad (Barthes *Fragmentos*). En ese sentido, Freyre es el modelo para leer muchas novelas decimonónicas que reconstruyen un discurso sobre la escritura, el deseo y la subjetividad desde el "modelo francés", como, por ejemplo, el *Bug Jargal* de Víctor Hugo (*Sab*); las lecturas de Zolá y del positivismo francés (*Bom-Crioulo*); el primitivismo vanguardista; el surrealismo (*¡Ecue-Yamba-Ó!*); y las novelas de André Gide (*Dona Sinhá e o Filho Padre, O Outro Amor do Dr. Paulo*), entre otras. Tanto en la literatura como en la etnografía freyriana y orticiana se establece un diálogo con la sociología europea y la estadounidense –Durkheim, Mauss, Bergson, Spencer, Hegel, Boas o Malinowski– que problematiza las relaciones entre el centro y la periferia con el fin de subvertir el discurso de la dependencia de los modelos europeos o estadounidenses (García Canclini, Flores, Yúdice). Por consiguiente, en este diálogo se articula la complejidad de los ejes discursivos que cruzan las culturas latinoamericanas y su influencia en la formación de los imaginarios nacionales, lo que hace que su importancia radique, mayormente, no solo en la creación de "modelos propios", "antropófagos" y transformadores, sino también en las estrategias que utilizan para organizar una serie de teorías en las que se busca crear un modelo estético diferente, que integre la realidad social compleja y heterogénea de las culturas latinoamericanas y cuestione los motivos fundamentales de la razón iluminista, subvirtiéndola desde adentro.

En estos modelos propios, las teorías de *tropicalismo* y *transculturación* buscan entender la particularidad de sus discursos nacionales, al mismo tiempo que ofrecen un discurso alternativo y de "diferencia" para hablar de las culturas latinoamericanas. Al leer estas teorías desde el travestismo cultural, se ve su aporte como modelos históricos y sociales que se basan en los cruces de poder e intentan romper con la dialéctica entre centro-periferia, modernidad-barbarie, colonizador-colonizado de los discursos latinoamericanos. Se ve también, que el travestismo cultural articula la importancia de hacer una incorporación de estas teorías, en particular de la *transculturación,* para la crítica contemporánea latinoamericana, teniendo en cuenta que es una teoría que hay que revisar desde la ideología homogeneizadora del mestizaje y los discursos de raza, género y sexualidad. Estas teorías sobre la "diferencia" mantienen su contención y manipulación del cuerpo de los otros y, aunque buscan traducir una serie de órdenes semióticos cuya intención es escapar de este debate europeo entre el cuerpo natural y la razón trascendente, manifiestan una ansiedad frente al cuerpo del otro. Sin embargo, como ya se ha demostrado, esta intención se da muy ambiguamente y, muchas veces, traduce un tipo de violencia en la representación, en particular, de lo femenino (De Lauretis 265-78).

Por esta misma razón, el análisis de Gilberto Freyre y Fernando Ortiz, no sólo como obras que explican sus culturas nacionalistas, sino también como ejes discursivos, se hace cada vez más urgente, ya que estas obras nos devuelven a la pregunta respecto de la identidad latinoamericana, el sujeto que la forma y sus transformaciones. La escritura como el tercer espacio que construye cuerpos racializados, sexualizados y marcados, intenta crear una perspectiva homogénea de estas culturas. Sin embargo, aparece como un espacio desplazado que no logra unir a ese sujeto dividido y termina por llevarlo a la melancolía de la máscara como figuración, una postura ambivalente ya sea en su vacío o en su momento imaginario de integración con la otredad (Bhabha, Derrida). Es este imaginario el elemento clave que localiza la escritura en un espacio intermedio, el de la ubicuidad y la transitoriedad.

Esta visión de la escritura de la cultura como un espacio móvil que, como señala Roberto Da Matta, rearticula la interpretación de lo latinoamericano como "esa virtud que se encuentra siempre en el medio", no es sólo un juego de intertextualidades al nivel del lenguaje, sino que traduce la realidad compleja de las sociedades latinoamericanas (*Brazilian Puzzle* 270-92). En el caso específico de Cuba y Brasil, como ya se ha visto a lo largo de este trabajo, la esclavitud es uno de los centros móviles de ese eje, ya que en ella se cruza una diversidad de discursos de poder y desigualdad, en los que se entremezclan lenguajes socio-culturales, cuerpos y saberes (Foucault). La construcción de la masculinidad de estos hombres negros y mulatos como una forma de moral social no les da ninguna agencia en estas narrativas, sino que sirve, más bien, como lo han visto Marcellus Blount y George Cunnigham, para manipular una serie discursiva en donde la raza, el género y la sexualidad se cruzan con lo social para construir una alianza entre los sujetos de la razón. Asimismo, la agencia femenina se manipula "masculinizándose" o desplazándose de la narrativa para crear una visión androcéntrica de la hermandad política e intelectual (Derrida *Politics of Friendship*). Una de las contradicciones de este movimiento estratégico es que frente a las "narrativas de penetración europea" esta nueva masculinidad se cuestiona de igual modo que la del cuerpo natural de la mujer, del negro o del mulato. Por consiguiente, el criterio estético sigue siendo contradictorio en relación a esas narrativas que incorporan "un cuerpo esclavo", ya que se forma de un modo problemático desde el discurso europeo. Si bien lo desea, también lo utiliza para crear un lenguaje subversivo que, en nombre de la cultura, se va haciendo a través de las "tretas del débil".

Ante la pregunta de cómo este cuerpo se construye como un eje que figura su propia temporalidad, su trascendencia y los espacios en blanco de su propia subjetividad, surge la necesidad de un análisis del sujeto literario y el sujeto etnográfico, y del vínculo que une las humanidades y las ciencias sociales en Cuba y Brasil. Este vínculo, que se origina discursivamente en el siglo diecinueve y que logra su culminación en la ensayística de los años veinte y treinta, busca, en el "retrato" de las culturas populares, la interpretación de un imaginario de la cultura nacional. En este "retrato" de la temporalidad nacional, las culturas populares vistas a través del folclore, escriben el origen de la nación como lenguaje y como cuerpo. En estos trabajos, especialmente en el enfoque de Freyre y de Ortiz, lo popular como lenguaje del "origen", de lo intuitivo y del sentimiento es, sin embargo, una visión problemática que aunque se deconstruye en los trabajos de Da Matta, sigue formando un "ethos" nacional.

El carnaval como ritual de inversión, que perpetúa un lugar cósmico, alude a un cuerpo masificado y en transformación, como lo ve Bakhtin, que no tiene género, ni sexualidad. Sin embargo, para Ortiz y Da Matta, los sujetos que encarnan el ritual del carnaval son, en su mayoría, las poblaciones negras y mulatas, lo que hace que sus cuerpos racializados y sexualizados marquen esa narrativa celebratoria y sincrética del espacio del carnaval. Resulta interesante, que tanto para Ortiz, como para Da Matta, el carnaval de la calle sea el espacio sincrético y liberador de la narrativa, donde se logra acceso a la magia sobrenatural y al deseo en los diablitos ñáñigos o el erotismo del travesti. La seducción que ejerce lo popular y, particularmente, el folclore religioso afrocubano y la figura del malandro pícaro, se convierte en ficción, figurando los cruces de tiempos y espacios de lo nacional.

El cuerpo en transformación, a pesar de que remite a un lenguaje problematizado del origen, resiste una lectura "posmoderna" porque no se erige como un lenguaje "puro" sino, más bien, se deriva de todas las contradicciones entre el sujeto que representa y lo representado. La narrativa orticiana es un ejemplo de una escritura transformativa, que no fija su representación, sino que la abre a otros discursos. Es así como en este cuerpo, al igual que en las narrativas contemporáneas de Barnet, Fernández Robaina y Helio Silva, se asiste a la creación de nuevas alianzas en las que confluyen, nuevamente, el género, la raza y la sexualidad en una escritura testimonial, donde la memoria subjetiva de los informantes crea un sujeto cultural que se escribe de un modo ambiguo en la historia que "lo cuenta" o que está "contando". Inclusive, en la representación de Montejo como "héroe" de la historia revolucionaria, los devaneos de la memoria y los silencios que el texto oculta, pero que son evidentes, se construye un cuerpo fragmentado, en el que coexisten varias visiones. Como ese sujeto diaspórico que aparece al final del testimonio de Fernández Robaina, estas narrativas son un reflejo de nuevos cruces entre lo social y lo político, donde la religión, la sexualidad y las subjetividades son un "hacerse" en el presente.

Es por esta razón que estamos ante un "cuerpo de la representación", lo que Severo Sarduy define "como el único código solvente y creíble", código que a pesar de su credibilidad no puede narrar de la misma forma homogénea y totalizante tan presente en las narrativas de la modernidad (41). Este cuerpo, como el del travesti, se construye sobre una economía de saberes mediados por la interpretación del investigador, por las ficciones de los medios de comunicación y a través de las economías transnacionales que forman sus "poderes oblicuos". En Gilberto Freyre y Fernando Ortiz, como hemos visto a la luz de este trabajo, la empatía con los "otros" es parte de un proyecto de integración nacional, de un imaginario socio-político que no se consolida. Al regresar a esas formas de ver y contar el cuerpo tan propias de los textos de Freyre y Ortiz no pretendo abrazar con nostalgia la hegemonía social y económica de este tipo de narrador. Sugiero, más bien, un acercamiento crítico a las contradicciones y una lectura atenta de su discurso de la "cultura" y particularmente, de los cruces de poder en la descripción de las relaciones raciales, sexuales y de género como ejes problematizadores de esa misma "unidad" de la cultura. Lejos de constituirse como "imaginarios" totalizadores de la brasileñidad y de la cubanidad se manifiestan, más bien, como ficciones transformativas de la identidad.

Esta mirada crítica muestra no tanto la protoposmodernidad del texto freyriano y orticiano, sino la validez de los mismos para entender el fin de siglo latinoamericano, específicamente, los ejes contradictorios de la modernidad latinoamericana, y como consecuencia, la mal llamada "igualdad" de nuestra sociedad global. Sólo a través de un análisis atento de las migraciones y las movilizaciones, así como también de las transformaciones de los individuos en las sociedades latinoamericanas es que se podrán entender críticamente los intrincados lenguajes del poder en el mundo contemporáneo. Si la sociedad global ha inaugurado, como lo ve claramente Arcadio Díaz Quiñones, la nostalgia por esas formas "totalizantes" de entender la experiencia de la modernidad latinoamericana, es porque hoy la memoria aunque fragmentada, pone las experiencias individuales en el centro de las inseguras (y cambiantes) transformaciones de la sociedad (Díaz Quiñones *La memoria rota*, García Canclini). Ante las transformaciones, las luchas, las ganancias y las pérdidas, estas ficciones de la identidad construyen los intersticios de la memoria.

Estas ficciones, tanto como los imaginarios de la cultura, también figuran un sujeto dividido, interpenetrado y ambiguo, cuyo drama forma parte de la propia representación. Si la representación es una forma de contener y trascender al otro, parecería que este otro queda plasmado en la ficción. El nuevo sujeto de la escritura se disfraza con los saberes culturales que le otorga el cuerpo del otro para contar, porque, como ha señalado Benítez Rojo "un texto es y será un texto *ad finitum*, por lo mucho que logre disfrazarse de otra cosa" (xxxii). Bajo ese disfraz está el contador de historias que, con su máscara, "va construyendo nuevos mitos, con nuevos cansancios y terrores" y que se yergue con nuevos ángulos y perspectivas para narrar, fijando en su subjetividad, no sólo el final de su historia, sino su trágico y melancólico final en el cuerpo del otro.

Apéndice

El apéndice siguiente incluye un intercambio de cartas entre Gilberto Freyre y José Olympio, el fenecido dueño y editor de la Editorial José Olympío en Rio de Janeiro, quien aparte de haber publicado toda la extensa obra de Gilberto Freyre desde el año 1933, publicó sus dos novelas durante los años de la dictadura en Brasil (1964-1985). Gracias a una sugerencia de Silviano Santiago, quien sospechaba, ya de antemano, de la existencia de una "novela secreta" que contenía partes eróticas que habían sido editadas, me lancé a la búsqueda de las novelas inéditas de Freyre. La sugerencia de Santiago, propia de una novela de detectives, me acercaba, sin pensarlo a la trama política de su personaje Eduardo, en su novela Stella Manhattan... como se ve en la historia de su personaje un travesti homosexual, exilado en Nueva York que cae en una serie de intrigas políticas en el período de la dictadura, aquello que se esconde es casi siempre un secreto sexual, que el mismo Estado político envidia, emula, o quiere destruir. Secreto erótico, secreto de Estado. Sólo varios párrafos de las novelas, y las cartas que incluyo, me ligaron al texto secreto. Sin embargo, le dieron un giro interesante a mis teorías sobre la sexualidad y el erotismo en Freyre, y cómo figuraron en su discurso cultural y político. Aquí dos amigos íntimos –Freyre, le llamaba por su apodo, "Jose Ó" al conocido editor– unidos por el amor a la literatura y a las artes discuten :los cambios que debe hacer el Freyre-novelista a sus pasajes inéditos. Cambios que se encuentran influenciados por el buró de censura, que durante los años de la dictadura, como señala Heloísa Buarque de Holanda en un ensayo reciente, persiguió a intelectuales, censuró la prensa escrita, y cerró muchas casas editoriales. Gilberto Freyre dejó sólo que se cambiaran algunas palabras sobre la homosexualidad de su novela O Outro Amor, y dejó intacta la referencia al pene del líder abolicionista nordestino Joaquim Nabuco en su novela Dona Sinhá e o Filho Padre. Si en Freyre, el cuerpo político del Brasil era, más que nada, erótico y sexual, nunca más manifestó sus teorías por medio de la novela. Años más tarde, uno de sus últimos ensayos Modos de homem e modas de mulher (1986) escrito a la luz de sus teorías tropicalistas, hablaba ya de forma más indirecta, de los giros de la historia contemporánea del Brasil, y su apertura a una economía transnacional. La crítica fulminó el libro que sólo se pensó estaba dedicado a la moda. Mucho se ha dicho de la colaboración de Gilberto Freyre con las dictaduras de derecha, tanto en el Brasil como en Portugal. También se ha dicho algo sobre sus preferencias sexuales. Como se ve a la luz de estas cartas, la realidad es siempre mucho más compleja, y las interrogantes que despierta la riqueza de la obra freyriana, son hoy por hoy, un reto para la crítica. Un reto que nos enseña a leer con cuidado, y a situarnos en ese "entre" de aquellos que buscan, en la no identificación, el placer de la escritura, de la lectura y de lo secreto.

Apéndice 1

Minuta (Carta para Dr. Gilberto Freyre)

Os originais do Último amor do Dr. Paulo já estão em preparo no Departamento Editorial independente de coedição, — que o INL não pode fazer — conforme explicamos a você pessoalmente no almoço de quarta-feira, dia 9. O INL este ano (1976) vai se dedicar a estudos brasileiros, e seu dinâmico Diretor, nosso comum amigo Herberto Sales, faz questão de aplicar parte das verbas deste ano em duas obras fundamentais da sua bibliografia, Ingleses no Brasil (esgotada há 25 anos) Sobrados e Mucambos, ficando a nosso encargo a edição da seminovela.

O preparador dos originais do O Último amor do Dr. Paulo apontou para exame da direção da Editora, como fazem habitualmente em casos semelhantes, o capítulo 29, em face da orientação da censura exercida hoje pelo Ministério da Justiça, que já proibiu de circular cerca de 200 livros.

No capítulo citado são descritas cenas eróticas, em estilo tão realista que nos colocaria em risco de sofrer posteriormente à publicação do livro, medidas restritivas da censura federal, como apreensão da edição, etc. Outra fosse a posição desta editora, o assunto seria de inteira responsabilidade do autor. Porem, na atual situação da Casa - sob controle acionário e administrativo do BNDE - órgão do Governo Federal - seria de tal imprudência colocar autor e editora sujeitos à sanção de outro departamento do mesmo governo.

São as reflexões que as mesmas a atual diretoria — embora bastante constrangidos, obrigados a lhe submeter contando com a sua compreensão para a extrema delicadeza do assunto.

Apéndice 2

OPIA.

16.9.64

Caro J.O. :

Recebi seu apêlo sôbre referência minha ao grande Joaquim Nabuco, em D. Sinhá. Para atendê-lo, vai atenuada o mais possível a referência; mas não eliminada. Afinal, se sou alguma coisa é escritor; e não homem de sociedade ou político de qualquer espécie. Espero que concorde comigo e que veja na emenda - tôda de elogio a Nabuco - que faço o máximo que poderia fazer no caso. Creio que não há ofensa - a não ser que devamos conceber o J.N. um Deus intocável. Peço que me compreenda. Agradeço a V. pelo seu interêsse neste seu velho amigo.

Abraço   do   Gilberto

Recomendar cuidado ao revisor com as emendas. G.

Apéndice 2a

FIA-

Sôbre o caso J. Nabuco

J.O.:

Com as emendas, a referência a J. Nabuco tomou aspecto de grande elogio ao grande Nabuco. Começa o evocador dizendo que "Nabuco era um tipo perfeito de corpo". E a propósito conta a história do banho, ouvida de Frederico Ramos: banho de Nabuco com João Ramos "e parece que Maciel Monteiro, além de outros abolicionistas graúdos". Foram "medir as pirocas e entre as maiores não estavam a de Ramos e a de Nhô Quim, a do Belo Quincas. Eram regulares e não desmesuradas". E lembro-se que o próprio evocador repara: "Mas isto de tamanho de membro de homem é bobagem", etc. Está bem? Não quero V. preocupado, querido amigo, por V. e por mim.

De acôrdo com sua advertência fiz emendas que resultam num aspecto inteiramente róseo do episódio evocado, sem faltar à verdade. O que não posso, como escritor, é omiti-lo para ficar de todo bem socialmente.

Abraços do

Gilberto

P.S. - Favor dizer ao admirável Jardim que recebi sua carta. No momento é-me impossível escrever um artigo avulso para a revista do I.A.A. Grande abraço para êle.

Gilberto

-:-:-

Set: 1964

Bibiliografía

Acosta Belén, Edna, y Jean Phillip Abraham. "Encuentro con Miguel Barnet". *Hispanófila* 104 (Chapel Hill, 1992): 47-64.

Adorno, Rolena. "El sujeto colonial y la construcción cultural de la alteridad". *Revista de crítica literaria latinoamericana* XIV.28 (Lima, 1988): 55-68.

Afolabi, Epega A. y Phillip John Neimark. *The Sacred Ifá Oracle*. San Francisco: Harper and Collins, 1995.

Aguiar, Claudio. "O homem 'intra-histórico' em *Casa Grande e Senzala*'. *A Obra em Tempos Vários. Livro Conmemorativo dos 95 anos de nascimento de Gilberto Freyre.* Fátima Quintas, org. Recife: Massagana, 1999. 69-78.

Aguiar de Medeiros, Maria Alice. *O Elogio da Dominação. Relendo Casa Grande e Senzala*. Rio de Janeiro: Achiamé, 1984.

Alencar, José de. *Iracema; lenda do Ceará*. Rio de Janeiro: José Olympio, 1965.

Alfaro, López Héctor G. *La filosofía de José Ortega y Gasset y José Gaos. Una vertiente del pensamiento latinoamericano*. México: UNAM, 1992.

Altork, Kate. "Walking the Fire Line: The Erotic Dimension of the Fieldwork Experience". *Taboo. Sex, Identity and Erotic Subjectivity in Anthropological Fieldwork.* Don Kullick y Margaret Wilson, eds. London: Routledge, 1995. 107-39.

Andrade, Mario de. *Macunaíma*. Barcelona: Seix Barral, 1977.

Andrade, Oswald de. *Manifiesto Antropófago. Presença da Literatura Brasileira II*. Antonio Candido, ed. Rio de Janeiro: Bertránd, 1992. 353-9.

Anderson, Benedict. *Imagined Communities. Reflections on the Origins and Spread of Nationalism*. New York: Verso, 1992.

Arinos de Melo Franco, Antonio. "Uma obra rabelaisiana". *Casa Grande e Senzala e a Crítica Brasileira de 1933 a 1944*. Recife: Companhia Editora de Pernambuco, 1985. 81-8.

Arroyo, Jossianna. "El cuerpo del esclavo y la narrativa de la nación en *Casa Grande e Senzala* de Gilberto Freyre". *Lucero* 4 (Berkeley, 1993): 31-42.

_____ "La figura del criminal y la ilegalidad del estado en *La charca* y *El negocio* de Manuel Zeno Gandía". *Ariel* 9.2 (Calgary, 1994): 55-85.

_____ "Manuel Ramos Otero: Las narrativas del cuerpo más allá de *Insularismo*". *Revista de Estudios Hispánicos* XXI (1994): 303-24.

Arrufat, Antón. "El nacimiento de la novela en Cuba". *Revista Iberoamericana* LVI.152-53 (Pittsburgh, 1990): 747-57.

Azevedo, Aluízio de. *O Mulato*. São Paulo: Ática, 2000.

Bakhtin, Mikhail. *Rabelais and his World*. Trans. Hèlene Iswolsky. Indiana: Indiana University Press, 1984.

Balbuena Gutiérrez, Bárbara. *El íreme abakuá*. La Habana: Pueblo y Educación, 1996.

Bandeira, Manuel. "Evocação do Recife". *Poesia e Prosa*. (Vol 1). Intro. de Sergio Buarque de Holanda e Francisco de Assis Barbosa. Rio de Janeiro: J. Aguilar, 1958. 200.

Bank, Geert A. "Mass Consumption and Urban Contest in Brazil: Some Reflections on Lifestyle and Class". *Bulletin of Latin American Research* 13/1 (Oxford, 1994): 45-60.

Barnet, Miguel. *Biografía de un cimarrón*. México: Siglo XXI, 1976.

Barreal, Isaac. Prólogo y anotaciones a *Los negros brujos*. La Habana: Ciencias Sociales, 1995.

Barthes, Roland. *Fragmentos de un discurso amoroso*. México: Siglo XXI, 1984.

_____ *El placer del texto*. México: Siglo XXI, 1989.

Bartra, Roger. *La jaula de la melancolía. Identidad y metamorfosis del mexicano*. México: Grijalbo, 1996.

_____ *The Artificial Savage*. Ann Arbor: Michigan University Press, 1997.

_____ *Wild Men in the Looking Glass. The Mythic Origins of European Otherness*. Carl Berriford, trad. Ann Arbor: Michigan University Press, 1994.

Barreda Tomás, Pedro. *The Black Protagonist in the Cuban Novel*. Amherst: Massachusets University Press, 1979.

Bastide, Roger. *African Civilizations in The New World*. Peter Green, trad. New York: Harper Torchbooks, 1972.

Bastos, Élide R. "Gilberto Freyre e o não europeísmo da sociedade ibérica". *A Obra emTempos Vários. Livro Conmemorativo dos 95 anos de nascimento de Gilberto Freyre*. Fátima Quintas, org. Recife: Massagana, 1999. 301-24.

_____ "Gilberto Freyre e o pensamiento hispânico". *A Obra emTempos Vários. Livro Conmemorativo dos 95 anos de nascimento de Gilberto Freyre*. Fátima Quintas, org. Recife: Massagana, 1999. 325-48.

Bejel, Emilio. "Entrevista con Miguel Barnet". *Hispámerica* 10/29 (Takoma Park, MD, 1981): 41-52.

_____ "*Fresa y chocolate*: o la salida de la guarida: hacia una teoría del sujeto homosexual en Cuba". *Casa de las Américas* 196 (La Habana, 1994): 10-22.

Benítez Rojo, Antonio. *La isla que se repite: el Caribe y la perspectiva posmoderna*. Hanover: Ediciones del Norte, 1989.

_____ "Azúcar-poder-literatura". *Cuadernos hispanoamericanos* 451-52 (Madrid, 1988): 195-215.

Benjamin, Walter. "The Storyteller. Reflections on the Work of Nikloai Leskov". *Illuminations. Essays and Reflections.* Harry Zohn, trad. y Hannah Arendt, ed. New York: Shocken Books, 1969. 83-110.

Benzaquen de Araújo, Ricardo. *Guerra e Paz e a Obra de Gilberto Freyre nos Anos 30.* Rio de Janeiro: Editora 34, 1994.

Bersani, Leo. "Is the Rectum a Grave?" *October* 43 (Cambridge, MA, 1987): 197-222.

Betancourt, José Victoriano. *Artículos de costumbres.* La Habana: Ministerio de Educación y Cultura, 1941.

Betancourt Cisneros, Gaspar. *Escenas cotidianas.* La Habana: Ministerio de Educación, 1950.

Beverley, John. *Subalternity and Representation. Arguments in Cultural Theory.* Durham: Duke University Press, 1999.

Bhabha, Homi K. "Are you a man or a mouse?" *Constructing Masculinity.* Maurice Berger, Brian Wallis y Simon Watson, eds. New York: Routledge, 1995. 57-68.

_____ "DissemiNation: time, narrative and the margins of the modern nation". *Nation and Narration.* Homi K. Bhabha, ed. London: Routledge, 1991. 291-322.

_____ "Of Mimicry and Man: The Ambivalence of Colonial Discourse". *The Location of Culture.* New York: Routledge, 1994. 85-92.

_____ "Signs Taken for Wonders: Questions of Ambivalence and Authority Under a Tree Outside Delhi, May 1817". *Race, Writing, and Difference.* Henry Louis Gates Jr., ed. Chicago: University of Chicago Press, 1986. 163-84.

Blount, Marcellus, y George P. Cunningham, eds. *Representing Black Men.* New York: Routledge, 1996.

Boas, Franz. "Human Faculty as Determined by Race". *Proceedings. American Anthropological Association* XLIII (1894): 303-04.

Bolívar, Natalia. *Los orichas en Cuba.* La Habana: Unión de Escritores, 1990.

_____ *Opolopo Owó. Los sistemas adivinatorios de la Regla de Ocha.* La Habana: Editorial Ciencias Sociales, 1994.

Bowman, Glenn. "Identifying Versus Identifying with the Other. Reflections on the Sitting of the Subject in Anthropological Discourse". *After Writing Culture. Epistemology and Praxis in Contemporary Anthropology.* Allison James, Jenny Hockey, y Andrew Dawson, eds. London: Routledge, 1997. 34-50.

Brooks Bouson, J. "Kohut's Psychology of the Self, Empathy, and the Reading Process". *The Empathic Reader. A Study of the Narcissistic Character and the Drama of the Self.* Amherst: University of Massachusets Press, 1989. 11-29.

Brookshaw, David. *Race and Color in Brazilian Literature.* New Jersey: Scarecrow Press, 1986.

Bueno, Eva Paulino. *Resisting Boundaries: The Subject of Naturalism in Brazil.* New York: Garland, 1995.

Bueno, Salvador. "La narrativa antiesclavista en Cuba". *Cuadernos Hispanoamericanos* 451-452 (Madrid, 1988): 169-86.

Bunke, Klaus. "La literatura testimonio. La historia cubana contada por sus testigos". *El Caribe y América Latina. Actas del Coloquio Interdisciplinario sobre el Caribe 9 y 10 de noviembre de 1984.* Ulrich Fleischmann e Ineke Phaf, eds. Frankfurt: Vervuert, 1987. 134-50.

Butler, Judith. *Gender Trouble: Feminism and the Subversion of Identity.* New York: Routledge, 1990.

_____ "Melancholy Gender-Refused Identification". *Constructing Masculinity.* Maurice Gerber, Brian Wallis y Simon Watson, eds. New York: Routledge, 1995. 21-36.

_____ *The Psychic Life of Power. Theories in Subjection.* Stanford, CA: Standford University Press, 1997.

Cabrera, Lydia. *El monte. Igbo finda, ewe oricha.vititi nfinda. (Notas sobre las religiones, la magia, las supersticiones y el folklore de los negros criollos y del pueblo de Cuba).* Miami: Ediciones Universal, 1975

_____ *La sociedad secreta abakuá narrada por viejos adeptos.* La Habana: Ed. CR, 1958.

_____ *Yemayá y Ochún. Kariocha, iyaloricha y olorishas.* Miami: Ediciones Universal, 1996.

Cahoone, Lawrence E. *The Dilemma of Modernity. Philosophy, Culture and Anti-Culture.* New York: SUNY University Press, 1988.

Caminha, Adolfo. *Bom-Crioulo.* São Paulo: Ática, 1999.

Campa, Román de la. *Latinamericanism.* Minneapolis: University of Minnesota Press, 1999.

Candido, Antonio. "A Dialética da malandragem". *O discurso e a Cidade.* São Paulo: Livraria Duas Cidades,1993. 19-54.

_____ "De cortiço a cortiço". *O discurso e a Cidade.* São Paulo: Livraria Duas Cidades, 1993. 123-54.

_____ "Gilberto Freyre: crítico literário". *Gilberto Freyre: sua Ciência, sua Filosofia, sua Arte.* Río de Janeiro: José Olympio, 1962. 120-24.

_____ y J. Aderaldo Castello. *Presença da Literatura Brasileira. Das Origens ao Realismo.* Tomo I. Rio de Janeiro: Bertrand, 1992.

Carpentier, Alejo. "De lo real maravilloso americano". *Obras completas. Ensayos.* México: Siglo XXI, 1990. 100-17.

_____ *¡Ecue-Yamba-Ó! Historia afrocubana.* Madrid: Ed. España, 1933.

_____ "Histoire de Lunes". *Cahiers du Sud* 20 (Marseille, 1933): 747-59.

_____ "La ciudad de las columnas". *Obras completas. Ensayos*. México: Siglo XXI, 1990. 61-73.

_____ "La cultura de los pueblos que habitan en las tierras del mar Caribe". *Anales*. (La Habana, 1979): 197-225.

_____ "Martí y el tiempo". *Letra y solfa. Visión de América*. Prólogo y notas de Alexis Márquez Rodríguez. Caracas: Síntesis Dos Mil, 1975. 29-30.

_____ "Mito paradisíaco". *Letra y solfa. Visión de América*. Prólogo y notas de Alexis Márquez Rodríguez. Caracas: Síntesis Dos Mil , 1975. 66-8.

_____ *Obras Completas. ¡Ecue-Yamba-Ó!; La rebambaramba; Cinco poemas afrocubanos; Historia de lunas; Manita en el suelo; El milagro de Anaquillé; Correspondencia con García Caturla*. Vol. 1. México: Siglo XXI, 1983.

_____ "Problemática de la actual novela latinoamericana". *Obras completas. Ensayos*. México: Siglo XXI, 1990. 11-44.

_____ "Viaje a la semilla". *Obras completas*. Vol. 3. México: Siglo XXI, 1983. 13-28.

Carrera Damas, Germán. "Huida y enfrentamiento". *África en América Latina*. Manuel Moreno Fraginals, coord. México: Siglo XXI, 1977. 51.

Cascardi, Anthony J. "Flaubert". *The Bounds of Reason. Cervantes, Dostoevsky, Flaubert*. New York: Columbia University Press, 1986. 159-238.

_____ *The Subject of Modernity*. Cambridge: Cambridge University Press, 1992.

Castellanos, Israel. *La brujería y el ñañiguismo en Cuba desde el punto médico legal*. La Habana: Doredo, 1916.

Castellanos, Jesús. "Una semana más". *La discusión*. La Habana: Ministerio de Educación, 1950.

Castellanos, Jorge e Isabel Castellanos. *Cultura afrocubana. El negro en Cuba 1845-1959*. Vol. 2. Miami: Universal, 1990.

_____ *Cultura afrocubana. Las religiones y las lenguas*. Vol. 3. Miami: Universal, 1992.

Certeau, Michel de. "Montaigne's 'Of Cannibals' The Savage 'I'." *Heterologies. Discourse on the Other*. Brian Massumi, trad. Minneapolis: University of Minnesota Press, 1993. 67-79.

_____ "The Freudian Novel: History and Literature". *Heterologies. Discourse on the Other*. Brian Massumi, trad. Minneapolis: University of Minnesota Press, 1993. 17-34.

Chacon, Vamireh. *A Luz do Norte. O Nordeste na História das Idéias do Brasil*. Recife: Massangana, 1989. 39-156.

_____ *Gilberto Freyre: uma biografia intelectual*. Recife: Massangana, 1993.

Chaterjee, Partha. *Nationalist Thought and the Colonial World. A Derivative Discourse*. Minneapolis: University of Minnesota Press, 1993. 1-53.

Clifford, James. "On Ethnographic Self Fashioning: Conrad and Malinowski". *The Predicament of Culture. Twentieth Century Ethnography, Literature and Art.* Cambridge, MA: Harvard University Press, 1988. 92-114.

_____ "On Ethnographic Authority". *Writing Culture: The Poetics and Politics of Ethnography.* James Clifford y George E. Marcus, eds. Berkeley: California University Press, 1986. 1-26.

Cobham, Rhonda. "Misgendering the Nation: African Nationalist Fictions and Nuruddin Farah's Maps". *Nationalisms and Sexualities.* Andrew Parker, Mary Russo, Doris Sommer y Patricia Yaeger, eds. New York: Routledge, 1992. 42-59.

Colás, Santiago. "There's no Place Like Home or the Utopian, Uncanny Caribbean State of Mind of Antonio Benítez Rojo". *Siglo XX-20th Century* 13/2 (Lincoln, NE, 1995): 207-17.

Conte, Rafael y José M. Capmany. *Guerra de razas: negros contra blancos en Cuba.* La Habana: Imprenta Militar de Antonio Pérez, 1912.

Connell, R.W. *Masculinities.* Berkeley: California University Press, 1995.

Cornejo-Polar, Antonio. "Los sistemas literarios como categorías históricas. Elementos para una discusión latinoamericana". *Revista de crítica literaria latinoamericana* 15/29 (Lima, 1989): 19-25.

_____ "Mestizaje e hibridez: los riesgos de las metáforas. Apuntes". *Revista de crítica literaria latinoamericana* XXIV (Lima, 1998): 7-11.

Coronil, Fernando. "Challenging Colonial Histories: Cuban Counterpoint- Ortiz's Counterfetishim". *Critical Theory, Cultural Politics and Latin American Narrative.* Steven Bell, Albert H. Le May y Leonard Orr, eds. Notre Dame: University of Notre Dame Press, 1993. 61-80.

Coutinho, Edilberto. *A Imaginação do Real: Uma Leitura da Ficção de Gilberto Freyre.* Rio de Janeiro: José Olympio, 1983.

Cruz Malavé, Arnaldo. *El primitivo implorante: el "sistema poético del mundo" de José Lezama Lima.* Amsterdam: Rodopi, 1994.

_____ "Toward an Art of Transvestism: Colonialism and Homosexuality in Puerto Rican Literature". *¿Entiendes? Queer Readings, Hispanic Writings.* Emilie L. Bergmann y Paul Julian Smith, eds. Durham: Duke University Press, 1995. 137-67.

_____ "What a Tangled Web!" Masculinidad, abyección y la fundación de la literatura puertorriqueña en los Estados Unidos". *Revista de crítica literaria latinoamericana* XIII/45 (Lima, 1997):327-40.

Cuervo Hewitt, Julia. "El texto travesti: narrativa y testimonio".*Caribbean Studies* 22/1-2 (Río Piedras, 1989): 53-65.

Cunha, Euclides da. *Rebellion in the Backlands*. Samuel Putnam, trad. Chicago: University of Chicago Press, 1944.

Cunningham, George P. "Called into Existence: Desire, Gender and Voice in Frederick Douglass's Narrative of 1845". *Differences: A Journal of Feminist Cultural Studies* 1.3 (Bloomington, 1990): 108-36.

D'Andrea Moema, Selma. *A Tradição Re (des) coberta: Gilberto Freyre e a Literatura Regionalista*. São Paulo: UNICAMP, 1992.

Deleuze, Gilles. *Bergsonism*. New York: Zone Books, 1991.

_____ "Mediators". *Negotiations*. Martin Joughin, trad. New York: Columbia University Press, 1995. 121-34.

Deschamps Chapeaux, Pedro. "Cimarrones urbanos". *Revista de la Biblioteca Nacional José Martí* XI.60.2 (La Habana, 1969): 145-64.

_____ "La autenticidad de algunos negros y mulatos en *Cecilia Valdés*". *La Gaceta de Cuba* 81 (LaHabana, 1970): 24-5.

_____ "Potencias secretas entre hombres". *Cuba* 7.72: 44-5 (s.fecha).

Derrida, Jacques. "Eating Well, or the Calculation of the Subject". *Points... Interviews 1974-1994*. Peggy Kamuf, trad. y Elisabeth Weber, ed. Stanford, CA: Stanford University Press, 1995. 255-87.

_____ "La farmacia de Platón". *La diseminación*. J. M. Arancibia, trad. Madrid: Fundamentos, 1975.

_____ *Of Grammatology*. Gayatri Chakravorty Spivak, trad. Baltimore: Johns Hopkins University Press, 1976.

_____ *Politics of Friendship*. George Collins, trad. London: Verso, 1997.

Díaz Quiñones, Arcadio. "Fernando Ortiz y Allan Kardec: espiritismo y transculturación". *Latin American Literary Review* XXV.50 (Pittsburgh, 1997): 68-83.

_____ *La memoria rota. Ensayos sobre cultura y política*. Río Piedras: Huracán, 1993.

_____ "Martí: la guerra desde las nubes". *Revista del Centro de Investigaciones Históricas* 9 (Río Piedras, 1997): 201-31.

Douglass, Frederick. *Narrative of the Life of Frederick Douglass. An American Slave Written by Himself*. [1845] New York: New American Library, 1968.

Doyle, Laura. *Bordering on the Body: The Racial Matrix of Modern Fiction and Culture*. New York: Oxford University Press, 1994.

Du Bois W.E.B. "The Negro and Imperialism". *W.E. B. Du Bois Speaks*. Phillip S. Foner, ed. New York: Pathfinder Press, 1970. 150-60.

_____ *The Souls of Black Folk*. New York: Dover Publications, 1994.

Duchesne, Juan. "*Biografía de un cimarrón*: poética del monte y del ingenio". *Narraciones de testimonio en América Latina: cinco estudios*. Río Piedras: Editorial UPR, 1992. 41-80.

Ette, Ottmar. "Apuntes para una orestiada americana. Situación en el exilio y búsqueda de la identidad en José Martí 1875-1878". *El Caribe y América Latina. Actas del Coloquio Interdisciplinario sobre el Caribe 9 y 10 de noviembre de 1984.* Ulrich Fleischmann e Ineke Phaf, eds. Frankfurt: Vervuert, 1987. 108-16.

Fanon, Frantz . *Black Skins, White Masks.* Charles Lam Markman, eds. New York: Grove Press, 1967.

Fass Emery, Amy. *The Anthropological Imagination in Latin American Literature.* Columbia: University of Missouri Press, 1997.

Fernandes, Florestan. *A Integração do Negro na Sociedade de Classes* Vols. 1-2. São Paulo: Atica, 1978.

Fernández Retamar, Roberto. *Calibán. Apuntes sobre la cultura en nuestra América.* México: Diógenes, 1974.

_____ "Pensamiento de Nuestra América: autorreflexiones y propuestas". *Casa de las Américas* XXXVII/204 (LaHabana, 1996): 41-56.

_____ "Comentarios al texto de Antonio Cornejo-Polar: 'Mestizaje, *transculturación,* heterogeneidad'". *Asedios a la Heterogeneidad Cultural. Libro de homenaje a Antonio Cornejo-Polar.* José Antonio Mazzotti y U. Juan Zevallos Aguilar, coords. Philadelphia: Asociación Internacional de Peruanistas, 1996. 47-56.

Fernández Robaina, Tomás. "Blacks in Cuba: Past and Present". Conferencia Universidad de Michigan, Ann Arbor, abril de 1999.

_____ *El negro en Cuba 1902-1958: apuntes para la lucha contra la discriminación racial.* La Habana: Ciencias Sociales, 1990.

_____ *Hablen paleros y santeros.* La Habana: Ciencias Sociales, 1994.

Foster, David William. "Duas modalidades de escrita sobre a homosexualidade na ficção brasileira contemporânea". *Toward Socio Criticism: Luso-Brazilian Literatures.* Roberto Reis, ed. Arizona: Tempe University Press, 1991. 55-66.

_____ "Adolfo Caminha's *Bom-Crioulo*: A Founding Text of Brazilian Gay Literature". *Gay and Lesbian Themes in Latin American Writing.* Austin: University of Texas Press, 1991. 9-22.

Foster, Hal. "Primitive Scenes." *Critical Inquiry* 20 (Chicago, 1993): 69-102.

Foucault, Michel. *Discipline and Punish. The Birth of the Prison.* Alan Sheridan, trad. New York: Vintage Books, 1979.

_____ *La verdad y las formas jurídicas.* Enrique Lynch, trad. Barcelona: Gedisa, 1992.

_____ "Nietzsche, Genealogy, History". *The Foucault Reader.* Paul Rabinow, trad. New York: Pantheon Books, 1984. 76-100.

_____ *The Use of Pleasure. The History of Sexuality.* Vol. 2. Robert Hurley, trad. New York: Vintage Books, 1990.

_____ "On the Genealogy of Ethics". *The Foucault Reader.* Paul Rabinow, ed. New York: Pantheon Books, 1984. 340-72.

Fowler, Víctor. "Erotismo, negritud, tradición y modernidad: cuatro historias cruzadas sobre un texto". *Revolución y Cultura* 5 (1996): 4-9.

Freud, Sigmund. "Civilization and its Discontents". *The Freud Reader*. Peter Gay, ed. New York: Norton & Co., 1995. 722-771.

_____ "Ana O". *The Freud Reader*. Peter Gay, ed. New York: Norton & Co., 1995. 60-77.

_____ "Fragments of an Analysis. A Case of Hysteria. Dora". *The Freud Reader*. Peter Gay, ed. New York: Norton & Co., 1995. 172-238.

_____ *Ensayos sobre la vida sexual y la teoría de las neurosis*. Madrid: Alianza Editorial, 1988.

_____ *Moisés y la religión monoteísta*. Buenos Aires: Losada, 1993.

_____ "Mourning and Melancholia". *The Freud Reader*. Peter Gay, ed. New York: Norton & Co., 1995. 584-88.

_____ "On Narcissism. An Introduction". *The Freud Reader*. Peter Gay, ed. New York: Norton & Co., 1995. 545-61.

_____ "Totem and Taboo". *The Basic Writings of Sigmund Freud*. A.A. Brill, trad. y ed. New York: Modern Library, 1938. 807-930.

_____ *The Wolf Man by the Wolf Man. The Double Story of Freud's most Famous Case*. Muriel Gardiner, ed. New York: Basic Books, 1971.

Freyre, Gilberto. *Arte, Ciência e Trópico*. São Paulo: DIFEL, 1980.

_____ *Aventura e rotina: sugestões de uma viagem à procura das constantes portuguesas de caráter e ação*. Rio de Janeiro: José Olympio, 1980.

_____ *Casa Grande e Senzala*. Rio de Janeiro: Récord, 2000.

_____ *Casa grande y senzala: formación de la familia brasileña bajo el régimen de la economía patriarcal*. Prólogo de Darcy Ribeiro. Caracas: Ayacucho, 1985.

_____ *Heróis e vilões no romance brasileiro em torno das projeções de tipos sócio-antropológicos em personagens de romances nacionais do século XIX e do atual*. Edson Nery da Fonseca, ed. São Paulo: Cultrix, 1979.

_____ *Alhos e Bugalhos. Ensáios sobre temas contraditórios: de Joyce a cachaça, de José Lins do Rego ao cartão postal*. Rio de Janeiro: Nova Fronteira, 1978.

_____ "Como e porque sou e não sou escritor". *Como e porque sou e não sou sociólogo*. Brasília: Universidade de Brasília, 1968. 168-79.

_____ "Como e porque escrevi *Casa Grande e Senzala*". *Como e porque sou e não sou sociólogo*. Brasília: Universidade de Brasília, 1968. 125-42.

_____ *Seis Conferenças em busca de um leitor*. Rio de Janeiro: José Olympio, 1965.

_____ *Dona Sinhá e o Filho Padre*. Rio de Janeiro: José Olympio, 1964.

_____ "Em torno de um novo conceito de tropicalismo". Conferência pronunciada na sala dos Capelos da Universidade de Coimbra, 24 de janeiro de 1952. Coimbra: Limitada, 1952.

_____ "Importância dos estudos transnacionais para a comprensão do complexo americano, em geral, em particular, do americano tropical, de sociedade e de cultura". *Revista Brasileira de Cultura* 1/1 (Rio de Janeiro, 1969): 77-92.

_____ "Integração de raças autóctones e de culturas diferentes da europeia na comunidade luso-trópical. Aspectos gerais de um processo". Lisboa. Congresso Internacional da História dos Descobrimentos, 1961.

_____ *Manifesto Regionalista.* Prefácio de Antonio Dimas. Recife: Massangana, 1996.

_____ *Modos de homem & modas de mulher.* Rio de Janeiro: Record, 1986.

_____ *Mother and Son. A Brazilian Tale.* Barbara Shelby, trad. New York: Knopf, 1967.

_____ *Novo Mundo nos Trópicos.* São Paulo: Brasiliana, 1963.

_____ *New World in the Tropics. The Culture of Modern Brazil.* New York: Alfred A. Knopf, 1959.

_____ *O Brasileiro entre os outros hispanos: afinidades, contrastes e possíveis futuros nas suas inter-relações.* Rio de Janeiro: José Olympio, 1975.

_____ "O Camarada Withman". *Seis Conferenças em busca de um leitor.* Rio de Janeiro: José Olympio, 1965. 85-113.

_____ *O Outro amor do Dr. Paulo.* Rio de Janeiro: José Olympio, 1977.

_____ *O Velho Félix e suas "Memórias de um Calvacanti".* Recife: Massangana, 1989.

_____ "O que W.L. disse das mulheres". *Artigos de Jornal.* Recife: Mozart, 1935. 181.

_____ *Perfil de Euclides e Outros Perfis.* Rio de Janeiro: Récord, 1987.

_____ *Primeiro Congresso Afro-Brasileiro.* Prefácio de Gilberto Freyre. Rio de Janeiro: Ariel, 1934.

_____ "Serei um escritor obsceno?" *Alhos e Bugalhos. Ensáios sobre temas contraditórios: de Joyce a Cachaça de José Lins do Rego a Cartão Postal.* Rio de Janeiro: Nova Fronteira, 1978. 178.

_____ *Sobrados e Mucambos. Decadência do Patriarcado Rural e Desenvolvimento do Urbano.* Vols 1-2. Rio de Janeiro: José Olympio: 1981.

_____ *Sociología. Introdução a seus Principios.* Vol 1. Rio de Janeiro: José Olympio, 1945. 85-140.

_____ *The Racial Factor in Contemporary Politics.* London: MacGibbon & Kee, 1966.

_____ *Um brasileiro em terras portuguesas. Introdução a uma possível luso-tropicologia, acompanhada de conferencias e discursos proferidos em Portugal e em terras lusitanas e ex-lusitanas da Ásia, da Africa e do Atlântico.* Rio de Janeiro: José Olympio, 1953.

_____ *Uma política transnacional de cultura para o Brasil de hoje.* Rio de Janeiro: Revista Brasileira de Estudos Políticos, 1960.

_____ *Vida social no Brasil nos meados do século* XIX. *Social life in Brazil in the middle of the 19ᵗʰ century*. Tradução do original do inglês por Waldemar Valente. Rio de Janeiro: Artenova Instituto Joaquim Nabuco de Pesquisas Sociais, 1977.

Fry, Peter. "Two Religious Movements: Protestantism and Umbanda". *Manchester and São Paulo: Problems of Rapid Urban Growth*. Sanford, CA: Stanford University Press, 1978. 177-202.

Fuente, Alejandro de la. *Una nación para todos. Raza, desigualdad y política en Cuba, 1900-2000*. Madrid: Colibrí, 2000.

Gallagher, Catherine. *The Making of the Modern Body: Sexuality and Society in the Nineteenth Century*. Berkeley: University of California Press, 1987.

Garber, Marjorie. *Vested Interests: Cross Dressing and Cultural Anxiety*. New York: Routledge, 1992.

García Canclini, Néstor. *Culturas híbridas: estrategias para entrar y salir de la modernidad*. Buenos Aires: Sudamericana, 1992.

García Carranza, Araceli. *Bio-bibliografía de Fernando Ortiz*. La Habana: Biblioteca Nacional José Martí, 1970.

Gates, Henry L. "Writing 'Race' and the Difference It Makes". *Race, Writing, and Difference*. Henry Louis Gates Jr., ed. Chicago: University of Chicago Press, 1986. 1-20.

Geertz, Clifford. "Thick Description: Toward and Interpretive Theory of Culture." *The Interpretation of Cultures*. New York: Basic Books, 1973. 3-32.

_____ *Works and Lives. The Anthropologist as Author*. Stanford, CA: Stanford University Press, 1988.

Gelpí, Juan G. *Literatura y paternalismo en Puerto Rico*. Río Piedras: Huracán, 1993.

Gerber, Daniel. "La represión y el inconsciente". *La re-flexión de los conceptos de Freud en la obra de Lacan*. México: Siglo XXI, 1983. 81-169.

Gilliam, Angela. "Women's Equality and National Liberation". *Third World Women and the Politics of Feminism*. Chandra Talpade Mohanty, Ann Russo y Lourdes Torres, eds. Bloomington: Indiana University Press, 1991. 215-236.

Gilman, Sander. *Difference and Pathology: Stereotypes of Sexuality, Race and Madness*. Ithaca: Cornell UP, 1985.

Gilroy, Paul. *The Black Atlantic. Modernity and Double Conciousness*. Cambridge: Harvard University Press, 1993.

Ginsberg, Elaine K. "The Politics of Passing". *Passing and the Fictions of Identity*. Durham: Duke University Press, 1996. 1-18.

Girard, René. *La violencia y lo sagrado*. Joaquín Jordá, trad. Barcelona: Anagrama, 1995.

Glissant, Edouard. "L'espace caraibeen-l'espace latinoaméricain." *El Caribe y América Latina. Actas del Coloquio Interdisciplinario sobre el Caribe 9 y 10 de noviembre de 1984*. Ulrich Fleischmann e Ineke Phaf, eds. Frankfurt: Vervuert, 1987. 17-20.

Gómez de Avellaneda, Gertrudis. *Sab. Obras*. José María de Castro y Calvo, ed. Madrid: Atlas, 1981.

González Echevarría, Roberto. *Alejo Carpentier: The Pilgrim at Home*. Ithaca: Cornell University Press, 1977.

_____ *The Voice of the Masters. Writing and Authority in Modern Latin American Literature*. Texas: University of Texas Press, 1985.

Graham, Richard (Ed.). *The Idea of Race in Latin America, 1870-1940*. Austin: University of Texas Press, 1990.

Green, James N. *Beyond Carnival. Male Homosexuality in Twentieth Century Brazil*. Chicago: University of Chicago Press, 1999.

Guerra y Sánchez, Ramiro. *Azúcar y población en las Antillas*. La Habana: Ciencias Sociales, 1976.

Guevara, Ernesto. "Socialism and Man in Cuba". *Che: Selected Works of Ernesto Guevara*. Rolando E. Bonachea y Nelson Valdés, eds. Cambridge: MIT Press, 1969. 155-69.

Guillén, Nicolás. "El camino de Harlem." *Diario de la Marina* (La Habana, 21 de abril de 1929): 11.

Guillermoprieto, Alma. "Letter from Brazil. Obssesed in Rio." *The New Yorker Magazine* (New York, 16 de agosto de 1993): 44-55.

Gutiérrez, Mariela A. *Lydia Cabrera: aproximaciones mítico-simbólicas a su cuentística*. Madrid: Verbum, 1997.

Hall, Stuart. "Negotiating Caribbean Identities." *New Left Review* 209 (London, 1995): 3-14.

_____ "The After-life of Franz Fanon: Why Fanon? Why Now? Why *Black Skin, White Masks?*" *The Fact of Blackness. Franz Fanon and Visual Representation*. London: Institute for Contemporary Arts, 1996. 12-37.

Haraway, Donna J. "Situated Knowledges: The Science Question in Feminism and the Privilege of Partial Perspective". *Symians, Cyborgs, and Women: The Reinvention of Nature*. New York: Routledge, 1991. 183-202.

Harper, Phillip Brian. *Are we not Men? Masculine Anxiety and the Problem of African American Identity*. Oxford: Oxford University Press, 1996.

Heller, Ben. "Landscape, Femininity and Caribbean Discourse." *MLN* 111/2 (Baltimore, 1996): 391-416.

_____ "Suturando espacios: comunidad, sexualidad y pedagogía en José Martí". *La Torre* I/2-3 (Río Piedras 1996): 33-54.

Helg, Aline. *Our Rightful Share. The Afro-Cuban Struggle for Equality, 1886-1912.* Chapel Hill: University of North Carolina Press, 1995.

Henríquez Ureña, Max. *Panorama histórico de la literatura cubana.* Primer Tomo. Río Piedras: Mirador, 1963. 95-245.

Herbert, Christopher. *Culture and Anomie: Ethnographic Imagination in the Nineteenth Century.* Chicago: Chicago University Press, 1991.

Herold, Cacilda M. "The Brazilianization of Brazilian Television." *Studies in Latin American Popular Culture* 7 (Las Cruces, NM, 1988): 41-57.

Holland, Norman S. "Fashioning Cuba". *Nationalisms and Sexualities.* Andrew Parker, Patricia Yaeger, Mary Russo, and Doris Sommer, eds. New York: Routledge, 1992. 147-56.

hooks, bell. "Feminism as a persistent critique of history: What's love got to do with it?" *The Fact of Blackness. Franz Fanon and Visual Representation.* Alan Read, ed. London: Institute for Contemporary Arts, 1996. 76-85.

Ibarra, Jorge. "La herencia científica de Fernando Ortiz". *Revista Iberoamericana* LVI/152-153 (Pittsburgh, 1990): 1339-51.

Iznaga, Diana. *Transculturación en Fernando Ortiz.* La Habana: Ciencias Sociales, 1989.

Janzon, Anjouli. "La inversión de la fábula en ¡Ecue-Yamba-Ó!". *Lucero* 3/3 (Berkeley, 1992): 28-35.

Jesús, Eunice A. de. *Preconceito Racial e Igualdade Jurídica no Brasil.* São Paulo: Julex Livros, 1989.

Kardec, Allan. *Nuevo devocionario espiritista: colección de oraciones escogidas.* Barcelona: s.ed., 1954.

Killick, Andrew P. "The Penetrating Intellect: On Being White, Straight and Male in Korea". *Taboo. Sex, Identity and Erotic Subjectivity in Anthropological Fieldwork.* Don Kullick & Margaret Wilson, eds. London: Routledge, 1995. 76-106.

Kojéve, Alexandre. *Introduction to the Reading of Hegel. Lectures on the Phenomenology of Spirit.* Allan Bloom, ed. Ithaca: Cornell University Press, 1969.

Kristeva, Julia. *Desire in Language: A Semiotic Approach to Literature and Art.* Leon Roudiez, ed. Thomas Gora, Alice Jardine y Leon Roudiez, trads. New York: Columbia University Press, 1980.

_____ *Historias de amor.* Trad. Araceli Ramos Martín. México: Siglo XXI, 1995.

_____ *Poderes de la perversión: Ensayo sobre Louis-Ferdinand Céline.* Nicolás Rosa y Viviana Ackerman, trads. México: Siglo XXI, 1989.

_____ "From One Identity to An Other". *Desire in Language: A Semiotic Approach to Literature and Art.* Leon Roudiez, ed. Thomas Gora, Alice Jardine y Leon Roudiez, trads. New York: Columbia University Press, 1980. 133.

_____ "The Father, Love and Banishment". *Desire in Language: A Semiotic Approach to Literature and Art*. Leon Roudiez, ed. Thomas Gora, Alice Jardine y Leon Roudiez, trads. New York: Columbia University Press, 1980. 157.

_____ "Stabat Mater". *Historias de amor*. Araceli Ramos Martín, trad. México: Siglo XXI, 1995.

Krupat, Arnold. "Modernism, Irony, Anthropology: The Work of Franz Boas". *Ethnocriticism: Ethnography, History, Literature*. Berkeley: California University Press, 1992. 81-100.

Kubayanda, Josaphat Benkuru. "Minority Discourse and the African Collective: Some Examples from Latin America and the Caribbean". *The Nature and Context of Minority Discourse*. Abdul Jan Mohammed y David Lloyd, eds. New York: Oxford University Press, 1990. 246-63.

Kutzinski, Vera. *Sugar's Secrets: Race and the Erotics of Cuban Nationalism*. Charlottesville: Virginia University Press, 1993.

Labrador-Rodríguez, Sonia. "La intelectualidad negra en Cuba en el siglo XIX: El caso de Manzano". *Revista Iberoamericana* LXII/174 (Pittsburgh, 1996): 13-25.

Lacan, Jacques. *Escritos*. Tomo I. México: Siglo XXI, 1984.

Landes, Ruth. *The City of Women*. Albuquerque: University of New Mexico Press, 1994.

Leiner, Marvin. *Sexual Politics in Cuba: Machismo, Homosexuality and AIDS*. Boulder: Westview Press, 1994.

Le Riverend, Julio. "Ortiz y sus contrapunteos". *Islas* 70 (Santa Clara, 1981): 9-35.

Lévi-Strauss, Claude. *Introduction to the Work of Marcel Mauss*. Felicity Baker, trad. London: Routledge, 1987.

_____ *Tristes Tropiques*. John y Doreen Weightman, trad. London: Cape, 1973. 51-94.

Lezama Lima, José. *La expresión americana*. Madrid: Alianza Editorial, 1969.

Lienhard, Martin. "De mestizajes, heterogeneidades, hibridismos y otras quimeras". *Asedios a la Heterogeneidad Cultural. Libro de homenaje a Antonio Cornejo Polar*. José Antonio Mazzotti y U. Juan Zevallos Aguilar, coords. Philadelphia: Asosiación Internacional de Peruanistas, 1996. 57-80.

_____ *La voz y su huella. Escritura y conflicto étnico-social en América Latina (1492-1988)*. La Habana: Casa de las Américas, 1989.

Lippi de Oliveira, Lucía, Mônica Pimenta Velloso y Ângela Maria Castro Gomes (Orgs.). *Estado Novo, Ideologia e Poder*. Rio de Janeiro: Zahar, 1982.

Lopes, Francisco Caetano. "Uma subjetividade outra". *Toward Socio-Criticism: Selected Proceedings of the Conference. Luso-Brazilian Literatures, a Socio-Critical Approach*. Roberto Reis, ed. Tempe: Center for Latin American Studies, 1991. 67-74.

López Valdés, Rafael. *Componentes africanos en el etnos cubano*. La Habana: Ciencias Sociales, 1985.

Lorcas, Notario. "Los diablitos o el día infernal de La Habana". *Prensa de La Habana*. La Habana, 6 de enero de 1859.

Ludmer, Josefina. "El cuerpo del género y sus límites". *El género gauchesco: un tratado sobre la patria*. Buenos Aires: Sudamericana, 1988. 11-129.

_____ "Tretas del débil". *La sartén por el mango. Encuentro de escritoras latinoamericanas*. Patricia Elena González, ed. Río Piedras: Huracán, 1985. 47-54.

Lugo-Ortiz, Agnes. *Identidades imaginadas. Biografía y nacionalidad en el horizonte de la guerra (Cuba 1860-1898)*. Río Piedras: Editorial de la Universidad de Puerto Rico, 1999.

Luis, William. *Literary Bondage: Slavery in Cuban Narrative*. Austin: Texas University Press, 1990.

_____ "The Antislavery Novel and the Concept of Modernity". *Cuban Studies-Estudios cubanos* 11.1 (Pittsburgh, 1981): 33-47.

_____ "The Politics of Memory and Miguel Barnet's *The Autobiography of a Runaway Slave*". *MLN* 104.2 (Baltimore, 1989): 475-91.

Lukàcs, Georg. "The Ideology of Modernism". *Realism in Our Time: Literature and the Class Struggle*. New York: Harper & Row, 1964. 17-46.

Lumsden, Ian. *Machos, Maricones and Gays: Cuba and Homosexuality*. John y Necke Mander, trads. Philadelphia: Temple University Press, 1996.

Magalhães, Agamenon. *O Nordeste Brasileiro*. Recife: ASA, 1985.

Manzano, Juan Francisco. *Obras*. La Habana: Instituto Cubano del Libro, 1972.

Mañach, Jorge. *Indagación del choteo*. La Habana: La Verónica, 1940.

_____ "Glosas. El problema negro y la palabra oscura". *Diario de la Marina* (La Habana, 12 de mayo de 1929): 11

Marcus, George E. y Michael M. J. Fischer. *Anthropology as Cultural Critique. An Experimental Moment in the Human Sciences*. Chicago: University of Chicago Press, 1986.

Marcuse, Herbert. *Eros and Civilization. A Philosophical Inquiry into Freud*. Boston: Beacon Press, 1966.

Marqués, René. "El puertorriqueño dócil: (literatura y realidad sicológica)". *El puertorriqueño dócil y otros ensayos (1953-1971)*. Río Piedras: Editorial Antillana, 1977. 151-217.

Martí, José. "Nuestra América". La Habana: Ciencias Sociales, 1979.

Martin, Juan Luis. *Ecue, Chango y Yemayá. Ensayos de la sub-religión de los afrocubanos*. La Habana: Cultural, 1990.

_____ "La rumba, danza de los sexos". *Grafos* 5.49 (La Habana, 20 de abril de 1937): s.p.

Martínez-Echezábal, Lourdes. *Para una semiótica de la mulatez*. Madrid: José Porrúa, 1990.

Martins, Wilson. *História da Inteligencia Brasileira (1933-1960)*. Vol.VII São Paulo: Cultrix, 1979.

Masiello, Francine. "Las políticas del texto". *Asedios a la heterogeneidad cultural. Libro de homenaje a Antonio Cornejo Polar*. José Antonio Mazzotti y U. Juan Zevallos, coords. Aguilar. Philadelphia: Asociación Internacional de Peruanistas. 273-90.

_____ "Science and Sentimentality. The Female Subject in Modernity". *Between Civilization and Barbarism. Women, Nation and Literary Culture in Modern Argentina*. Lincoln: University of Nebraska Press, 1992. 83-109.

_____ "Women as Double Agents in History". *Confluencia* 13/2 (Greeley, CO, 1998): 5-19.

Matibag, Eugenio. *Afro-Cuban Religious Experience: Cultural Reflections in Narrative*. Miami: Florida University Press, 1996.

_____ "Ifá and Interpretation: An Afro-Caribbean Literary Practice". *Sacred Posessions: Vodou, Santería, Obeah and the Caribbean*. Fernández Olmos y Paravisini-Gebert, eds. New Jersey: Rutgers University Press, 1997. 151-71.

Matta, Roberto da. "A hora e a vez de Gilberto Freyre". *Folha de São Paulo* (São Paulo, 24 de julho de 1987): s.p.

_____ *Carnavais, malandros e hérois: para uma sociologia do dilema brasileiro*. Rio de Janeiro: Zahar, 1981.

_____ "Dona Flor e sus dois maridos. A relational novel". *Social Science Information* 21/1 (London, 1982): 19-46.

_____ "Para uma antropologia da saudade". *Conta de mentiroso: sete ensaios de antropologia brasileira*. Rio de Janeiro: Rocco, 1993. 17-34.

_____ *O que faz o brasil, Brasil?* Rio de Janeiro: Salamandra, 1984.

_____ y David J. Hess (Eds.). *The Brazilian Puzzle. Culture on the Borderlands of the Western World*. New York: Columbia University Press, 1995.

Mauss, Marcel. *A General Theory of Magic*. Robert Brain, trad. Routledge: Boston, 1972.

Mesa Suárez Inclán, Ramón. "El Día de Reyes". *La Habana Elegante* (La Habana, 27 de febrero de 1887).

Millet, José. *El espiritismo: variantes cubanas*. Santiago de Cuba: Oriente, 1996.

Moliner, María. *Diccionario del uso del español*. Tomo II. Madrid: Gredos, 1998.

Molloy, Silvia. "From Serf to Self: The *Autobiography* of Juan Francisco Manzano". *Modern Language Notes* 104/2 (Baltimore, 1989): 393-417.

_____ "Too Wilde for Comfort: Desire and Ideology in Fin-de Siècle Spanish America". *Social Text* 31-32 (Madison, WI, 1992): 187-201.

Moreno Fraginals, Manuel. "Apuntes culturales y deculturación". *África en América Latina*. Manuel Moreno Fraginals, ed. México: Siglo XXI, 1977. 13-33.

_____ *La historia como arma y otros estudios sobre esclavos, ingenios y plantaciones*. Barcelona: Editorial Crítica, 1983.

Mosse, George L. *The Image of Man: The Creation of Modern Masculinity*. New York: Oxford University Press, 1996.

Mota, Carlos Guilherme. "Idéias do Brasil: formação e problemas (1817-1850)". *Viagem Incompleta: A Experiência Brasileira. Formação: histórias*. Carlos Guilherme Mota, org. São Paulo: SENAC, 1999. 197-240.

_____ *Ideologia da Cultura Brasileira 1933-1974*. São Paulo: Atica, 1990.

Mott, Luiz. *Escravidão, homossexualidade e demonologia*. São Paulo: Icone, 1988.

Naranjo Orovio, Consuelo y Miguel A. Puig Samper. "Ciencia y pensamiento: la institución Hispano-cubana de Cultura y su relación con los intelectuales españoles". Cuban Counterpoints: The Fernando Ortiz Symposium on Cuban Culture and History, City University of New York (mimeo).

_____ "La formación intelectual de Fernando Ortiz en España". Cuban Counterpoints: The Fernando Ortiz Symposium on Cuban Culture and History, City University of New York (mimeo).

Ortega, Julio. "El Inca Garcilaso y el discurso de la abundancia". *Revista Chilena de Literatura* 32 (Santiago, 1988): 31-43.

Ortiz, Fernando. "Brujos o santeros". *Estudios etnosociológicos*. La Habana: Ciencias Sociales, 1991. 97-101.

_____ *Contrapunteo cubano del tabaco y el azúcar*. La Habana: Jesús Montero, 1940.

_____ *El engaño de las razas*. La Habana: Pensamiento Cubano, 1975.

_____ *Los negros esclavos*. La Habana: Ciencias Sociales, 1975.

_____ *Entre cubanos. Psicología tropical*. París: Paul Ollendorf, 1913.

_____ "El cocorícamo y otros conceptos teoplásmicos en el folklore cubano". *Archivos del Folklore Cubano* IV/4 (La Habana, 1929): 289-312.

_____ *El huracán y sus mitologías*. México: Fondo de Cultura Económica, 1947. 31-50.

_____ *Glosario de afronegrismos*. Prólogo de José M. Dihigo. La Habana: Ciencias Sociales, 1990.

_____ "La religión en la poesía mulata". *Estudios etnosociológicos*. La Habana: Ciencias Sociales, 1991. 141-75.

_____ *La "tragedia" de los ñáñigos*. La Habana: Colección Raíces, 1993.

_____ *Los bailes y el teatro de los negros en el folklore de Cuba*. La Habana: Letras Cubanas, 1985.

_____ *Los cabildos y la fiesta afrocubana del Día de Reyes*. La Habana: Ciencias Sociales, 1992.

_____ *Los negros brujos*. La Habana: Ciencias Sociales, 1995.

_____ *Los negros curros*. La Habana: Pensamiento Cubano, 1986.

_____ "Los viejos carnavales habaneros". *Estudios etnosociológicos*. La Habana: Ciencias Sociales, 1991. 202-21.

_____ "Martí y las razas". *Etnia y sociedad*. La Habana: Pensamiento Cubano, 1993. 110-35.

_____ *Poesía y canto de los negros afrocubanos*. La Habana: Colección Raíces, 1994.

_____ "Sobre mitos brasileños y cubanos". *Revista bimestre Cubana* 25/3 (La Habana, mayo-junio 1930): 351-52.

_____ y Ramón Vasconcelos. "Las comparsas populares del carnaval habanero". *Revista de Estudios Afrocubanos* V (La Habana, 1940-46): 129-48.

_____ "Los tambores bimembranófonos: los Batá" *Órbita de Fernando Ortiz*. Selección y prólogo Julio Le Riverend. La Habana: Ediciones Unión, 1973. 251-98.

_____ "Los factores humanos de la cubanidad". *Etnia y sociedad*. La Habana: Pensamiento Cubano, 1993. 1-20.

_____ "Por la integracion cubana de blancos y negros". *Revista de Estudios Afrocubanos* V. (La Habana, 1940-46): 216-29.

Oyarzún, Kemy. "Género y etnia: Acerca del dialogismo en América Latina". *Revista Chilena de Literatura* 41 (Santiago, 1992): 33-45.

_____ "Literaturas heterogéneas y dialogismo genérico-sexual". *Asedios a la Heterogeneidad Cultural. Libro de homenaje a Antonio Cornejo Polar*. José Antonio Mazzotti y U. Juan Zevallos Aguilar, coords. Philadelphia: Asociación Internacional de Peruanistas, 1996. 81-100.

Palés Matos, Luis. "Tún- tún de pasa y grifería." *La poesía de Luis Palés Matos. Edición crítica*. Mercedes López Baralt, ed. Río Piedras: Editorial UPR, 1995. 469-618.

Parker, Richard G. "The Carnivalization of the World". *Bodies, Pleasures and Passions. Sexual Culture in Contemporary Brazil*. Boston: Beacon Press, 1991. 136-64.

Patterson, Orlando. *Slavery and Social Death: A Comparative Study*. Massachusets: Cambridge University Press, 1982.

Payne, Judith A. y Earl E. Fitz. "Ambiguity, Gender Borders, and the Differing Literary Traditions of Brazil and Spanish America". *Ambiguity and Gender in the New Novel of Brazil and Spanish America. A Comparative Assesment*. Iowa City: University of Iowa Press, 1993.

Pedreira, Antonio S. *Insularismo*. Río Piedras: Edil, 1973.

Pérez Firmat, Gustavo. *The Cuban Condition*. Cambridge: Cambridge University Press, 1989.

Perlongher, Néstor. *La prostitución masculina*. Buenos Aires: Ed. de la Urraca, 1993.

_____ *Prosa plebeya. Ensayos 1980-1992. Buenos Aires: Colihue, 1997.*

Piedra, José. "Nationalizing Sissies." *¿Entiendes? Queer Readings, Hispanic Writings*. Eds. Emilie L. Bergmann and Paul Julian Smith. Durham: Duke UP, 1995. 370-409.

_____ "From Monkey Tales to Cuban Songs: On Signification." *Sacred Posessions: Vodou, Santería, Obeah and the Caribbean* Fernández Olmos and Paravisini-Gebert, eds. New Jersey, Rutgers UP, 1997. 122-50.

Pinto Albiol, Ángel C. *El Dr. Mañach y el problema negro*. La Habana: Nuevos Rumbos, 1949.

Piñero Iñiguez, Carlos. *Sueños paralelos: Gilberto Freyre y el lusotropicalismo: identidad, cultura y política en Brasil y Portugal*. Buenos Aires: Grupo Editor Latinoamericano, 1999.

Platón. *Diálogos*. Estudio preliminar de Francisco Larroyo. México: Porrúa, 1973.

_____ "Symposium". *Lisys, Phaedrus, Symposium. Plato on Homosexuality*. Benjamin Howett, trad. New York: Prometheus Books, 1991. 103-57.

Quiñones, Tato. *Ecorie-abakuá*. La Habana: Unión, 1994.

Rabinovich, Diana. *Lectura de "La significación del falo"*. Buenos Aires: Manantial, 1995.

Rama, Ángel. "La literatura en su marco antropológico". *Cuadernos hispanoamericanos* 407 (Madrid, 1984): 95-101.

_____ *Transculturación narrativa en América Latina*. México: Siglo XXI, 1982.

Ramírez, Rafael L. *Dime capitán: reflexiones sobre la masculinidad*. Río Piedras: Huracán, 1993.

Ramos, José Antonio. "Cubanidad y mestizaje". *Revista de Estudios Afrocubanos* 1.1, (La Habana, 1937): 92-113.

Ramos, Julio. "A Citizen Body. Cholera in Havana (1833)". *Dispositio* XIX/46 (Ann Arbor, 1994): 179-95.

_____ "Cuerpo, lengua, subjetividad". *Paradojas de la letra*. Caracas: eXcultura, 1996. 23-36.

_____ "El reposo de los héroes". *Apuntes postmodernos* V. 2 (Miami, primavera 1995): 14-20.

_____ "*Faceless Tongues*. Language and Citizenship in Nineteenth Century Latin America". *Displacements. Cultural Identities in Question*. Angelika Bammer, ed. Bloomington: Indiana University Press, 1994. 25-46.

_____ "*La ley es otra*: literatura y constitución de la persona jurídica". *Paradojas de la letra*. Caracas: eXcultura, 1996. 37-70.

_____ *Desencuentros de la modernidad en América Latina: literatura y política en el siglo XIX*. México: FCE, 1989.

Rego, José Lins do. *Plantation Boy*. New York: Knopf, 1996.

Reis, João J. "Nos achamos em campoa tratar da liberdade: a resistência negra no Brasil oitocentista". *Viagem Incompleta: A Experiência Brasileira. Formação: histórias*. Carlos Guilherme Mota Org. São Paulo: SENAC, 1999.

Richard, Nelly. "Alteridad y descentramientos culturales". *Revista Chilena de Literatura* 42 (Santiago, 1993): 209-15.

_____ "Contorsión de géneros y doblaje sexual: la parodia travesti". *Masculino-Femenino: Prácticas de la diferencia y cultura democrática*. Santiago: Francisco Zerges, 1993. 65-91.

Roche y Monteagudo, Rafael. *La policía y sus misterios en Cuba*. Prólogo de Rafael Conte. La Habana: La Prueba, 1908.

Rodó, José Enrique. *Ariel*. México: Porrúa, 1968.

Rojas, Rafael. "Diáspora y literatura: indicios de una ciudadanía postnacional". *Encuentro de la cultura cubana* 22/3 (Madrid, 1999): 136-50.

_____ *José Martí: La invención de Cuba*. Madrid: Colibrí, 2000.

Rosario, Vernon A. *Science and Homosexualities*. New York: Routledge, 1997.

Rowe, William y Vivian Schelling (Eds.). *Memory and Modernity. Popular Culture in Latin America*. New York: Verso, 1993.

Russo, Mary. "Female Grotesques: Carnival and Theory". *Feminist Studies-Critical Studies*. Teresa de Lauretis, ed. Bloomington. Indiana University Press, 1986. 213-29.

Russon, John. *The Self and its Body in Hegel's Phenomenology of Spirit*. Toronto: Toronto University Press, 1997.

Saco, José A. *Memoria sobre la vagancia en la isla de Cuba*. La Habana: Ministerio de Educación y Cultura, 1946.

Sánchez-Eppler, Benigno. "Telling Anthropology: Zora Neale Hurston and Gilberto Freyre Disciplined in their Field Home Work". *American Literary History* 4/3 (New York, 1992): 464-88.

Sarduy, Severo. *Escrito sobre un cuerpo. Ensayos de crítica*. Buenos Aires: Sudamericana, 1969.

_____ *La simulación*. Caracas: Monte Avila, 1982.

Sarup, Madan. *Jacques Lacan*. Toronto: Toronto University Press, 1992.

_____ *Post-Structuralism and Post-Modernism*. Athens: Georgia University Press, 1993.

Scarry, Elaine. *The Body in Pain. The Making and Unmaking of the World*. New York: Oxford University Press, 1985.

Schulman, Iván. *Relecturas martianas: narración y nación*. Amsterdam: Rodopi, 1994.

Schwarz, Roberto. "As idéias fora do lugar". *Ao Vencedor as Batatas. Forma literária e processo social nos inícios do romance brasileiro*. São Paulo: Livraria Duas Cidades, 2000. 9-31.

Schwarz, Rosalie. "The Displaced and the Dissapointed: Cultural Nationalists and Black Activists in Cuba in the 20's". Diss. UC San Diego, 1977.

Sedgwick, Eve K. *Between Men. English Literature and Male Homosocial Desire*. New York: Columbia University Press, 1985.

Serrano, Carlos. "Miguel de Unamuno y Fernando Ortiz un caso de regeneracionismo trasatlántico". *Nueva Revista de Filología Hispánica* XXXV/1 (México, 1987): 299-310.

Showalter, Elaine. *Sexual Anarchy. Gender and Culture at the Fin de Siècle*. New York: Viking, 1990.

Sifuentes-Jáuregui, Ben. *Transvestism, Masculinity, and Latin American Literature. Genders Share Flesh*. New York: Palgrave Press, 2002.

Silva, Eduardo. *Prince of the People: the Life and Times of a Brazilian Free Man of Colour*. Trad. Moyra Ashford. New York: Verso, 1993.

Silva, Helio R.S. *Travesti: a Invenção do Feminino*. Rio de Janeiro: ISER, 1993.

Silverman, Kaja. *Male Subjectivity at the Margins*. New York: Routledge, 1992.

_____ "White Skins, Brown Masks: The Double Mimesis, or With Lawrence in Arabia". *Differences* 1.3 (Bloomington, 1990): 3-54.

Skidmore, Thomas E. *Black into White:Race and Nationality in Brazilian Thought*. Durham: Duke University Press,1993.

Sklodowska, Elzbieta. "La visión de la gente sin historia en las novelas testimoniales de Miguel Barnet". Diss. Washington U, 1983. Ann Arbor: UMI, 1993.

Sontag, Susan. "The Anthropologist as Hero". *Claude Levi Strauss. The Anthropologist as Hero*. Cambridge: MIT Press, 1970. 184-96.

Sommer, Doris. *Foundational Fictions.The National Romances of Latin America*. Berkeley: University of California Press, 1991.

Sommerville, Siobhan. "Scientific Racism and the Invention of the Homosexual Body". *The Gender Sexuality Reader*. New York: Routledge, 1997. 37-52.

Sosa Rodríguez, Enrique. *Los ñáñigos*. La Habana: Casa de las Américas, 1982.

Spengler, Oswald. *The Decline of the West*. Charles Francis Atkinson, trad. New York: Oxford University Press, 1991.

Spitta, Silvia. "Transculturation and the Ambiguity of Signs in Latin America." *Between Two Waters. Narratives of Transculturation in Latin America*. Houston: Rice University Press, 1995.

Spivak, Gayatri C. "Subaltern Studies. Deconstructing Historiography". *Selected Subaltern Studies*. Foreword by Edward Said. Ranajit Guha & Gayatri Chakravorty Spivak, eds. New York. Oxford University Press, 1988. 3-34.

Stepan, Nancy L. *Picturing Tropical Nature*. New York: Cornell University Press, 2001.

_____ *The Hour of Eugenics. Race, Gender and Nation in Latin America.* Ithaca: Cornell University Press, 1991.

Stoler, Laura Anne. *Race and the Education of Desire: Foucault's History of Sexuality and the Colonial Order of Things.* Durham: Duke University Press, 1995.

Stocking, George W. *Race, Culture and Evolution. Essays in the History of Anthropology.* Chicago: University of Chicago Press, 1982.

Suárez y Romero, Anselmo. *El ingenio, Francisco o las delicias del campo.* Prólogo de Mario Cabrera Saqui. La Habana: Ministerio de Educación y Cultura, 1947.

Taiwo, Olufemi. "Exorcising Hegel's Ghost: Africa's Challenge to Philosophy". http://web.africa.ufl.edu/asqu/v1/4/2.htm

Thompson Drewal, Margaret. *Yoruba Ritual: Performers, Play, Agency.* Bloomington: Indiana University Press, 1992.

Tollis Guicharnaud, Michéle. "Reflexions autour du theme noir dans *¡Ecue-Yamba-Ó!* de Alejo Carpentier. (Realisme e archétypes mythiques)." *Hommage à Alejo Carpentier. 80 anniversaire.* Bordeaux: Institút d' Études Ibériques & Ibéroamericaines, 1985. 103-16.

Toro González, Carlos del. *Fernando Ortiz y la Hispanocubana de Cultura.* La Habana: Fundación Fernando Ortiz, 1996.

Tweed, Thomas A. *Our Lady of the Exile: Diasporic Religion in a Cuban Catholic Shrine in Miami.* New York: Oxford University Press, 1997.

Urrutia, Gustavo E. "Ácido caprílico". *Diario de la Marina* (La Habana, 21 de julio de 1929): 13.

_____ "Armonías". *Diario de la Marina* (La Habana, 25 de noviembre de 1928): 6.

_____ "Pachequismo negro". *Diario de la Marina* (La Habana, 13 de febrero de 1932): 12.

Valle Silva, Nelson do y Carlos A. Hanselbag. *Relações Raciais no Brasil Contemporâneo.* Rio de Janeiro: Rio Fundo, 1992.

Van Oostrum, Duco. "Male Authors and Female Subjects: Professor X in 'No Man's Land'". *Male Authors, Female Subjects. The Woman Within-Beyond the Borders of Henry Adams, Henry James and Others.* Amsterdam: Rodopi, 1995. 8-46.

Ventura, Roberto. *Escritores, escravos e mestiços em um país tropical. Literatura, historiografia e ensaísmo no Brasil.* Munich: Wilhem Fink, 1987.

Vera-León Antonio. "Montejo, Barnet, el cimarronaje y la escritura de la historia." *Inti* 29-30 (Providence, 1989): 3-16.

Verger, Pierre Fátúmbí. *Dieux d'Afrique. Culte des Orishas et Vouduns à la ancienne Côte de Esclaves en Afrique et à Baie de Tous les Saints au Brésil.* Preface Monod et Roger Bastide. Paris: Revue Noire, 1995.

Vilanova, Sebastião. *Sociologías e Pos Sociología em Gilberto. Freyre. Algumas fontes e afinidades teóricas e metodológicas de su pensamento.* Recife: Massangana, 1995.

Villaverde, Cirilo. *Cecilia Valdés. Novela de costumbres cubanas.* México: Porrúa, 1986.

Vinkler, Beth Joan. "The Antropophagic Mother-Other: Appropriated Identities in Oswald de Andrade's 'Manifesto Antropófago'". *Luso Brazilian Review* 34.1 (Madison, WI, 1997): 105-10.

Williams, Lorna V. "The Emergence of an Afro-Cuban Aesthetic". *Afro-Hispanic Review* 14.1 (Washington, DC, Spring 1995): 48-57.

_____ *The Representation of Slavery in Cuban Fiction.* Columbia: University of Missouri Press, 1994.

White, Hayden. *Metahistory. The Historical Imagination in Nineteenth Century Europe.* Baltimore: Johns Hopkins University Press, 1987.

_____ "Tropology, Discourse and the Modes of Human Conciousness". *Tropics of Discourse. Essays in Cultural Criticism.* Baltimore: Johns Hopkins University Press, 1992.

Yelvington, Kevin A. "The anthropology of Afro-Latin America and the Caribbean: diasporic dimensions". *Annual Review of Anthropology* 30 (Palo Alto, 2001): 227-60.

Young, Robert C. *Colonial Desire: Hibridity in Theory, Culture and Race.* London: Routledge, 1995.

Yúdice, George y Juan Flores. "Comparative Cultural Studies Traditions: Latin America and the U.S." *Cultural Studies in Latin America: Introductory Remarks.* Interamerican Cultural Studies Network Survey: CUNY, 1992.

_____ "El conflicto de posmodernidades." *Nuevo texto crítico* IV.7 (Stanford, 1991): 19-33.

_____ "The Funkification of Rio de Janeiro". *Critique of Marginality: Essays on Cultural Politics* (forthcoming), 2-30.

Zizêk, Slavoj. "How did Marx invent the symptom?" *The Sublime Object of Ideology.* Ernesto Laclau y Chantal Mouffe, eds. London: Verso, 1989. 11-54.